동물노동

동물노동

종간 정의를
Animal Labour

이야기하다

샬럿 E. 블래트너 Charlotte E. Blattner, 켄드라 콜터 Kendra Coulter, 윌 킴리카 Will Kymlicka 엮음

평화, 은재, 부영, 류수민 옮김

추천사

　여성학과에서 만나 함께 공부한 평화, 은재, 부영, 류수민은 각각 페미니즘, 청소년 인권, 동물권, 퀴어 등 우리 사회의 다양한 관심사에 대해 연구와 실천을 게을리 하지 않는 청년들이다. 네 사람이 뜻을 모아 함께 번역한 이 책의 원서는 2020년에 정식 출간됐으니 아주 새로운 경향의 논의다.

　한 해에 백만 마리 가까운 개가 식용으로 도살되고 아직 기본 수준의 논의에도 도달하지 못한 동물권 후진국인 한국에서, 이러한 급진적이고 새로운 관점의 담론이 주목받을 수 있을지 의문이 들지 않은 것은 아니다. 하지만 한참 앞서가는, 다층적인 논의를 살펴보면서 우리가 나아가야 할 방향성에 대한 희망을 읽을 수 있었다.

　인간은 수 세기에 걸쳐 동물노동의 착취를 당연하게 여겼다. 동물은 인간의 목적을 위해 사용 가능한 투입 요소, 도구이자 자원으로만 간주되었다. 매년 세계 인구의 10배도 넘는 동물이 식용이나 실험용으로 희생되고 있는 현실에서, 동물의 이상적 노동권이나 노동 영역에서의 종간 정의 실현은 말도 안 되는 주장으로만 여겨졌다.

　이 책의 저자들은 다양한 분야의 전문가로서 여러 심도 깊은 질문을 던진다. 일하는 인간은 동물을 동료 노동자로 바라보는가? 동물은 스스로의 노동에 대한 감각이나 노동관계의 일부가 되는 것에 대한 감각을 가지는가?

　동물노동에 대한 철학, 법학, 정치학, 윤리학, 동물학, 경제학적 관점하에서의 다층적인 논점은 세계화 시대에 동물법이 직면한 도전 과제의 해법을 제시한다. 인간중심적인 윤리적 토대가 아닌 공존과 상생의 토대에서, 포스트노동사회 내 동물노동의 위치를 바라보는 시선은 매우 새롭다. 앞서가는 혁신적 논의는 불필요한 논쟁을 억제함으로써 혼돈과 모순을 빠르게 줄여 나갈 수 있을 것이다.

이 책의 저자들에 따르면, 자본주의의 속도를 늦추며 보편적 기본소득이 보장되는 구조 속에서 우리는 물질적 생산보다는 사회적 재생산에 주목할 수 있다. 또, 환경적으로 지속 가능한 조건 속에서 인간과 동물의 잠재적 신뢰 관계와 유대를 바탕으로 공동체를 구성할 수 있다. 일견 너무 이상적으로 보일지는 몰라도, 동물이 처해 있는 불합리하고도 암울한 현실에 숨구멍을 낼 수 있는 단초가 될 수 있어 반가운 담론들이다.

임순례(영화감독, 전 동물권행동 카라 대표)

감사의 말

샬럿 E. 블래트너는 2017-2018년에 퀸즈대학교 동물윤리학과의 박사후연구원으로 재직하며 이 책을 처음 구상했다. 2018년 5월에 열린 워크숍에서 이 책의 초안을 발표했고, 이 워크숍은 (수 도널드슨과 윌 킴리카가 이끄는) 퀸즈대학교 연구 모임인 동물에 대한 철학 및 정치학, 법학, 윤리학(the Animals in Philosophy, Politics, Law and Ethics: APPLE)과 (켄드라 콜터가 이끄는) 브록대학교의 인도적 일자리추진위원회the Humane Jobs Initiative가 공동 주최했다. 수Sue의 조언과 도움, 다른 APPLE 구성원에게도 특별한 감사를 표한다. 앨리스 호보르카, 애그니스 탬Agnes Tam, 라이언 윌콕스Ryan Wilcox, 오마르 바추르, 프레드릭 코테-부드로Frédéric Côté-Boudreau의 워크숍 지원에도 특별한 감사를 보낸다. 퀸즈대학교 연구자 양성 프로그램Grad Chat의 콜레트 스티어Colette Steer도 도움을 주어 감사하다. 조앤 맥아서Joanne McArthur와 단체 우리동물들We Animals은 멋진 사진을 사용할 수 있도록 해 주어서 감사하다. 논리적 검토를 도와준 수잔 클리프-중링Susanne Cliff-Jungling과 노린 한Noreen Haun에게도 감사의 마음을 보내고, 워크숍에 의미 있는 질문과 논평으로 도움을 준 많은 참가자에게도 감사의 마음을 표한다.

출판될 원고를 검토해 준 라이언 윌콕스의 도움에 특히 감사하고, 책 출간에 열정을 보여 준 옥스퍼드대학교 출판부의 도미닉 바이어트Dominic Byatt와 올리비아 웰스Olivia Wells에게도 특별한 감사를 보낸다.

샬럿 E. 블래트너 / 켄드라 콜터 / 윌 킴리카

저자 소개

오마르 바추르 Omar Bachour는 퀸즈대학교 철학과 박사과정 중이다. 바추르는 일이 우리 삶의 모든 측면에 침투했음에도, 현대 정치철학에서는 왜 그것이 부차적인 주제로 다뤄지는지 의구심을 가진다. 바추르의 연구는 정치 이론의 소외 개념을 재정립하고자 하며, 그것이 어떻게 현재의 정의 이론들이 놓치고 있는 다수의 사회적 병리들을 진단하는 데 도움을 줄 수 있는지, 또 어떻게 일의 자연화에 도전하는 포스트노동을 상상하는 일에 영감을 줄 수 있는지 탐구한다.

샬럿 E. 블래트너 Charlotte E. Blattner는 하버드 로스쿨의 박사과정을 마친 연구원으로, 동물과 환경법이 교차하는 지점에서 연구를 수행한다. 블래트너는 2017년에서 2018년까지 퀸즈대학교 철학과에서 동물학을 연구하는 박사후특별연구원으로 지냈으며, 당시 동물노동이라는 주제에 특히 집중했다.

블래트너는 스위스 바젤대학교의 법학 박사학위를 취득했으며, 이는 '기로에 선 법과 동물 윤리Law and Animals—Ethics at Crossroads'라는 박사 프로그램의 일환이었다. 2016년에는 루이스와 클라크Lewis & Clark 로스쿨의 동물법연구센터Center for Animal Law Studies에서 국제 방문 학자로 지냈다. 블래트너의 저서 《경계 안에서, 경계를 가로지르며 동물 보호하기 Protecting Animals Within and Across Borders》(Oxford University Press, 2019)는 세계화 시대에 동물법이 직면한 도전적 과제들을 처음으로 다뤘다.

알라스데어 코크런 Alasdair Cochrane은 셰필드대학교 정치학과의 정치학 이론 부교수다. 정치학 이론의 관점에서 동물권을 설명한 세 가지 핵심 저작으로《동물과 정치학 이론 입문An Introduction to Animals and Political Theory》(Palgrave, 2010)과《해방 없는 동물권Animal Rights Without Liberation》(Columbia University Press, 2012),《지각 있는 자의 정치학Sentientist Politics》(Oxford University Press, 2018)이 있다. 셰필드 동물연구센터Sheffield Animal Studies Research Centre(ShARC)의 공동 센터장이며, 이전에 런던정경대학London School of Economics의 인권연구센터Centre for the Study of Human Rights에서 강의 했다.

켄드라 콜터 Kendra Coulter는 뛰어난 연구에 수여하는 총장상Chancellor's Chair for Research Excellence을 받았고, 캐나다 브록대학교Brock University의 노동학과 부교수이자 학과장이다. 동물윤리학 옥스포드센터Oxford Centre for Animal Ethics의 선임연구원이자, 캐나다 학제간 연구에서 뛰어난 업적을 보인 신진연구자학회Royal Society of Canada's College of New Scholars, Artists and Scientists의 멤버. 동물노동의 다양한 측면에 대해 방대하게 저술한 수상 작가이 기도 하다. 저작으로는《동물과 일, 이종간 연대의 전망Animals, Work, and the Promise of Interspecies Solidarity》(Palgrave Macmillan, 2016)이 있다.

니콜라스 들롱 Nicolas Delon은 플로리다 뉴칼리지New College of Florida의 철학 과와 환경학과의 조교수다. 2014년에 파리1대학 판테온-소르본University Paris 1 Panthéon-Sorbonne에서 철학 박사학위를 취득했다. 2014년부터 2017

년까지 뉴욕대학교에서 환경학과 동물학과 교수로 재직했다. 2017년부터 2018년까지 시카고대학교 로스쿨에서 법철학과 교수진으로 있었다. 동물과 환경 윤리에 관심이 있으며, 특히 도덕적 지위, 식량, 감금, 도시, 의미, 사회심리학 같은 주제를 연구하고 있다. 《농업과 환경 윤리 저널Journal of Agricultural and Environmental Ethics》과 《철학 연구Philosophical Studies》, 《아리스토텔레스 학회 회보Proceedings of the Aristotelian Society》 등에 논문을 게재했다.

수 도널드슨 Sue Donaldson은 작가이자 캐나다 퀸즈대학교 철학과 연구원이다. 윌 킴리카와 함께 《주폴리스: 동물권에 대한 정치 이론Zoopolis: A Political Theory of Animal Rights》(Oxford University Press, 2011)을 출판했다.
또한 철학, 정치학, 법학, 윤리학 동물연구회Animal in Philosophy, Politics, Law and Ethics research group(http://animalpolitics.queensu.ca/)의 공동의장이다. 《정치철학 학회 회보Journal of Political Philosophy》, 《정치와 동물Politics and Animals》, 《철학 나침반Philosophy Compass》, 《옥스포드 동물학 지침서Oxford Handbook of Animal Studies》, 《옥스포드 시민권 지침서Oxford Handbook of Citizenship》, 《루트리지 아동철학과 어린이 지침서Routledge Handbook of the Philosophy of Childhood and Children》에 최근 연구를 게재했다.

러네이 디 수자 Renee D'Souza는 퀸즈대학교 환경학과 석사다. 구엘프대학교University of Guelph에서 야생생물학과 생태보호 학사를 전공했다. 야생동물 관리와 생태보호 문제, 인간과 동물 사이의 상호작용 등 연구 주제에 관심이 있다. 캐나다 생태보호견에 대한 학위 논문을 썼다. 이 논문에서 생태보호견들의 복지와 생태보호 노동이 환경에 미치는 영향을 분석했다.

제시카 아이젠 Jessica Eisen은 앨버타대학교의 법학부 부교수다. 연구 관심사는 비교법학과 평등법, 인간-동물 관계이고, 연구들은 다음에 게재되었다. 《법 및 평등, 동물법 논평 저널*The Journal of Law and Equality, Animal Law Review*》, 《캐나다 빈곤법 저널*The Canadian Journal of Poverty Law*》, 《헌법 국제 저널*International Journal of Constitutional Law(ICON)*》, 《미시간대 법개혁 저널*University of Michigan Journal of Law Reform*》, 《버클리 젠더와 법 & 정의 저널*Berkeley Journal of Gender, Law & Justice*》, 《초국가적 법 이론*Transnational Legal Theory*》.

앨리스 호보르카 Alice Hovorka는 요크대학교 환경학과 학과장이자 교수다. 동물생애연구회The Lives of Animals Research Group(http://www.queensu. ca/livesofanimals/)를 주도한다. 이 연구회는 보츠와나와 캐나다에서 다학제적, 실천지향적 접근을 통해 인간과 동물의 관계를 분석한다. 동물지리학 분야에서 저명한 학자다. 《인문지리학의 발전*Progress in Human Geography*》 1~3호에 걸쳐 〈동물지리학*Animal Geographies*〉이라는 논문을 게재해 주요한 문제를 제기했다.

윌 킴리카 Will Kymlicka는 퀸즈대학교 정치철학연구회Political Philosophy의 캐나다권 연구 의장이다. 1998년부터 퀸즈대학교에서 강의를 했다. 《현대 정치철학*Contemporary Political Philosophy*》(1990; second edition 2002), 《다문화 시민권*Multicultural Citizenship*》(1995), 《다문화 오디세이*Multicultural Odysseys*》(2007) 그리고 수 도널드슨과 함께 저술한 《주폴리스: 동물권에 대한 정치 이론*Zoopolis: A Political Theory of Animal Rights*》(2011) 등 8권의 책을 저술했으며 200건이 넘는 논문을 게재했고, 이는 32개 국어로 번역되었다.

리 니엘 Lee Niel은 구엘프대학교 부교수이자, 온타리오 수의학칼리지Ontario Veterinary College의 반려동물복지연구회Companion Animal Welfare의 콜 캠벨Col K. L. Campbell 의장이다. 다양한 맥락에서 동물복지를 직접 평가하고 개선하는 전략을 발전시키는 연구를 하고 있으며, 변화를 창출하기 위한 이해 관계자들의 역할을 이해하는 일에도 개입하고 있다. 실험동물과 반려동물의 복지 문제에 대해 많은 글을 썼다. 현재는 반려묘와 반려견에게서 나타나는 공포과 공격성을 이해하고 예방하는 일에 대해 연구하는 중이다.

디네시 J. 와디웰 Dinesh J. Wadiwel은 시드니대학교 사회정치과학대학 인권사회법학과 부교수로 재직 중이다. 폭력 이론과 비평적 동물 연구, 장애권 연구에 관심을 가지고 있다. 2015년에 단행본 《동물과의 전쟁War against Animals》(Brill)을 2015년에 발간했고, 매튜 크룰로Matthew Chrulew와 함께 선집 《푸코와 동물*Foucault and Animals*》(Brill)을 공동 편집했다. 또한 시드니대학교 인간동물연구 네트워크Human Animal Research Network의 공동의장이다.

차례

옮긴이 일러두기

1. 여성 대명사 'she', 남성 대명사 'he'의 경우, '그녀' 혹은 '그'로 서로 다르게 옮기는 대신 '그'로 통일하거나 고유명사를 반복했다. 이는 인칭대명사의 성을 명확히 구분하지 않아도 되는 한국어의 특성을 반영한 것이기도 하며, 한편으로는 성별이분법에 대한 지양의 의미를 담은 것이기도 하다.
2. 독자의 이해를 돕기 위해 각 장의 제목과 하위 소제목 중 일부는 옮긴이들이 원제를 변형했다.
3. 원저자 주는 숫자로 표기하고, 옮긴이 주는 *로 표기했다.

①
동물노동과 종간 정의에 대한 탐구를 시작하며

샬럿 E. 블래트너, 켄드라 콜터, 윌 킴리카⦿

동물이 노동자라는 생각

대부분의 미국 주에서는 노동을 인정하고 노동권을 도입하며 노동자를 위해 목소리를 내는 투쟁을 기념하는 날로서 노동절이나 메이데이와 같은 공휴일을 지정하고 있다(Foner 1986). 노동운동은 우리 시대에 가장 중요한 사회 정의 운동 중 하나였으며 여전히 그러한데, 그 과정에서 다양한 형태의 배제와 포용이 경합하고 재협상된다. 노동절은 1887년에 처음 시작되어 지금까지 기념돼 왔지만, 아마 규모가 가장 크고 가장 많이 착취당한 것이 틀림 없는 노동자 집단에 대해서는 주목하

⦿ Charlotte E. Blattner, Kendra Coulter, and Will Kymlicka, *Introduction: Animal Labour and the Quest for Interspecies Justice* In: *Animal Labour: A New Frontier of Interspecies Justice?*.
Edited by: Charlotte Blattner, Kendra Coulter, and Will Kymlicka, Oxford University Press (2020).
© Oxford University Press. DOI: 10.1093/oso/9780198846192.003.0001

지 않았다. 바로 비인간 동물non-human animals이다.

많은 사람들이 동물도 노동자라는 생각을 이해하지 못하는데, 이는 노동을 명백하게 인간적인 활동이나 실천으로 보기 때문이다. 현대 노동 이론의 창시자인 카를 마르크스Karl Marx는 인간이 의식적이고 협력적인 생산 활동에 참여할 수 있는 반면, 동물은 오직 본능과 생존의 필요를 따른다고 주장했다.[1] 만약 동물이 일터에 있다면 인간이 노동하는 과정에서 사용하는 도구나 자원으로서 존재할 뿐, 동료로서는 아닌 것이다.[2] 이와 유사하게, 현대 자유주의의 초기 이론가 중 한 명인 존 로크John Locke는 인간이 자신의 노동력과 외부 세계를 혼합하여 재산권을 얻는 반면, 동물은 그런 권리를 발생시킬 수 있는 유형의 노동에는 참여하지 않는다고 보았다.[3] 로크에 따르면, 인간은 동물을 포획하고 가두고 사육하고 훈련시키는 등의 노동을 통해 동물에 대한 재산권을 획득하며, 그런 노동은 동물이 생산하는 모든 것을 가질 권리를 인간에게 부여한다. 따라서 자유주의 옹호자와 자본주의에 대한 마르크스주의 비평가 모두에게 동물은 오직 도구나 자원으로 여겨지는 반면, 인간은

---

1 "우리는 독점적으로 인간적인 형태의 노동을 상정한다. 거미는 방직공과 비슷한 작업을 하고, 벌집을 만드는 벌은 많은 건축가에게 부끄러움을 준다. 그러나 최악의 건축가라 해도 최고의 벌과 구별되는 점은 자신의 구조물을 현실에서 건립하기 전에 상상 속에 세워 본다는 것이다"(Marx 1967: 177-178).

2 "특정한 산물은 하나의 동일한 과정에서 노동의 도구로서, 또한 원료로서 사용될 수 있다. 가령 소를 비육하는 것을 생각해 보라. 소는 원료이면서 동시에 거름 생산의 도구다"(Marx 1990: 288). 노동 과정의 동물에 대한 마르크스의 견해와 관련하여, 더 자세한 논의는 바추르와 와디웰이 쓴 이 책의 6장과 9장 참고.

3 로크에 따르면, 각 개인이 세계를 얼마큼 전유할 수 있는지 규정하는 것은 '소비'가 아니라 '노동'이며, 오직 인간만이 노동을 한다(Locke 1988: 단락 26). 로크의 '노동 혼합labour-mixing' 이론을 비판하며 동물도 재산권을 창출하는 노동에 참여한다고 주장한 경우로는 밀번 Milburn(2017) 참고.

독점적으로 노동을 수행한다.

'개같이 일하다', '짐을 끄는 짐승a beast of burden'과 같은 관용구들은 동물이 노동과 유사한 활동에 참여한다는 대중의 당연한 인식을 보여 준다. 그리고 사실 최근의 연구들은 일하는 동물들이 자본주의와 식민주의의 발전에서 중심적인 역할을 수행해 왔다는 것을 보여 준다(Anderson 2004; Skabelund 2011). 하지만 노동자의 권리나 노동 정의에 대한 법적, 정치적 논쟁이 시작될 때 동물이 고려되는 일은 설사 있다고 하더라도 극히 드물다.

그러나 최근 들어 인문학과 사회과학에 나타난 더 폭넓은 '동물 전환animal turn'의 일환으로서(Pedersen 2014; Ritvo 2007), 수많은 학자들이 동물이 일 또는 노동⁴에 참여한다고 볼 수 있는지와 그렇게 보아야 하는지에 대해서 고찰하기 시작했다(Beldo 2017; Delon 2017; Hribal 2003, 2012; Johnson 2017; Coulter 2016; Cochrane 2016; Kymlicka 2017; Perlo 2002; Porcher 2017; Wadiwel 2018; Revue Écologie et Politique 2017; Shaw 2018; Lercier 2019; Taylor and Fraser 2019).⁵ 동물이 반드시 노동자로 인정돼야 한다는 생각이 대중의 지지를 받아온 분야에서는 세간의 이목을 끄는 몇몇 사건이 있기도 했다. 특히 군견과 경찰견에 대해서 그러한데, 이 경우는 동물

---

4 이 장의 목적상, 우리는 '일'과 '노동'이라는 용어를 서로 호환되는 것으로 사용한다.
5 지금까지 노동학 분야는 놀랍게도 '동물 전환'에 저항해 왔다. 노동학 분야에 동물 문제를 도입하기보다 동물학 분야에 노동 문제를 도입하기가 더 수월하다는 것이 입증되었다. 동물학에서는 동물노동이 어떻게 자본주의에서 '활기 있는 상품'으로 작동하는지 분석했을 뿐 아니라(예, Barua 2016, 2017; Beldo 2017; Collard and Dempsey 2013), 동물과 같이 일하는 사람들의 경험에 대해서도 오래 연구했다(예, Greene 2009; Hamilton and Taylor 2013). 그러나 종간 정의에 입각하여 동물의 경험과 주관성 그리고 동물 노동자에 대한 윤리적 요구에 주목하기 시작한 것은 최근의 일이다.

을 작업팀의 동료 구성원으로 점점 더 받아들이고 있다. 가령 2013년 영국 노팅엄Nottingham 경찰은 은퇴를 앞둔 모든 경찰견에게 약 500파운드의 수당을 주기로 결정했으며, 이는 그들의 노고를 인정하고 음식, 돌봄, 주거, 의료에 대한 비용을 지원하기 위함이었다.[6]

이러한 진전에 따라 개념적, 사회학적, 법적, 규범적인 일련의 물음들을 탐구하는 연구가 활발히 수행되었다. 노동이라는 개념은 우리에게 무엇을 의미하는가? 어떤 사회적 또는 역사적 조건에서 동물과 함께 일하는 인간이 동물을 동료 노동자로 바라보는가? 동물 스스로 노동에 대한 감각이나 노동관계의 일부가 되는 것에 대한 감각을 갖는가? 만약 그렇다면 그 감각은 동물에게 의미나 복지의 원천이 될 수 있는가? 만약 동물이 동료 노동자라면, 우리는 이를 법적 또는 정치적으로 인정해야 하는가? 동물을 법의 영역에서 노동자로 정의하고 노동법으로 보호해야 하는가?

동물윤리학의 새 길을 열다

이 책은 이 모든 주제를 다루지만, 특히 동물노동에 대한 논의가 어떻게 동물윤리와 종간 정의에 대한 새로운 관점을 열어줄 수 있는지 검

---

6 노팅엄 치안범죄위원 패디 티핑Paddy Tipping은 경찰견을 위한 연금제도의 개시를 알리며 다음과 같이 말했다. "우리는 우리를 위해 경찰관 및 직원으로서 일해 온 사람들을 보살핍니다. 그들은 은퇴 후 양질의 생활을 누리며, 저는 개들에게도 이와 동일하게 해 주는 것이 중요하다고 생각합니다. 이 동물들은 경찰을 위해 열심히 일할 뿐 아니라, 그들 자신의 권리를 가진 경찰관입니다"(Pleasance 2013). 이와 유사한 추세는 치료 동물(Tumilty et al. 2018)뿐 아니라 군견과 군마에 대해서도 발견되며, 노동권 인정(Kranzler 2013)이나 더 폭넓은 사회적 인정 및 기념(Johnston 2012; Kean 2012; McLennan 2018)의 측면과 관련되어 있다.

토하는 데 관심을 둔다. 1970년대 이래로 동물윤리에 대한 학술적이고 대중적인 토론은 흔히 '복지론자welfarist'와 '폐지론자abolitionist'라고 불리는, 서로 경합하는 두 가지 접근법 주변을 맴도는 경향이 있다.[7] 복지론자는 그 과정이 **인도적**이고 동물에게 필요 이상의 고통을 가하지 않는 한, 인간이 동물을 이용하고 동물에게 해를 가하는 것이 허용된다고 믿는다. 따라서 복지론은 때때로 '인도적 이용' 접근법이라 불리기도 한다. 대체로 이 접근법은 세계 곳곳에서 동물 대우와 관련된 법적 규제를 뒷받침한다. 만약 인간이 어떤 이익을 합법적으로 추구함에 있어 동물에게 해와 고통을 가하는 것이 필수적이라 여겨진다면, 동물보호법은 그것을 허용한다. 실제로 동물이 겪는 심각한 피해는 대부분 요리, 의류, 오락에 대한 인간의 선호를 실현하는 데 '필수적'이라고 판단되어 왔다(Wolfson and Sullivan 2004). 결과적으로 동물보호법은 '동물 산업'의 부흥을 막는 데 실패했고 사실상 그것을 용납해 왔다(Noske 1997: 22; Twine 2012).

이와는 대조적으로 폐지론자는 동물들에게도 그들이 이끌어 갈 고유한 삶이 있고, 인간에게 자신의 이익을 위해 동물을 이용하거나 동물에게 해를 가할 권리는 없다고 믿는다.[8] 이는 윤리적으로 강력한 입장

---

7 이런 이분법은 학문의 다른 조류들을 무시한다. 그러나 이 두 가지 조류는 대중적이고 학문적인 논쟁에서 양극화하는 자석처럼 작용해 옴으로써 학자 및 운동가 집단에 첨예한 분열을 낳았고, 학문적 탐구와 정치적 전략화에 매우 필요한 진보 및 다양화를 방해했다.

8 폐지론은 그 핵심 구조의 상당 부분을 톰 리건Tom Regan에게 빚지고 있다. 리건은 동물에게도 선호나 이익뿐 아니라 불가침의 권리가 있다고 주장했다. 또 리건에 따르면, 동물의 권리를 존중하는 사회운동이 필요로 하는 것은 "폐지론에 대한 염원이다. 그것은 동물이 착취되는 방식을 개선하는 것이 아니라 동물에 대한 착취 자체를 폐지하는 것이다"(Regan 2004: xvi-xvii).

이지만, 폐지론자는 그렇다면 인간과 동물 사이에 다른 어떤 관계가 정당하고 바람직한지 알아내야 하는 과제에 직면한다. 그리고 많은 폐지론자가 내놓은 답변은 그런 관계란 없다는 것이다. 즉, 폐지는 인간과 동물의 관계 단절을 요구한다. 많은 폐지론자가 가축화된 동물의 점진적인 멸종에 찬성한다. 이는 가축이 인간의 목적에 기여하도록 선택적 번식을 통해 만들어져 왔기에, 건강하다고 볼 수 없는 착취적인 의존 상태에서만 살아갈 수 있기 때문이다(Francione and Garner 2010: 103-104).[9] 야생동물의 경우, 폐지론자는 '그들을 내버려 두는 것', 즉 야생동물이 그들끼리 살아가도록 내버려 두는 것이 정의롭다고 주장한다. 결과적으로 종간 정의에 대한 폐지론자의 비전은 '종 아파르트헤이트species apartheid'라고 묘사된다(Acampora 2005: 221; Milligan 2010: 41ff.).

복지론자와 폐지론자 간 논쟁은 (폐지론자가 제안하는) 관계 없는 권리와 (복지론자가 제안하는) 권리 없는 관계라는 두 가지의 선택지를 동물에게 제공하는데, 그중 어떤 것도 정의의 관점에서는 용납할 수 없어 보인다(Donaldson and Kymlicka 2017: 50). 그러나 최근 들어 점점 더 많은 학자들이 '인도적 이용'을 전제하지 않는 형태의 이종 간 사회적 관계들을 발견함으로써 이런 교착 상태를 넘을 수 있는 방법을 찾고자 노력하고 있다. 이론가들은 성원권membership(공동체의 구성원이 될 권리. 공동체에 속해야 공동체가 구성원들에게 보장하는 권리를 누릴 수 있으므로, 성원권은 다른 권리를 확보하기 위한 출발점이 될 수 있다_옮긴이)의 공유 및 협력에 기초해 다른 종들과 관계 맺으며, 또 이 관계를 보호·공급·참여에 대한 권

---

9 이런 이유로 도널드슨과 킴리카(2011: 77-78)는 이 입장을 설명할 때 '폐지론자/멸종론자'라는 이름을 사용한다.

리로 뒷받침하는 사례를 모색해 왔다(Donaldson and Kymlicka 2011: 53).
이는 동물학에서 많이 논의돼 온 '정치적 전환political turn'을 잇는 일종
의 자극이 되고 있다(Ahlhaus and Niesen 2015; Garner and O'Sullivan 2016;
Milligan 2015).

위와 같은 맥락에서 동물노동에 대한 물음이 특별히 중요하다. 한편
으로 동물노동을 착취하는 것은 인간이 동물을 이용하는 전형적인 방
식 중 하나이며, 역사적으로도 현재에도 동물을 처분 가능한 '짐을 끄는
짐승'으로 취급하는 것은 복지론 접근법이 가진 한계를 극명하게 보여
준다. 동물노동은 극심한 도구화, 착취, 비하의 장이었기에 일부 동물
권 옹호자들은 인간에 의한 동물노동의 전면 폐지가 필요하다는 결론
을 내렸다.

다른 한편으로, 만약 확고한 권리와 성원권·협력을 결합시키는 관계
가 (인간과 동물 사이에) 추후 가능해질지 사유하는 데 우리의 목적이 있다
면, 노동관계는 분석을 진전시키기 위해 주목할 수밖에 없는 현장이다.
어떤 활동은 동물이 즐겁게 수행할 수 있으면서도 사회적·법적·정치
적 측면에서 '일'로서 인정받음으로써 변혁이라는 결과를 불러올 수 있
을 것이다. 이런 관점에서, 적절하게 인정받고 규제되는 동물노동은 사
회적 성원권, 개인적 의미, 물질적 보장에 관하여 잠재적으로 가치 있는
현장이자, 어떻게 동물의 권리와 동물과의 관계를 모두 확보할 수 있는
지 보여 주는 모범 사례가 될 수 있다.

이 장을 시작하면서 언급했듯이, 이는 결국 노동이 사회 정의 투쟁에
서 수행해 온 역할 중 하나다. 인간의 경우에 지금까지도 이어지고 있
는 오랜 투쟁의 역사는 모든 노동을 폐지하기 위해서가 아니라 노동의

존엄성을 지키기 위해 존재한다. 그리고 그 존엄성은 노동 조건 및 노동권 향상, 비하되거나 강제되는 노동의 금지를 통해 확보되어 왔다. 일반적으로 좋은 일이란 (학습, 기술 발전 등의) 내재적 속성 때문에, 또 소유물이나 사회적 성원권 등 다른 긍정적인 자산을 만들어 내는 방식 때문에 근본적으로 인간적 가치로 간주된다(Yeoman 2014; Gheaus and Herzog 2016). 이러한 이유로 여성, 이민자 또는 이주자, 장애인 등의 다양한 집단을 임금노동에서 배제하는 것은 부당한 차별이며, 자유, 자율성, 기여, 성원권 등에 접근할 통로로서의 노동권을 침해하는 것이다. 노동운동에 참여하는 많은 사람들은 모든 구성원이 존엄하게 일할 기회를 얻고 구성원이 하는 일을 적절하게 인정하는 사회를 좋은 사회로 여긴다.

그렇다면, 이제 우리는 종간 정의에 동물노동을 위한 자리가 있는지 여부를 질문할 수 있다. 이는 동물이 이미 수행하고 있는 일에 대한 인정 그리고 일을 동물에게 가치 있는 것으로 만드는 일련의 조건에 대한 요구를 포함한다. '노동자'라는 사회적 역할에 대한 접근성과 이런 지위에 수반되는 권리는 도구화하고 착취하는 현재 우리의 관계를, 성원권을 공유하고 협력하는 관계로 전환하는 것에 변혁을 일으킬 수 있다. 7장을 쓴 제시카 아이젠을 따라, 우리는 이를 '노동-인정-변혁 논의'라 부를 것이다. 이 책에서 우리는 주의를 기울여 이런 전망을 비판적으로 평가하고자 하며, 노동을 종간 정의가 실현되는 현장으로 간주하는 일에 어떤 가능성과 위험이 있는지 알아보는 것을 목표로 한다.

종간 윤리에서 종간 정치학으로

이 책을 쓰게 된 직접적인 이유는 동물노동이 어떻게 종간 정의에 대한 동물윤리 논쟁에 들어맞을지 탐구하기 위해서다. 그러나 우리는 발전 중인 '동물학' 분야를 구성하고 있는 인문학, 사회과학, 생명과학의 훨씬 더 풍부한 문헌에 의지하고 (또 그것에 기여하기를 바라고) 있다. 오직 노동학 분야만이 인간예외주의human exceptionalism를 전제로 구축돼 온 것은 아니다. 도리어 인문학과 사회과학의 모든 것이 인간중심주의anthropocentrism를 전제해 왔다고 말할 수 있다. 노스케Noske가 말하듯, 사회과학은 "스스로를 인간과 동물의 불연속성을 다루는 출중한 과학이라 칭한다"(1997: 66). 인간이 사회적 규범과 문화적 관습을 학습하는 사회적 행위자인 것과는 대조적으로 동물은 (이른바) 생물학적 본능에 따라서만 움직이기 때문에, 동물이 우리 사회의 일원이 되거나 사회생활에 참여하는 것은 불가능하다고 간주되어 왔다. 따라서 인문학과 사회과학이 문화·언어·이성에 관련된 사회적 상호작용이라는 인간 특유의 과정에 주목한 반면, 동물은 '자연'으로 격하돼 왔다. 동물을 '노동'의 범주에서 배제하는 것은 이처럼 더 광범위한 인간예외주의를 나타낸다. 동물은 본능적인 활동에 참여하는 반면 '노동'에는 인간 고유의 능력, 즉 규범이 지배하고 언어에 기초하는 사회적 상호작용이 필요하다고 이야기된다.

인간과 동물 사이에 근본적으로 불연속성이 있다는 생각은 여러 학문을 넘나들며 다양한 방식으로 도전받고 있다. 이와 관련하여 인문학과 사회과학에서 이뤄 낸 발전을 모두 요약하는 것은 불가능하지만, 우리는 동물노동에 대한 물음과 특히 밀접하게 관련된 네 가지의 주요 혁신을 강조할 수 있다.

첫 번째로 **동물의 마음, 감정, 사회적 관계, 문화**에 대한 우리의 이해가 확장되고 다각화됐다. 구체적으로 어떤 용어를 사용하는지는 학자 개개인이나 학문 분야에 따라 달라지며, 이 책에서 우리는 동물이 어떻게 생각하고 느끼며 행동하는지에 대해 더 많은 학제 간 연구를 참고하고 있다. 세간의 이목을 끌었던 진보적인 사건으로 '2012 동물 의식에 대한 케임브리지 선언2012 Cambridge Declaration on Animal Consciousness'이 있다. 이 선언은 광범위한 동물이 사실상 지각력이 있으며 자신의 세계를 의식적으로 경험한다는 내용의 과학적 합의를 공식화했다.[10] 그러나 이 책의 목적을 이루는 데는 지각력에 대한 과학뿐 아니라, 동물에게 **사회적 삶**을 추구하는 본성이 있음을 보여 주는 과학적 근거가 증가하고 있다는 점 또한 중요하다. 인지행동학 분야의 개척자들은 사회 역학에 대한 동물들의 적극적인 협상을 인정함으로써 동물 행동 및 인지 연구와 관련된 과학적 관습을 확장해 (또는 뒤흔들어) 왔다(예, Bekoff 2004). 학자들은 동물이 개별자라는 것을 암시하는 복잡한 지형도를 그려내기 위해서, 또한 동물의 종내 및 종간 공동체를 분명히 보여 주기 위해서 놀이, 도덕성, 공감과 같은 개념의 도움을 받는다. 이런 연구는 동물이 맹목적으로 본능을 따른다고 보는 환원주의자의 낡은 관점을 대신하면서, 생물학적이면서도 사회적인 존재로서의 동물을 더 전체적으로 이해하는 데 기여하고 있다.

---

10 http://fcmconference.org/img/CambridgeDeclarationOnConsciousness.pdf.

인지행동학의 초기 작업 중 다수는 늑대나 유인원과 같은 야생동물
이 그들의 공동체 안에서 공정한 놀이 및 협력의 사회적 규범을 어떻게
교육하고 학습하고 있는지에 초점을 두었다(2009년 베코프Bekoff가 '야생의
정의wild justice'라 부른 것으로 유명하다). 그 연구는 가축화된 동물로도 확장
되어, 가축 역시 어떻게 사회적 규범을 따르고 협상하는지 다루게 되었
다. 우리의 목적상 중요하게도, 연구자들은 이러한 사회적 규범이 이종
간에 존재할 수 있음을 점점 더 많이 기록하고 있다. 사회적 규범은 동
종의 동물 간 상호작용뿐 아니라, 개와 고양이(Feuerstein and Terkel 2008),
소와 사람(Porcher and Schmitt 2012)처럼 이종 간의 상호작용에도 적용된
다. 인간과 동물의 관계를 연구한 많은 사회과학자들(예, Laurier, Maze,
and Lundin 2006)은 이처럼 놀라운 수준의 이종 간 사교성sociability에 오랫
동안 주목해 왔다. 그러나 인지행동학이나 진화론적 인지와 같은 상호
보완적인 실증 연구 분야(예, De Waal and Ferrari 2010)에서는 협력적이면
서도 규범이 작동하는 사회적 관계가 종의 경계를 넘나들며 존재한다
는 것을 지지하기 위해, 이제서야 확고한 '과학적' 진실과 귀중한 데이
터를 제공하고 있다.[11]

이러한 과학적 결과물은 동물과 인간이 사회적으로 협력할 여지를
강조하면서, 종간 정의의 현장으로서 동물노동을 사유할 기반을 마련
한다. 이는 자연스럽게 다음과 같은 질문으로 이어진다. 만약 인간과
동물이 사회적 규범에 기초한 협력적 활동에 참여할 수 있다면, 이때 규

---

11 도움이 될 만한 개관으로는 로리니Lorini(2018) 참고. 또 다른 방향에서 중요한 지식의 교
류와 융합도 있다. 가령 민족영장류학(Fuentes 2012; Malone et al. 2014)이나 바버라 스머츠
Barbara Smuts(예, 2001), 린다 페디건Linda Fedigan(예, 1992) 등의 연구자들이 이끄는 페미니스트
영장류학의 과학 연구는 인문학과 사회과학 연구로부터 영향을 받고 있다.

범은 누가 정하는가? 이는 동물학에서 중요한 두 번째 혁신으로 이어진
다. 즉, 동물의 **행위성**agency에 주목하는 것이다. 과거에 동물권 옹호자
들은 흔히 동물을 인간 지배의 수동적인 피해자로 묘사하곤 했다. 수동
적 피해자성을 강조하는 것은 동물이 유의미한 선택을 내리거나 행위
성을 발휘하지 못한다는 인식 그리고 항상 인간만이 동물과 관계 맺는
조건을 결정해야 한다는 인식을 의도치 않게 재생산해 왔을 것이다.

   그러나 동물학자들은 동물이 스스로의 이익을 적극 추구하면서 사
회적 관계를 형성하는 의도적이고 유능한 행위자로서 존재하는 방식
을 탐구하는 데 점점 더 큰 관심을 보이고 있다. 인간에 초점을 둔 비판
적 연구에서는 사람들이 (제한된 조건과 맥락 속에서) 개별적으로나 집단적
으로나 어떻게 그리고 왜 비판적으로 사유하고 행동하며 자신과 타인
의 삶에 영향을 미치는지를 탐구하는 것을 오랫동안 흥미로운 과제로
삼아 왔다. 여러 학자들이 점점 더 동물에게도 동일한 원리를 적용하고
있는데, 그들은 동물이 다양한 맥락에서 어떻게 관계를 형성하며 함께
구성해 나가는지, 또한 동물은 단지 피해자라는 인식을 어떻게 넘어설
것인지에 관심을 가진다(Corman 2017; Hathaway 2015).[12] 이런 학문은 동
물이 수많은 인간 활동으로 인해 피해를 입는다는 것 그리고 사람과 다
른 종들이 권력관계에서 서로 다른 위치를 점한다는 것을 부인하지 않
지만, 그럼에도 동물의 목소리와 주체성을 인정한다. 사회적 행위자는

---

12 우리는 심지어 동물복지과학 분야에서도 이런 변화를 확인할 수 있다. 이 분야는 전통적
   으로 동물복지라는 개념을 생물학적 건강이나 육체적 기능으로 환원해 왔지만, 일부의
   동물복지과학 연구자들은 동물의 가치관 및 행위성과 관련된 더 광범위한 질문에 보다
   굳건하게 전념하고 있다(예, Fraser 1999; Mellor 2016; Mendl and Paul 2004). 실제로 파머Palmer
   와 샌도Sandoe(2018)는 행위성을 포함시키는 것이 동물복지과학이 직면한 핵심 과제라고
   말한다.

행위를 하며, 오직 행위의 대상이 되기만 하지는 않는다.[13]

학자들은 동물의 행위성을 다양한 방식으로 개념화한다. 일부는 동물의 행위성이 주로 반항 행위에서 나타난다고 보며, 지배 조건들에 대한 동물의 저항을 감지한다(예, Hribal 2007; Wadiwel 2016, 2018). 반면, 다른 비판적인 학자들은 심지어 더 넓은 억압의 맥락에서 동물의 행위성이 어떻게 나타나는지에 주목해 왔으며, 이는 동물이 어떻게 영향을 미치고 경쟁하고 대처하고 협상하고 돌보는지 등 다양한 방식을 포함한다(예, Birke and Thompson 2017; Carter and Charles 2013; Coulter 2014; Gillespie forthcoming; McFarland and Hediger 2009; Nance 2013; Pearson 2015).

이런 문헌들은 동물의 마음이 생생하게 존재한다는 것을 인정하려고 할 뿐 아니라, 사회학적 의미에서 동물이 어떻게 맥락을 가로지르며 그들의 마음을 사용하는지 이해하고자 한다. 노동의 사회정치적, 윤리적 차원과 관련하여, 이러한 인정은 동물을 "비록 자신이 처한 조건을 직접 선택한 것은 아니지만 삶의 요소를 형성하고, 의견을 나누며, 특정한 선택을 내릴 수 있는"(Coulter 2018b, 67) 행위자 및 주체로 간주한다는 것을 의미한다. 이 책이 다루는 주요 질문은 동물이 일터에서 목소리를 낼 수 있는가, 어떻게 낼 수 있는가, 동물이 노동관계의 본질 및 조건에 대해 더 큰 행위성을 발휘할 수 있도록 어떻게 노동을 재편할 수 있는가 등이다.

---

13 데일 제이미슨Dale Jamieson은 인간예외주의를 의심하는 일반적인 경향에도 불구하고 '행위성'만은 예외로 남아 있다고 말한다. 사람들은 인간과 동물 사이의 연속성을 점점 더 받아들이고 있는데, 이는 "지능, 감정, 도구 사용, 사회적 학습, 마음 읽기, 거울 인지, 속임수, 이타심 그리고 협력에 대해서 그러하며 … 행위성은 인간의 고유성으로부터 후퇴하기를 자꾸만 멈칫거리는 한 영역이다"(Jamieson 2018).

만약 동물이 정말로 우리와의 관계에서 자신의 선호를 표현할 수 있
는 행위자라면, 인간은 이런 선호에 응답하고 있는지, 어떻게 응답하
고 있는지 물음이 제기된다. 동물에게 목소리가 있다면, 누군가는 그것
을 듣고 있는가? 그리고 이는 동물학에서 중요한 세 번째 발전으로 이
어진다. 즉, 종간 의사소통의 본질과 윤리에 새롭게 주목하는 것이다
(Meijer 2013). 우리는 동물의 권리에 대한 논쟁이 흔히 '복지론자 대 폐
지론자'라는 이분법으로 환원된다는 점을 앞에서 언급한 바 있다. 그
러나 사실 동물윤리에 대해서는 페미니스트 접근법이 오래 발전해 왔
으며, 이는 돌봄, 관계 그리고 무엇보다도 응답성responsiveness의 가치
를 강조한다. 가령 조지핀 도너번Josephine Donovan과 캐롤 J. 애덤스Carol
J. Adams(2007), 그레타 가르드Greta Gaard(2011), 마르티 킬Marti Kheel(2007), 발
플럼우드Val Plumwood(2005)와 같은 에코페미니스트들은 여성 억압과 동
물 억압의 연결성을 분석해 왔다. 그들은 호혜성에 기반을 두는 정치·
윤리 프로젝트인 돌봄의 윤리(Donovan and Adams 2007), 뒤얽힌 공감
entangled empathy(Gruen 2015)이나 '상호주관적 조율intersubjective attunement' 및
'부름과 응답의 윤리call and response ethics'(Willett 2014)와 같은 개념들을 주장
한다. 이때 그들은 동물의 행위성과 목소리를 내는 능력뿐 아니라 윤리
적 관계의 핵심인 듣고 응답하는 (상호적인) 능력에도 초점을 둔다.[14] 이
는 노동과 관련하여 일터는 응답성의 윤리를 보여 주는 사례인지 그리
고 이런 종류의 응답성은 돌봄 노동에 내재된 것으로 보아야 하는지에

---

14 우리에게 다른 사람들은 투명한 데 반하여 다른 동물들은 불투명한 것처럼, 근본적
인 인식론적 심연이 인간과 비인간 동물을 구분한다는 견해가 있다. 이에 대해 앤드루
스Andrews는 다른 인간과 동물의 마음을 이해하는 것은 계속적인 과제라고 주장한다
(Andrews 2011).

대한 물음을 던진다. 이런 의미에서 돌봄 노동은 인간과 동물이 모두 수행하지만(가령 동물매개치료), 무엇이 '진짜 노동'을 구성하는지에 대한 젠더화된 인식으로 인해 사회적으로 거의 인정받지 못한다. 페미니스트 정치경제학의 풍부한 전통은 임금 및 비임금 돌봄 노동의 젠더화된 성질을 이론화하며, 이때 사회적 재생산이라는 개념을 사용하기도 한다(예, Bezanson 2006; Luxton and Bezanson 2006). 이러한 이론틀은 동물노동에 대한 사유에도 유용하게 적용될 수 있다(Coulter 2016b).

위와 같은 세 가지 발전, 즉 사교성, 행위성, 의사소통에 대한 생각들은 종간 정의와 콜터Coulter(2016)가 종간 연대라고 부르는 것에 열심인 학자들을 비롯해, 인간과 동물의 관계를 연구하는 이들에게 왜 동물노동이 점차 눈에 띄고 흥미로워졌는지를 설명한다. 그런 생각들이 주는 통찰력은 동물의 목소리와 주관성에 맞춰진 응답의 윤리에 기대어 '인간 사회'와 '동물 본성'이라는 대물림된 이분법을 뒤흔들고, 동물과 인간이 관계의 조건을 서로 협상하며 사회적으로 상호작용하는 장으로서 노동을 사유하게 한다.

우리는 당연하게도 그런 세상과 동떨어져 있는데, 그 이유 중 일부는 노동에 대한 결정이 동물을 배제하는 더 넓은 정치적 맥락에서 이뤄지기 때문이다. 정부가 노동과 일터를 규율하는 법을 통과시킬 때 동물에게는 대의권이 없으며, 또한 동물(이나 그 옹호자들)에게는 한 번 통과된 법에 이의를 제기하거나 고용주의 결정에 도전할 수 있는 법적·정치적 입지도 없다. 동물은 현대 사회에서 강력한 통치를 받고 있지만, 그들이 선호하는 통치 방식을 요청할 수 있거나 그들에게 영향을 미치는 결정이 그들의 선호에 응답하여 이뤄지도록 보장하는 정치적 메커니즘이 존재하지는 않는다(Smith 2012; Donaldson and Kymlicka 2016).

이는 우리가 강조하고자 하는 네 번째 발전, 즉 동물학에서의 정치적 전환으로 이어진다. 앞서 우리는 '권리'와 '관계'를 조화시키려는 열망이 정치적 전환에 동기를 부여한다고 설명했다. 그러나 더 구체적으로 말해서 정치적 전환은, 그것들을 어떻게 조화시키든, 동물이 대의권을 가지면서 우리의 집단적인 의사결정에 참여하는 것과 관련하여 근본적으로 정치적인 질문을 제기한다. 정치적 전환은 이종 간의 사교성, 행위성, 의사소통에 대한 생각에 의지하지만, 말하자면 그런 생각을 거시적인 수준에서 확장하고 더 폭넓은 민주 정치 이론틀에 끼워넣고자 한다. 우리는 상호주관적 조율이라는 종간 윤리뿐 아니라 종간 정치학을 필요로 한다. 그리고 이 책에서는 다음과 같은 물음을 던진다. 우리는 일에 대한 집단적 결정에서 동물들의 참여 및 대의권을 어떻게 제도화할 수 있는가?

요컨대 동물노동에 대한 우리의 탐구는 동물학 분야에서의 수많은 발전에 큰 빚을 지고 있으며, 또한 그로부터 큰 영향을 받았다. 이 책이 이런 폭넓은 논의에 기여하기를 바란다. 사실 우리는 동물노동이 이런 다수의 생각들을 시험하는 데 훌륭한 사례라고 주장하고자 한다. 현재 우리는 동물의 주관성과 목소리, 종간 협력과 의사소통에 대한 여지를 적절하게 이해하는 일에서 동떨어져 있지만, 전 세계의 셀 수 없이 많은 일터에서 이런 주제들에 대한 협상이 날마다 이뤄지고 있다. 우리는 동물노동과 그것에 대한 동물의 경험을 주의 깊고 신중하게 탐구할 때, 동물학이 많은 교훈을 얻게 될 것임을 보여 주고 싶다.

노동 워싱이라는 위험

동물학이 다양한 방식으로 발전하면서 인간과 동물이 비착취적인 노동관계를 맺는 일을 사유할 가능성이 열린 반면, 어떤 발전은 이 가능성을 의심하게 만들었다. 앞서 언급했듯이, 노동은 흔히 동물이 가장 극심하게 도구화되는 현장이었다. 만약 우리가 동물을 노동자나 동료로 보게 된다면, 동물의 도구화는 도전에 직면하는가? 필연적으로 그렇지는 않다. 기존 관행들만 살펴보더라도, 동물을 노동자로 인정하는 것과 동물의 도구화는 큰 거리낌 없이 공존함을 알 수 있다.

사실 동물을 자발적인 동료 및 노동자로 묘사하는 공장식 농장, 연구실, 서커스 등에는 오랜 역사가 있다. 특히 생체 해부 산업은 이런 종류의 완곡어법을 쓴다고 알려져 있다(Birke et al. 2007). 심지어 과학자들이 동물의 '협력'을 이끌어 내기 위해 장기간 물과 음식, 사회적 상호작용을 제공하지 않을 때조차도, 이러한 '긍정 강화'(Huston et al. 2013: 2062) 전략은 "동물이 농업 및/또는 연구 절차에 자발적으로 협력하게 하는 것"(Schapiro et al. 2003: 167)으로 묘사되었다. 또한, 노동의 언어는 '젖소의 복리후생 제도'라는 제목의 전단에서처럼 산업형 농업의 일각에서도 다음과 같이 사용되어 왔다.

우선, 젖소들은 시간제 노동을 하며 전일제 임금을 받는다. (착유) 노동에는 매일 20-30분이 소요된다. 고용주는 비용이 지불되는 의료 보장을 제공하며, 의사(수의사)는 연중무휴로 24시간 대기한다. 영양사가 식사를 준비하며, 항상 룸서비스와 청소를 제공한다. 화장실까지도 청소해 주는 전일제

가사 도우미가 있다. 소의 미용을 위해서 비용이 지불된 전문가를 항상 이용할 수 있으며, 미용사, 발톱 관리사, 온천욕 시설이 제공된다. 24시간 관리가 이뤄진다. 온라인 데이트 상대를 구할 필요가 없다. … 엄선된 특성이 담긴 안내 책자를 통해 짝을 선택할 수 있으며, 매년 짝을 바꿀 수 있다. 모든 교통수단이 평생 무료로 제공된다. (재인용, Adams 2017: 25)

애덤스가 지적하듯이 이런 묘사에는 많은 오류가 있다.[15] 현대 유제품 산업에서 젖소는 인간이 소비할 우유를 생산하기로 선택하지 않는다. 젖소는 '데이트'를 하는 것이 아니라 인공수정을 통해 강제 임신되며, 자유시간이 많은 시간제 노동자가 아니라 계속 감금되어 있다. 우리는 수감자와 인질이 여가 시간을 보낸다고, 강간당한 여성이 상대를 찾으려고 걱정할 필요가 없다고, 강제 급여당한 사람에게 영양사가 있다고, 요절한 사람에게 '평생'이 있다고 말하지 않을 것이다. 그러나 어떤 사람들은 농장동물에 대해 이런 식으로 말한다. 유제품 기업에 이익이 되기 때문이며, 기업 측에서는 동물이 임신하기를 **원했고**, 자신의 젖을 인간에게 주기를 **원했고**, 인간을 먹이기를 **원했고**, 소비되기를 **원했다는** 발상이 판매 중인 제품에 드러나기를 바란다(Adams 2017: 34).

동물노동에 대한 그 어떤 현실적인 접근도 이러한 위험을 인정해야 한다. 인간은 동물에 대한 이용을 합법화하는 데 있어 기득권을 가지

---

15 애덤스가 지적하듯이, 식료품점에서 고객들에게 배포된 전단지는 분명히 장난스러운 것이며 업계 표준의 이야기를 나타내지는 않는다. 그러나 소비자들은 이런 묘사를 불쾌해 하기보다는 유머러스한 것으로 받아들이리라 생각된다. 바로 이 사실 자체가 동물의 (부)자유에 대한 대중의 무관심에 의지하는 (그리고 그것을 재생산하고자 하는) 업계의 현실을 보여 주는 증거다.

며, 단순히 '동물노동'이라는 언어를 도입한다고 해서 그 자체로 동물 착취라는 '인도적 이용' 모델의 한계가 극복되지는 않을 것이다. 동물 노동이라는 발상은 동물을 자기만의 경험, 욕망, 관계 그리고 이에 따라 살아갈 권리가 있는 주체로서 대우하도록 변화를 추동하기보다는 오히려 동물을 대상화하는 산업을 정당화하는 데 이용될 위험이 있다.

이런 위험이 주어졌을 때 폐지론자는 당연하게도 모든 형태의 동물 노동을 단순히 폐지하는 것이 가장 안전한 전략이라고 주장한다. 물론 '노동 워싱labour washing'(동물에 대한 억압이나 학대를 동물노동으로 둔갑시키는 것_옮긴이)이라는 위험을 간과하지 않는 것도 중요하지만, 우리는 제도화된 노동권과 보호 장치가 동물에 대한 대우를 단기간에 향상시킬 수 있다는 것 그리고 노동이 다종 간의 사회적 관계를 미래에 더 공정하게 구축할 수 있다는 것을 무시해서는 안 된다.[16] 이는 순서를 정하고 이행함에 있어 까다로운 물음을 제기한다. 동물을 노동자로 개념화하면 동물을 대하는 사람들의 태도에 유의미한 영향을 미칠 수 있다. 그러나 이런 변화는 우리가 이미 인도적 이용이라는 이론틀을 넘어 동물권이라는 강력한 법적 보호 장치를 수용한 경우에만 가능할 것이다. 동물을 노동자로 인정하는 것은 우리가 종간 정의의 사회로 나아가는 데 도움을 줄 것인가, 아니면 동물노동에 대한 논의는 우리가 이미 기존의 착취 관계를 극복한 경우에만 안전한가?

---

16 업계가 농장동물이나 실험동물을 '노동자'에 비유하더라도, 그 동물들을 법적 노동자로 정의해야 한다는 견해에는 어떠한 동의도 표하지 않는다는 점에 유의해야 한다. 반대로, 농업과 연구산업은 동물들을 위해 일터에서의 권리를 확보하고자 했던 그 어떠한 모든 노력에도 저항해 왔다(예, 안전한 근로 환경에 대한 권리나 은퇴에 대한 권리 등). 법적 목적을 위해서, 해당 산업들은 여전히 동물을 동료 노동자나 직원이 아니라 재산 또는 장비로 정의하기를 원한다(Kymlicka 2017: 149).

이런 어려운 질문에 대해서 이 책의 저자들은 다양한 답변을 내놓는다. 한편, 우리는 인간의 노동 투쟁 역사를 포함해서 사실상 모든 사회 정의 운동에서 이와 유사한 물음이 제기된다는 점에 주목하고자 한다.[17] 우리는 이런 경험을 바탕으로 '노동'은 부분적으로 기술적descriptive 이지만(노동 현실을 있는 그대로 기술함_옮긴이), 또 부분적으로는 규범적 normative이라고(현실을 넘어서는 이상을 제시함_옮긴이) 제안할 것이다. 기술적으로는 해롭고, 착취적이고, 모멸적이고 그리고/또는 강제된 노동이라는 끔찍한 형태가 있음을 인정할 수 있다. 하지만 규범적으로는 '노동'이 협력, 동의, 인정 그리고 존엄에 대한 생각(또는 이상)을 포함한다고 말할 수 있다. 이 두 가지 측면은 착취에서 정의에 이르는 더 폭넓은 연속체상의 점들을 나타낸다(Skrivankova 2010).[18]

이 책에서 우리의 잠정적인 가설은, 동물노동을 순전히 기술적인 내용으로 환원할 수 없으며 그래서는 안 된다는 것이다. 그렇게 환원하면 착취당하며 짐을 끄는 짐승들이라는 현 상태에 동물이 갇히게 된다. 동물노동이 새로운 학술적, 정치적 패러다임으로서 갖는 가치는 오히려 그것의 규범적인 내용에 있다. 동물노동은 존중, 권리, 정의, 연대, 상호 번영에 뿌리를 둔 인간과 동물의 관계를 형성하고 증가시키며 심화시킬 수 있기에 가치가 있다.

이것이 너무 이상적으로 보일지는 모르겠지만 앞서 언급했듯이 소수의 아주 특정한 분야에서라면 그러한 변화의 조짐이 이미 보이고 있다.

---

17 노동 투쟁의 역사로부터 동물 옹호를 위한 교훈을 이끌어 내는 흥미로운 시도에 관해서는 앤더슨Anderson(2011) 참고.

18 동물노동의 연속체에 관한 논의로는 콜터가 쓴 이 책의 2장 참고.

연속체를 따라 어떻게 상호 번영과 정의를 향해 나아갈 것인가, 이것은
이 책의 중심 질문이다. 우리는 위험과 가능성을 모두 염두에 둔 채 종
간 정의에 대한 더 폭넓은 물음으로 나아가는 데 동물노동이 중요한 시
험 사례가 된다고, 또한 동물노동은 상대를 배려하는 좋은 형태의 종간
사회적 관계가 가능하다는 교훈을 준다고 믿는다.

동물노동에 대한 다양한 접근

　우리는 이런 질문들을 염두에 두고, 동물노동이 종간 정의의 현장으
로서 어떤 전망과 과제를 갖는지 탐구하기 위해서 여러 국가 및 학문 분
야에서 연구자 집단을 모집해 왔다. 이 책의 저자들은 다양한 학문과
방법론에 의지하고 있으며, 여기에는 노동학, 비판적 동물학, 정치학 이
론, 지리학, 법학, 윤리학, 마르크스주의 이론, 페미니스트 정치경제학
이 포함된다. 당연하게도 그들은 동물노동의 적절한 위치가 어디인지
에 대해 서로 다르게 생각하는데, 사실 인간노동의 본질과 가치에 대해
서도 의견 차이가 있다.

　가령 일부 저자들은 자본주의 경제와 같이 노동이 상품화된 곳이라
면 어디든지 인간과 동물 모두에 대한 착취와 소외가 있을 것이라고 주
장한다. 만약 그렇다면 동물에게 '노동자'라는 사회적 지위를 부여하더
라도 도구화를 그저 다른 것으로 대체하는 무익한 승리를 거둘 것이다.
그러나 다른 저자들은 공정한 임금, 안전한 일터, 휴식과 여가, 퇴직 연
금, 노동에 참여할 권리 등이 제공되고 노동이 적절하게 규제되는 곳에

서라면 노동은 인간과 동물 모두에게 참된 번영의 원천이 될 수 있다고 본다.

이후에 보게 될 것처럼, 동물노동에 대한 논쟁은 인간노동의 의미와 가치에 대한 오랜 논쟁과 단절될 수 없다. 그러나 이 책의 목적은 그런 오래된 논쟁을 개괄하는 것이 아니며 우리는 **동물을 위한** 특유의 노동 전망을 강조하고자 한다. 우리의 출발점은 동물이 이 세세에서 한자리를 차지할 자격이 있다는 것 그리고 인간과 동물이 정의로운 관계를 맺으려면 노동관계를 포함해 동물이 우리와 어떤 종류의 관계를 맺고 싶어 하는지 (만약 그 어떤 관계라도 원한다면) 질문해야 한다는 것이다. 동물은 어떤 종류의 노동에 참여하기로 선택할까? 어떤 종류의 노동이 동물에게 의미 있으며, 동물은 언제쯤 노동을 번영의 원천으로 경험할 수 있을 것인가? 동물노동이 종간 정의로 나아가는 길이 되려면, 어떤 원칙과 절차가 있어야 할까?

이러한 목적을 이루기 위해, 이 책의 내용을 크게 두 갈래로 구성했다. 첫 번째는 '좋은 노동에 대한 전망'이고, 두 번째는 '동물노동의 딜레마'다.

좋은 노동에 대한 전망

이 책의 내용은 **켄드라 콜터**가 집필한 2장에서부터 시작한다. 콜터가 2016년에 쓴 《동물, 노동 그리고 종간 연대라는 전망*Animals, Work, and the Promise of Interspecies Solidarity*》은 동물노동에 대한 학문을 시작하는 데 도움을 주었다. 콜터는 여기에서 '인도적 일자리'에 대한 자신의 설명을 발전시키고 개선했다. 인도적 일자리는 사람과 동물에게 좋은 일자리, 종간 연대를 가능케 하리라 기대되는 일자리다. 콜터는 동물과 함께 현장에서 정기적으로 일하는 사람들의 활동뿐 아니라, 특히 페미니스트 정치경제학 및 돌봄 윤리와 같은 페미니스트 이론에 기반을 둔다. 이는 존중, 호혜성, 노동 보호, 자율성, 지속가능성, 흥미 등 인도적 일자리의 핵심적인 전제 조건을 밝히기 위함이다. 이러한 이론틀은 동물노동 자체에는 좋고 나쁨이 없음을 시사한다. 동물노동은 뉘앙스와 맥락을 고려해 건별로 평가해야 한다. 우리는 그 평가에 근거해 해로운 일자리를 없앨 수 있고, 인도적 일자리의 양을 늘리거나 질을 높일 수 있으며, 새로운 대안을 개발할 수도 있다. 인도적 일자리를 어떻게 증가시킬 수 있는지에 대한 보편적인 해답은 없지만 콜터는 우리에게 극복해야 할 두 가지 과제가 있다고 강조한다.

첫째, 협소한 유급노동에만 주목하지 말고 노동에 대한 개념을 확장해야 한다. 가령 서비스 노동, 돌봄 노동, 자급 노동과 같이 동물과 사람에게 좋음직한 다양한 형태의 노동은 흔히 우리 사회에서 평가 절하돼 왔다. 둘째, 우리는 '일work'에 대한 초점을 '일-생활work-lives'로 확장해야 한다. 동물들이 아마도 치료 노동이나 생태보호 노동과 같이 유의미하고 만족스러운 '좋은 노동'에 참여한다고 해도 그들은 일터 밖 생활에서 무언가를 박탈당할 수 있다. 일을 시작하기 전에 혹독한 훈련을 받거나, 퇴근 후 사회적으로 고립되거나, 일을 마치고 은퇴했을 때 적절한 돌봄을 받지 못할 수 있기 때문이다. 콜터는 인도적 일자리 그 자체만으로는 충분하지 않다고 보며 보다 완전한 의미에서 동물의 일-생활을 강조해야 한다고 주장한다.

3장에서 **알라스데어 코크런**은 동물에게 '좋은 노동'이 무엇인지 보충 설명한다. 코크런은 무엇이 동물에게 나쁜 일자리인지에 대해서는 우리가 동의할 수 있는 반면, 어떤 조건을 가진 일터에서 동물이 번영하는지, 즉 동물에게 **좋은** 노동은 무엇으로 구성되는지에 대해서는 상대적으로 잘 모른다는 점을 언급한다. 인간의 경우에, 우리는 인간 노동자들을 해로움으로부터 보호하기 위해 고군분투할 뿐 아니라 양질의 노동을 만들어 내고자 한다. 많은 국가들이 여러 정책을 채택함으로써 개인들이 의미 있고, 자율적이며, 성취감을 느끼는 노동 생활을 이끌어 가도록 돕고 있다. 이는 공적인 직업 교육 및 훈련, 경력에 대한 조언을 제공하는 것에서, 유효하고 좋은 일자리를 유지하거나 늘리기 위해 경제 분야에 투자하는 일까지 포함한다. 이런 정책들은 노동이 인간의 복지, 자기 존중과 자기 정체성, 정신 건강 등에 중요한 원천이라는 생각에 기초한다. 그러나 양질의 노동은 동물의 복지에도 이와 비슷하게 중요한가? 코크런은 그럴 수 있다고 주장한다.

일부 노동이 (1) 기술을 사용하고 발전시킬 수 있는 기회를 제공하는 등 즐거움을 주거나, (2) 동물이 행위성을 발휘하도록 허용하거나, (3) 동물이 공동체 안에서 노동하면서 그 공동체의 구성원으로 인정받고 가치 있는 노동자로 존경받는 맥락을 형성하는 한, 그 노동은 사실상 어떤 동물들의 복지에 결정적일 수 있다. 코크런은 이 책의 다른 여러 저자들과 마찬가지로, 현재 동물에게 부여된 노동이 좋은 노동의 조건을 충족시킨다는 환상에 빠져 있지는 않다. 그러나 그렇다고 해서 동물에게 노동을 통해 번영할 수 있는 기회를 제공해야 할 우리의 책임이 사라지는 것은 아니다. 코크런이 분명하게 말하듯이, 우리는 정의에 입각해 동물에게 양질의 노동에 대한 권리를 제공해야 할 책임이 있다.

4장에서 **러네이 디 수자, 앨리스 호보르카, 리 니엘**은 동물에게 일종의 '좋은 노동'이 될 수 있는 구체적인 사례, 즉 생태보호견들의 노동을 분석한다. 저자들은 앨버타와 온타리오에서 수행한 현장 연구에 기반해, 개들이 환경 보호 및 야생 지역 조사 업무에 종사하며 생물학자와 생태보호 활동가를 조력하는 일이 인도적 일자리에 해당하는지 탐구한다.

최근 들어 개들이 환경에 관한 노동에 어떤 기여를 할 수 있는지가 연구되고 있다. 그러나 이런 노동이 개들 스스로에게 좋은지에 대해서는 연구가 거의 이뤄지지 않는다. 디 수자, 호보르카, 니엘은 동물복지 과학과 질적 사회과학을 결합하는 간학문적인 접근법을 사용한다. 이는 노동 경험의 질에 영향을 미치는 다양한 요소를 평가하기 위함이다. 이러한 요소에는 개들이 생태보호를 위해 현재 수행하는 역할, 선발·교배·훈련 절차, 노동의 결과로서 동물의 복지와 삶의 질 등이 포함된다.

저자들은 혼재된 결론을 내린다. 동물이 이런 종류의 노동에 관심과 의향을 가지며, 따라서 이것이 좋은 노동의 일례가 될 수 있음을 보여주는 강력한 증거가 있다. 그러나 다른 한편으로는 동물의 일이나 더 광범위한 일-생활을 살펴봤을 때, 동물에게 발언권이 거의 또는 아예 없거나 동물의 종속적인 지위를 반영하면서 이를 영속화한다는 특징이 다수 발견된다. 저자들은 맥락화된 접근법에 힘입어, 어떻게 하면 생태보호견들이 살아가는 현실이 인도적 일자리와 일-생활이라는 목표에 부합하도록 변화하고 향상될 수 있을지 지적하고 있다.

동물노동의 딜레마

이처럼 좋은 노동에 대한 비전을 모색한 후, 이 책은 특히 동의, 소외, 죽음, 재생산, 시간이라는 주제에 집중하면서 동물노동의 전망에 대한 일련의 복잡한 문제와 과제로 방향을 돌린다.

우리가 앞서 언급했듯이, 어떤 비판적인 학자들은 동물노동이 가진 해방적인 가능성을 지지하기를 주저한다. 특히 동물의 기본권이 아직 인정되지 않은 때라면 말이다. 강제 노동의 금지와 자신의 노동을 자유롭게 선택할 권리는 그런 기본권에 해당한다. 5장에서 **샬럿 블래트너**는 이런 권리들이 왜 동물에게 필수적인지 그리고 이 권리늘이 어떻게 충족될 수 있는지를 탐구한다. 블래트너가 언급하듯이, 몇몇 저자들은 동물도 노동자로서 임금, 안전한 노동 조건, 은퇴, 건강 관리에 대한 권리를 반드시 보장받아야 한다고 주장해 왔다. 그러나 노동하는 동물에게도 자기결정 또는 공동결정에 대한 권리가 있다고 주장해 온 저자들은 그보다 더 적다. 동물들은 심지어 상대적으로 높은 복지 기준이 적용되는 '좋은' 일자리에서도, 자기 생각대로 노동관계를 시작하고 중단하거나 형성할 권리를 일반적으로 부정당한다. 블래트너가 말하듯이 이는 인간 노동자의 경우와 극명한 대비를 이룬다. 인간의 경우에 강제 노동이 절대적으로 금지된 곳에서라면 우리는 이런 권리를 가장 기본적인 최소한의 권리라고 여기기 때문이다. 또한 이는 학계의 경향과도 극명하게 대비되는데, 인지행동학 및 동물복지과학에서는 동물에게도 선택과 행위성이 중요하다는 것을 보여 주는 증거가 점점 더 많아지고 있다. 5장의 첫 부분에서 블래트너는 경험적 증거와 도덕적 논거에 기초해서, 동물에게도 노동관계를 시작하거나 중단할 권리를 비롯하여 강력한 자기결정권과 강제 노동의 금지가 필요하다는 주장을 입증한다. 다음으로 블래트너는 거부dissent, 동의assent, 합의consent에 관한 다양한 모델이 어떻게 동물에게 일터에서의 자기결정권을 보장할 수 있는지 탐구하기 위해서 최근 생명윤리 분야에서의 발전을 참고한다. 블래트너의 주장에 따르면, 우리는 반드시 일이 시작될 때 그리고 주기적으로 동물과 합의해야 하며, 동물에게 광범위한 직업 선택권과 일을 중단할 권리를 보장해야 한다. 또한 블래트너는 노동, 경영, 관리의 조건을 공동 결정할 수 있는 강력한 권리를 옹호한다. 이런 조건이 갖춰졌을 때 동물은 비로소 노동이 자신에게 정말 좋은 것이 되도록 목소리를 충분히 낼 수 있으며, 자신의 삶을 어떻게 이끌어 가고 싶은지 표현할 수 있다.

노동학 분야에서 '합의'는 이종 간의 맥락에 따라 재사유돼야 하는 많은 개념 중 하나에 불과하다. 그런 개념 중 또 다른 하나는 바로 소외다. 마르크스는 젊은 헤겔주의자로서, 자본주의라는 조건이 노동자인 인간들이 누리는 복지와 그들의 사회 구조 및 심신에 얼마나 지대한 영향을 미치는지 설명하기 위해서 소외 이론*을 정립한 것으로 유명하다. 그리고 다양한 학자들은 동물 또한 그들의 생산물, 생산 행위, 유적(177쪽

---

*《1844년 경제학·철학 초고》의 핵심 내용은 소외에 대한 마르크스의 설명이다. 마르크스에 따르면 자본주의 사회에서 노동자는 네 가지 형태의 소외를 경험한다. 노동 생산물로부터의 소외, 생산 과정으로부터의 소외, 다른 인간으로부터의 소외, 그리고 자신의 유類적 생활로부터의 소외가 그것이다. 자본주의 사회에서 노동자는 상품으로 전락하며, 자본가에게 자신의 노동을 판매함으로써 생계를 유지하게 된다. 그에 따라 노동은 창조, 자기 발전, 자기실현과 멀어지게 되고, 노동자는 스스로에게 속하지 않는 노동을 함으로써 점점 더 불행해지고 빈곤해진다. 즉, 자본주의 사회의 노동자에게 노동은 그 자체로 욕구의 만족이라기보다는 노동 밖의 욕구를 만족시키기 위한 수단에 불과하다. 마르크스는 이와 같은 노동 소외의 원인으로 사적 소유를 지목했으며, 노동자의 단결과 혁명을 통해 사적 소유를 철폐함으로써 인간 사회가 공산주의 사회로 나아가게 될 것이라 보았다. _옮긴이

옮긴이 주 참조) 생활species-life, 동료들로부터 소외되어 있다는 것을 보여
주고자 시도해 왔다. 그러나 **오마르 바추르**가 6장에서 지적하듯이, 그
들은 마르크스의 소외 이론을 동물노동에 적용하려고 시도할 때 마르
크스가 특정 종류의 '인본주의'에 기초하여 설명한다는 점을 충분히 고
심하지 않는다. 마르크스에게 진정으로 소외되지 않은 인간의 삶을 산
다는 것은 정확히 우리 자신을 동물로부터 그리고 우리 안에 있는 동물
적 본성으로부터 구별해 내는 것을 의미한다. 소외의 극복은 근본적으
로 종의 구분과 종간 위계를 확고히 한다. 바추르는 이런 인본주의 모
델이 다양한 결함을 가질 뿐 아니라, 우리의 목적을 생각했을 때 중요
하게는 동물에 대한 해방적인 가능성을 거의 가지지 못한다고 주장한
다. 그는 라헬 재기Rahel Jaeggi(2014)의 연구를 참고하면서 소외에 대한 '전
유appropriative 모델'을 대안으로 제시하고 있으며, 이 모델로 동물노동을
평가할 때 보다 가망 있는 시작점을 제공한다고 말한다. 이 모델에서
동물은 마르크스가 주장하듯이 '생명활동에만 매여 있지' 않으며, 오히
려 전유되는 것과 전유하는 자를 모두 변화시키면서 자신의 환경을 적
극적으로 변형하고 동화시킨다. 이는 우리가 동물노동을 이해하는 데,
즉 동물노동이 자본주의에서 어떻게 소외되고 있으며 이런 소외는 어
떻게 극복할 수 있는지를 이해하는 데 급진적인 영향을 미친다. 바추르
가 구상하듯이 전유 모델은 노동의 가치를 더 풍부하게 설명하면서도
노동에 대한 전통적인 설명에 포함된 친숙한 편견, 즉 종차별적이고 젠
더화된 생산주의적 편견에서 벗어날 것이다.

　동물노동을 다루는 연구에서 주요한 딜레마 중 하나는 이상과 현실
간의 거리다. 가령 우리가 합의나 소외의 필요조건에 대해서 사유하면

할수록 '좋은 노동'에 대한 우리의 이상과 우리 사회에서 동물이 처한 현실 간의 거리는 멀어진다. 이는 심지어 가장 나은 현실에서도 그러하다. 이런 문제는 대다수의 동물이 실제로 무엇을 필요로 하는지 고려했을 때, 노동-인정-변혁 논의가 결국에는 부적절하거나 심지어 역효과를 낳지는 않을지에 대한 까다로운 물음을 제기한다. 이런 우려는 7장의 **제시카 아이젠**에게 동기를 부여한다. 아이젠이 말하듯, 동물노동에 관한 연구는 특히 반려동물, 도우미동물, 구조동물 등 상대적으로 적은 수의 동물이 수행하는 노동에만 불균형하게 집중한다. 그에 비해서 우리 사회에서 압도적으로 다수를 차지하는 가축, 즉 농장동물은 그다지 주목받지 못한다. 인간의 편의를 위해 수십억 단위로 사육, 감금되고 죽임을 당하는 이름 없는 개체들을 위해서 우리가 정의를 사유한다면, 노동이라는 렌즈는 어떤 기여를 하는가? 노동 관점은 농장동물에 대한 우리의 대우가 어떻게 잘못되었는지를 밝히고, 더 나은 해결책을 찾는 데 도움이 되는가? 아이젠은 이 모든 물음에 대해 회의적이다. 그 이유 중 하나로, 노동법학자들은 농장이 '예외 지대'임을 이미 확인해 왔다. 그곳에서는 여러 표준적인 노동권을 준수해야 할 의무가 면제되어 있으며, 농업 종사자들은 북반구에서 가장 취약하고 보호받지 못하는 노동자 중 일부로 남겨져 있다. 동물노동의 옹호자들은 인간 및 동물 노동자를 더 잘 보호하기 위해서, 노동법의 적용을 농장의 맥락으로 확장하고 강화하기를 바랄지도 모른다. 그러나 아이젠이 말하듯 농업의 예외 상태는 심각하고 지속적이며, 노동법에서부터 동물 보호를 위한 환경법에까지 걸쳐 있다. 동물을 농업 노동자로 인정함으로써 정의를 확보하겠다는 전망은 요원하다. 또한, 노동이라는 렌즈는 '인도적'이라고 주장되는 상태를 포함하여 현대 동물 농업의 상태를 정의하는 조건, 즉 일상적 감금과 강요된 재생산 및 죽음을 은폐할 위험이 있다. 아이젠은 만약 우리가 권리와 관계를 결합하면서 동물과 연결될 수 있는 대안적인 방법을 찾고자 한다면, 노동이 아니라 착취를 정당화할 위험 없이 성원권과 협력에 대한 모델을 제공할 수 있는 가족 및 우정의 관계에 주목해야 한다고 제안하며 이야기를 마친다.

위에서 논의한 바와 같이, 노동 렌즈가 축산업을 정당화하는 데 이용될 수 있다는 아이젠의 우려는 중요하다. 실제로 동물노동의 주요 이론가 중 한 명인 조슬린 포처Jocelyne Porcher(2017)는 이처럼 축산업을 정당화하는 입장을 수호해 왔다. 8장에서 **니콜라스 들롱**은 포처의 설명을 주의 깊게 분석하면서, 포처가 농장동물은 우리의 동료라는 생각과 우리의 동료들을 죽이고 먹어도 괜찮다는 믿음을 어떻게 조화시키려고 하는지를 살펴본다. 포처는《동물노동의 윤리학 : 협력적 유토피아*The Ethics of Animal Labour: A Collaborative Utopia*》에서 동물들과 더 잘 '더불어 살기' 위해, 우리와 동물의 관계를 노동을 통해 '재창조'하는 일에 착수한다. 포처는 인간과 동물이 유의미한 관계를 유지하는 일은 그 자체로 가치가 있으며, 노동이 인간과 가축 간의 이런 '유대'를 유지할 수 있는 실마리라고 주장한다. 포처는 인간과 동물이 함께 일할 때 산업화된 축산업은 부적절하다는 것을 인정하지만, 전통적인 동물복지 축산 관행은 인간과 동물 모두에게 좋은 노동 형태라고 주장한다. 포처에 따르면 전통적인 동물복지 축산은 산업화된 공장식 축산이나 가축의 멸종이라는 문제를 해결하는 유일한 대안이며, 따라서 이것은 인간과 동물 간의 지속적인 유대에 기여한다. 들롱은 이런 논의에서 여러 문제를 발견한다.

들롱은 포처가 동물 도살을 '좋은 노동'의 일환으로 방어하려다 보니, 결국 노동의 가치와 죽음의 해악을 모두 왜곡해서 설명하게 된다고 말한다. 게다가 포처는 '필요악'으로서의 도살을 필요로 하지 않고도 (혹은 허용하지 않고도) 유대를 지속시킬 수 있는 다른 대안이 멸종과 착취 사이에 놓여 있음을 알아차리지 못한다. 다음으로 들롱은 도살을 중심으로 하지 않거나, 심지어는 식품 생산을 목적으로 하지 않는 인간과 가축의 관계에 대해 고찰한다. 들롱은 포처의 주장에 내재된 동물 착취를 배제하면서, 노동의 형태를 비롯하여 인간과 비인간 모두에게 유의미할 수 있는 대안적인 종간 관계를 구상한다.

　9장에서 **디네시 와디웰**은 일-생활에 대한 투쟁 그리고 특히 초과 근무에 대한 투쟁을 탐구한다. 마르크스는 《자본론*Capital*》 중 〈노동일The Working Day〉에 대한 장에서 노동일의 시간을 둘러싼 자본과 노동 간의 역사적인 논쟁에 대해 기술하고 있으며, 이는 하루 8시간 노동을 쟁취하고자 했던 노동운동에서 핵심 주제로 남을 것이다. 와디웰은 '노동일'에 대한 사유가 동물노동의 전망을 평가하는 데 유용한 관점을 제시한다고 말한다. 와디웰에 따르면 '노동일'이라는 개념은 일부 동물 노동자에게는 적용될 수 있을지 모르지만, 동물들이 자본주의하에서 수행하는 노동, 특히 어류 양식업과 같이 밀집된 형태의 양식업에서 수행하는 노동에서는 대부분의 경우에 노동일이 절대 끝나지 않는다. 9장의 앞부분에서 와디웰은 어떻게 시간이 동물노동에 대해 사유할 수 있는 생산적인 관점으로 기능할 수 있는지, 특히 그것이 어떻게 농장동물의 경우에서 가능한지 탐구한다. 환경 정의 운동과 같은 다른 사회운동에서는 노동·생산·소비를 줄여서 '자본주의의 속도를 늦추라'고 요구하는

데, 와디웰은 이것이 동물권 옹호자들의 목적과도 공명한다고 주장한
다. 그들의 목적이 동물 생산의 심화를 막고, 기존의 소비 관행을 숙고
하며, 동물에 대한 구조적인 폭력을 감소시키는 것이기 때문이다. 9장
의 뒷부분에서 와디웰은 시간의 정치학을 둘러싸고 어떤 기회와 제약
이 다른 사회운동과 전략적 동맹을 맺게 하는지에 대해 탐구하며, 이로
써 변화를 위한 전략을 발전시킨다. 특히 와디웰은 우리 사회에서 무엇
이 '필요노동'을 구성하는지, 정치적인 차원에서 질문하고 협상함에 있
어 동물노동이 기회를 열어 준다고 말한다.

　와디웰과 비슷하게, 10장에서 **수 도널드슨**과 **윌 킴리카**는 동물권 옹
호자들이 단지 동물노동의 질을 향상시키는 데 머물러서는 안 되며, 더
나아가 동물노동을 감소시키는 것 혹은 적어도 노동이 의미와 성원권
을 부여하는 근거의 중심에서 벗어나게 하는 것을 목표로 해야 한다고
주장한다. 노동은 역사적으로 여러 핵심 가치를 달성하는 관문으로 여
겨져 왔으며, 여기에는 개인의 안전과 자급자족, 자기개발과 자유, 사
회적 입지와 인정, 재화에 대한 공정한 기여 및 분배 그리고 삶의 목적
과 의미의 원천 등이 포함된다. 이런 가치들이 동물과도 관련되어 있는
한, 우리는 동물을 노동의 세계에 포함시키려고 시도해야 한다. 그렇게
함으로써 동물이 인간과 마찬가지로 노동자라는 것, 또 동물이 노동자
역할에 집중되어 있는 안전, 자기개발, 지위, 공동체, 목적의식 등에 접
근할 자격이 있음을 인정할 수 있다. 그러나 도널드슨과 킴리카가 말하
듯, 현대 노동시장에서 구할 수 있는 일자리는 대체로 이런 가치 중 대
부분을 다수의 사람들에게 가져다주는 데 실패하며, 이것이 우리의 현
실이다. 따라서 일이 다수의 동물에게도 이러한 가치를 가져다주지 않

을 것이라는 믿음에는 타당한 근거가 있다. 게다가 기술의 발전 덕분에 모든 사람이 일생에 걸쳐 전일제 노동에 종사할 필요(혹은 노동하는 일생을 위해 사회화되고 훈련받을 필요)가 없다. 사실, 모두가 반드시 '생산적'이어야 한다는 기대는 우리 문화에서 유해해졌으며, 환경적으로도 지속 불가능해졌다. 이런 발전으로 인해 '포스트노동post-work'사회에 대한 학술적이고 공적인 논의가 활발해지고 있지만 그 사회에 동물이 들어맞을지 혹은 어떻게 들어맞게 될지는 아직 탐구되지 않았다. 도널드슨과 킴리카는 동물이 포스트노동사회로의 전환에서 이익을 얻을 뿐 아니라, 사실상 그런 전환이 이뤄지고 있음을 보여 주는 사례가 될 수 있다고 주장한다. 동물은 가령 돌봄, 봉사, 교육 및 학습, 창작 등과 같이 임금노동과 경제적 생산의 표준 모델에는 들어맞지 않지만, 사회적으로 이로운 활동에 참여할 수 있다. 도널드슨과 킴리카는 '생산적' 노동에 인습적으로 묶여 버린 가치들을 옹호하면서 동물을 지금 우리의 노동 사회로 데려오려고 하지 않는다. 그 대신, 동물이 우리를 새로운 공동체와 더 풍부하고 포괄적인 시민권 정신으로 이끌며, 우리로 하여금 포스트노동의 세상을 상상하도록 도울 것이라 제안한다.

앞으로의 연구 과제

이 책에 포함된 연구는 동물노동이 제기하는 광범위한 질문과 과제의 일부를 다룰 뿐이다. 우리는 여전히 논쟁의 초기 단계에 있으며, 앞으로 수행해야 할 여러 수준의 작업이 남아 있다. 여기에는 동물노동과 관련된 사회적 관행을 확인하고, 이러한 관행을 평가하기 위해 적절한 도덕적 기준을 명확히 하고, 동물의 노동 경험에 대한 이해를 향상시키며, 동물에게도 선호가 있음을 호소할 뿐 아니라 동물의 권리를 확실하고 믿을 수 있게 보장하는 데에도 효과적인 법적, 제도적 구조를 만드는 작업 등이 포함된다. 이 책에 수록된 글들은 중요하고도 새로운 관점을 열어 주지만, 그 과정에서 인간노동의 영역에서도 여전히 답을 찾지 못한 훨씬 더 복잡한 질문을 우리에게 건네기도 한다. 이 절에서는 향후 수행될 연구에 중요하다고 생각되는 몇 가지 질문을 살펴보려고 한다.

이 책에 수록된 글은 대부분 가축화된 동물에 초점을 맞추고 있다. 이는 우리가 역사적으로 그 동물들이 우리를 위해 일하게 만들어 왔기 때문이다. 수천 년이 아니더라도 수백 년 동안 동물들에게 우리를 위해 노동할 것을 강요해 왔고, 그 노동 환경은 흔히 참혹했다(Hribal 2003, 2012). 부정의한 노동 관행을 규탄해야 하지만, 동물들이 이 세계에서 차지하는 자리를 부정하거나 그들의 행동을 제한하고 그들을 지루하게 만듦으로써 그러한 부정의를 해소할 수는 없다. 많은 동물들이 열성적인 학습자일 뿐 아니라, 문제를 해결하고 사회적 역할을 맡으며 자신이 속한 공동체를 돌보는 일을 즐긴다. 만약 동물노동이 가축들로 하여금 이러한 목적을 달성하게 할 수 있다면, 우리는 그 가능성을 탐색해 봐야 하지 않을까?

하지만 야생동물이나 (야생과 비야생의_옮긴이) 경계에 있는 동물의 경우에는 어떨까? 그들 또한 노동에 참여한다고 생각하는 것이 유용한가? 만약 그렇다면, 그런 생각에는 어떤 법적 또는 정치적 함의가 있는가? 많은 야생동물이 인간의 정착을 기피하며, 인간과 연관되거나 같이 시간을 보내고 싶지 않음을 분명히 나타낸다. 그렇다면 야생동물은 인간과의 협력을 원하지 않는 것으로 보인다. 그러나 동물노동을 정의할 때 항상 인간의 개입을 전제해서는 안 되며, 동물이 타자에 대한 돌봄이나 생태사회적 재생산에 유의미하게 기여하는 곳이라면 그 어디든 동물노동이 인정될 수 있다(Coulter 2016b, 2018). 어떤 종류의 법적 보호 장치가 야생동물이 그러한 생존 및 재생산 노동에 참여하고 노동의 결실을 향유할 수 있도록 보장하는 데 도움이 될 것인가? (야생)동물의 노동에 대한 사유는 서식지 및 환경 보호에 대한 주장에 근거를 제공함으로써 동물윤리와 환경윤리를 연결하는 데 도움이 될 수 있는가?

이와 관련하여 어떻게 동물노동이 더 교차적인 동물윤리를 발전시키는 데 도움이 되는지 질문할 수 있다. 이 책의 몇몇 저자들은, 인간노동이든 동물노동이든 간에, 무엇이 노동으로 인정되고 어떤 노동이 어떤 권리를 확보하며 누가 어떤 종류의 노동을 할 것이라 기대되는지와 관련하여 노동 인식이 뿌리 깊게 젠더화되어 있는 방식을 논의한다. 이는 동물학의 더 일반적인 경향을 보여 주는 하나의 사례로, 동물학에서는 장애, 인종, 종 사이의 관련성을 비롯하여 교차하는 형태의 억압 및 해방을 탐구한다(예, Deckha 2012; Kim 2015; Jones 2016; Taylor 2017). (이 책의 10장에서) 도널드슨과 킴리카가 언급했듯이, 노동은 인간과 동물을 구별하는 데뿐만 아니라 인간을 내집단과 외집단으로 분류하고 순위를 매기는 데에도 핵심적인 토대가 되어 왔다. 우리는 동물학에서 노동이라는 렌즈가 더 발전해서 이런 연관성이 밝혀지기를 바라고 기대한다.

이는 결과적으로 동물권 운동가들이 그들의 사회운동과 정치적 동원에 노동이라는 렌즈를 배치할 수 있는지 또는 어떻게 배치할 수 있는지와 관련하여 중요하고도 전략적인 물음을 던진다. 동물이 노동자라는 생각은 더 많은 대중에게 반향을 일으키는가? 그것은 동물 문제를 '잘 알려지게' 만드는 데 도움이 되는가? 또 그것은 인간의 노동 투쟁과 동물의 노동 투쟁이 서로 맞서기보다는 연합하도록 도울 수 있는가? 종간 연대, 인도적 일자리 등의 개념은 인간과 동물의 상호연결성을 강조하는 데 도움이 되는가?

당면한 여러 과제 중 하나로, 우리는 동물노동이라는 렌즈를 북반구 너머로 더 분명하게 확장하기를 원한다. 이는 비서구 토착민 개인과 공동체는 동물노동을 심리적·물질적으로 어떻게 이해하는지 고찰하기 위함이다. 그리고 동물의 노동 경험을 연구하기 위해 새로운 방법론을 개발해야 한다. 새로운 방법은 동물을 위한 법적, 제도적 안전장치를 약화시키지 않으면서도 가치, 포용, 참여에 대한 인본주의적 이해를 넘어서게 해 줄 것이다(Coulter 2018b; Hamilton and Taylor 2017; Hamilton and Mitchell 2018; Johnson 2017). 비판적 동물지리학의 일부 성과와 다종민족지학의 특정 접근법들은 생크추어리(구조한 동물을 평생 보호하는 시설_옮긴이) 지정을 포함하여, 비인간 동물에게 의미 있게 여겨지는 관계들을 탐구할 수 있는 방법을 제공한다(Abrell 2016; Gillespie 2018). 그리고 이는 평화로운 공존에 대한 포스트식민, 포스트인본주의적 비전을 탐구하는 데 도움을 줄지도 모른다(Pacini-Ketchabaw, Taylor, and Blaise 2016). 앞서 언급했듯이 동물학은 광범위한 분야에서 빠르게 발전하고 있으며, 우리는 동물노동에 대한 연구가 이 흥미로운 분야에서 도움을 받을 뿐 아니라 결국 이 분야를 더 풍부하게 만들 수 있다고 믿는다.

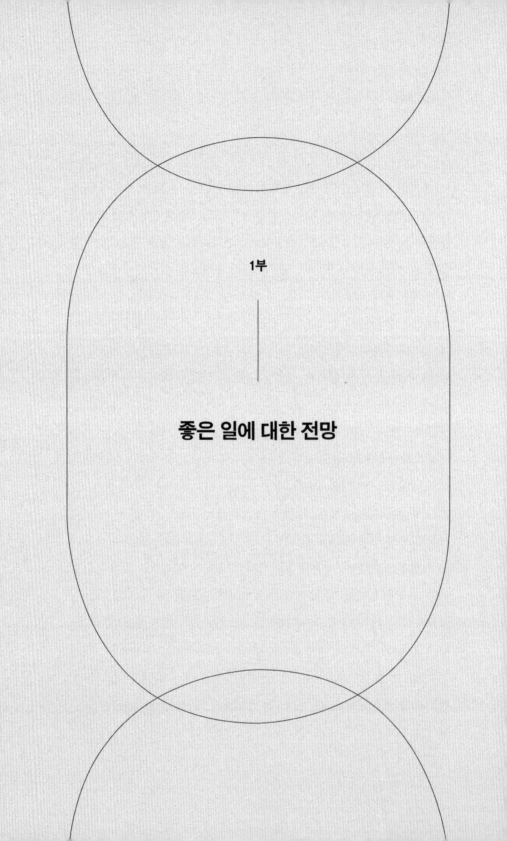

1부

좋은 일에 대한 전망

②

동물의 인도적 일자리와 일-생활이란?

켄드라 콜터◉

호모 사피엔스가 구축한 노동과 정치경제 영역으로 인해 동물은 물리적·심리적·정서적인 피해를 입고 있고, 세대에 걸친 심각한 피해도 이어지고 있다. 더불어 동물에게 심각한 해를 끼치는 산업이 공해, 기후 변화와 대대적인 생태 파괴까지 부채질하고 공중 보건을 위협하면서, 인간에게도 형편없고 위험한 노동을 주로 만들어 낸다. 이런 비판이 분명히 보여 주듯 대안 자체가 절실하게 필요하다.

옮긴이 일러두기 ───────────────────────

노동 관련 용어를 본문에 서술된 분류를 기준으로 노동labour, 일work, 일자리job, 직업occupation으로 번역했다. 다만, '일work과 노동labour'은 공식적 및 비공식적 노동 모두를 칭하기에 번역 시 문맥에 자연스러운 용어를 사용했고, 공적 노동을 주로 칭하는 '직업occupation과 일자리job'도 문맥에 따라 교차 사용했다.

◉ Kendra Coulter, *Toward Humane Jobs and Work-Lives for Animals* In: *Animal Labour: A New Frontier of Interspecies Justice?*. Edited by: Charlotte Blattner, Kendra Coulter, and Will Kymlicka, Oxford University Press (2020).
© Oxford University Press. DOI: 10.1093/oso/9780198846192.003.0002

인간과 동물 모두에게 좋은 노동을 개념화하고 육성하고자 인도적 일자리 개념을 제안하려고 한다. 종간의 연대를 약속하면서도 정의로운 정치경제적인 미래상을 구축하려면, 동물노동과 동물 옹호 사이의 실제적인 분열을 받아들이고 넘어서야 한다. 그래야 인도적 일자리를 구상할 수 있다. 저항하려면 우리 일상에서의 실천과 노동 현장의 문화, 경제에서의 변화가 필요하다.

나는 **인도적 일자리**라는 구체적인 용어를 사용할 것이다. 이미 있는 단어인 '좋은 일자리good jobs'와 '친환경 일자리green jobs'에서 발전시킨 것으로 다양한 사람들이 쉽게 이해할 수 있도록 간결하고 함축적이며 이해하기 쉬운 용어를 선택했다.

제도화된 수많은 동물 대상 폭력이 인간의 행동으로 인해 발생되기에 인간에게 노동력을 제공할 대안적인 노동을 창출해야 한다. ① 유해한 노동 대신 긍정적인 일 영역을 확장하기 위해서 인도적 일자리의 절대치를 늘려야 하고, ② 기존의 노동 영역이 더욱 인도적으로 기능하도록 근무 환경을 개선해야 한다. 좀 더 윤리적이고 지속 가능한 사회의 인도적 일자리를 구상할 때 가장 필요한 것은 파괴적 산업을 대체하고 인간을 대신하는 인도적 일자리를 창출하는 일이다. 그렇게 인도적 일자리가 증가하면 (동물의 이용과 착취, 좁은 공간의 감금, 도살과 같은) 해악을 줄이거나, 다른 종을 돌보고 보호하는 인간의 노동을 증가시키거나 개선시킴으로써 동물도 이익을 얻을 수 있다.

그렇지만 인도적 일자리를 상상하는 일은 또 다른 측면을 좀 더 조심스럽게 생각해 볼 수 있는 기회이기도 하다. 동물이 특정 일에 참가할 가능성에 대해 생각해 보고, 구체적으로는 동물에게 인도적 직업이 있

2장
동물의 인도적 일자리와 일-생활이란?

55

는지를 생각해 볼 기회다.[1] 아래에 기술한 것처럼 말이다.

> 이 지점에서 내 주장은 몇몇 가축이 특정한 노동을 하는 현실이 부당하다
> 는 것이 아니다. 만약 직업과 노동관계(일반적으로 근로자와 사용자의 관계를 뜻한
> 다_옮긴이) 모두 동물을 존중하면서 상호호혜적이고 동물이 종간 연대로 기
> 인한 보호와 긍정적인 혜택을 받는다면, 특히 공적인 정치 체계로 보장받는
> 다면 말이다. 동물도 다양한 종으로 이뤄진 일터와 사회 구성원으로서 특정
> 한 종류의 일과 노동관계를 즐길 수 있고 심지어는 이익을 얻을 수도 있다.
>
> (Coulter 2016c: 73)

이러한 주장은 수 도널드슨과 윌 킴리카의 다종 사회와 동물정치학 이
론과 공통점이 있는데, 특히 도널드슨과 킴리카는 동물의 (자기 방어 및
권리의 원천인) 보호와 긍정적인 자격 모두[2]를 강조하면서, 상호 보완적이
면서도 조화로운 정치 및 법 구조가 필요하다고 주장한다(2011: 특히 5장
참고). 도널드슨과 킴리카는 우리가 좀 더 윤리적인 다종 사회를 건설하
고자 한다면, 동물의 일과 동물이 그 노동을 수행함으로써 얻는 사회적
구성원으로서의 인정을 "사회적 삶의 상호 협력"(2011: 137; 또한 Kymlicka
2017 참고)으로 볼 수 있다고 말한다. 나도 가축을 우리 사회의 일원으로

---

1 나는 (비인간 동물이 아니라) 호모 사피엔스가 아닌 다른 종을 지칭할 때 동물이라는 용어를
사용한다. 이는 언어적인 효율성을 추구하면서도 다른 동물을 칭할 때 그 동물이 속하지
않은 종의 이름으로 계속 호명하지 않기 위해서다. 비인간 동물로 인간 외 동물을 부르는
것은 예를 들어 프란스 드 발Frans de Waal(2016)이 말했듯, 펭귄이 아닌 동물을 모두 비펭귄
동물이라고 부르는 것과 같다.
2 많은 동물법학자들이 이 둘 모두를 강조하고, 동물복지과학자들도 점점 더 그렇다. 예를
들어 멜러Mellor(2016) 참고.

받아들일 거라면 노동하면서 기여하는 것이 불합리하지만은 않다고 생각한다. 그렇기에 알라스데어 코크런(2016)의 주장처럼 (충분하지는 않지만) 몇몇 인간 노동자들이 누리는 정도의 필수적인 노동 보호 장치를 통해 우리는 동물이 일에 참여할 때 보장받아야 하는 권리에 대한 시사점을 얻을 수 있다. 예를 들면 "안전 기준과 휴식 시간, 휴일, 장기 휴가, 매일 혹은 영속적으로 일하지 않을 권리, 또는 퇴근 이후의 삶 누리기"와 같은 것 말이다(Coulter 2016a: 160).

특히 나는 많은 동물이 인간을 위해 일하지 **않을** 권리를 빼앗기고 있다고 생각한다. 인간이 동물노동으로부터 어떤 이익을 얻든 간에 동물이 수행하고 있는 많은 노동에 대해서 윤리적으로 옹호할 여지가 없다. 농장동물의 경우에 특히 "우리가 해야 하는 것은 … 동물에게 신체에 대한 자율권과 동물의 사회적 재생산 및 돌봄 노동에 참여할 기회를 재분배하는 것"(Coulter 2016b: 214)이라는 강한 주장도 있다. 동물노동에 대해 획일적인 방식으로 접근하는 것은 당연히 적절하지도 않고 도움이 되지도 않는다. 동물노동은 유일하거나 단일하지 않기에, 동물노동을 보편화한 비판을 하거나 보편적으로 용인할 수 없다.

이제는 좀 더 면밀한 분석과 제안이 필요하기에, 이 책에서는 동물노동의 가능성과 불가능성에 대해 다양한 관점으로 이야기하려고 한다. 나는 이 장을 동물에게 인도적 일자리 개념에 대해서 깊이 있게 탐구하는 데 할애할 것이다. 지적知的 지형을 형성하는 데에 주요 측면과 이론적 배경, 사회정치적 범위의 핵심적인 측면을 구분한 후 기초 원칙을 정하고 동물의 노동 경험을 이해하고 개선하는 데 사용할 용어를 자세히 설명하고자 한다.

노동을 연구하는 학자로서 노동이 억압적이고 비참하고 해로울 수 있으며, 의미와 자부심, 성취감의 원천일 수도 있고, 또 이보다 더 복잡할 수 있음을 너무나 잘 알고 있다. 게다가 노동을 개념화하는 방법이 중요한데, 이는 단순한 지적 행위가 아니다. 누군가에겐 노동이 항상 부정적이고 불쾌한 인상으로 가득 차 있을 것이다. 이렇게 생각한다면 필연적으로 모든 종류의 동물노동에 반대할 것이다. 노동을 한 가지 방식으로가 아니라 다양한 과정과 경험, 가능성으로 인지한다면 좀 더 면밀하고 정확하게 사고할 수 있으리라 본다. 노동 개념을 공통적인 부분이 있으면서도 매우 다양한 색과 질감, 색조가 있는 3D 모자이크처럼 본다면 좀 더 잘 이해할 수 있을 것이다. 그러한 인식을 기반으로 동물에게 인도적 일자리의 가능성을 그릴 수 있다. 더불어 인도적 **일자리**는 그저 시작일 뿐이고 궁극적으로는 인도적 **일-생활**을 강조해야 한다. 동물에게 인도적 일자리를 좀 더 충분히 평가하는 데 도움이 되고 잠재적 일자리를 육성하는 데 도움이 되는 몇몇 체계를 소개하면서 끝맺을 것이다. 이러한 체계는 서로 뒷받침할 수도, 확장될 수도, 잠재적으로 통합될 수도 있다.

이론적이고 정치적인 기초를 바탕으로, 특히 개 혹은 말이 인간과 함께 일하는 일터와 인간과 동물 간 관계부터 탐색할 것이다. 이 연구는 방법적으로는 여러 데이터 수집 기술 중 현장 연구와 인간, 동물에 대한 참여 관찰, 인터뷰를 이용할 것이다. 동물이 노동에 참여하면서 보여주는 행위성과 종속성의 다면적인 표현뿐만 아니라 동물과 규칙적으로 일하는 사람들의 현장에서의 실제적인 노력에 대해서 다룰 것이다.

이상적인 미래상을 그리거나 모든 문제에 적용되는 답을 도출했으면

하는 마음이 일지만, 여러 이유로 후자는 타당하지 않다고 본다. 유토
피아적 미래상을 구상하는 것은 의심할 여지 없이 뜻깊지만, 대담하면
서도 실현 가능한 대안을 제시해야 한다고 본다. 사실 얼마나 '대담한
지'에 대해서는 학계의 입장에 따라 다양하며, 일상적으로 동물과 일하
거나 동물을 위해 일하는 일선의 입장에 따라 굉장히 다를 수 있다. 그
렇기에 깔끔한 해결책이나 단 하나의 진단을 내놓기보다는 새로운 자
극을 주면서도 생산적이려고 할 것이며, 잠재적으로 적용 가능한 범위
를 알려주려고 할 것이다. 윤리적인 열망과 사회 변화의 역동성, 실제
적인 현실과 다양한 집단의 사람과 동물에 맞춰 좀 더 세심하고 협력적
이면서도 즉각적인 대화를 할 수 있도록 말이다.

동물노동에 대한 지적·사회정치적 분석

동물을 더 잘 이해하기 위해서 기존의 인간중심적인 용어를 확장하고
수정해야 한다고 주장한다. 그러면서도 노동에 대한 지배적인 기존 사
고방식으로는 동물의 노동 참여를 전체론적이고 다차원적으로 이해하
기 어렵고, 노동에 대한 새로운 접근법을 만들어 내기 어렵다는 것을 알
고 있다. 이는 많은 부분 기존 체계가 **남성 중심적**이면서 유럽 중심적이
기 때문이다. 마르크스의 노동 개념에 기초하여 노동에 대한 학문적 중
심이 형성되어 있어서, '일' 개념은 여전히 임금노동을 중심으로 이해되
거나 많은 경우 육체노동과 같은 특정한 종류의 노동을 지칭하는 것으
로 간주된다. 수십 년간의 페미니스트 연구와 학제 간 연구에서 기존의

다양한 생계 유지 방법뿐만 아니라 가사노동과 같은 다양한 무급노동을 강조해 왔음에도 불구하고 말이다. 과학 분야와 특히 영장류학에 대해 페미니스트 분석을 통해 분명히 밝힌 것처럼, 이러한 학계의 젠더화된 패턴은 사회과학이나 노동 연구에서 특이한 일이 아니다(예, Hager 1997; Haraway 1989 참고). 누가 연구를 하고, 연구를 하는 사람이 무엇을 우선으로 판단하는지가 무엇이 발견되고 발견되지 못할지를, 무엇을 강조할지를 결정한다. 정치 구조와 경제 체제는 특정한 방식으로 '일'의 뼈대를 형성해 왔고, 수많은 페미니스트 정치경제학자가 강조했듯 모든 경제 체제를 뒷받침하는 무급노동과 가사노동, 재생산노동을 도외시해 왔다(예, Luxton 1980; Luxton and Bezanson 2006; Waring 1999 참고).

　이러한 남성 중심적이면서도 동시에 인간중심적인 맥락이 동물노동에 대한 접근법에 커다란 영향을 미쳤다. 이는 동물노동이 동물의 물리적이고 육체적인 노동을 주로 강조했다는 말이기도 하고, (수레를 끄는 동물이나 경찰견, 안내견처럼) 동물이 인간과 노동하는 점이 가장 명확히 드러나는 예시를 강조했다는 말이기도 하다. 물론 이러한 측면도 유의미하지만 훨씬 복잡한 현상의 일부일 뿐이다. 노동을 동물의 신체적 힘에 대해서만 협소하게 접근하지 않고, 동물의 행위성뿐만 아니라 다면적으로 체화된 감정, 관계, 상호적인 과정을 통해 생각과 감정을 표현하고, 이해하고 평가하고 소통하는 능력까지 포함하여 이해해야 한다(Coulter 2019). 동물노동을 잘 이해하기 위해서만이 아니라 실제로 무엇이 연관되어 있으며 무엇이 윤리적으로 적절할지를 찬찬히 살펴보기 위해, 동물노동에 대한 훨씬 다면적이고 섬세한 접근이 필요하다.

　동물노동과 몇몇 동물을 분석하는 데 마르크스 사상이 도움이 될 수

있다(이 책의 9장 와디웰의 논의 참고). 내 생각엔 마르크스의 소외alienation 개
념에 대한 노스케(1989, 1997)의 해석 및 변형 또한 산업형 농업과 그 비
슷한 장소에서의 동물 경험에 대한 정보를 얻는 데 유용한 체계다(또한
Stuart, Shewe, and Gunderson 2013 참고). 마르크스 사상을 기반으로 한 최
근의 노동 과정 이론labour process theory과 특히 이 이론의 젠더화된 갈래는
감정 노동과 감정 작업emotion work(관계를 유지하기 위해 스스로 하는 감정 조절
을 칭한다_옮긴이), 신체 작업body work과 같은 유용한 개념과 분석 도구를
제공하고, 동물노동에 대한 더욱 다면적인 시각을 촉진하는 데 도움이
될 것이다. 노동에 대한 페미니즘 접근법은 동물노동을 보다 자세하게
이해하고, 특히 동물노동에 대해 윤리적이고 정치적인 접근법을 개발
하는 데 충분히 사용되지 않았으며 주목할 만하다고 본다.

대개 노동에 대한 페미니즘 분석은 지적 기반을 여러 개 가지고 있는
데, 그중 하나가 마르크스주의 분석이다. 그러나 페미니즘 정치경제학
과 이런 유사한 학문의 특징이자 장점은 노동과 노동자의 복잡성과 경
험, 사회적 과정에 대해 관심을 기울이고, 상호작용과 서비스, 돌봄과
무급노동 등의 요소가 특정 맥락에 어떻게 위치해 있는지에 대해 관심
을 더 기울인다는 점이다. 동물이 일할 때 정말 무엇을 **하는지에** (예를
들어 거시단위 분석 혹은 구조 분석과는 대조적으로) 관심을 기울인다면, 이러
한 관점은 소중하다. 물론 통상적으로 동물이 노동에 대한 임금을 직접
적으로 받진 않는다. 페미니스트 연구자는 무급노동을 강조하면서 무
급노동 자체와 무급 노동자를 좀 더 깊게 이해하고 진가를 인정할 수
있도록 이론적인 구조를 제공한다. 그리고 노동과 가치를 전통적인 마
르크스주의 학자와 다르게 개념화한다. 그렇기에 동물노동을 (분석적으

로) 이해하고 (정치적으로) 개선시키고자 할 때 페미니즘 학문을 기반으로 접근하는 것이 적절하다.

그런 의미에서 반드시 알아둘 것은 야생동물이 개별 및 집단적으로 생계 운영과 돌봄 노동을 자체 조정하고 있다는 것이다. 이 모두가 사회적 재생산노동과 내가 말하는 **사회생태적** 재생산이다(Coulter 2016a 의 특히 2장; 2016b). 유사하게 나는 함께 사는 인간을 위해 반려동물이 수행할지 모르는 돌봄이나 보호와 같은 비공식적이거나 자발적 형태의 노동도 인정한다(Coulter 2016b; Fitzgerald 2007; Lem et al. 2013; 그러한 역동에 대한 실증적 연구로는 Irvine 2013a, 2013b 참고). 노동 연구를 전반적으로 지배하고 있는 인간중심적일 뿐 아니라 남성 중심적이고 유럽 중심적인 노동 개념화를 넘어 해석의 관점을 확장시켜야 한다. 그러기 위해서는 모든 종의 동물이 다양한 노동에 종사하는 무수히 많은 방식을 인정하는 것이 중요하다. 여성 노동 단체와 여성 연구자들은 모두 여성 **노동의** 모든 영역이 그렇게 인정되고 적절하게 평가받도록 오랫동안 투쟁해 왔다. 페미니즘 연구에서의 중요한 교훈은 낸시 프레이저Nancy Fraser(1997)가 제시하듯 자주 주변화되고 평가 절하되는 다양한 노동과 사회 그룹을 **인정해야** 한다는 것이다.[3] 이러한 통찰은 동물 연구에도 대단히 유의미하다.

여기서의 논의가 인도적 **일자리**에 맞춰져 있기에 나는 인간이 동물에게 부과할 수 있거나 이미 부과하고 있는 공식적인 일과 직업에 초점을 맞추려고 한다. 나는 일work과 노동labour, 일자리jobs와 직업

---

3 프레이저의 인정과 재분배 논의가 동물에게 적용될 잠재적 가능성에 대한 보다 상세한 논의는 Coulter 2016b 참고.

occupation이라는 용어를 사용하는데, 이 용어들은 의미가 조금씩 다르다. 일과 노동은 좀 더 넓고 전체적인 과정을 칭하거나 돌봄 노동이나 감정노동, 감정 작업과 같은 특정한 방식의 과업이나 과정에 사용한다. 일과 노동은 공식적일 수도 비공식적일 수도 있다(가족 돌봄 또한 일임에도 비공식적으로 행해지는 것에 반해, 직업으로서의 돌봄은 공식적인 일이다). 일자리 혹은 직업은 치료 동물이나 도우미견service dogs과 같이 고용과 관련된 직함이나 분류를 강조하는 경향이 있으며, 보통은 공식적이고 배정된 것이다. 인도적 일자리(와 일-생활)는 이러한 측면을 총망라할 수도 있고, 동물이 하는 일을 인간중심적인 분류인 시간제 혹은 전일제로 구분하거나 십중팔구 좀 더 복잡하다는 사실을 반영할 수도 있다. 언급한 것처럼 나는 여기서 인간이 동물에게 부여한 일과 일자리에 집중할 것이다.

일하는 행위를 묘사하기 위해 사용하는 용어 또한 관심의 대상이다. 나는 때에 따라 (일에서의) 업무engagement, 참여participation, 성과performance 혹은 수행performing이라고 부를 것이고, 위임되거나 배정된 일 혹은 일자리라고 다르게 말할 것이다. 그 단어들이 서로 다른 함축된 의미와 명확성이 있기에 용어를 정확하게 사용하기 위해 공을 들였다(참여는 강제로 하는 것과 분명히 다르다). 그렇지만 그 용어들이 의미를 나타내기에 적당하지 않거나, 적어도 완벽하지 않을 수 있다는 것도 알고 있다.

특히 각기 다른 인간 문화와 역사 속에서 젠더와 계층, 인종, 민족, 식민 경험으로 인한 불공평과 특권이 생산 및 재생산되었음을 인식하고 있고, 이러한 불공평과 특권이 인간-동물 관계와 다종 간의 노동 맥락과 접하여 복잡하고 울퉁불퉁하게 얽혀 있다는 것도 알고 있다. 이러한 국내외적 역동과 이로 인한 결과를 여기서 제대로 종합할 수는 없다. 가장 중요한 것은 인도적 일자리에 대한 이번 논의의 범위와 한계를 정하는 일이기 때문이다. 인도적 일자리를 평가하는 데 활용 가능한 기준을 만들고자 용어와 생각을 발전시키려는 초기 시도이기에, 북반구 사례에 집중할 것이며, 미국 식민지 시대이자 정착 시기에 동물을 이용하거나 동물과 함께한 노동에 집중할 것이다.

이는 남반구나 북반구의 토착민 공동체에서 노동에 동원된 동물이 다쳤을 때 덜 고통받았을 것이라 가정하는 것이 아니며, 이 동물들이 더 나은 삶을 누릴 자격이 없다고 생각하는 것도 아니다. 이 지역의 역사와 식민주의 및 제국주의, 신자유주의적 세계화의 영향으로, 빈번하게 동물이 멸종되고 여러 종이 위험에 처하며 환경이 심각하게 변화하고 있음을 고려할 때, 오히려 새로운 접근 방법이 필요하다는 것이다. 식민주의와 제국주의, 신자유주의적 세계화의 영향은 세계의 사회경제 현실에 심각한 영향을 끼쳤고, 많은 지역을 빈곤하게 만들었으며, 전통적인 종간 관계도 파괴해 왔다. 고도로 산업화된(몇몇 경우에는 탈산업화하는) 경우에만 성취할 수 있고 그래야만 하는 동일한 기준을 가난한 공동체에 적용하는 것이 적절하지 않고, 전체 행성에 단일하고 거대한 청사진을 붙여놓는 것도 적절하지 않다. 동시에 종간 연대처럼 인도적 일자리를 구체화하는 가장 핵심적인 방안은 유럽 중심적인 사고와 정치적인 행동으로부터 나온 것이지만, 주요한 측면은 토착민의 다양한 관점과 맞닿아 있다. 미국 식민지 사회와 식민지 개척자의 후손은 수많은 토착민에게 다종 간의 역학에 대해 많이 배워야 한다. 이러한 연구와 교류는 토착민 학자와 비非토착민 학자 모두 점점 더 심각하게 받아들이고 있다. 위에서 서술한 이유로 이 장에서는 북반구의 비토착민이 동물에게 부여한 노동에 집중할 것이다.

동물의 인도적 일자리를 위한 기초

나는 우선 잠재적 노동 참여와 도살을 구분해서 본다. 농장동물의 노동에 대한 논의는 이 책의 다른 장에서 좀 더 세밀하게 다룰 것이다. 동물을 죽이는 것과 농장동물의 사체를 사용하는 것, 인간이 소비하기 위한 1차 상품을 생산하는 육체노동은 동물에게 인도적 일자리를 제공할 가능성이 전혀 없다.[4] 가장 근본적인 차원에서 인도적 일자리는 동물에게 '좋아야만' 하는데 1차 상품 생산을 위해 이른 시기에 동물을 도살하는 행위가 동물에게 유익하다며 옹호할 수 없다. 농장동물이 다른 방식에서는 인도적 일자리를 가질 가능성이 있겠으나, 1차 상품 생산에서는 그렇지 않다. 자비로운 의도를 가지고 고통이 없도록 동물의 삶을 끝내는 것과는 다르다. 분명히 말하자면 누군가에게 노동을 요청하는 것과 때이른 죽음을 안배해 놓는 것은 완전히 다른 일이다.

---

4 예외 가능성이 한 가지 있다면 작은 무리의 닭이 낳은 달걀을 이윤을 염두에 두지 않고 수집하고 소비하는 것이다. 이 닭들은 수명이 다할 때까지 살 수 있고 매우 자유롭게 이동할 수 있어야 한다(현대 사회 대부분의 '달걀 생산' 방식과 극명하게 대조된다). 암탉이 낳는 달걀은 자연적으로 일어나는 일인 동시에 신체 작업의 일종이기도 하다. 암탉은 인간이 달걀을 수집하거나 말거나 계속해서 달걀을 낳을 것이다. 반면, 식물성 우유를 이용 가능하다는 점과 특히 성인의 경우 다른 동물의 젖을 소비해야 할 생물학적 필요가 전혀 없다는 점을 고려할 때, 나는 윤리적으로 가장 세심하다 여겨지는 살처분 없는 몇 안 되는 낙농장조차도 중장기적으로 지속 가능하다는 확신이 들지 않는다. 좀 더 광범위한 논의는 밀번Milburn(2018)과 피셔Fischer와 밀번(2019) 참고.

더불어 동물에게 잠재적으로 인도적 일자리를 만들려면 이미 길들여진 종과 개체만을 고려 대상으로 삼는 것이 윤리적으로 적절하다. 야생동물을 활용하거나 동물을 감금시켜 인간을 위한 일을 시켜서는 안 된다는 입장을 전제로 한다.[5] 서커스장 같은 곳에서 현재 일하고 있는 동물들은 보호구역이나 다른 적절한 공간으로 퇴직할 수 있어야 한다. 이게 우리가 이 동물에게 해 줄 수 있는 최소한의 보상이다. 이 동물들은 은퇴를 보장받아야 하고, 존엄성과 더 많은 자율성도 보장받아야 한다.[6]

결과적으로 잠재적으로나마 인도적 일을 하는 동물은 대부분 개이고, 아마 몇몇 말과 작은 반려동물도 포함될 수 있을 것이다. 그렇지만 현재 농장동물로 불리는 동물 또한 치유 농장care farm(통합적인 치유와 사회적, 교육적 돌봄 서비스를 제공하기 위해 기존 농업 요소를 이용하는 공간을 말한다_옮긴이) 혹은 동물매개치료에서 돌봄 노동에 참여할 수 있다. 다양한 종으로 예상되는 이 동물들은, 인간과 함께 일할 의지가 있고 심지어 열정도 보이는 매우 사회적 동물일 것이다. 그러나 "그런 동물이라고 해서 현재 이들에게 요청하는(혹은 요구하는) 모든 것이 곧 정당하다는 말은 아니다. 특정한 종의 많은 동물이 인간을 위해 일해 줄 의향이 있다고 해서, 모든 개체가 일하길 원한다는 뜻이 아니며 그것을 매일 하길

---

5 남반구에서 주목할 만한 예는 지뢰를 찾고 결핵을 발견하기 위해 야생 쥐를 고용한 것이다. 콜터의 연구가 보여 주었듯(Coulter 2016a) 이런 일자리의 도입은 기존에 해충이나 기생충으로 간주되던 동물들을 바라보는 방식을 변화시키는 데 기여할 수 있으며, 이는 일을 하는 동물과 야생에 남아 있는 동물 모두에 긍정적인 기여를 한다. 이는 더 많은 분석을 필요로 하는 사례이지만, 언급한 바와 같이 이 장은 북반구에 초점을 맞추고 있다.
6 동물이 생크추어리나 미래의 이종 간 공동체에서 가질 수 있는 특정 권리에 대한 학문적 관심이 커지고 있다. 예를 들어, 일란 아이브렐Elan Abrell(2016), 수 도널드슨과 윌 킴리카(2015) 연구 참고.

원한다는 뜻도 아니다"(Coulter 2017: 175). 즉, 예를 들자면 개의 인도적 일자리가 가능하다고 주장할 수 있지만, 그렇다고 해서 개가 하는 모든 종류의 노동이 적절하다는 말은 아니며, 모든 개가 어떤 직업에서든 일할 수 있다는 것 또한 아니다. 도우미견과 우울증 치료견, 진행보조견 facility dogs(사람과 함께 전문적으로 훈련받은 후 건강 관리 혹은 교육 분야에서 일한다_옮긴이)이 되려면 특정한 기질과 성격, 태도를 가져야 한다. 이는 말이나 다른 농가 기반 치료를 하는 동물에게도 동일하다. 이런 일자리에서는 (대외적으로 수행적인 차원의) **감정노동**과 이에 연결된 **감정 작업**(내면적 감정 관리)을 하는 것, 모두 중요하다. 모든 개체가 감정노동이나 감정 작업을 이런 식으로 수행할 수도 없고, 수행하고 싶어하지도 않는다. 예를 들어 에너지가 넘치는 개는 다른 업무에 더 적합할 것이며, 탐지나 냄새 맡기(수색 및 구조, 멸종위기종 혹은 밀렵꾼 탐지 등)와 같은 좀 더 육체적으로 고된 일을 선호할 가능성이 높다.[7] 여기에서는 동물로 구분할 수 있지만, 유전적 가능성을 이유로 특정 종을 배제하는 것은 적절하지 않다. 가축은 생물학적 존재이자 사회적인 존재이기에 신체적으로 타고나는 기질뿐만 아니라 삶의 역사와 경험 **모두에** 영향을 받는다(Coulter 2018).

이러한 역학관계는 동의 문제이자 일하는 여부를 선택할 권리와 자연스럽게 연결된다. 이는 동물의 법적 지위에 대한 질문과 무엇이 중요하고 실질적이며 무엇이 논의 범위 밖인지에 대한 구체적인 질문과도 엮여 있다(종합적으로 보려면 Kymlicka 2017 참고). 그럼에도 불구하고 동물

---

7 디 수자, 호보르카, 니엘이 저술한 이 책의 4장 참고.

에게 인도적 일자리의 가장 필수적인 요소는, 동물의 법적 지위와 관계 없이 동물이 그 일자리에 **적합하고 관심이 있는지**다. 신체적이고 심리 적인 능력을 거스르는 일을 동물에게 요구하면 안 되고, 동물이 원하지 않는 일도 시키면 안 된다. 동물에게 도전적인 일을 윤리적인 방법으로 도 요청해서는 안 된다는 것이 아니라(코크런이 저술한 이 책의 3장 참고), 동 물의 능력과 **요구**를 과장하면서 왜곡하면 안 된다는 주장이다.

폐지론자는 동물의 저항 행위에 오래도록 관심을 가져왔다. 하지만 이 책의 1장에서 말한 것처럼, 동물의 행위성은 이제 긍정적·방어적 저 항 및 협력, 주도성, 돌봄뿐만이 아니라 불복종까지 포함하여 보다 넓 은 범위의 행동을 통해 인지되고 있다. 대부분의 동물, 심지어는 인간 입장에서는 사회문화적이고 경제적으로 특권을 누리는 동물도, 인간의 목적에 부합하기 위해 여전히 삶의 대부분을 인간에게 맡기고 있다. 그 렇지만 인간과 동물 간의 수많은 현장에서 동의를 얻고 동의를 하는 의 사소통은 훨씬 복잡하고, 동물 또한 의사를 밝히며 매일 협상을 한다. 인간과 동물 간의 모든 노동관계가 지배와 억압이라는 주장은 부정확 하고 이러한 노동 현장을 직접적으로 혹은 장시간 관찰해서 제대로 이 해한 것도 아니다.

예를 들어 말이 스스로 일하는 장소와 같이 일할 사람을 선택하지 못 하지만, 많은 사람들은 점점 더 말이 무엇을 얼마나, 왜 하고자 하는지 를 구체적으로 알아내려고 하고 있다. 말과 인간이 함께하는 문화와 환경이 증가하고 있기에 강압적인 구식 훈련법인 '말 길들이기breaking' 는 협동과 이해하려는 마음, 소통의 도구를 전제로 한 상호적인 방식으 로 대체되었다. 말이 인간과 여러 활동을 적극적으로 할 때 상호 간 협의는 계속된다. 버크Birke와 톰프슨Thompson(2018: 125)은 이를 '그만하기 applications to withdraw'라고 부르며, 말이 지각력과 행위성을 가지고 있기에 가능한 적극적인 과정이라고 본다(또한 Coulter 2014; Dashper 2017 참고). 해가 되는 행위를 어떻게 해도 완전히 제거할 수 없지만, 동물에게 생계를 의지하는 인간은 확실히 이런 상황에 영향을 받는다. 그러나 말-인간 문화를 직접적으로 연구하지 않는 비평가의 근거없는 주장과 비교하여 실제의 말-인간 관계에서는 대화와 윤리적인 접근이 훨씬 일반적이다.

마찬가지로 내가 연구하면서 만난 도우미견을 이용하는 사람과 동물매개치료를 하는 사회복지사 사이에서도, 그러한 역학관계는 두드러지진 않더라도 비슷하게 나타난다. 우울증 치료견은 보통 시간제로 일하고, 특정 장소로 방문하거나 한 장소에서 손님을 맞는다. 도우미동물service animals(가이드, 개인적 도움, 감정적 도움, 외상후스트레스 치유 등에 대응함)은 대개 특정한 한 사람을 위해 노동하고 그 사람과 같이 살고, 보통 여가 시간이 있음에도 24시간 '대기 중'일 수 있다. 사회복지사와 상담사, 동물매개치료를 하는 사람들은 엄밀한 의미에서 돌봄 윤리가 일의 핵심이기에 현장에서 적극적으로 돌봄에 헌신하는 모습이 특별히 놀랍지는 않다(예, Evans and Gray 2011; Ryan 2014 참고). 캐나다의 말 매개 치료사에 대한 나의 예비 조사에 따르면, 76퍼센트가 말을 치유자healers로 생각하고 있고, 66퍼센트가 동료 치료사로, 45퍼센트가 동료 노동자로 생각하고 있다. 특히 대개 치료사는 스스로를 '노동자'라 생각하지 않는다(Carlsson 2017 참고). 이 용어가 여러 문화에서 여전히 블루칼라스럽게 들리며 육체적 노동에 종사하는 남성 노동자를 연상시키기 때문이고,

노동자라는 용어가 마르크스주의에 기반한 노동 개념과 밀접하게 연관되어 있기 때문이다. 그렇지만 말이 공식적인 치료에 적극적으로 참여하고 돌봄 노동을 **제공하는** 사례는 점점 더 많이 드러나고 있다.

더욱 중요한 점은 여러 현장에 있는 사람들이 동물을 존중하고 보호하는 실천을 위한 가이드라인을 수립해 왔다는 점이다. 이러한 가이드라인은 윤리 원칙을 수립하거나 기초적인 부분을 보여 주고, 특히 노동 시간의 길이나 빈도, 일하다가 동물이 중단할 권리와 같은 실천 원칙을 알려준다. 이러한 현장이 일반적으로 강조되고, 현장에 있는 사람의 동물에 대한 지속적인 관심으로 이뤄지는 진행 **과정**이다. 치료동물과 일하는 많은 사람은 동물의 반응을 보고 동물이 불편해하거나 피곤을 호소할 때, 아니면 장소와 요청이 함께 변화할 때에도, 단호하게 동물을 그만 일하게 한다. 어떤 사람들은 치료동물과 일하는 사람에게 동물이 가장 우선 순위에 있다고 주장하기도 하다.

특히 도우미견과 안내견을 데리고 일하는 젊은 여성들은 동물의 신체적이고 감정적인 행복을 최우선으로 둔다. 개가 불편함을 나타내고 특정 상황에서 벗어나길 원한다는 것을 표현하는 것같이 종간 언어의 창조로 의사소통할 수 있다. 또 개가 다른 활동에 참여하고자 하는 기대를 표현할 수도 있고, (예를 들어 특정한 목줄이나 일할 때 입는 조끼에 반응하면서) 개가 뭘 하고 싶은지를 소통하는 방법이 될 수도 있다. 이러한 접근법이 얼마나 일반화될 수 있을지는 모르지만, 데이터를 중시하기에 포괄적인 주장을 하기엔 꺼려진다. 서비스와 치료 분야의 동물노동에 대한 학계의 실증적인 연구가 부족하지만, 이러한 역동관계에 집중하는 많은 연구가 진행되고 있는 것도 사실이다. 또한 서비스와 치료 행위에 대한 학술 비평은 동물이 그 과정에서 어떤 대우를 받는지에 대한 일반적인 주장을 한다. 그렇지만 이러한 비판은 충분한 현장 연구에 기반하지 않으며, 어떤 경우에는 **단 한 번의** 현장 연구도 하지 않았다. 분명히 더 많은 연구가 필요하다.

연구가 발전했다고 해서 동의에 대한 문제를 해결하지는 못하지만, 소통하는 데 중요한 뉘앙스를 추가하기도 하고 향후 조사를 위한 영역을 제안하기도 한다.[8] 인정하건대 나의 논의는 대부분 수 도널드슨과 윌 킴리카(2016a)가 미시 행위성micro-agency(타자에 의해 환경 및 목표가 결정되었더라도, 실제적인 행동과 참여 과정에서 자율성을 발휘할 수 있는 상태 및 행위를 지칭한다_옮긴이)으로 분류한 행위성의 상호적이고 국한된 개념에 집중하고 있다. 또한 이 논의의 초점은 다른 곳에서 자발적인 비공식 노동으로 다뤘던(Coulter 2016a: 2장) 타자를 위해 특정한 노동을 하고자 하는 동물의 잠재적 능력이 아니다. 동물이 일과 일터의 활동에서 그만두고 싶어하는 욕구에 집중했다. 이 책의 5장 저자인 블래트너도 동의 문제를 좀 더 자세히 파고든다. 동물이 높은 기준의 동의를 인지할 수 있는지 확신할 수 없고, 일자리에 대해 완전히 동의한다는 표시를 할 수 있는지에 대해서도 확신하기 어렵다. 동물이 노동 과정 자체에 대해서가 아니라, 특정한 과업이나 노동 과정에 대한 관심 여부만 나타낼 수 있는 것이 아닌가 한다(Cochrane 2014 참고). 그럼에도 불구하고 동물이 계속해서 필요한 과업을 수행하기를 거부한다면, 그 일자리를 거부하는 것으로 보기에 충분하다. 동의 문제는 간단하지 않으며, 일상적이고 상호적

---

8 인간과 다른 종 모두에서 자유/비자유 노동의 복잡성에 대한 논의는 여전히 불충분하지만, 좀 더 상세한 논의를 위해서는 Coulter 2016a의 78-79쪽과 142-143쪽 참고.

인 차원을 넘어, 조직적이고 정책적이며 좀 더 정치적인 차원에서 생각해야 하며, 동물에 대한 우리의 책임이 무엇이고 우리가 동물을 완전히 이해할 수 있는지에 대해 고민해야 한다. 좀 더 깊은 논의를 위해 가장 기초적인 원칙이라고 생각하는 기준을 여기에 제안하고자 한다. 우리는 인도적 일자리에 동물이 잠재적으로 참여할 수 있도록 보다 높은 목표를 설정하고 좀 더 확고한 접근법을 목표로 해야 한다.

동물의 인도적 일자리와 일-생활을 위한 경험 기반 분석법

동물이 인도적 일자리를 가질 수 있는 가능성을 분석하려면 동물과 동물노동에 대한 맥락을 고려한 전체론적이고 다차원적 접근이 필수다. 동물이 노동에 참여하도록 요청(혹은 요구)받는 모든 상황에 적용할 수 있는 분석 도구로써 고통과 즐거움의 연속체the continuum of suffering and enjoyment를 제안한다. 이 개념은 동물의 일이 어느 위치에 있고 왜 그런지를 인간이 부족하게나마 알아낼 수 있도록 고안되었다. 그렇기에 연속체는 다른 무엇보다도, 동물의 긍정적이거나 부정적인 경험과 복잡하게 뒤엉킨 경험을 강조하고자 한다. 우리는 이 연속체 개념을 통해서 순식간에 혹은 집약적으로 발생하는 변화나 좀 더 긴 기간에 걸쳐 발생할 수 있는 가변적 특성을 인지할 수 있을 뿐만 아니라, 공통점 및 패턴, 맥락 기반의 차이점을 인지할 수 있을 것이다.

동물의 노동 경험이 연속체의 어디에 위치하게 되는지는 아래의 다양한 요소로 결정된다.

- 종
- 개별 동물의 취향과 성격, 행위성
- 동물의 신체와 신체적 건강
- 동물의 마음과 감정, 정신적 건강
- 동물이 사람 혹은 다른 동물과 맺고 있는 사회적 상호작용과 관계. 여기에서는 고용주 혹은 동료 노동자와의 관계뿐만 아니라, 공식적인 노동에서 '벗어난' 상호작용 역동을 포함함
- 환경(들), 환경 내의 사물(혹은 아무것도 없는 환경 그 자체), 동물이 환경과 그 내부의 사물과 하는 상호작용
- 직업occupation
- 요구되거나 참여하고 있는 과업, 혹은 노동labours
- 사용 장비와 사용 방법
- 계절 혹은 날씨

동물은 본인의 신체적, 정신적 상태를 신중하면서도 의도치 않은 방식으로 인간에게 알려올 것이다. 인간은 동물이 의사를 전달하는 방식에 익숙해져야 하고 동물이 하는 이야기를 진지하게 받아들일 윤리적 책임이 있다. 이를 위해서는 보디랭귀지와 제스처, 소리, 표정과 눈의 모양, 에너지의 정도, (상호) 활동 정도, 전반적인 행동 등에 관심을 기울여야 하고, 생태학과 유사한 분야 연구자들이 밝힌 종 차원의 패턴과 개별 특성에 대한 인지도 필요하다. 예를 들어 말은 대부분 귀를 뒤

로 고정하면서 누군가가 물러나길 바라는 마음과 분노를 표현한다. 이것이 '말'이 그런 욕망을 전달하는 방식이다.[9] 이는 확실히 듣고 있다는 신호이거나 지루하다는 표시일 수도 있는 귀를 뒤로 향하는 행위와는 다르다. 정확하게 해석하려면 생물학적 존재이자 (종 및 개체 차원 모두에서) 사회적 행위자인 동물에 대한 지식이 필수다. 특히 연속체에서의 위치를 올바로 판단하려면 말이다. 이는 또한 같이 일하는 동물을 알고자 하는 최전선의 현장 지식에서 시작하는 것이 중요하다는 사실을 다시 한 번 보여 준다. 이러한 연속체는 점점 성장하고 있는 인지동물행동학과 동물복지과학을 기반으로 구축되고 보완된다. 더불어 연구자와 노동자가 모두 이해할 만하고 사용할 수 있는 좀 더 '사회학적인' 분석틀을 제공한다.

실은 몇몇 사례에서 볼 때 동물에게 부과된 직업이 연속체의 양극단 사이에 위치할 수 있고, 과업의 종류와 지속 시간, 일의 세부 사항, 일 외적인 기회 등에 대해 변화를 준다면 그 일자리를 즐거운 쪽으로 옮겨갈 수 있을지도 모른다. 동시에 이전에는 즐거운 일이더라도 여러 가지 이유 때문에 부정적으로 변화할 수 있음을 인식하는 것이 중요하다. 이례적인 한 번의 사건 혹은 과정 때문일 수도 있고, 동물이 나이가 들었거나, 친구가 사라졌거나, 일이 반복적이고 단조롭다는 이유로 변할 수 있다. 그렇기에 연속체 개념은 동물 고용이 인도적일지 여부를 고민하도록 하고, 특정한 변화가 도움이 될 수 있는지, 그에 따라 필요한지를 분

---

9 일터에서의 종간 언어 창조를 이해하는 데 여기의 의사소통 노동의 노동 과정(생산이나 서비스에서 결과를 산출하는 행위를 조직하는 체계를 말한다_옮긴이) 개념이 도움이 될 수 있다(특히 Coulter 2016a 참고).

석할 수 있는 유용한 시작점이다. 또는 상황을 구제할 방법이 없어서 대안을 찾아야만 할 때도 도움이 될 것이다(대안으로 보통 은퇴를 이야기하지만, 몇몇 경우에는 직업이나 근무 환경에 실질적인 변화를 주는 것이 더 적절할 수 있다).

위에서 말한 동물의 경험에 영향을 주는 다면적인 요소들은 또한 노동의 과정이며, 그것도 매우 사회적 과정이라는 점을 분명히 한다. 동물은 일에 공식적으로 참여하면서 일 '외'의 경험과 관계, 삶에 영향을 받을 것이고, 반대로 일 외의 요소들이 일에 영향을 미치기도 할 것이다. 의심의 여지 없이 노동 '밖'에서 벌어지는 일은 동물의 마음과 신체에 영향을 주고, 노동에도 영향을 준다. 결과적으로 우리는 고립되지 않은 상태로 수행 가능한 공식적인 일과 일자리만을 논의의 대상으로 삼아야 한다. 보다 섬세한 접근법에서는 동물의 일만이 아니라 **일-생활**에도 관심을 기울인다. 인간도 그렇듯, 동물의 육체성embodied existence과 동물의 경험 간에는 분명한 구분점이 없다. 예를 들어 긴장된 가족 관계는 '직장에 있을 때의' 기분과 에너지 수준, 집중 정도 등에 영향을 미친다. 비슷하게 직장에서 무례함이나 갈등, 부담되는 일을 경험하게 되면 '가정 생활'에도 스며들어 영향을 미치는 것이다.

페미니스트 학자는 이런 이유로 (또한 다른 근거들 때문에) 공적 영역과 사적 영역을 이분적으로 개념화하는 것을 오랫동안 비판해 왔다. 몇몇 경우 이러한 불가분성과 가변성을 인지하는 것이, 노동 조합 혹은 몇몇 고용주의 실제적인 변화를 이끌어 냈다. '근무 시간 외'에 진행되는 회의 시 아동 보육을 제공하거나 이에 대한 비용을 지급하는 것이 한 가지 예다. '일-생활 균형'에 대한 논의는 고용 상태에서 발생하는 문제를 완화하고 이러한 문제가 노동자의 삶에 어떻게 광범위하게 영향을 미치는지를 다뤘다. 몇몇 노동조합은 노동자가 가정과 공동체, '일상'에서 겪는 난항을 파악하고 이를 조직화하도록 공공연하게 독려했다 (Kenny 2011). 제인 매캘리비Jane McAlevey(2016)는 이러한 가정과 일터의 연결성이 실제로 중요하고, '온전한 노동자'를 이해하는 것이 중요하다고 강조했다.

　페미니즘과 관련 학문 분과에서 확장된 일-생활 개념은 인간과 동물 삶의 현실을 인지하는 것으로 시작된다. 노동에만 집중해서 연구하거나 관심을 두게 되면, 일-생활을 불완전하고 부분적으로 이해하게 되는데, 이는 인간중심적이고 '서구'의 포스트계몽주의 시기 이후 발명된 이분법적 분석틀을 그대로 따르는 것이다. 그에 반해 일-생활의 개념을 통해서는 실제 맥락에서의 노동자를 살펴볼 수 있다. 노동자들이 공식 노동을 하기 전과 후의 육체적, 지적, 감정적 건강well-being을 진지하게 살펴보는 것이기도 하다. 그렇기에 노동자의 삶에서는 ① 매일의 노동 전후와 ② 삶 전반에 걸친 공식적 일자리 전후 모두를 고려해야 한다. 인간인 우리는 어느 정도 후자를 고려하고 있기에, 연금과 노인 돌봄, 은퇴 개념뿐만이 아니라 보육과 유아교육을 발전시켜 왔다. 나는 동물을 위해서도 비슷한 일을 해야만 한다고 본다. 일-생활의 개념은 동물 삶의 모든 시간을 운용할 권한을 동물에게 되돌려 주는 총체적인 접근을 장려한다. 고통과 즐거움의 연속체에서 보여 준 폭넓은 고려에 비추어 보면, 일-생활 개념은 다른 밀접하게 연관된 요소 중 동물의 사회적 욕망과 필요, 관계, 일상을 보내는 방식, 쉴 곳을 진지하게 고려한다는 뜻이다. 동물을 '온전한 노동자'로 볼 뿐 아니라 온전한 존재로 생각하는 것이다. 동물도 공식적 노동으로 영향을 받아 관심과 관계, 욕망을 가지기도 하고, 반대로 공식적 노동과 관련 없는 관계를 만들고 관심과 욕망을 품기도 한다.

인도적 일자리를 향한 다음 단계는?

일자리의 특성에 대한 인간중심적이고 정치적인 논쟁에서는, 좋은 일과 양질의 일, 유의미한 일과 같은 용어가 다르게 사용된다. 특히 이러한 개념에서는 (임금, 시간, 혜택 등) 물질적 조건과 (존중과 품의를 감각하기, 지식과 창조성을 표현할 기회 가지기, 혹은 좀 더 나은 경제사회적 조건으로 이동할 수 있는 가능성 등) 경험적 차원 모두를 우선시한다. 이러한 요소들을 깔끔하게 적용할 수는 없지만 이를 통해 동물을 위한 인도적 일자리에 대한 의견을 제시하고자 한다. 위에서 말한 바와 같이 인도적 일자리 직업군의 다양한 측면을 발견했다. 이 중 대부분은 해로운 산업과 관행으로부터 경제 체제와 노동자가 벗어나고, 인도적 일자리를 만들어서 사라진 직업을 대체하며, 또 선제적으로 배려하는 지속 가능한 사회를 육성하도록 유해한 인간노동을 변화시키는 데 집중한다. 이러한 변화는 영향권에 있는 동물의 수와 동물이 받는 심각한 고통을 고려할 때 동물의 행복과 다종 간의 노동에 관심 있는 사람들이 최우선으로 다뤄야 할 문제다.

그렇다면 동물을 **위한** 인도적 일자리에 대해 고민할 때, 그저 인간을 위해 일하는 동물이 업무를 잘 견디고 해를 입지 않는 것이 목표일까? 이것이 충분히 높은 기준일까? 역으로, 적절한 조건하에서 특정 종류의 노동에 참여하는 동물에게 즐거움과 혜택을 주는가? 그렇지 않다면 인도적 일자리란 해를 입히지 않는 것과 즐거움을 주는 일 사이에 있는 것일까? 이 질문에 간단하게 대답할 수는 없다. 알라스데어 코크런이 이 책 3장에 그 대답을 좀 더 자세하게 기술해 놓았고, 이 장은 코크런의 철학적이고 가치 지향적인 주장에 대한 상호 보완적인 장이 되고자 한다. 비슷한 맥락에서 얼마 안 되는 몇몇 학자들은 동물이 공동체 구성원 혹은 잠재적 시민이 되려면 어떤 권리를 가질 수 있거나 가져야 하는지에 대해서 탐구하기 시작했다(예, Donaldson and Kymlicka 2011 참고). 동물이 어떤 삶을 살고 싶은지 같은 어려운 질문을 묻는다면 어떤 의미가 있을까? 만약 우리가 동물의 인도적인 일-생활 중 **삶**의 측면을 진지하게 고려하고, 종에 걸맞는 **빵과 장미**(모든 사람이 기초 생활 영위뿐 아니라 교육, 예술, 문학 등의 풍성함을 누릴 수 있어야 한다는 정치 슬로건이다. 제임스 오펜하임의 시구를 인용한 표현으로 여성참정권 운동에서 사용되었다_옮긴이)를 보장하고자 한다면, 즉 동물이 필요로 하는 것만이 아니라 욕망하고 즐기는 것까지를 보장하려고 한다면, 이 질문은 특히 중요하다. 인도적 일자리는 고통을 없애는 기회일 뿐 아니라 새롭고 진보적인 이상과 관계, 다종의 문화를 만들어 내는 시작이기도 하다.

종합적으로 나는 동물에게 인도적 일자리가 현실에서 무엇을 의미하고 무엇을 의미하지 않는지를 구체적으로 정의하는 규범적인 접근법을 조금 꺼린다. 특히 더 많은 데이터가 뒷받침되지 않는 상황에서 말이다. 그렇지만 동물노동이 페미니스트가 크게 관심을 가지고 있는 돌봄 노동 영역에서 매우 인도적일 잠재적 가능성이 있다고 본다. 나는 동물이 타자를 돌보는 일자리를 가지는 것이야말로 인도적일 가능성이 매우 높은 영역이라고 말하는 데 거리낌이 없다. 냄새 탐지와 같은 자연에서 일하는 업무가 그러하듯이, 환경 보호를 포함한 다른 영역도 인도적일 가능성이 있다. 그렇지만 이 책의 4장에서 디 수자, 호보르카, 니엘이 분명히 밝힌 것처럼, 좀 더 실증적이고 맥락에 기반한 분석이 필요하고 지금도 진행되고 있어야 한다.

실제로 동물의 인도적 일자리를 정의하기 위해 좀 더 강력하고 구체적인 접근법 개발을 할 때 무엇을 어떻게 할지가 모두 어렵다. 동물에게 주어져야만 하는 원칙과 권리, 보호 혹은 혜택이 무엇인가? 이러한 원칙과 권리, 보호 혹은 혜택을 어떻게 ① 평가할 것이며, ② 촉진하고 강화할 것인가? 이러한 질문에 대한 답은 없으며, 장소와 시간, 고용 부문 및 관련 요소, 관련 개체의 세부 사항을 기반으로 협력적이고 맥락 기반의 방식으로 접근해야 구체적인 사항을 가장 잘 알 수 있을 것이다. 동물 중심의 실천과 학계의 인간중심주의적 노동 이론 활용을 통해 새로운 아이디어를 얻을 수 있을 것이다.

동물을 위한 인도적인 직업을 정의하는 데에는, 생명과 신체 건강, 신체 보전, 감각·상상·사고, 감정, 실천 이성, 관계, 다른 종(혹은 스스로 속한 종), 놀이, 환경[10]의 중심 역량을 강조하는 접근법인 누스바움 Nussbaum(2000)의 '역량' 이론이 도움이 될 수도 있고, 이 책의 1장에서 상세히 설명한 다른 이론 체계가 그럴 수도 있다. 동시에 기존 인간중심적인 분석틀이 일자리의 질을 높이는 데 유용할 수도 있고, 더불어 실용적 차원의 효용은 도구와 전략에 익숙한 인간이 보다 쉽게 '받아들일'

---

10 러너Lerner와 실프퍼버그Silfverberg(2019)는 이를 말과 함께하는 치료에 적용 가능한지를 분석했다.

수 있기에 노동자의 전반적 행복well-being을 평가할 때 사용할 수 있을 것이다. 예를 들어, 코크런(2016)과 내가 제안했던 것과 유사한 노동권에 대한 핵심 요소가 만들어질 수도 있다. 이는 일work을 거부할 권리와 건강하고 안전한 환경에 대한 권리, 여가 시간을 확보하고 자율성을 가질 권리 그리고 추가적으로 노동에 참여하는 개별 동물의 특수한 상황과 동물이 하고 있는 노동의 종류를 고려한 권리다. 이러한 기본 원칙으로 기반을 닦을 수 있고, 업무 현장 혹은 부문별 원칙, 심지어는 개별화된 동물별 원칙이 수립돼 추가적인 필요와 권리, 세부사항과 혜택을 반영할 수도 있다.

　평가와 시행 및 규제와 관련된 사항이 가장 중요하고, 그후 노동조합과 공공 정책, 입법 과정이 필요할지도 모른다. 인간 노동자를 위해 노동 관련 보호를 행하는 가장 일반적인 조직인 노동조합이 개입하는 방식과 개입 여부는 논의 중이다. 내 연구에서는 동물을 조합의 보호를 받아야 하는 명예 구성원 혹은 존재로 명확히 개념화하는 단체 협약을 시행하는 국가를 현대 사회 어디에서도 찾을 수 없었다. 조합의 노력 혹은 조합원의 노력은 대부분 인간을 중심적으로 다루거나 인간이 좀 더 잘 대우받거나 잘 보호받거나 인간이 보다 적은 작업량을 해야 동물이 혜택을 본다고(몇몇 경우에는 사실일 수 있다)[11] 주장한다. 스웨덴의 공적 부문 조합인 코무날Kommunal은 예외적으로 동물매개치료와 돌봄 노동 현장에서의 인간 노동자뿐만 아니라 함께 일하는 동물에 대한 논의를 하고 있다. 실제로 인간 돌봄 노동자와 돌봄 부문에서 동물과

11 몇몇 노조원들이 때로 동물을 위한 협상을 진행한 역사가 있다(McShane and Tarr 2007, 특히 2장 참고).

이미 일하고 있는 노동자는 이러한 논의가 가치 있다는 것을 간파할지도 모른다. 노조의 노력은 단체 교섭 및 연립정부 구성과 같은 사회 노조주의 전략으로 확장될 수 있다. 동물에게 유해한 산업의 노동조합은 기존 구성원 보호뿐만 아니라, 궁극적으로 "공정하고 보살피는 사회를 만들려면 타자에 대한 착취와 억압을 용납해서는 안 되고, 비가시화된 수많은 동물 살해도 묵인해서는 안 된다(Coulter 2016b: 213)"는 것을 깨달아야 한다.

특정 치료소 혹은 유사한 장소에서의 동물노동과 보호 관행 관련 노동법을 개인의 자발성에 맡기기는 어렵다. 동물의 상황과 관련된 어떤 공공 정책 혹은 입법이 도움이 될지에 대한 좀 더 많은 성찰과 연구가 필요하다. 이러한 과정의 일환으로 현장의 사람들이 직접 만들어 사용하는 가이드라인의 핵심을 참조할 수 있고, 새로운 발상을 하면서 도움을 얻을 수도 있다.

또한 젠더 기반 분석과 비슷하게 종간 분석을 개발할 수 있다고 본다. 젠더 기반 분석은 개념적 및 분석적 접근법인데, 상이한 행동과 정책, 프로그램이 여성과 남성에게 각각 어떻게 같거나 다르게 영향을 미치는지를 알아본다. 교차성 기반 정책 분석은 더 나아가 다른 집단의 여성과 남성의 위치가 어떻게 같고 다른지와 다른 집단의 여성과 남성이 계급과 인종 및 민족 정체성, 시민권 지위, 장애, 섹슈얼리티 같은 다양한 사회적 요소에 어떻게 다르게 영향을 받는지를 알아내야 한다고 본다. 종도 또 다른 불평등 요소에 포함될 수 있다. 그 대신에 교차성 개념, 즉 내부의 이질성internal heterogeneity(혹은 덜 학술적이고 좀 더 이해하기 쉬운 개념)을 사용해 다른 동물이 사회적으로 구성되는 방식과 생물학적인 요인이 반영된 평소의 모습을 알아볼 수 있다. 사회적으로 구성된 생물학적 요인은 다종 간의 일터에서 동물의 위치를 형성한다. 동물과 인간이 나란히 함께 일하는 맥락을 가정한 다종 간의 분석 도구는 고통과 즐거움의 연속체와 마찬가지로, 실천 및 변화가 인간과 동물 노동자 모두에게 구체적으로 어떤 영향을 미치는지를 평가하고, 앞으로의 가장 윤리적인 길을 개발하는 일환으로 사용될 수 있다. 행동학적이고 윤리적 분석틀이 관찰 및 해석, 평가, 추천하는 데 도움이 될 것이다.

　이 장에서는 동물의 인도적 일자리와 일-생활에 대한 보다 포괄적인 논의를 시작하고자 했고, 특정 동물이 인도적 직업과 일-생활 모두를 누릴 수 있는 가능성에 대해서 어떻게 생각해야 하는지를 알아보았다. 그렇지만 여러모로 대답보다는 더 많은 질문을 던졌다. 실은 인간-동물 노동 연구에 대한 작지만 커가는 학계에서는 동물이 인간에게 기여하는 바를 자주 강조한다. 이러한 논의는 중요하지만 충분하지는 않다. '우리가 동물을 위해 무엇을 할 수 있고 무엇을 해야만 하는지?'를 좀 더 신중히 생각해야만 한다. 우리가 할 일은 훨씬 더 많다.

3

동물에게 좋은 일은
어떤 특성을 가지고 있을까?

알라스데어 코크런[⊛]

우리는 흔히 동물이 일하는 것을 즐긴다고 생각한다. 최근 영국 뉴스에 방영된 한 훈련사의 인터뷰처럼 말이다. "샘Sam은 일하는 즐거움과 제 칭찬 때문에 살아요. 물론 가끔씩 먹는 도넛도 중요하죠(Burchell 2013)." 샘의 품종은 로트하운드다. 로트하운드는 영국의 대저택에서 삭은 목재를 찾는 일을 하는 골든래브라도리트리버 종이다. 부식을 일으키는 곰팡이를 킁킁거리며 찾아내는 능력 덕에 로트하운드는 역사적인 건물을 보존하려는 사람들에게 엄청나게 매력적이다. 덕분에 인간이 혼자 하는 것보다 훨씬 더 정밀하고 효과적으로 썩어가는 것에 대처할 수 있다. 샘의 훈련사인 피터 모나핸Peter Monaghan은 같이 살기에 활동

⊛ Alasdair Cochrane, *Good Work for Animals* In: *Animal Labour: A New Frontier of Interpecies Justice?*. Edited by: Charlotte Blattncr, Kendra Coulter, and Will Kymlicka, Oxford University Press(2020).
© Oxford University Press. DOI: 10.1093/oso/9780 198846192.003.0003

량이 많다는 이유로 파양된 샘을 영국 북부 컴브리아주Cumbria의 구조 센터에서 우연히 만났다. 뉴스 인터뷰에서 분명하게 밝혔듯 모나핸은 샘이 아주 잘 지내고 일을 잘해 내고 있다고 확신했다.

일하는 동물에 대한 이런 감정적인 반응은 아주 흔하다. 동물과 일하는 사람은 동물이 일을 **즐기고**, 일하면서 **보람을 느끼며**, 심지어는 일을 **해야만 한다**고들 말한다(디 수자, 호보르카, 니엘이 저술한 이 책의 4장 참고). 양치기 개와 심리 치료를 위해 인간을 태우는 말, 경비원 역할을 하는 오리, 유해동물을 잡는 고양이 등 다양한 일을 하는 여러 동물도 그럴 것이라 본다.

그렇지만 이러한 주장이 타당할까? 어떤 일은 특정 동물들에게 좋은 일일까? 아니면 이러한 주장이 그저 동물의 이용 및 착취를 정당화하고자 하는 비도덕적인 시도일까? 이 장에서는 노동이 특정 동물에게 좋을 수 있는지를 알아보고, 만약 가능하다면 좋은 일이 어떤 모습일지를 탐구해 볼 것이다.

분명히 말하자면 이 장의 목표는 동물에게 **해로운** 노동 방식을 알아내려는 것이 아니다. 다른 학자들이 성공적으로 폭로 및 규탄했듯이 잔인하고 착취적인 관행이 노동이라는 명목하에 동물에게 자행되었다(Noske 1997). 농장과 실험실, 강아지 공장, 투견 훈련장 등에서 일하는 동물에게 가해진 해악의 정도로 미루어, 많은 사람들은 이러한 고통이 **동물노동의 필수 불가결한** 특징이기에 이를 폐지해야 한다는 결론까지 이르렀다(Francione 2008). 그렇지만 최근 몇 년간 동물학계는 종간의 관계가 어떻게 더 공정해질 수 있을지를 상상하는 추세다(Donaldson and Kymlicka 2011). 그 일환으로 나는 특정 형식의 일이 몇몇 동물에게 **무해**

할 가능성이 있을지를 연구해 왔다. 일하는 동물의 **노동권**을 인정하면서 동물노동이 개혁 및 규제된다고 가정했을 때 말이다(Cochrane 2016). 이 장에서는 무해한 노동에 대한 의심을 넘어서, 켄드라 콜터(2017)가 명명한 '인도적 노동humane work'에 집중하여 노동이 동물에게 **좋다**는 주장을 논의하는 데 할애할 것이다. 인간이 행하는 노동에 대해서는, 일이 그저 해롭지 않기만 하면 된다고 보지 않는다. 오히려 대다수는 일이 '적절하고', '의미 있는' 기회를 제공해야 하고, '좋은 일'을 할 수 있도록 사회가 체계화되어야 한다. 여기서의 '좋은 일'이란 개인의 행복과 성장에 적극적으로 기여하는 노동이다. 이런 이유로 많은 국가는 인간 노동자의 피해 보호뿐만이 아니라, 개인이 의미 있고 자율적이고 성취감을 느끼는 일을 하도록 조력하는 정책을 실시하려고 한다. 이러한 정책은 대중 교육 및 훈련에서부터 경력에 대한 조언을 제공하는 것, 고용을 촉진하거나 유지하는 산업 등에 투자하는 것까지 다양하다.

그렇다면 일이 비인간 동물의 행복도 촉진할 수 있을까? 이 장에서는 몇몇 환경에서 동물에게 좋은 노동이 있을 수 있다고 주장하고자 한다. 인간에게 좋은 노동의 네 가지 요소로 일반적으로 제시되는 자아실현self-realization, 즐거움, 자율성, 자존감self-respect을 동물에게 적용할 수 있을지, 적용한다면 어떻게 가능할지를 살펴보고, 결론에서는 동물에게 좋은 노동의 세 가지 기준으로 마무리할 것이다. 좋은 노동은 기술을 사용하고 개발할 기회와 함께 즐거움을 주고 동물의 행위성을 발휘할 수 있도록 하고, 동물을 소중한 노동자이자 노동 공동체의 일원으로 존중하는 환경이 제공되어야 한다.

본격적으로 시작하기 전에 앞서 이 장에서 주로 다루려고 하는 동물

노동의 종류에 대해 분명히 밝히고자 한다. 이 장에서는 콜터(2016: 61)가 명명한 '공적 노동'에 집중하는데, 이는 인간과 동물이 공존하는 사회에서 인간이 부여하고 가축이 수행하는 노동을 말한다. 나는 '들판, 공장, 사무실, 학교, 가게, 건축 현장, 콜센터, 가정 등에서' 행해지는 유사한 행위를 노동으로 칭하는 새뮤얼 클라크Samuel Clark(2017: 62)의 정의를 빌려오고자 한다. 가축이 다른 종류의 노동을 수행하지 않는다고 이야기하려는 것은 아니다. 예를 들어 반려동물은 세계 곳곳에서 타인을 보호하고 돌보면서 노동한다. 야생동물도 일한다는 사실을 부정하려는 것은 아니다. 스스로 생존에 필요한 것을 공급하면서든, 인간과 다른 종의 생명 유지에 필수적인 도움을 주든 간에 말이다(Coulter 2016: 60-61). 나는 공적 노동에 특히 집중할 건데, 인간이 동물에게 노동을 배정하고 지시하더라도 이 노동이 동물에게 좋은 노동인지 여부를 알아보는 데 관심이 있기 때문이다. 이 장의 결론이 다른 종류의 동물노동에도 적용될지는 향후 연구 과제다.

자아실현

존 엘스터Jon Elster(1986)가 설명한 마르크스주의에 따르면 좋은 삶을 위해서는 **자아실현**이 핵심적이며, 이는 자유롭고 창의적이며 숙련된 생산적인 행위를 통해 촉진되어야 한다(또한 Attfield 1984: 147-148 참고). 인간의 행복을 이렇게 정의하는 것은 사실상 완벽주의적인 관점이고, 이에 따르면 개체의 번영은 종의 본질적인 역량 발휘에 달려 있는 것이다(Attfield 1984: 145; Clark 2017: 63). 이러한 마르크스주의 관점에 따르면 인간의 본질적인 역량, 즉 그들이 말하는 '유적(177쪽 옮긴이 주 참조) 존재 species-being'는 의도를 가지고 노동하고 세상을 변혁하는 것이다. 이 주장은 특정한 종류의 노동만이 특정 상황에서 몇몇 인간의 흥미를 끈다는 것이 아니라, 오히려 좋은 삶은 자아실현에 달려 있고 자아실현은 좋은 일로 완성된다는 훨씬 확고한 주장이다.

그렇다면 우리의 노동이 자아실현에 기여하려면 어떤 모습이어야 할까? 엘스터(1986: 100)에 따르면 자아실현적인 노동은 적극성과 전문성을 요하고 목표 지향적이다. 그렇기에 이는 (수동적인) 소비와 대조되고, (기술을 요하지 않는) 힘들고 단조로운 일과도 다르며 (목표가 없다는 점에서) 저절로 일어나는 상호작용과도 다르다. 가장 분명한 것은, 자아실현적 좋은 노동은 산업사회의 고도로 계층화된 노동 분업과 뚜렷하게 구분된다는 점이다. 인간 본성의 가장 숭고한 부분을 발전시키기 위해 노동으로부터 자유로워져야 한다는(Kandiyali 2014: 117) 서구 정치 사상사의 지배적인 관점과는 대조적으로, 이러한 입장은 자유롭고 의식적이며 창의성을 발휘하여 수행하는 생산적인 노동을 인간 본성의 가장 숭고한 부분이라고 본다.

그렇다면 **동물**에게 좋은 일이 자아실현과 관련이 있을까? 처음에는 의심스러울 만하다. 잘 알려져 있듯 마르크스는 생산노동에 대해 설명할 때 동물을 제외했다. 마르크스가 보기에 인간과 동물의 노동은 질적으로 다른 것이었다. 인간은 물질적 필요를 넘어선 것을 생산하는데 동물은 그렇지 않고, 인간은 종 차원에서 생산할 수 있다면 동물은 개체 단위로만 생산할 수 있는 데다가, 인간은 다양한 기준으로 노동하는 데 반해 동물은 종별 기준에 맞춰서만 생산할 수 있는 것이다(Marx 1994: 64). 그렇기에 마르크스라면 비인간 동물의 노동에 자아실현과 번영이 필요하다는 것은 고사하고, 비인간 동물도 자유롭고 의식 있는 노동을 할 수 있다는 주장에 동의하지 않았을 것이다.

그렇지만 마르크스가 주장한 인간과 비인간 노동의 구분은 충분히 반박 가능하다. 마르크스가 온전히 인간의 전유물이라고 생각했던 방식으로 노동하는 비인간 동물을 분명 찾을 수 있다. 예를 들면 포식 동물은 신체적 욕구 때문이 아니더라도 종종 사냥한다(Cochrane 2010: 100). 또한 인간에게서도 마르크스의 노동 기준에 부합하지 않는 예시를 찾을 수 있다. 예를 들어 영유아가 인간 '종'의 노동은 고사하고 의미 있게 일한다고 전혀 말할 수 없는 것처럼 말이다. 그렇기에 인간과 동물노동은 유형이 다르다기보다는 노동 정도에 차이가 있는 것으로 보인다(Clark 2014).

뿐만 아니라 자아실현은 동물에게 바로 적용할 수 있는 개념으로 보인다. 결국 자아실현은 특정 종의 본질적인 역량을 발휘하면서 달성하는 것인데 특정한 동물노동은 이런 요건을 충족한다. 예를 들어 로트하운드 샘은 분명히 냄새 맡기와 추적에 대한 고도의 역량을 개발 및 활용하고 있다. 또 다른 예시로 비둘기를 훈련시켜 메시지를 전하게 하는 것은 비둘기의 탁월한 방향 찾기 기술을 발전시키는 것으로 생각할 수 있고, 숲에서 송로버섯을 찾는 돼지는 냄새 맡기와 땅을 파는 능력을 발휘하고 있는 것이며, 건물이나 물건을 지키는 거위는 시력, 방어력, 위협 기술을 활용하고 있는 것이다. 이 모든 예시에서 일이 동물의 자아실현에 기여하는 한은 '좋다'고 볼 수 있다고 본다.

그렇지만 세 가지 이유로 동물에게 좋은 일이 곧 자아실현적이라고 보는 주장에는 회의적이다. 첫 번째 이유는 (인간이든 동물이든 간에) 행복과 자아실현이 매우 밀접하게 연결되어 있다는 점과 관련이 있다. 간단히 말해서 좋은 삶을 이런 완벽주의적인 관점으로 바라보기보다는 의문을 가져야만 한다는 것이다. 각각의 종에게 객관적인 행복의 기준이 이미 결정되어 있다는 논리는 미심쩍어 보인다(Arneson 1987: 520). 수동적인 소비에 몹시 심취해 즐겁게 사는 인간을 예를 들어 보자면, 이 사람이 낮은 단계의 행복을 누린다고 판단하기엔 석연치 않다는 것이다. 사실 개별 인간의 성격과 역사, 욕망이 다르다는 것을 고려하자면 개인이 잘 살 수 있는 방법은 다양하다고 볼 수 있다. 그렇기에 창의적이고 숙련된 생산 행위가 많은 인간에게 매우 소중하고 심지어는 권장되는 것 같지만, 자아실현이 좋은 삶을 영위할 **유일한** 방법이라는 주장은 오류에 가깝다.

두 번째로 자아실현이 좋은 삶의 요소라고 받아들이더라도 **노동**이 자아실현을 보장하는 데 필수적이라고 보기는 어렵다. 예를 들어 인간의 경우, 노동이 아닌 영역에서 기술을 이용하여 창의적이며 목표를 추구하는 활동을 할 수도 있다. 사실 짧은 노동시간에 더 높은 임금을 받는다면 여가 시간에 훨씬 더 탁월한 성취가 있을지 모른다(Arneson 1987: 525). 동물의 경우도 마찬가지다. 예를 들어 귀소성이 있는 비둘기는 노동하지 않을 때 위치 찾기 기술을 훨씬 더 잘 발휘하고 발전시킬 수 있을지도 모른다. 요즘 그저 재미삼아 비둘기를 훈련해 이용하는 것처럼 말이다.

동물에게 좋은 일을 자아실현과 동일시하지 않는 마지막 이유는, 이러한 생각이 동물의 행복에 실제로 해를 끼칠 수 있기 때문이다. 사실 비인간 동물에게 행복에 대한 완벽주의적인 관점을 적용하길 주저하는 이유는 분명하다. 동물의 자아실현은 어느 정도 자기희생이 되고, '타자를 위한 실현realization-for-others'이 되기 십상인 것이다. 예를 들어 행복에 완벽주의적으로 접근하다 보면 동물에게 자연스러운 것을 곧 좋은 것으로 간주하는 문제적인 생각으로 이어질 수 있다. 그렇지만 산 채로 먹이가 되는 동물을 생각하면 그러한 결론을 도출하기는 어렵다(Cripps 2010). 더욱이 일하는 가축에게 완벽주의자의 주장을 적용하면 그저 우려스러울 뿐이다. 사실 '그런 일을 하려고 태어난 거야' 혹은 '이게 존재 이유야'라는 식으로 동물노동 착취를 정당화하기 일쑤다(Emery 2013). 이런 주장은 어느 정도 일리가 있는데, 가축은 인간의 일을 돕는 데 필요한 특성을 지니도록 수 세기에 걸쳐 선택적으로 번식되었고, 그렇게 선택된 특성과 일이 어떤 의미에서는 이 동물들의 '본질적인' 요소다. 그렇다고 해서 이러한 업무를 수행하고 특성을 개발하는 것이 동물 자신에게 좋다는 의미는 아니다. 이러한 주장을 따라가다 보면 이상한 결론에 이르게 된다. 예를 들어 벨츠빌Beltsville 종의 돼지에게 인간의 성장 호르몬 유전자를 지닌 배아를 주입하자 다른 사육 돼지보다 더 크면서도 기름기가 적고 빠르게 자랐다(Christiansen and Sandøe 2000). 단순히 보자면 고기 공급 업무에서 역량을 뛰어나게 발휘하는 것이기에 벨츠빌 돼지가 자아실현을 했다고 말할 수 있다. 그러나 심각한 장기 손상과 관절 손상에 더하여 여러 병증으로 고통 받았기에, 좋은 삶을 살았다고 하기에는 사리에 맞지 않다.

기술과 즐거움

좋은 일을 자아실현과 동일시하는 것이 잘못되었다고는 생각하지만, 기술을 사용하고 발전시킬 기회를 동반해야 한다는 생각은 여전히 그럴 듯해 보인다. 결국 기술을 사용하고 발전시키는 일이 개체가 삶에서 **즐거움**을 느끼는 중요한 요소라는 점은 의심할 필요가 없고, 인간에겐 정말로 그렇다. 예를 들어 새뮤얼 클라크(2017)가 설명하는 좋은 노동은 기술을 발전시키는 데에서 오는 즐거움이 핵심이다. 과업에 대한 즉각적인 몰두와 비판적인 자기 평가를 오가면서 느끼는 만족감이 좋은 노동의 결정적인 요소라는 것이다(Clark 2017: 67, 또한 Attfield 1984: 143 참고). 엘스터(1986: 104)가 주장하길, 기술을 개발하는 데 드는 '초기 비용'이 처음에는 좋은 선택이 아닌 것처럼 보이겠지만, 개체가 기술을 성취하면서 느끼는 엄청난 만족감으로 금세 상쇄된다는 것이다. 이런 식으로 클라크(66)는 생산 라인에서 부분 용접하는 행위와 악기를 다루는 기술을 연마하는 행위를 구분한다. 악기를 배우는 것은 혼자서 엄청나게 주의를 기울이며 기술 발전에 즐거움을 느끼는 것이라면, 부분 용접하는 행위는 반복적이면서 다른 사람이 계획하고 평가하는 비의식적인 일이다.

노동이 인간 종의 본질이기에 좋다는 입장과 달리 역량과 기술을 발전시키며 즐거움의 원천이 되어야 좋다고 보는 데 여러 이점이 있다. 첫 번째 이점은 기술을 발전시키는 생산적 노동**이야말로** 좋은 삶이라는, 완벽주의적인 관점을 벗어날 수 있도록 도와준다는 점이다. 예를 들어 우리는 기술을 사용하고 발전시키는 노동을 통해 행복할 수 있지만 이

것이 건강한 삶을 영위하기 위한 **유일한** 방법이 아니라는 걸 받아들인다. 그렇기에 인간 행복의 요소로 여가 시간과 휴식, 소비, 게으름이 중요하다고 인정할 수 있는 것이다(Russell 1935). 또한, 클라크가 악기를 배우는 것을 예시로 들었듯 노동을 하지 않고 즐기면서 기술을 발전시킬 수 있다는 사실을 알 수 있다. 마지막으로, 기술을 요하는 노동 외에도 즐길 수 있는 노동이 있음을 알 수 있다. 실은 우리는 대부분이 일상적인 노동이 즐거울 수 있다는 것에 공감할 것이다. 생각을 하지 않고 쉬는 날이 생긴다는 점에서든(Attfield 1984: 143), 생활 필수품을 만들어내며 얻는 만족감 때문에든, 사회적으로 참여하는 데에서 따르는 기쁨이든 간에 말이다. 일상적이고 숙련되지 않은 노동을 하면서 느끼는 즐거움을 인정해야 하지만, 기술을 사용하거나 발전시킬 가능성이 없는 한정되고 일상적인 업무**만으로** 인간이 충분히 만족하지는 않을 것이다. 그렇기에 기술을 사용하면서 즐거움을 얻을 **기회가** 인간의 좋은 일에 필수 조건으로 보인다.

그렇지만 이러한 사항이 비인간 동물에게도 적용된다고 할 수 있을까? 동물도 기술을 연마하고 이용하는 것을 즐길까? 동물도 이런 노동을 만족스럽게 생각할까? 많은 동물들이 그럴 것이다. 직관적으로 볼 때, 적어도 동물이 자연적 역량을 발휘하지 못하여 고통을 받는다기보다, 자연적 역량을 발휘하면서 즐거움을 느낀다고 가정하는 편이 훨씬 그럴 듯하게 보인다. 윌리엄 모리스William Morris(1886: 21)는 "나는 모든 살아 있는 생명체가 각자의 에너지를 발휘하면서 즐거움을 느끼고, 심지어 짐승들조차 유연하고 재빠르고 강함을 느끼는 상태를 무척 좋아한다고 본다"라고 서술했다. 그리고 진화론적 관점에서 봤을 때, 종 번영에 도움이 되는 기술을 사용하고 발전시키면서 동물이 즐거움을 느낀다는 설명은 타당하다(McGowan et al. 2014: 577). 뿐만 아니라 엘스터가 인간에 대해 설명한 것과 같은 방식으로, 동물도 성취에서 만족을 느낀다는 가설을 많은 행동학 연구에서 입증했다. 예를 들어 헤이건Hagen과 브룸Broom(2004)은 조작적 학습 실험으로 소들이 과업을 성취한 후 감정적인 반응을 알아보는 연구를 기획했다. 어린 암소 한 무리는 음식 보상을 얻기 위해 금속판을 누르도록 훈련받았고, 대조군인 다른 암소들은 받지 않았다. 음식 보상을 얻기 위하여 과업을 성취한 소 무리는, 특별한 행동을 하지 않고도 보상을 얻은 소떼보다 훨씬 감정적 반응을 보였다. 개의 '유레카 효과'(그리스 수학자인 아르키메데스의 일화에서 비롯한 용어로, 불분명한 문제가 우연하게 해결되는 상황과 그 과정에서의 환희를 말한다_옮긴이)를 알아보기 위한 비슷한 연구에서도, 동물 스스로가 문제에 대응하며 성취를 얻을 때 훨씬 긍정적 정서 상태가 되는 것을 발견했다(McGowan et al. 2014).

그렇다고 해서 '유레카 효과'를 경험할 수 있는 동물노동이 모두 다 좋다는 걸 의미하진 않는다. 일하면서 잠깐 동안 즐겁기는 하지만 전반적으로는 고통스럽고 단조로우며 실망스럽다면 노동이 삶의 질 향상에 기여한다고 보기 어렵다. 오히려 인간이 그렇듯 동물에게 좋은 일의 (충분조건은 아닌) 필요조건은 기술을 개발하고 사용하면서 즐거움을 누릴 기회와 연관되어 있다. 다시 말하자면 노동을 해야만 즐거울 수 있다는 말도 아니고, 일상적인 노동의 즐거움을 부정하는 말도 아니다. 그렇지만 모든 지각력 있는 동물들이 육체적이고 정신적인 기술을 다양하게 지니고 있음을 고려할 때, 좋은 일의 필요조건은 동물이 고용될 기회라는 것이다.

이러한 기회를 어떻게 제공할 것인가? 어떤 종류의 일이어야 동물이 기술을 개발하면서 즐거움도 느낄 것인가? 이에 대한 대답은 논의되는 일과 기술, 동물에 달려 있겠지만, 일의 **다양성**이 중요하다는 점은 의심의 여지가 없다(Morris 1886: 32 참고). 그 이유 중 하나는 모든 동물이 수많은 기술과 능력을 지니고 있기 때문이다. 최근의 고용 형태는 다른 모든 역량을 무시하고 동물이 냄새 맡기, 운반하기, 사냥하기, 사냥물 물어오기, 감시하기 등과 같은 한 가지 역량에서만 탁월함을 발휘하도록 한다. 하지만 예를 들자면 개에게는 냄새 맡는 능력 외에도 훨씬 많은 기술이 있다. 샘과 같은 로트하운드가 애초에 '냄새 맡도록' 고용되었고, 이 노동이 좋은 노동이려면 로트하운드도 신체적이고 사회적인 기술을 사용하고 문제 해결과 그 외 역량의 사용 및 개발로 즐거움을 누릴 기회를 보장받아야 한다. 좋은 노동이려면 전문화를 피해야 한다는 주장이 **아니다**. 오히려 다양한 기술을 기르기 위해서 전문화된 좋은 일거리가 창출되어야 한다. 다시 말하자면 일의 다양성 없이는 기술의 연마와 발전이 매우 어려울 것이라는 의미다. 인간뿐 아니라 동물 또한 새로운 과업에 직면할 때 역량을 개발하고 성장할 수 있다. 그렇기에 동물에게 좋은 노동은 수행 과제가 다양해야 하고, 동물이 기존에 지니고 있는 기술을 다양하게 사용 및 개발할 수 있어야 한다.

그렇지만 인간과 동물은 모두 기술과 역량 개발 없이도 일하면서 즐거움을 누릴 수 있다. 다시 말하지만 종과 개체의 성격에 따라 즐거움을 느끼는 일의 종류가 분명하게 달라진다. 그럼에도 불구하고 쾌적한 환경과 적절한 사회관계가 필수라는 주장은 타당하다고 본다(Morris

1886: 34). 쾌적한 주위 환경부터 따져 보면, 동시대의 동물 노동자 대부분이 건강과 생명 유지를 하기엔 심각하게 유해한 조건에서 근무한다. 동물에게 해를 끼치지 않는 노동을 하려면 이러한 위험을 근절해야만 하지만, **좋은** 노동을 위해서는 동물이 자극 및 즐거움을 느낄 수 있는 환경을 제공해야 한다. 동물이 즐거움을 느끼는 노동 환경은 물론 다양할 것이다. 하나는 동물이 그런 환경에서 자연적인 역량을 얼마나 발휘할 수 있는지에 달려 있고, 다른 요소는 햇볕을 쬐고 시원한 바람을 느끼며 그늘의 편안함을 느끼는 것 같은 소박한 즐거움을 만드는 것에 달려 있을 것이다. 몇몇 형식의 노동은 다른 노동에 비해 이런 환경 조성이 훨씬 손쉽다. 예를 들어 송로버섯을 찾는 돼지는 넓고 탁 트여 있으며 오감을 자극하는 요소가 즐비한 숲에서 일하기 때문에 쾌적한 노동 환경 제공이 상대적으로 간단하다. 반면 도우미견에게 안전한 환경 보장은 비교적 수월하지만, 즐겁고 기쁨을 누리는 환경을 제공하기는 어려울 수 있다. 도우미견이 대부분의 노동 시간을 인간의 집이나 도시 환경에서 보내기 때문이다. 그럼에도 불구하고 도우미견이 즐길 수 있는 환경을 조성하는 것이 불가능하지는 않다. 예를 들어 개의 입장에서 상상하고 사려 깊게 고심하여 야외 활동이 가능한 환경을 제공한다면 어쩌면 도우미견도 노동 환경을 즐길지 모른다.

물론 일하는 동물의 즐거움이 오로지 물리적인 업무 환경에서만 비롯되는 것은 아니다. 사회관계 속에서도 기쁨을 느낄 수 있다. 특정한 기술을 배우고 훈련하고 연마할 수 있다는 점에서 다른 개체와 일하는 것이 중요할 수 있지만, 좋은 사회관계 자체가 일터에서의 독자적인 즐거움이기도 하다. 일 자체로도 엄청난 기쁨과 웃음, 동료애와 즐거움을 누릴 수 있기에, 노동을 단순하게 생산 활동이라고 보아서는 안 된다. 많은 경우 일에서 이러한 긍정적인 감정을 느끼는 이유는 좋은 사회관계가 형성되기 때문이다. 같은 종 내에서도, 다른 종간에도 이러한 즐거운 사회관계를 맺을 수 있다는 점을 유념해야 한다. 실제로 조슬린 포처(2014)는 한 걸음 나아가 인간이 동물과 노동하는 근본적 이유는 함께 어울리기 위해서라고 주장한다.

그렇다면 혼자 하는 노동은 어떻게 봐야 할까? 분명히 몇몇 인간은 창의적이며 기술을 요하는 일을 혼자 집중적으로 하는 데 매우 즐거움을 느낀다. 대작을 작업하는 고독한 작가나 화가가 그렇듯 말이다. 그렇지만 혼자 하는 노동이 즐거울 수 있다고 해서, **적절한** 사회관계가 좋은 일에 있어 중요하다는 주장 전체가 거짓은 아니다. 항상 혼자 일하는 것을 즐기는 사람은 거의 없기에 좋은 일은 타인과 관계할 **기회**를 제공해야 한다. 게다가 어떤 일도 완전히 독립적일 수 없기에 혼자 노동하더라도 사회적 지지가 중요하다는 것을 염두에 두어야 한다(Clark 2017: 69). 인간에 비해 혼자서 일하는 것을 즐기는 동물은 적어 보인다. 어떤 면에서 가축은 인간과 동물이 함께하는 사회에서 잘 살 수 있는 사회적 본성과 능력을 지녔기에 사육되었을 것이다. 그렇기에 일하는 동물이 맺는 사회관계는 다른 개체와 깊이 얽히는 것이 적절할 확률이 높다.

요약하자면 동물에게 좋은 노동이란, 쾌적한 환경에서 적절한 사회적 관계를 맺으며 다양한 능력을 사용하고 개발할 기회를 가지며 즐거움을 누리는 일이라고 말할 수 있다. 그렇다면 이러한 조건이 충족되면 좋은 노동이라고 할 수 있는가? 다음 절에서는 이를 논박할 것이다.

자율성과 행위성

몇몇 학자들은 좋은 일이 즐거울 뿐 아니라 **자율적이어야** 한다고 주
장한다. 일반적으로 자율성은 각 개인이 삶의 방향에 대해 근본적인 결
정을 내리는 능력을 일컫는다. 자율적인 행위자는 스스로가 느끼는 좋
은 것을 개념화하고 이를 조율하며 추구할 수 있기에(Rawls 1993: 72), 좋
은 것을 선택할 수 있어야 자율적인 행위자가 행복을 느낄 수 있다고
본다(Raz 1988). 그렇기에 아디나 슈워츠Adina Schwartz(1982)는 많은 현대
노동자들이 타인이 정한 기준과 속도, 목표에 맞춰 일하고 있는 것이
심각한 문제라고 본다. 안드레아스 에슈테Andreas Eshete(1974: 42)는 "의미
있는 노동의 핵심은 자율성이다. … 다른 특징이 동일하다면 일하는 과
정에서 역할이 드러나는 일을 자랑스러워할 것이다"라고 좀 더 분명히
밝힌다.

자율적으로 일하려면 분명 일을 자유롭게 선택할 수 있어야 한다. 기
존 연구에 따르면 인간에게 자율적인 노동이려면 세 가지 요소가 뒷받
침되어야 하는데, 무엇보다도 개별 노동자가 특정한 고용 형태에 진입
하거나 빠져나가는 것이 자유로워야 한다. 노예 노동과 강제 노동은 분
명 자율성을 침해하기에 인간에게 좋은 노동이 전혀 아니다. 두 번째로
개인이 자유롭게 어떤 회사나 기관을 위해 일하기를 선택했을 때, 민주
적인 업무 환경에서 그 회사 혹은 기관의 목표와 전략을 설정하는 데 의
견을 보탤 수 있어야 한다. 마지막으로 슈워츠(1982: 641)에 따르면 업무
결정자과 실무자 간에 확고한 구분이 없어서, 관리직의 업무와 일상적
인 업무를 오갈 수 있어야 자율성을 존중하는 노동이라고 할 수 있다.

어떤 사람들은 이러한 요소가 부담이 크다며 거부할지 모른다. 인간의 행복에 자율성이 얼마나 중요한지는 삶 전체를 두고 봐야 하기에, 전반적인 삶에서 자율적일 수 있다면 일터에서 어느 정도 자율성을 침해받는다고 하더라고 큰 문제가 아닐 수 있다는 것이다. 그렇지만 슈워츠는 자율성이 개인의 의도 및 구상을 삶의 전반적인 영역에 걸쳐 완성하는 문제라고 설득력 있게 주장하며(1982: 638) 우리 인생의 중요한 요소인 노동 또한 삶에 포함된다고 본다. 두 번째로 슈워츠는 타인이 지시하는 비자율적인 일을 하다 보면 일터 밖에서도 창의성을 발휘하거나 자율적이기 어렵다고 주장한다(1982: 637).

하지만 인간에게 좋은 노동의 필수 요소가 자율성이라 하더라도, 동물도 같을까? 언뜻 보기에는 그렇지 않아 보인다. 자율성이 인간에게 중요한 것과 달리 대다수 동물에게는 그리 중요하지 않아 보인다. 이는 단지 대부분의 동물이 스스로에게 좋은 게 무엇인지를 생각하고 조율하며 추구할 수 없기 때문이다(Cochrane 2009). 모든 지각력 있는 동물이 분명 행위의 기반이 되는 행위성과 욕구를 가지고 있으나, 이러한 욕망을 깊이 숙고하여 인생 계획으로 만들거나 목표를 세울 역량이 없다. 그렇기에 인간 경우와 달리, 동물의 삶에 개입하여 동물 대신 중요한 결정을 내리는 것이 문제는 아니다. 우리는 곰팡이가 슨 곳을 찾거나 송로버섯을 찾으라고 인간을 기르고 훈련시키는 것은 으레 자율성에 대한 심각한 침해라고 생각하면서, 개나 돼지에게 동일한 일을 시키는 것은 그렇게 문제로 보지 않는다. 사실 자율적인 행위성이 결여되어 있기에 동물이 고용되는 직업은 동물의 선택과 무관할 수밖에 없지만, 그 일이 도덕적인 면에서 인간 노예나 강제노동과 동일하다고 볼 수 **없다.**

그렇다면 동물에게 좋은 노동에서는 자율성이 중요하지 않거나 무관하다는 것일까? 그렇지 않다. 동물이 '좋음에 대한 개념'을 이해하거나 이에 대해 고민할 역량이 없을 수 있고 그래서 좋은 것을 선택하는 데 관심이 없을 수 있지만, 동물들도 욕망에 따라 행동하고자 하는 마음과 관심이 분명히 있다. 다른 말로 하자면 지각력 있는 동물도 **행위성**을 지니고 있다. 이러한 행위성을 발휘할 수 있어야 동물이 행복하다고 본다면, 행위성은 동물에게 좋은 노동에 대한 제법 훌륭한 기준일 것이다.

행위성을 존중하면서 동물에게 좋은 노동은 어떤 모습일까? 동물의 행위성을 존중하고 장려하는 노동은 적어도 세 가지 부분이 있다. 우선 노동을 위해 동물을 선택한 경우와 동물을 위해 노동을 선택한 경우 모두 동물의 행위성을 존중해야 한다. 인간과 달리 비인간 동물은 고용에 대해 충분한 동의를 표할 수 없다. 이는 동물이 고용된 목적을 완전히 이해할 수 없기 때문이고, 어떤 조건으로 일하게 되었는지를 완전히 이해할 수 없기 때문이다. 그렇기에 어떤 면에서는 모든 종류의 동물노동이 '강제된' 것으로 볼 수 있다(Cochrane 2016: 주석 7). 그럼에도 불구하고 동물도 노동하고 싶은지와 어떤 역할을 하고 싶은지를 표현할 수 있다. 사실 요즘 도우미견과 같은 서비스를 제공하는 동물을 선택할 때 적절한 기술과 특징이 있는 개체를 고를 뿐만 아니라 업무에 적합한 **성격**인지를 본다. 그렇기에 동물에게 해가 되지 않는 노동을 하려면 인간과 함께 있기를 거부하거나 타인이 지시하는 바를 따르지 않는 동물을 **피해야** 하는 듯하다. 좋은 일이라는 측면에서 보면, 냄새로 암을 찾아내거나 보초를 서려고 하는 엄청난 욕구가 있는 동물이 아니라, 인간과 잘 지내면서도 과업과 문제 해결 같은 자극을 원하는 동물을 선택해야 하는 것이다.

고용된 동물 노동자는 보통 수행해야 하는 과업에 대해서 훈련을 받아야 한다. 정확하게 어떤 목적으로 훈련을 받는지를 동물이 다 이해할 수 없고, 훈련 과정에서의 특정한 활동을 그다지 원하지 않을 것이기에, 훈련은 **필연적으로** 동물의 행위성을 손상하는 것으로 보인다. 그럼에도 불구하고 나는 노동을 위해 동물이 훈련을 받을 때도 동물의 행위성을 존중할 수 있다고 본다. 훈련 과정이 해가 되지 않으려면 분명, 고통을 유발하는 구속 및 체벌로 이루어진 전통적인 훈련 방식을 고수하지 말아야 한다. 대신 좋은 일이려면 동물이 즐길 수 있는 바람직한 훈련이 함께 이루어져야 한다. 예를 들어 샘은 적당한 냄새를 풍기는 장난감을 찾아오는 훈련을 했고, 훈련사의 말에 따르면 샘이 활기가 넘치고 적극적인 개이기에 매우 즐기며 참여했다고 한다. 물론 그렇다고 해서 훈련이 도전적이거나 때로 좌절감을 주어서는 안 된다는 말이 아니다. 앞에 언급했듯 새로운 기술이나 역량을 연마하는 과정에서 종종 불편함을 동반한 노력을 해야 할 수 있다. 그러나 그러한 노력을 좋은 노동의 일환으로 간주한다면, 전반적으로 충분히 동물에게 바람직한 과정이라고 볼 수 있다.

마지막으로 좋은 노동이라면 동물이 일하면서 행위성을 발휘할 수 있어야 한다. 무엇보다도 일이 동물의 입장에서 해가 되지 않고 좌절스럽지 않으려면, 맡은 과업에 대해 동물이 어느 정도 발언할 수 있어야 한다. 다시 말해 노동의 **다양성**이 보장되어야 한다는 것이다. 동물이 일의 다양한 과업 중에 무엇을 할지를 고를 기회 말이다. 그렇지만 그저 무해한 노동을 넘어서는 좋은 노동은 다양성보다 더 많은 것이 필요하다. 또한 행위성을 존중하는 좋은 노동을 위해서는 동물의 욕구가 직장의 **계획과 전략**을 세우는 과정에서 존중받아야 한다. 달리 말하자면 좋은 노동이려면 **직장 내 민주주의**에 동물이 참여할 수 있어야 한다는 말이다(Blattner 2019). 이는 동물 노동자에게 해가 되는 계획을 세우지 않을 뿐 아니라 동물이 노동하면서 느끼는 즐거움과 만족감을 증진할 정책을 의제화할 수 있기에 중요하다. 다른 말로 하자면 직장 내 민주주의는 이제까지 서술한 즐거우면서도 행위성을 존중하는 조건을 만드는 중요한 수단인 것이다.

그렇지만 일터의 민주적인 의사결정에 동물 노동자들이 어떻게 참여할 수 있을까? 동물이 선호하는 계획이나 정책에 대해 생각하고 이에 대해 의견을 표명할 수 없는 것은 사실이지만, 그렇더라도 동물의 관심사를 의사결정 과정에 반영할 수는 있다. 인간 노동자의 노동조합 대표처럼 동물 노동자 전담 대리인을 통해 미래 계획에 동물 이익을 보장하도록 목소리를 높일 수 있다. 물론 동물 대리 대표자는 인간 대표자와 같이 시기마다 투표를 통해 책임을 물을 수 없는 것이 사실이다. 그렇지만 대표자가 동물 노동자의 욕구에 의거하여 대리 행동하도록 보장하는 다른 수단을 생각해 내는 건 가능하다. 우선 반드시 앤드루 도브슨Andrew Dobson(2014: 175)이 말한 '경청'의 기술로 동물 대표자 훈련 진행을 보장해야 한다. 동물이 욕구를 직접적으로 이야기할 수는 없지만 대표자가 동물의 몸짓언어와 눈 움직임, 표정, 습관 등을 통해서 욕구를 들을 수 있도록 말이다(Donovan 2006: 321; Meijer 2013). 뿐만 아니라 동물이 선호하는 후보를 선택할 수는 없겠지만 분명 동물을 대신해 대리인을 선택할 수 있고, 선거를 통해 책임을 지도록 할 수 있을 것이다

(Dobson 1996; Ekeli 2005 참고).

종합해 보자면 동물에게 좋은 일은 동물에게 즐거움을 주고 동물의 행위성을 보장해야 한다. 그렇다면 즐거움과 행위성이 보장된다면 충분히 좋은 동물노동인가? 다음 절에서 또 다른 잠재적 기준인 인간에게 좋은 노동의 중요한 요소라고 이야기되는 자존감에 대해 살펴볼 것이다.

자존감과 존경

조슬린 포처(2014: 4)는 좋은 일의 조건을 고민하는 많은 다른 학자들처럼 "일이 정체성과 사회적 관계 형성에 중심적인 역할을 한다"고 주장한다. 인간 대부분에게 일이 정체성의 중요한 측면이라는 것은 의심할 여지가 없다. 쉽게 말하자면 일할 때 기분이 좋다면 그게 자존감self-respect의 중요한 원천일 것이다. 이러한 만족감이 노동의 다른 즐거움과는 별개라는 점에 주목해야 한다. 가수를 예로 들어 보자면 무대에 서서 관중의 박수 갈채를 받는 찰나의 즐거움을 누리더라도 만약 가수가 노래를 의미없이 느끼고 공연으로 생계를 꾸리는 것을 부끄러워한다면, 좋은 일이라고 할 수 없을 것이다. 삶의 자율적인 계획의 연장선상에서 일이 있을 때에야 노동으로부터 자존감을 느낄 수 있다(Attfield 1984: 144). 만약 노동이 개인이 중요시하는 목표와 이상과 충돌한다면, 노동을 통해 자존감을 얻을 수 없고 '좋은' 일이라고 보기 어려울 것이다.

이제까지 우리가 살펴본 것처럼 대부분의 비인간 동물은 무엇이 좋은지를 자율적으로 결정짓고, 조율하고, 추구할 수 있는 역량이 부족하다. 이런 상황에서 자존감이 동물에게 좋은 일에 있어 얼마나 필수적인 요소인지를 알아보기는 어렵다. 예를 들어 무대에서 공연하는 동물이 인간 가수가 겪는 실존적인 고뇌를 경험한다고 상상하긴 어렵다. 만약 동물이 공연을 하고 싶어 하고 공연을 하면서 즐거워한다면, 그게 동물에게 좋은 일이라고 판단하는 게 일견 그럴듯해 보인다.

인간의 경우 개인의 가치와 판단**으로만** 자존감을 형성하지 않는다. 자존감을 형성하는 데는 스스로의 평가만큼은 아니더라도 **타인**의 평가가 중요하다. 그렇기에 많은 사람은 자존감이 타인으로부터의 **존경**esteem과 연관되어 있다고 주장한다(Attffield 1984: 145). 존 엘스터(1986: 106)는 심지어 존경을 "인간 존재의 가장 중요한 가치"이자 "자부심self-esteem은 보통 타인이 보낸 존경으로 생겨난다"고까지 주장한다. 이렇듯 존경이 근본적인 가치라는 주장에 동의하든 동의하지 않든 상관없이, 타인이 누군가의 노동을 가치 있고 소중하다고 인정할 때, 이러한 인정이 자존감과 행복에 중요한 요소로 작용할 것이라는 점에는 쉽게 동의할 수 있다. 고소득 직업이나 여러 해의 훈련을 거쳐야만 하는 직업만 존경받을 수 있는 것도 아니고, 그래서는 안 된다. 엘스터(106)가 말한 것처럼, 타인이 원하고 필요로 하는 것을 생산한다면 힘들고 단조로운 일도 존경받을 수 있다.

동물노동에서도 타자로부터의 존경이 중요할까? 언뜻 보아서는 그렇지 않다. 동물이 스스로 존경을 받는지 여부를 실제로 **알** 것 같지 않기에 그렇다. 동물이 수치심이나 부끄러움, 심지어 가끔은 긍지를 느낄 수 없다는 말이 아니다. 그렇지만 동물이 하는 노동이 보다 넓은 공동체에서 존중되고 가치 있게 여겨지는지를 측정하는 정교한 평가 기준을 만들어 내는 것은 너무나 요원한 일로 보인다. 동물은 일반적으로 노동의 궁극적인 목적에 대해 거의 알지 못하며, 그러한 노동을 타자가 어떻게 평가하는지도 모른다. 그렇기에 자존감이나 타자로부터의 존경 모두 좋은 동물노동의 필수적인 요소가 아닌 것으로 보일 수 있다.

그렇지만 이는 너무 성급한 판단으로, 나는 사회적인 존경이 동물노동에도 중요하게 기여한다고 믿는다. 우선, 사회에서 존경받지 **않는다면** 일터에서 불리한 대우를 받을 수도 있음은 확실하다. 일하는 동물이 노동자로 존중받지 않고 오히려 경멸당하고 무시당하거나 상품화된다면, 분명 학대로 이어질 확률이 높다. 도축장에서 동물에게 자행되는 잔인한 행위가 이를 명확히 입증한다(Pachirat 2011; Smithers 2017). 이를 고려할 때, 동물이 노동하는 공동체에서 존경을 **받는다면** 더 나은 대우를 받을 것이고, 인간의 도구나 노리개 정도의 대우를 받지 않으리라 추론할 수 있다. 콜터(2016: 155)가 지적했듯 연대감을 느끼는 누군가를 살해하는 일은 용납 불가하다.

동물이 하는 일이 무해하도록 보장하는 데 존경이 중요하긴 하더라도, 존경을 받는다고 해서 **좋은** 일이 될까? 사회적인 존경이 개별 동물의 행복에 기여할 것인가? 나는 앞선 사례와 마찬가지로 존경이 간접적인 역할을 한다고 믿는다. 동물을 가치 있는 노동자로 존경하는 사회라면, 동물을 사회에 적극적으로 기여하는 **동료** 구성원으로 여길 것 같다(Kymlicka 2017: 147). 몇몇 학자들이 지적했듯(Donaldson and Kymlicka 2011) 동물도 삶을 누리면서, 거주 보장, 의료 서비스, 은퇴 보장, 정치적 대의권 등의 권리를 향유하려면 사회의 일원이라는 인정을 받아야 한다.

경찰이나 군에서 일하는 동물들의 경우를 생각해 보면 이런 동물 중 일부는 특정 공동체에서 이미 '준 구성원 지위quasi-membership status'에 있다. 예를 들어 어떤 사회에서는 동물에게 다양한 방식으로 퇴직 연금 (Pleasance 2013)을 주기도 하고, 용기를 칭찬하는 메달(Baynes 2017)을 수여하기도 하고, 일하는 중에 죽은 동물을 기리는 기념비를 만들기도 한다(Kean 2014; Johnston 2012). 이는 대부분 그 동물들이 수행한 **노동**에 대한 감사 표시다. 이러한 동물들은 인간이 일로 받아들이는 과업을 수행하고, 분명 사회의 기능에 기여하기에 이들이 노동자이자 공동체의 **준 구성원**으로 폭넓게 인정받는 상황이 딱히 놀랍지 않다.

요점은 경찰이나 군대에서 일하는 동물이 완벽한 대우를 받는다는 것이 아니다. 완벽한 대우이기는커녕 동물들은 말도 안 되는 위험에 노출돼야 하는 업무를 자주 요구받는다. 단지 경찰과 군대에서 일하는 동물의 일이 다른 일과 달리 특별히 존경받는다는 것을 이야기하고자 한다. 노동에 이용되는 동물이 실재하는 현재의 상황을 옹호하려는 것도 아니고(참조, Eisen 2019), 현재 동물노동이 존경받는 방식을 옹호하려는 것도 아니다. 오히려 일하는 동물을 존경하게 되면 생기는 변화와 이 변화가 미래에 미칠 **가능성**을 드러내고자 한다. 동물노동이 마땅히 받았어야 하는 만큼 존경받았다면, 동물이 우리 사회의 동료 구성원으로 좀 더 인정받을 것이고, 더 나아가 그러한 지위에 따라오는 혜택을 즐길 수 있었을 것이다.

그렇다고 해도 동물노동에 대한 사회적 존경이 동물의 행복을 위해 **필요할까?** 누군가는 그렇지 않다고 생각할 것이다. 결국 동물에게 온전한 구성원 지위를 부여해야 동물을 사회 구성원으로 쉽게 인정할 수 있을 것이다. 사실 이러한 방식은 비노동자인 인간이 사회의 구성원이라고 인정받는 방식이고, 아마도 이는 동물 비노동자에게도 해당될 것이다. 동물노동에 대한 사회의 시선에 개의치 않고, 구성원 자격을 노동하는 (또한 노동하지 않는) 동물에게 부여할 수 없는 이유는 무엇일까? 물론 사회가 마땅히 동물의 구성원 자격을 인정해야 하긴 하지만, 동물노동자에게 구성원의 지위를 **정립하고 보장하려면** 동물노동에 대한 사회적 존경이 필요조건일 것이다. 공동체 내의 상호적인 인정과 지지 기반이 충분하지 않다면 개인의 공식적 지위가 실제로 무너지기 시작할 수 있다는 것에는 의심의 여지가 없다(Doppelt 1984: 72 참고). 현대 사회의 이른바 '복지 게토welfare ghettoes(지역 구성원이 무직 상태로 복지에 대한 의존성이 높으며 범죄와 무질서가 자주 발생하는 지역을 칭한다_옮긴이)'의 경험에서 알 수 있듯, 서로의 노동에 대한 인정과 긍정적 평가를 기초로 지지 기반이 형성된다. 간단히 말하자면, 경찰견와 군견의 예시에서 알 수 있듯 동물노동을 높이 평가하는 것은 동물을 우리 사회의 일원으로 만들고 공고히 하는 데 중요한 조치일 수 있다.

　요약하면, 좋은 동물노동의 필요조건은 동물노동을 존경하는 사회다. 존경받지 않고는 일하는 동물의 사회적 지위가 위태롭기 때문이다. 예를 들어 로트하운드 샘이 일하면서 엄청나게 즐거웠다고 하더라도 샘의 노동이 사회에 가치 있는 기여를 했다는 광범위한 인정 없이 샘의 지위는 언제나 불분명할 것이다. 마치 연대자를 살해하기 어려운 것처럼, 우리가 존경하는 이의 정치적 지위를 부정하기는 어려울 것이다. 그렇기에 경찰견에게 연금을 주는 것이고, 군대에서 복무하던 동물이 분쟁 지역에 버려지는 것에 많은 이들이 경악하는 것이다(Hediger

2013). 좋은 일이란 동물의 행복을 증진시키는 일이고, 행복은 타자의 사회적 존경을 토대로 동물의 지위를 확립하고 획득하며 이뤄낼 수 있을 것이다.

결론

이 장에서는 일이 특정한 동물에게 무해할 뿐 아니라 **좋을** 수도 있다는 주장을 펼치면서, 동물에게 좋은 노동이기 위해 필요한 세 가지 기초 요소를 꼽아 보았다. 첫 번째는 기술을 사용하고 발전시킬 기회를 주는 즐거운 노동이어야 한다는 것이고, 두 번째는 동물이 행위성을 발휘할 수 있어야 하고, 마지막은 동물이 공동체의 일원이자 소중한 노동자로 존경받을 수 있는 환경을 만들어야 한다는 것이다. 만약 동물이 이런 노동을 수행한다면, 동물이 행복한 삶을 영위하는 데 일이 도움이 된다고 확신할 수 있을 것이다.

현재 인간 사회에서 극소수의 동물만이 좋은 노동은 고사하고 무해한 노동을 수행한다. 이는 매우 유감스러운 일이다. 좋은 노동의 기회와 인간 및 동물 노동자를 위한 고용주의 환경 조성과 같은 기회를 제공하기 위해서 우리 사회는 매우 많은 사례가 필요해 보인다.

그렇다면 국가가 **정의**를 실현하기 위해 좋은 동물노동의 기회를 제**공해야만** 할까? 그렇게 가정한다면 정의 논의에 따르면 무해한 노동만을 요구할 뿐 이롭기까지는 바라지 않을 것이다(Arneson 1987 참고). 그렇지만 앞선 논의와 같이 동물의 적절한 사회적 지위를 확립하는 데 존

경이 결정적이라면, 정의 논의에서도 동물에게 좋은 일이 필요하다 주
장할지 모른다. 결국 좋은 일이 존재하지 않는다면, 일하는 동물의 구
성원 자격을 만들고 공고히 하는 가장 기초적인 토대조차 만들어지지
않을 것이다. 그렇기에 이번 장의 궁극적인 결론은 일하는 동물을 위해
현재 자행되고 있는 심각한 폭력을 근절하는 것뿐만 아니라, 동물이 하
는 노동을 인정하고 가치를 부여하며 존경하는 사회 확립이 모두 우리
의 의무라는 것이다.

④

생태보호견을 아시나요?

러네이 디 수자, 앨리스 호보르카, 리 니엘[◉]

개에게 좋은 일자리를 고민하다

개들은 모든 종류의 노동에 참여한다. 인간에게 즐거움, 편안함, 온기를 주고 이동성과 교통 편이성을 높이기 위한 조수 역할을 하며, 탐색과 구조 작전을 보조하는 업무도 수행한다. 보통 인간이 개의 이러한 노동을 관리하곤 한다. 개가 하는 일은 착취의 정도에 따라 다양하고, 개노동자들의 경험도 즐거움부터 고통까지 광범위하다. 인간을 대신해서, 인간을 위해서, 인간과 함께 일하는 수많은 개들이 이처럼 우리 곁에 있다. 그렇다면 우리는 개에게 즐겁고 유익하며 심지어는 개의 역량을 기를 기회로 이어질 업무가 무엇인지 어떻게 평가할 수 있을까?

◉ Renée D'Souza, Alice Hovorka, and Lee Niel, *Conservation Canines: Exploring Dog Roles, Circumstances, and Welfare Status* In: *Animal Labour: A New Frontier of Interspecies Justice?*. Edited by: Charlotte Blattner, Kendra Coulter, and Will Kymlicka, Oxford University Press (2020). © Oxford University Press. DOI: 10.1093/oso/9780198846192.003.0004

켄드라 콜터(2016)는 '인도적 일자리'가 인간에게만 좋은 것이 아니라 동물 노동자에게도 좋다고 가정한다. 콜터에 따르면 어떤 노동이 동물에게 유익하려면 업무 수행 시 부당하게 이용되거나 착취당하거나 간히거나 혹은 죽지 않아야 하며, 인간은 다른 종을 돌보고 보호하기 위해 많은 관심을 쏟아야 한다. 또한 만약 특정한 노동이 존중과 호혜성, 권리 보호에 입각해 있다면 가축이 이런 일을 하는 것은 합당할 수 있다고 주장한다. 실제로 여러 종이 공존하는 일터나 사회 속에서 동물들은 노동관계와 일로부터 즐거움 혹은 이익을 얻을 수 있다(Coulter 2016: 73). 종간 연대라는 이러한 개념틀에 기반해 우리는 생태보호 분야에서 일하는 개들의 복지 상황을 기록하고 분석하기 위한 평가 도구에 동물복지과학과 질적사회과학 지식으로 관여하고자 한다. 구체적으로는 캐나다 생태보호견의 일자리가 얼마나 '인도적'인지 평가하기 위해 개의 역할, 업무 환경, 복지 상황을 살필 것이다. 그렇게 함으로써 생태보호견이 느끼는 즐거움과 고통과 관련해 실재하는 윤리적 쟁점을 탐색할 수 있다. 그 과정에서 자율성과 동의를 중점으로 생태보호견이 처한 일-생활이 얼마나 복잡한지 강조할 것이다.

이 글의 구조는 다음과 같다. 우선 생태보호견conservation canine이 처한 상황의 맥락적 개요를 설명한다. 그리고 생태보호견의 역할과 업무 환경, 복지를 탐구한 선행 연구를 요약할 것이다. 둘째, 동물복지과학에서 사용하는 개 행동 에소그램ethogram(개별 동물의 행동 양식에 대한 상세한 시각화 자료 목록_옮긴이)과 사회과학의 반구조적 인터뷰와 참여 관찰법에 근거를 둔 우리의 다학제 방법론적 접근을 상세히 설명한다. 셋째, 캐나다의 앨버타Alberta와 온타리오Ontario에서 활동하는 생태보호견 팀을 연구하며 알게 된 것들을 제시한다. 넷째, 우리는 생태보호견들을 위해, 더 넓게는 동물 노동자를 위해 그리고 더 끈끈한 종간 연대의 가능성을 위해 '인도적' 일자리, 혹은 진정한 즐거움, 통제권, 행위성, 존중감을 제공하고 공로를 인정하는 일-생활에 대한 평가 지표를 연구 결과로부터 도출할 방법을 논의할 것이다.

생태보호견이란?

생태보호견이란, 환경 보호 및 야생 지역 조사 업무에 종사하며 생물학자와 생태보호 활동가들을 보조하도록 훈련받은 탐지견들이다 (AEP 2016b; CC 2018a; WD4C 2015b). 인간은 100년 이상 생태보호를 위해 개를 고용해 왔고 오늘날 생태보호견은 전 세계에 포진해 있다. 냄새를 탐지하는 능력이 뛰어난 덕택에, 개는 다양한 동물과 식물의 위치를 찾는 데 고용된다(Akenson et al. 2004; Arnett 2006; Cablk and Heaton 2006; Goodwin et al. 2010; Gsell et al. 2010; Homan et al. 2001; Mathews et al. 2013; Paula et al. 2011; Savidge et al. 2010; Reindl-Thompson et al. 2006; Robertson and Fraser 2009). 또한 생태보호견이 여러 동물의 배설물이 어디 있는지 찾으면 인간은 그 동물들의 개체 규모와 활동 범위를 추정할 수 있다 (Arandjelovic et al. 2015; Beckmann et al. 2015; Brook et al. 2012; Chambers et al. 2015; Cristescu et al. 2015; Davidson et al. 2014; Fukuhara et al. 2010; Harrison 2006; Kerley 2010; Long et al. 2007; Oliveira et al. 2012; Rolland et al. 2006; Smith et al. 2003; Wasser et al. 2004).

이미 여러 연구들이 생태보호견 이용의 효율성을 평가하고 있다. 예를 들어 강수량이나 풍속·바람의 변동성 등 생태보호견의 배설물 탐지 능력에 영향을 주는 환경 변수를 밝히는 연구(Reed et al. 2011) 혹은 다양한 탐색 환경이나 놀이·간식을 향한 강한 욕구, 타고난 촉각 신경력 등 생태보호견으로서 선호되는 신체적, 심리적, 사회적 특성을 분석한 연구(Beebe et al. 2016; Hurt and Smith 2009)가 있다. 생태보호견의 탐지율을 인간 혹은 생태보호 장비·기술과 비교하는 연구들도 있다. 생태보호견은 인간에 비해 동물 배설물을 4배 더 많이 탐지하며(Smith et al. 2001), 배설물 표본의 경우 29퍼센트 더 많이 탐지한다(Oliveira et al. 2012). 또한 생태보호견들은 배설물 유전 분석과 비교해도 더 효율적(DeMatteo et al. 2014)이며, 자동카메라, 동물 털 채취 올가미hair-snare, 냄새 관측소와 비교해도 효율적(Harrison 2006; Long et al. 2007)이고, 동물을 생포하는 것보다도 더 효율적이다(Duggan et al. 2011). 마지막으로, 일부 연구자들(Beebe et al. 2016; Miller et al. 1996; Shubert 2012)과 생태보호 단체들은(CC 2018b; WD4C 2015a) 생태보호 노동이 자연을 보호하려는 취지를 충족할 뿐 아니라 '누구도 원치 않는' 보호소 출신 개들에게 삶의 목적을 준다고 주장한다(Beebe et al. 2016; Miller et al. 1996; Shubert 2012). 보호소 출신견 200~300마리 중 1마리가 생태보호 일을 할 수 있을 정도로 눈에 띄게 강한 놀이 욕구를 가지고 있으며 이들 중 40퍼센트가량만이 성공적으로 훈련을 완료한다(Hurt and Smith 2009).

캐나다의 생태보호견이 처한 환경은 다양하며 이들의 업무 또한 가지각색이다. 캐나다에서는 생태보호견 노동뿐 아니라 환경 전반을 다루는 정책을 (연방 정부가 아닌) 주 관할로 특정 지방 부처와 부서에서 관리한다. 앨버타에서는 개들이 주 정부를 위해 일하면서 외래 유입종(주로 선박에 붙은 홍합mussel)을 탐지하고 카렐리안베어도그Karalian bear dog는 어류야생국 담당관Fish and Wildlife Officer을 도와 곰이 마을이나 공원에 접근하지 못하도록 한다. 온타리오, 매니토바Manitoba, 서스캐처원Saskatchewan에서는 생태보호견과 각 주의 생태보호 담당관이 다종의 집행 팀으로서 함께 일한다. 생태보호견들은 화약 냄새를 탐지해 밀렵 등 범죄의 증거를 회수하는 것을 돕는다. 브리티시컬럼비아British columbia에서는 생태보호견이 가축과 지역 공동체를 보호하기 위해 이들을 위협하는 퓨마cougar를 추적한다. 최근 캐나다 환경부Ministry of Environment는 외래 유입 민물홍합을 탐지하기 위해서 검사소에 생태보호견 팀을 신설했으며, 한편으로는 법률 집행견이 증거 회수를 통해 법정 사건의 해결을 돕고 있다. 2015년 퀘백Quebec에서는 생태보호견이 둥지를 탐색해 나무거북wood turtle 개체수를 추정하는 생물학자를 조력하는 등 단기 프로젝트를 수행했다. 아니면 뉴브런즈윅New Brunswick에서처럼 개들이 왕립캐나다기마경찰Royal Canadian Mounted Police 기준에 따라 훈련받은 후 경찰과 함께 일하면서 부차적인 업무(예컨대 밀렵 방지)로서 생태보호 업무를 수행하기도 한다. 우리는 팀원들의 참여 의지, 다양한 업무의 종류, 연구원들과의 접근성을 고려하여 앨버타와 온타리오 생태보호견 팀을 연구 사례로 채택했다. 이 둘은 규모가 가장 큰 생태보호견 팀이다. 단언컨대 이들의 생태보호 정책은 가장 놀라운 발전을 보여 주었으며 지속 가능성이 높은 데다 생태보호견 중심으로 운영되고 있다. 따라서 이 사례 연구는 두 팀이 가진 독특하면서도 상대적인 지역 기반의 통찰력을 제공하는 동시에 캐나다 생태보호견 노동의 단면을 보여 줄 것이다.

방법론

이 연구에서 우리는 캐나다 생태보호견의 역할, 노동 환경, 복지 상황을 분석해 이 일자리가 얼마나 인도적인지 판단할 것이다. 이를 위해 특히 행동 관찰과 환경 평가 같은 동물복지과학의 방법, 인터뷰와 참여관찰 같은 질적사회과학 방법을 아우르는 다학제적 접근법을 사용한다. 전자는 생태보호견이 일할 때 느끼는 감정 상태에 대한 통찰력을 제공하는 반면, 후자는 훈련사와의 만남에 대한 정보나 특정 환경 또는 지역에서 개의 상황에 대한 서사적, 관계적, 맥락적 정보를 제공한다. 이 연구는 퀸즈대학교 일반연구윤리위원회Queen's University General Research Ethics Board와 대학동물보호위원회University Animal Care Committee의 승인을 받았으므로 별도의 연구 허가 없이 진행되었다. 이 글은 호보르카의 지도를 받은 디 수자의 석사 논문 작업을 토대로 한다(D'Souza 2018).

우리는 2017년 5월부터 9월까지 현장 연구를 진행했다. 개 8마리(앨버타 3마리, 온타리오 5마리)가 업무(총 300건)를 수행하는 동안 행동 평가 데이터를 수집했다. 훈련사가 목표물을 찾으라고 명령했을 때부터 개가 찾았다고 알렸을 때까지의 기간을 행동 평가의 범위로 했다. 보편적이고 신뢰할 만한 데이터 기반의 개 복지 기준(동물의 상태를 나타내는 지표)과 관계의 역학(훈련사와 상호작용)을 문서화하고자 에소그램을 사용했다. 특정 자세(귀, 몸통, 꼬리의 위치), 회피 행동(다른 곳을 보거나 자리를 피하는 행위), 앞발 들기, 하품, 헐떡임, 코나 입술 핥기 같은 개의 행동은 스트레스를 나타낼 수 있는 지표이며 꼬리를 흔드는 행동은 긍정적인 정서를 가리키는 척도일 수 있다고 통용된다(예, Beerda et al. 1999; Stellato et al. 2017). 한편 여기서 관계역학이란 훈련사가 보상 기반의 훈련·소통 방법을 쓰는지 아니면 혐오 자극을 통한 처벌 기반 훈련·소통 방법을 쓰는지와 관련이 있다. 관계역학을 확인하기 위해 신체 접촉(예, 갑작스럽고 강경한 목줄 잡아당김), 고함 또는 칭찬 등의 표현, 제공되는 보상(예, 장난감 또는 간식) 같이 판단의 기준이 될 만한 상황을 정했다. 추가적으로, 기상 조건, 노동 환경, 훈련 장비(예, 짖음방지 전기충격기)와 같이 드러나는 결과 중심의 복지 상황(즉, 환경에 대한 세부 정보)도 기준에 따라 기록했다. 지속적으로 데이터를 기록하기 위해 모든 행동에 대한 체계적인 관찰이 이뤄졌으며(Altmann 1974; Lehner 1992) 자세에 대해서만 예외적으로 개별 평가가 시작되고 끝날 때 기록하고 개가 5분 동안 중간 휴식을 취할 경우에도 기록했다. 행동을 통해 나타나는 양상을 설명하기 위해 데이터를 기술통계로 분석했다(Marshall and Jonker 2010; Shi and McLarty 2009). 개 혹은 훈련사가 평가 기준이 되는 행동을 보일 때마다 연구에 참여한 모든 개를 대상으로 그 행동의 백분율을 계산했을 뿐 아니라, 각 개체별 비율도 함께 측정했다. 그 후 모든 개에 대해서 특정 행동이 포함된 평가의 평균 백분율을 계산했다(표 4.1과 표 4.2 참고).

훈련사(앨버타 3명, 온타리오 7명)와 심층 인터뷰도 진행했다. 이 연구는 인간의 인식과 통찰력에 근거해 개가 처한 복지 상황을 기록한 선행 연구와 같은 맥락에 있을 뿐 아니라 이런 연구들에 토대를 두고 있기도 하다(예, Burrows et al. 2008; Lane et al. 1998; Lefebvre et al. 2007; Piva et al. 2008; Yamamoto et al. 2015). 반구조화 인터뷰는 주로 생태보호견의 성격, 일하고 쉬는 동안의 행동, 다른 개 혹은 인간과의 상호작용, 매일 하는 운동 및 활동, 업무 일정, 노동 및 생활 조건에 중점을 두고 진행했다. 훈련사의 직업 관련 이력, 습득한 훈련과 기술, 직업 만족도에 관한 질문도 있었다. 인터뷰는 녹음본을 추후 녹취했으며 주요 주제를 끌어내기 위해 정성적 내용 분석 방법으로 연구했다(Kvale 2011). 그리고 연간 보고서나 언론 보도 기사와 같은 이차 자료에서 생태보호견 정책에 대한 귀중한 정보를 얻었다.

연구 결과

이 절에서는 캐나다 앨버타와 온타리오에서 일하는 생태보호견의 역할, 노동 환경, 복지 상황에 대한 연구 결과를 제시한다. 또한 생태보호 영역에서 일하는 개와 훈련사의 일상을 담은 장면도 소개할 것이다.[1]

앨버타의 생태보호견

요란한 소리가 들리자 로키Rocky가 귀를 쫑긋 세운다. 소리가 나는 방향으로 열심히 콧구멍을 벌름대며 킁킁 냄새를 맡는다. 그날의 첫 번째 선박이 차고로 들어오는 것을 보고 로키는 재빨리 몸을 일으킨다. 흥분했지만 침착하게 행동하며 훈련사 리사Lisa가 이동장에서 꺼내 주러 올 때까지 참을성 있게 앉아 있다. "잘했어, 로키야!" 리사는 로키가 선박에 흠집을 내지 않도록 앞

---

1 연구에 참여한 모든 개와 훈련사, 참여자의 이름은 가명이다.

발에 신발을 신기면서 외친다. 로키는 어서 나가 선박을 뒤질 생각에 안절
부절못한다.

로키는 일 년 내내 얼룩무늬홍합zebra mussel 탐지 훈련을 받는다. 왜 홍합을
찾아야 하는지 이유는 잘 모른다. 단지 찾을 때마다 공을 가지고 놀 수 있는
것이 좋아서 로키는 새로운 선박이 올 때마다 홍합을 찾기 위해 뛰어든다.
몇몇 사람들은 차에서 내려 사진과 영상을 찍고 리사와 로키 이야기를 한
다. 이게 다 무슨 소동인지 로키는 꿈에도 모른다.

별다른 성과 없이 선박 몇 척이 지나간 후, 리사는 로키가 낙담했음을 눈치
채고 오래된 홍합을 선박에 숨겨 로키가 이 일을 얼마나 즐기는지를 그리고
목표물이 무엇인지를 상기시킨다. 로키는 홍합을 찾는 즉시 리사에게 여기
서 목표물의 냄새가 난다는 걸 보여 주려고 그 앞에 앉는다. 그곳에 홍합이
있을 경우 리사는 공을 던져 준다. 로키는 땅에서 거의 1미터나 뛰어올라 기
쁨에 가득 찬 채로 공을 물고 삑삑 소리를 낸다. 그리고 검사소의 다른 직원
에게도 다가가서 자랑스럽게 공을 가지고 삑삑댄다. 리사는 공을 몇 번 더
공중에 던져 줬고 로키가 충분히 보상을 누리도록 한 뒤 이동장으로 돌려보
낸다. 그는 엎드려서 참을성 있게 다음 선박을 기다린다.

앨버타주 정부의 환경공원부Environment and Parks ministry 산하 수생외래침
입종과Aquatic Invasive Species unit에서 앨버타 생태보호견 팀을 관리한다. 이
팀은 선박 검사소에서 일하는 생태보호견과 훈련사 세 쌍으로 구성되
어 있으며, 지나가는 (일반적으로는 모든 지방의 경계선을 넘나드는) 모든 선박
에서 얼룩무늬홍합과 콰가홍합quagga mussel을 수색한다. 민물홍합이나
물 웅덩이를 발견하면, 출항하기 전에 선박을 온수로 완전히 씻어낸 후

자연 건조시켜야 한다. 이는 2015년 앨버타 수산업개정법Fisheries (Alberta) Amendment Act 2015 및 앨버타 수산업법률Fisheries (Alberta) Act(AEP 2016b) 조항 32(14)에 따른 장관령Ministerial Order에 의해 의무화됐다. 현재 앨버타에는 얼룩무늬홍합이 없지만 만일 이 외래 침입종이 유입될 경우 관리하는 데 매년 75만 캐나다달러CAD 이상이 소요되는 점을 고려하여 주 정부는 현 상황을 보전하기 위해 힘쓰는 것이다(AEP 2017; AP 2017; AEP 2016a). 앨버타 생태보호견 팀은 생태보호 활동을 위해 개를 훈련시키는 국제 조직인 WD4CWorking Dogs for Conservation와의 제휴 관계에서 시작됐다. WD4C는 개가 좋은 삶을 살게끔 두 번째 기회를 제공한다는 목적을 일면 가지고 있다. 이들은 보호소에서 '아무도 원치 않는' 개를 데려와 앨버타 생태보호견 팀에 인계했다(WD4C 2015a). 다양한 연령대의 개들이 생태보호견으로 선발되며 이들은 8~10살까지 일한다. WD4C는 앨버타 생태보호견 훈련 과정의 대부분을 운영한다. 한 번 개와 짝을 이룬 훈련사는 계속 한 쌍으로 훈련을 받는다. 훈련 과정은 (주로 장난감을 사용한 긍정 강화를 통한) 목표물 냄새 인식, (주로 짖음방지 전기충격기를 사용하는 등 신체·언어적 꾸짖음을 통한 정적 처벌의) 복종 훈련을 포함한다.

앨버타 팀의 생태보호견들은 주 정부의 관리 아래 일주일 내내 낮밤없이 훈련사의 돌봄을 받는다. 개는 훈련사의 집에 살면서 그 안을 자유롭게 돌아다닌다. 생태보호견은 7.25시간 교대 체제로 일하며 (훈련사가 개의 특정 행동을 보고) 쉼이 필요하다고 여겨질 경우 휴식 시간을 받을 수도 있고 주당 이틀의 휴가를 쓸 수 있다. 여름철에 생태보호견들은 검사소로 이동하는데 이때 훈련사와 외부에 함께 앉아 있기도 하고, 주의가 산만해지지 않도록 작업 차량 안 이동장에 머무르기도 한다. 날

씨가 더운 날에는 개가 선박을 기다릴 동안 더위를 타지 않도록 냉방 중인 사무실 안에 머물게 둔다. 개들은 그늘에 주차된 작업 차량 안의 나무 상자에 머물며 언제든 목을 축일 수 있다. 그들은 한 번 출장 갈 때마다 작업 차량 안에서 몇 시간 정도 머문다. 그리고 훈련사의 호텔 방에서 함께 지낸다. 비수기가 오면 훈련사는 정부 청사 사무실로 데려와 개를 책상 옆에 앉혀둔다. 경우에 따라서 자유롭게 사무실을 돌아다니도록 두기도 한다. 어떤 훈련사들은 한가한 때 개와 동네를 산책하거나 하이킹을 한다. 많은 앨버타 생태보호견들은 훈련사를 제외하고는 다른 사람 혹은 개와 거의 교류가 없다. 생태보호견이 은퇴하면 훈련사는 개를 입양할 수 있지만 훈련사가 개보다 일찍 은퇴하는 경우 어떻게 되는 것인지에 대해서는 알려진 바가 없다.

　행동 평가에 따르면 앨버타 생태보호견 팀에 속한 개들은 저마다 다른 상황에서 긍정적인 감정 상태를 나타내기도 했고 반대로 스트레스 징후를 보이기도 했다(표 1). 개들은 때로 에너지를 충분히 분출하며 일하기 위한 동기를 부여받은 것 같았다. 또한 평가 중 80퍼센트에 한해 꼬리를 흔들었는데 이는 긍정적 감정 상태를 의미한다. 하지만 갈등이나 스트레스 상황에서도 개는 꼬리를 흔들 수 있기 때문에 주의해서 해석해야 한다. 생태보호견들은 평가 중 33퍼센트 비율로 헐떡임을 제외한 기타 스트레스 징후인 낮은 자세, 회피 행동(다른 곳을 보거나 뒤돌아 가기), 하품, 입술/코 핥기 등을 드러냈다.

　앨버타 생태보호견은 평가 중 93퍼센트 비율로 훈련사에게 칭찬받았으며(간식, 장난감을 제공받거나 언어적·신체적 칭찬을 받음), 3퍼센트는 훈련사가 목줄을 가볍게 당기는 등 개를 적대적으로 대하거나 고함을 쳤

표 1 앨버타 생태보호견 행동 평가

행동 지표	앨버타	최솟값	최댓값	전체 값
낮은 자세를 취한다	4.6%	3.2%	7.3%	6.2%
회피한다	14.4%	2.4%	21.1%	10.2%
앞발을 들어올린다	0.0%	0%	0%	0.0%
하품한다	3.4%	2.1%	4.9%	2.2%
가볍게 또는 심하게 헐떡인다	52.0%	26.8%	75.4%	76.4%
심하게 헐떡인다	12.1%	0%	31.2%	25.5%
입술/코를 핥는다	27.3%	8.4%	39.3%	24.0%
스트레스 징후를 보인다	58.0%	39.0%	77.1%	79.0%
헐떡임을 제외한 기타 스트레스 징후를 보인다	33.2%	29.5%	36.1%	30.7%
꼬리를 흔든다	80.3%	62.1%	100%	81.1%
훈련사가 개에게 적대적으로 대한다	2.0%	0%	4.9%	8.7%
훈련사가 개에게 고함을 친다	1.2%	0%	2.5%	0.5%
훈련사가 개를 칭찬한다	92.8%	80%	100%	96.9%

주: 모든 평가에 걸쳐 각각의 개가 행동 지표를 보인 비율을 계산하고 그중에서 최대 퍼센트와 최소 퍼센트를 기록했다. 음영 처리된 칸은 특정한 개에 해당된다(밝은 회색의 경우 2마리 이상의 개가 같은 결과를 나타냈음을 의미함). 개들 사이에서 나타나는 행동 패턴과 가변성을 드러내고자 음영 처리했다. 앨버타 생태보호견 총 3마리에 대해서 197번의 평가를 진행했으며, 이를 포함해 생태보호견 총 7마리에 대해서 298번 평가했다. 전체 생태보호견 데이터는 앨버타와 온타리오 데이터를 합친 것이다.

다. 앨버타의 훈련사들은 생태보호견의 스트레스를 민감하게 다뤘으며 개가 회피 행동을 하거나 불안을 느낄 때 알아채고 휴식을 취할 수 있도록 돕거나 다른 장소로(즉, 만일 바깥에 있었다면 집 안으로 혹은 그 반대로) 데려가 산책을 시켰다. 훈련사가 개에게 고함을 치는 등 적대적인 언어(최댓값 2.5퍼센트)를 쓰거나 체벌을 하는 등 적대적으로 대하는 일(최댓값 4.9퍼센트)은 매우 드물었다.

특히 표 1에 음영 처리된 칸의 최댓값과 최솟값에서 알 수 있듯 앨버타 생태보호견들은 평가 내내 매우 다채로운 행동 반응을 보였다. 일반적인 경향에 따르면 이런 반응은 개와 훈련사의 상호작용 유형과 직접적인 관련은 없는 것으로 보인다.

예를 들어 (두 번째로 짙은 회색으로 표시된) 훈련사는 적대적인 언어, 신체 표현을 가장 적게 썼는데도 이 훈련사와 짝을 이룬 개는 잦은 스트레스 징후를 보였다. 이러한 행동 다양성은 각각의 개가 서로 다른 방식으로 스트레스를 받는다는 것을 암시한다(Beerda et al. 2000; Malmkvist et al. 2003; Mason and Mendl 1993; Rooney et al. 2007). 스트레스의 징후는 어쩌면 업무 그 자체와 관련이 없을 수도 있으며 대신에 그들의 성격(예를 들어, 유전적 요소)이나 어릴 때의 경험과 관련이 있을 수 있다(Horwitz and Mills 2009; Saetre et al. 2006; Storengen et al. 2014; Zapata et al. 2016).

훈련사 인터뷰에서 개의 복지에 대한 통찰력과 생태보호견 관계에 대한 통찰력을 확인할 수 있었다. 첫째, 훈련사들은 자신의 생태보호견을 향한 진정한 유대감과 그들의 건강에 대한 관심을 드러냈다.

우리는 훈련사와 개 사이에 유대감이 존재한다고 믿어요. 그러니까 개들과 하루종일 부대끼고 모두 가족처럼 생각하죠. 제 하루하루에 완전히 녹아 있는 거예요. 신뢰를 쌓으려면 그게 굉장히 중요하다는 걸 알게 됐어요. 개에게 명령하려면 개가 나를 믿어야만 내가 보라는 곳을 보고 하라는 걸 할 테니까요. 알다시피 현장에서 개가 무언가 표현하려 한다면 나는 그걸 알아들어야 하고요.

우리는 함께 살고, 일하고, 훈련받고 같이 휴가를 가요. 사람들이 "쉬는 날 뭐해요?"라고 물으면 항상 그렇게 덧붙이죠. 아까 말한 것처럼 (개와 저는) 항상 함께예요. 강에 놀러가고 같이 카누도 타요. 지난 여름에는 같이 플라이낚시도 갔어요…. 우리는 서로의 동반자인 셈이죠.

가장 좋은 점을 꼽자면, 그냥 함께 팀으로 일한다는 사실과 우리 개를 계속 볼 수 있다는 거요. 개가 얼마나 독립적인지, 저는 우리 개가 독립적으로 자라도록 이바지를 하면서, 그 과정에서 또 얼마나 그 개에 대해 배우는지 모르실걸요. 그리고 또 개가 여러 사물에 대해서 다양하게 반응하는 걸 볼 때요. 네, 그냥 개가 성공하는 순간들을 함께하고 동반자가 될 수 있다는 것 그 자체네요.

난 영원히 내 개를 배신하지 않을 거예요…. 우리는 계속 함께예요.

둘째, 훈련사들은 주로 개가 경험하는 스트레스와 스트레스 완화 전략 측면에서 생태보호견의 행동에 대한 의견을 나눴다.

(우리 개는) … 분리불안이 있어요. 그런 거 아시죠, 내가 어딜 가든 간에 함께 가려고 하는 거요. 그렇게 못할 때는 해결책을 찾아야 하고요. 우리 개는 사회성이 부족해서 때때로 힘들어해요. 그 문제를 어떻게 풀 수 있을지 고민하는 중이죠. 그리고 뭘 해야 할지, 뭐가 잘 먹힐지 늘 명확한 것은 아니예요. 집에 있을 때 문제를 풀기 위해 노력하고 있어요. 아시다시피 집이야말로 편한 장소죠, 개도 그걸 알고 있고요. 그래서 집에서 (개를 혼자 두는 시간을 점점 늘려가면서) 천천히 그런 상황들에 대비해요…. 아마도 보호소 출신이기 때문이 아닐까요? 아니면 구조되기 전 1년 반 동안 무슨 일이 있었을 가능성도 배제할 수 없어요. 그래서 저에게 온전히 자기를 내맡기는 걸지도요, 아니면 저 말고는 정을 붙일 만한 사람이 없었기 때문에 그런 걸지도 모르죠….

(우리 개가) 꽤 무서워하는 것 중 하나는 낯선 표면이나 계단 같은 거예요…. 콘크리트 계단이라든가 그게 아니라도 우리가 볼 수 있는 어떤 계단이라도 그래요. 우리 개는 그런 것에 의연하지 못해요. 저는 보통 개가 계단을 탐색할 수 있도록 격려하는 편이에요…. 계단의 시작점으로 그냥 걸어가서 몇 걸음 밟는 거죠. 그럼 보통 관심을 보이면서도 걱정하느라 따라오지 못해요. 그럼 저는 그냥 거기 서서 개가 일종의 확인을 할 수 있게 시간을 주죠. 제가 개를 억지로 끌고 오지 않아도 되게요…. 일종의 지지자가 되려고 하죠, "별일 아니야, 괜찮아" 하면서. 가끔은 간식을 주면서 격려해요. 예를 들어 선착장이라 치면 쉽게 닿는 곳보다 간식을 약간 멀리 던져서 개가 직접 가져오도록 하는 거예요. 그러면 깨닫겠죠, '나 거기 가봤는데, 생각보다 괜찮더라' 하고요.

셋째, 훈련사들의 주장에 따르면 개는 여러 가지 스트레스 요인에도 불구하고 행복하며, 일하는 것을 좋아한다.

개들은 (생태보호 일을) 좋아해요. 그들의 삶에서 가장 재밌는 일이죠.

제 생각에는 정말로 일을 자랑스러워하는 것 같아요. (목표물을) 찾았을 때 그게 특별하다는 걸 안다는 것만 봐도 그렇죠.

그리고 (내 개가) 얼마나 즐거워하는지를 아니까 그게 느껴져요. 훈련할 때뿐만 아니라, 근무 중에나 사람들에게 자랑할 때도요. 진짜 완전히 모르는 사람한테도 가서 공을 삑 삑댈 걸요? 개가 정말 행복해하는 그 순간에는 저도 같이 행복해지는 거예요.

넷째, 훈련사들은 개들이 일을 통해 삶을 발전시켰다고 말한다.

우리 개 셋 중 하나는 보호소 출신이에요. 그러니까 제 말은 지금은 우리 개들이 좋아하는 일도 하고 매일 사람과 어울리고 출근하는 데다, 우리 최대 관심사가 생태보호견의 건강과 안전이거든요. 그러니 숨이라도 좀 헐떡이고 힘들어하면 에어컨 틀어 주고 당연히 낮잠도 재우죠.

여러 개와 사람들 간의 관계 형성이나 모든 걸 고려했을 때 개는 예전보다 훨씬 더 행복한 삶을 산다고 할 수 있죠.

더 많이 활동할 수 있고 관심도 더 받잖아요. 그리고 제가 생각할 때 가장 좋은 건 개가 직업이 있으면 주인 없이 긴 시간 집에 홀로 있지 않아도 된다는 거예요…. 그러니까 건강도 지키는 데다 돌봄까지 덤으로 받는다고 할 수 있죠.

다섯째, 훈련사들은 그들의 개가 생태보호와 생태교육에 효과적으로 공헌하고 있다고 생각한다.

훈련받은 선박 검사원과 WD4C 생태보호견의 정확성과 효율성을 비교해 봤어요. 결과는 예상 그대로였죠. 정확성과 효율성 모두 개가 사람보다 높았어요. 훨씬 빠르고요.

평가를 하는 동안 오염된 선박을 100퍼센트 감지할 수 있었어요. 반면 인간은 75퍼센트 정도의 성과를 냈을 뿐이죠.

부분적으로는 제가 어린이들과 일반 대중을 교육하는 걸 좋아하기 때문인데요. (우리 개가) 사람들이 교육을 듣게 만드는 매개가 될 때 기분 끝내주죠. 종종 교육하는 게 어려울 때도 사람들이 개를 보고 나면 갑자기 흥미를 보이면서 하려는 이야기에 더 귀기울이거든요.

(개들은) 훌륭한 홍보대사이기도 해요. 저는 그게 우리에게 필요한 중요한 가치 중 하나라고 진심으로 생각하거든요. 개들에게 홍보 전문가로서 잠재력이 있다는 거죠. 제 말은 사람들이 현행법에 따라 선박 검사소에 들러야 하잖아요. 그때 사람들은 이미 교통 체증에 꼬박 8시간 동안 시달린 데다 푹푹 찌는 여름에 2시간 내내 공사 현장에 있었을 거란 말이에요. 그러니 선박 검사소에서 개라도 보는 게 정말 도움이 되죠…. 그렇지 않았으면 전혀 관심이 없었을 사람들이기 때문에 개의 존재는 교육하는 데 정말 큰 보탬이에요.

온타리오의 생태보호견

브루노Bruno는 모닝 커피를 따르는 그의 훈련사 애런Aaron을 발견하고 너무 기뻐서 왈왈 짖는다. 애런의 집 옆을 내려다보는 위치에 야외 우리가 있어서 브루노는 열린 창문으로 거실에서 애런이 자신을 데려가기 위해 준비하는 것을 지켜볼 수 있다. 아직 아침 7시밖에 되지 않았지만 브루노는 어서 일어나 훈련을 시작하기를 간절히 바란다.

브루노는 신입이라 아직 밧줄 다루는 법을 익히는 중이다. 강한 사냥 욕구 덕분에 브루노는 지방의 천연자원을 보호하는 현장팀에 선발되었다. 브루노 같은 생태보호견들은 탄피 같은 밀렵의 증거를 찾거나 다양한 목표물 냄새를 찾아서 생태보호관을 보조한다.

햇살이 따갑게 내리쬐는 날인데도 브루노는 하루종일 목표물 냄새를 찾고 감지하고, 사람을 쫓고, 민첩성을 기르기 위해 코스를 달리는 연습을 해야 한다. 힘든 일임에도 그는 에너지가 넘치며 임무를 완수했을 때 공을 가지고 놀거나 대접받을 수 있어 좋아한다.

온타리오 생태보호견 팀은 주 정부의 천연자원산림부Ministry of Natural Resources and Forestry division에서 운영한다. 생태보호견과 훈련사 그리고 감독관으로 이루어진 6개 팀이 주 전역에 포진해있으며, 이들은 조개 껍데기나 숨겨진 어류, 동물들의 신체 부위 같은 증거를 찾아 현장 생태보호관이 밀렵이나 불법 낚시 등 범죄를 해결할 수 있도록 지원하여 천연자원을 보호한다. 정책상 생태보호견과 함께 일하도록 의무화되지는 않으니 개는 추가적 수단으로써 고용되었다고 할 수 있다. 시행 초기에 보호소에서 선발된 개들로 온타리오 생태보호견 팀이 꾸려졌다. 최근에는 이 업무에 적합하다고 여겨지는 특정한 신체적 특성과 성격을 갖춘 개를 사육하는 중개인으로부터 개를 사들이는 것이 선호된다. 1~2살 정도 된 개들이 선발되며 이들은 8~10살 정도까지 일한다.

주 정부는 온타리오 팀의 생태보호견들을 관리한다. 훈련사들은 개인 사유지에 있는 뜰에 개집을 두고 개를 밤낮으로 돌본다. 개가 추운 겨울을 날 수 있도록 개집은 단열 처리가 되어 있다. 일부 훈련사들은 너무 추울 때나 더울 때라든지 해충이 너무 많을 때면 차고나 자기 집 안으로 개를 들인다. 훈련사와 개는 한 조로 1년 내내 가을 사냥철에나 여름 낚시철에나 바쁘게 일한다. 업무 시간은 최대 12시간이고, 이 중

대부분은 이동하는 데 소요된다. 개는 내부에 이동장이 완비된 작업 차량에서 지내면서 언제든 물을 마실 수 있다. 차에 사람이 없을 때도 개는 이동장 안에 머물러야 하기 때문에 훈련사는 적절한 온도 조건을 지키기 위해 (예컨대 겨울철에는 난방, 여름철에는 냉방하며) 보통 시동을 끄지 않는다. 작업 차량에는 비상 상황을 대비한 복잡한 경보 시스템도 구비되어 있다. 생태보호견은 훈련사 말고 다른 사람이나 개와는 많은 시간을 보내지 않는다. 생태보호견이 다른 사람들의 지시를 따르거나 근처의 다른 개들 때문에 주의가 분산되는 것을 훈련사들이 원치 않아서다.

앨버타와 유사하게, 온타리오 생태보호견 팀 행동 평가에서도 개들이 서로 다른 상황에서 긍정적인 감정 상태와 스트레스의 징후를 모두 드러냈다(표 2). 평가가 진행되는 동안 평균적으로 82퍼센트 확률로 개들은 꼬리를 흔들었고, 이는 일하는 중에 느끼는 긍정적인 감정 상태를 의미한다. 물론 앞서 말했던 것처럼 이 또한 주의를 기울여 해석해야 하는 부분이다. 개들은 작업을 완수할 즈음이 되면 많은 에너지를 분출했는데 이는 동기 부여 받았다는 것을 의미한다.

평가 중 29퍼센트 비율로 헐떡임을 제외한 기타 스트레스 징후인 낮은 자세, 회피 행동, 하품, 입/코 핥기 등을 드러냈다. 온타리오 개들은 평가 중 100퍼센트 훈련사에게 칭찬받았다(간식, 장난감을 제공받거나 언어적·신체적 칭찬을 받음). 그리고 평가 중 14퍼센트의 확률로 훈련사는 개를 적대적으로 대했다. 온타리오 훈련사들은 초기에 내린 지시를 개들이 결국 만족스럽게 수행했을 때 보상을 주고, 당면한 작업을 계속 수행하도록 격려하거나 명령하여 개의 스트레스에 대응했다.

표 2 온타리오 생태보호견 행동 평가

행동 지표	온타리오	최솟값	최댓값	전체 값
낮은 자세를 취한다	7.3%	0%	15.8%	6.2%
회피한다	7.1%	0%	10.5%	10.2%
앞발을 들어올린다	0%	0%	0%	0%
하품한다	1.3%	0%	5.1%	2.2%
가볍게 또는 심하게 헐떡인다	94.8%	89.5%	100%	76.4%
심하게 헐떡인다	35.5%	18.0%	56.7%	25.5%
입술/코를 핥는다	21.5%	7.7%	36.7%	24.0%
스트레스 징후를 보인다	94.8%	89.5%	100%	79.0%
헐떡임을 제외한 기타 스트레스 징후를 보인다	28.9%	7.7%	42.1%	30.7%
꼬리를 흔든다	81.7%	71.8%	96.7%	81.1%
훈련사가 개에게 적대적으로 대한다	13.8%	0%	26.7%	8.7%
훈련사가 개에게 고함을 친다	0%	0%	0%	0.5%
훈련사가 개를 칭찬한다	100.0%	100%	100%	96.9%

주: 모든 평가에 걸쳐 각각의 개가 행동 지표를 보인 비율을 계산하고 그중에서 최대 퍼센트와 최소 퍼센트를 기록했다. 음영 처리된 칸은 특정한 개에 해당된다(밝은 회색의 경우 2마리 이상의 개가 같은 결과를 나타냈음을 의미함). 개들 사이에서 나타나는 행동 패턴과 가변성을 드러내고자 음영 처리했다. 온타리오 생태보호견 총 4마리에 대해서 101번의 평가를 진행했으며, 이를 포함해 생태보호견 총 7마리에 대해서 298번 평가했다. 전체 생태보호견 데이터는 앨버타와 온타리오 데이터를 합친 것이다.

훈련사는 종종 (최댓값 26.7퍼센트) 개에게 적대적으로 대했다. 특히, 표 2에 음영 처리된 칸에서 볼 수 있듯 온타리오의 개들은 평가 기간 동안 매우 다채로운 행동 반응을 보였다. 예를 들어, (가장 짙은 회색으로 표시된) 한 개는 높은 수준의 스트레스 관련 행동을 한 반면 (두 번째로 짙은 회색으로 표시된) 다른 개는 적은 스트레스 징후를 보였다. 이는 앨버타 사례와 같이, 각각의 개들이 다양한 방식으로 스트레스에 대처하고 있으며, 이러한 스트레스는 아마도 업무 그 자체보다는 성격과 어릴 때의 경험과 관련됨을 시사한다.

훈련사 인터뷰는 개의 복지에 대한 그들[2]의 인식과, 생태보호 영역에서 개와의 관계에 대한 통찰력을 보여 준다. 첫째, 훈련사들은 자신의 생태보호견을 향한 진정한 유대감과 그들[3]의 건강에 대한 관심을 드러냈다.

(우리 개는) 한 사람하고만 붙어 지내기 때문에 어떤 큰 공동체나 인간 가족들의 마음을 읽고 이해하는 법을 배워야 할 필요는 없어요. 다만 다들 개한테 거는 기대가 크고 얘도 그걸 알아요, 제가 전문적인 개 훈련사이자 조련사이기 때문에…. 우리 개는 훈련도 계속 받고 적당한 기대도 받으면서 그 덕을 보고 있어요. 다른 어떤 개보다도 전반적으로 훨씬 더 나은 삶을 산다고 생각하는 이유가 그거예요. 출근도 하고 제가 어딜 가든 함께 여행하죠. 돈독한 관계에 있는 한 사람과 거의 떨어질 일이 없는 거예요.

제가 개로 태어난다면 그렇게 살고 싶을걸요. 계속 말씀드린 것처럼, 업무의 90퍼센트를 개랑 같이 해요…. 평범한 반려동물이었다면(혹은 반려동물로서) 지금처럼 좋았을까요? 아닐걸요. 우리는 매일같이 개를 위해 뭔가를 하고 있어요. 그러니까 결국…. 제 삶 자체가 개를 중심으로 돌아가요. 개가 오늘(처럼) 하루종일 트럭에 있다 해도, 시동이 켜져 있는지, 에어컨이 돌아가고 있는지 제가 확인하기 때문에 쾌적하게 지낼 수 있죠. 아시다시피 제가 계속 가서 개가 잘 지내는지 보곤 하거든요. 보통은 2~3시간마다 모든 게 괜찮은지 확인하고 볼일도 볼 수 있게 내보내 줘요. 계속 제 관심을 독차지한다고 봐야 하죠.

이 개들은 더할 나위 없는 삶을 살고 있어요…. (우리 개는) 최고의 약물 치료를 받고, 제일 좋은 백신을 맞고, 맛깔진 음식을 먹어요. 기본적으로 저는 개를 돌보는 일로 돈을 번다고 할 수 있어요. 그러니 심지어 개 칫솔질을 하거나 발톱을 깎고, 깔끔하게 관리

---

2 '그들their'이라는 대명사는 온타리오 팀의 모든 훈련사를 가리키며 이는 훈련사들의 신원을 보호하기 위함이다.

3 남성 대명사(He, Him_옮긴이)는 온타리오 팀의 모든 개를 가리키며 이는 그들의 신원을 보호하기 위한 조치다. 온타리오 팀의 6마리 개 중 5마리가 수컷이었기 때문에 남성 대명사를 채택했다. (원서와 달리 이 글에서는 원서의 남성 대명사를 맥락에 따라 '그' 등으로 번역했다. 이는 14쪽 옮긴이 일러두기에도 언급했다_옮긴이)

하는 사소한 일들, 전부 제가 돈 받고 하는 일들이에요. 여러 모로 잘 챙겨 주고 있어요. 좋은 음식도 먹고 언제든 물을 마실 수 있고요. 늘 활동적이고요…. 제가 얼마나 잘해 주느냐에 따라서 (곧) 그 개와 얼마나 오래 일할 수 있는지가 결정돼요. 제가 개를 더잘 돌볼수록 우리는 한 팀으로서 더 오래 일할 수 있겠죠.

일하는 개는 업무가 엄청 흥미로울 거고 매일이 색다른 날일 거예요…. 완전 대박이죠, 전 우리 개들이랑 맨날 일해야 하는데, 이를테면 산을 타고 그런 거예요. 굉장히 도전적이기도 하고 그만큼 보람도 크죠. 그리고 저는 개들이 성장하는 모습이 보기 좋아요. 정말 엄청나죠. 아, 죄송해요, 계속 말하다간 밤새겠어요.

둘째, 훈련사들은 가끔 개들이 겪는 스트레스와 이를 완화하기 위한 전략에 주목하며 개들의 행동을 논했다. 훈련사들은 꽤 자주 개의 성향을 불만스러워하면서도 '자연스러운' 행동을 하려는 개의 능력에 주목했다. 그 두 가지가 비록 별개이긴 하지만 말이다.

개가 만약 두렵거나 불안해하면, 두려움을 느꼈던 장소에도 적응할 수 있다는 걸 알려주기 위해 노력한답니다…. 그러니까 (개가 두려워하는 장소에) 제가 가 있으면, 개는 망설여요. 꼬리를 내리고 걸음도 느려지고 주위를 좀 더 두리번거리죠. 그럴 때 저는 탄피를 조금 뿌려 두고, 개가 동기 부여 받거나 작업에 나설 수 있도록 계속 애써요. 우리개는 기대를 저버리지 않아요, 정말 그래요. 결국 개가 탄피를 찾아내면 저는 보답을해 주죠. 그러니까 제 딴에는 어떤 장소에 두려움을 갖고 있더라도 성공할 수 있고 즐거움을 찾을 수 있다는 걸 개에게 가르쳐주는 거예요…. 그러고 나면 30분 동안 같이 공을 가지고 놀아요. 그곳을 떠날 때 다시 보면 꼬리를 다시 쳐들고 머리도 꼿꼿이 세우고 있어요. 가지고 놀 공도 있겠다 자기 딴엔 행복하고 훌륭한 결과를 얻은 거죠. 우리 개가 신경증적 행동을 보일 때 제가 대처하는 법이에요.

저는 일하고 싶은데 개는 그렇지 않을 때 가장 절망스럽죠. 생태보호견 (훈련) 코스를 감당하기 힘들어해서 거기서 조금 휴식해야 할 때가 있었어요. 훈련의 성과를 쌓아가는 중이라 저는 전진하고 싶지만 개가 '이만하면 됐지 않냐'고 물러서는 상황이죠. 그러니 그 말을 들은 저는 멈춰야 해요. 계속 나아가고 싶을 때라도 한숨 쉬어 가야 할 때는 그래야 하죠. 개가 안 된다고 하면 당신은 상황을 바꿔야 해요.

개가 너무 열정적이고 에너지 넘치면 신체적으로 힘들어지기 때문에 그것 또한 우리를 좌절시키죠. 지금 제가 데리고 있는 개는 상황이 어땠든 간에 일단 느리게 간다는 인식이 없고, 힘을 아껴야 한다는 인식도 없어요. 온종일 100퍼센트 충전되어 있거나 끓아 떨어지거나 둘 중 하나예요…. 제가 움직일 때 지친 기색이 명확해도, 우리 개는 여전히 나를 질질 끌고 가요. '뭐해, 가자, 가자!'고 하면서요. 그럴 때 가끔은 개한테 맞추는 게 어려워요.

만약 개를 통제하는 게 어려우면 함께 일할 수 없어요. 그러니 생태보호견은 고분고분해야 해요. 말하자면 저는 개가 덤불로 뛰어들게 만들 수 있어야 하고 덤불을 통과하라고 명령할 수 있어야 해요…. 토끼가 뛰어가든, 사슴이 뛰어가든 세상 어떤 일이 벌어지더라도 우리는 개가 동물을 쫓거나 수영하도록 두는 것이 아니라 이곳을 수색하라고 명령할 수 있어야 하는 거죠. 개들은 모두 각자의 욕망이 있어요. 달리는 걸 좋아하고 놀고 싶어하죠. 그래서 그런 욕망이 우리에게 유용하게 쓰이게끔 해야 해요.

개들의 코와 사냥 본능에 달린 거죠. 개들은 원하는 걸 할 뿐이에요. 그러니 (우리 팀원들은) 모두 사냥견 품종을 써요. 네, 맞아요. 유전자가 개로 하여금 목표물을 찾고 사냥하게 만드는 거예요. 그러니까 이를테면… 개들은 토끼 대신 탄피를 사냥하고 있는 거죠.

셋째, 훈련사들은 그들의 개가 행복한 상태이며 일하길 좋아한다고 주장한다.

문을 열면 (일하기 위해) 트럭에 타는 걸 오매불망 기다리는 개들이 보여요. 트럭에 탈 듯 말 듯 건들거리면서 '좋아, 가자'고 말하는 것 같죠. 개들은 이걸 위해 살고 있어요. 생애 최고의 사건이죠. 쿼드Quad를 타든 설상차를 타든 간에 그저 사는 게 너무 즐거운 거예요. 개들은 밖에서 하는 탐색 업무를 정말 즐기는 것 같아요. 리드줄 없이 나와 있는 것도 좋고, 덤불 속에 있는 것도 좋고, 달리는 것도 좋은 거죠. 너무 재밌나 봐요. 일할 때 엄청 흥겨워하는 게 느껴져요.

(개가 일을 좋아하는 걸) 저는 알아요. 예를 들면 이런 거예요. 제가 아침에 잠옷 차림으로 개를 우리에서 꺼내줄 때, 개는 굼뜨게 느릿느릿 나와서 이것저것 하다가 이동장으로 돌아와 먹이를 기다려요. 반면에 제가 작업복을 입고 나가기만 하면 에너지가 엄청나요. 이미 트럭으로 가 있곤 하죠. 그전에 소변을 누고 와야 한다는 걸 저는 상기시키는데 개는 완전 상기돼서 트럭에 올라타려고만 하고 냅다 출발하길 원하죠.

넷째, 훈련사들은 생태보호견이 일을 함으로써 더 나은 삶을 살게 된다고 주장한다.

생태보호견들은 일종의 보조견이거든요. 경찰견도 그렇고요. 이보다 개에게 더 나은 일자리나 삶은 없다고 생각해요. 왜냐하면 삶의 대부분을 훈련사와 함께 보내잖아요, 차 안에서, 드라이브하면서, 뭔가를 찾으면서. 그리고 아시잖아요, 매일 사냥도 하고요. 최고죠.

반려견(이 되는 것)보다는 일하는 게 더 나을 거예요. 특히 개는 욕구가 정말 상당하니까 이런 아이가 집 안에서 반려동물로 지내야 했다면 다루기가 정말 힘들었을 거예요.

보호소에 두세 번이나 버려졌던 8년 전 어린 시절에 우리 개는 자기 앞에 펼쳐질 미래를 한 치 앞도 몰랐을 거예요. 맞아요, 다음번에 안락사 당할지 아닐지 그런 걸 전혀 알 수 없는 거죠.

다섯째, 훈련사들은 그들의 개가 생태보호와 생태교육에 효과적으로 공헌하고 있다고 생각한다.

당신이 개를 데리고 현장에 나갔을 때 어떤 생태학자가, 3일 전에 누가 밀렵을 했다면서 "다친 동물은 다 회복되었지만 밀렵에 사용된 탄피라도 찾고 싶어요"라고 말한다 칩시다. 이럴 때 저는 어떤 측면에서 믿을 수 없을 정도로 대단한 성취감을 느껴요. 우리가 밀렵꾼을 체포하도록 도울 수 있으니까요. 외부인들은 개가 일을 정말 잘한다면서 늘 감동하죠.

우리는 많은 활동으로 천연자원법Natural Resource law의 집행을 수월하게 하고 있고, 이 기여가 (불법 행위에 대한_옮긴이) 억제 요인으로 작용한다고 생각해요. 대중은 이 사실을 인식하고 잘 알고 있죠. 예를 들어 누가 뭔가를 훔치려다 경찰과 스쳤다면 그리고 그 현장에 경찰견이 있다면, 경찰견이 도둑을 쫓아서 결국 들킬 확률이 높다는 거요. 제 생각에 이런 측면에서 엄청 효과적인 억제 요인으로 작용한다는 거예요. 공동체에서 우리는 굉장히 눈에 띄어요. 사람들은 우리가 개를 데리고 다닌다는 걸 알고, 그건 좀 말쑥한 느낌을 주죠. 어떤 식으로든 대중과 관계를 다지기에 좋을 뿐 아니라, 많은 사람들이 이미 애견인이기 때문에 그런 측면에서 개는 훌륭한 교육 도구예요.

다들 저희가 생태보호견과 함께 다닌다는 걸 알아요. 그건 확실히 긍정적인 영향을 주죠. 단지 우리가 나와서 활동한다는 사실만으로 '오늘 밀렵해야지'라는 생각을 두세 번 재고할 테죠. 개가 (우리와 함께 일하고) 있다는 것을 안 사람들은 대단히 좋아하고, 특히 우리 개가 대부분 보호소에서 구조돼서 일을 시작했다는 측면에서 더 좋아해요. 사람들은 보호소 출신 개들을 데려다가 뭔가를 하도록 가르치고 인간이 그걸 함께한다는 사실에 정말 감사해요.

생태보호견은 행복할까, 불행할까?

개는 생태보호 일이 즐거운가 괴로운가? 생태보호견이 즐거움을 느낄 기회가 있는 한편 이들이 경험하는 훈련과 노동이 복지에 부정적인 영향을 미칠 가능성도 있다는 것을 연구 결과를 통해 알 수 있다. 앨버타와 온타리오의 생태보호견은 탐색 작업 때문에 좁은 틈을 이동하고 흙바닥과 진흙탕을 헤치며 달리고, 냄새를 제대로 맡으려 입까지 벌려 숨을 쉬고, 훈련사와 소통하고 훈련사에게 복종해야 한다. 그리고 목표물 말고 다른 것을 좇으려는 욕구, 다른 개나 사람과 소통하려는 욕구, 쉬고 싶은 욕구와 싸워야 한다. 실제로 생태보호견은 일하는 동안 스트레스를 받은 듯한 행동을 다수 보였다. 하지만 업무 시간 중 진행된 평가 대다수에서 개들은 긍정적 감정 상태를 의미하는 행동을 보이기도 했고, 훈련사들은 개를 대할 때 적대적 기술보다는 긍정적 기술을 보다 많이 활용했다. 더 나아가 전반적으로 훈련사들은 열정, 자긍심, 즐거움에 흠뻑 젖어 생태보호견과 생태보호 노동에 대해 이야기했다. 그들은 생태보호견 노동이 대중 교육과 생태보호에 절대적이라고 보았다. 이러한 데이터에 따르면 생태보호 일자리는 개에게 인도적인 영향을 미칠 가능성이 있으며 더 나아가서는 사람과 자연 환경에도 그렇다고 할 수 있다.

그러나 우리는 여기서 그치지 않고 '일자리' 혹은 '일'이 무엇을 의미하는지 그리고 노동하는 개의 삶을 어떻게 총체적으로 평가할 것인지 질문하고 싶다. 실제로 생태보호 영역에 종사하는 개가 처한 환경과 개의 경험은 다양하며, 이들은 단순히 외래 침입종을 식별하거나 밀렵꾼을 저지하는 것보다 훨씬 많은 일을 하고 있다. 이런 특정 작업은 생태보호견의 하루 업무 중 일부(앨버타 팀의 경우 7.25시간, 온타리오 팀의 경우 12시간)일 뿐이며, 개들은 또한 다른 지역으로 이동하는 시간을 견디면서 호출 전까지 몇 시간이고 작업 차량에 앉아 있어야 한다. 게다가 개가 음식, 주거, 전반적인 복지를 제공받기 위해서는 훈련사에게 언제나 완전히 의존한다는 것을 고려한다면 개와 훈련사 간의 상호작용은 업무적인 소통을 넘어서 있다. 노동과 비非노동의 경계가 불분명하다는 점에서 이 개들은 언제나 출근할 준비가 되어 있는 노동자라고 할 수 있다. 종합적으로 봤을 때 우리는 2장을 쓴 콜터와 같은 맥락에 서 있는데, 동물 노동자의 삶을 전체적으로 고려하는 인도적 일-생활을 보장하기 위해 노력하고 그 내용을 평가해야 한다고 주장한다는 측면에서 그러하다. 우리는 동물, 심지어 (다른 동물 종에 비해_옮긴이) 사회적으로나 경제적으로 특권을 누리는 개 또한 전체적인 삶의 경로가 주로 인간의 목적에 맞춰 설계되어 있음을 인식해야 한다.

생태보호견 복지에 대한 우리의 다학제적 평가는 개의 일-생활에 대한 예비적 통찰을 제공할 뿐 아니라, '인도적' 맥락에서 고려돼야만 하는 주요한 문제를 제기한다. 특히 개가 일-생활에서 제공받고 보장받아야 하는 기준으로서 동물복지의 다섯 가지 자유, 이른바 갈증 및 굶주림, 영양 결핍으로부터의 자유, 불편함으로부터의 자유, 고통·상해·질병으로부터의 자유, 공포와 스트레스로부터의 자유, 정상적인 행동을 표현할 자유가 있다(FAWC 2009)(한국의 동물보호법 제3조를 참고하여 동일한 단어로 번역하였다_옮긴이). 이러한 자유는 앨버타와 온타리오의 생태보호견의 노동, 휴식, 교통, 여가상황 등과 관련해 일부는 충족되지만 충족되지 않는 부분도 있는데 노동과 비노동의 경계가 불분명한 시공간에서 그런 일이 현저하게 발생한다. 예를 들어 어떤 개들은 업무 성과에 대한 보상으로서 간식을 받기 때문에 동기 부여를 위해 평소 식사 시간에는 제한된 양의 음식을 제공받았다. 또한 개들은 일하면서 혹독한 기후 조건을 견뎌야 했다(예를 들어, 지독한 더위 속에서 탐색 작업을 한 후 냉방이 되는 호텔에서 숙박하는 보상을 받음). 혹은 일하지 않을 때도 이런 일은 일어난다(예를 들어, 근무 시 극한의 추위를 효율적으로 견디게끔 일상 생활 중에도 최소한의 단열 장치만 있는 야외 이동장에서 거주함). 그리고 개들은 일하지 않는 시간에도 다른 개나 사람들과 사교 활동을 거의 할 수 없으며, 이는 역시 업무에 집중할 수 있도록 하기 위함이다. 더 나아가 어떤 훈련사들은 복종 요법의 일환으로 개에게 전기충격기를 사용하기도 한다. 이러한 기술은 불필요하고 비윤리적인 것으로 간주되며 장기적으로는 복지 문제를 야기한다(BSAVA 2003; Beerda et al. 1998; Hiby et al. 2004; Overall 2007; Schalke et al. 2007; Schilder and van der Borg 2004).

또한 우리의 평가는 생태보호견 관련 지침과 규제에 내한 예비적 통

찰도 제공한다. 개의 일-생활 전반에 걸쳐 복지 상황을 관리하는 역할
은, 개에게 충분하고 적절한 노동 및 생활 환경을 제공하도록 위임된
훈련사 개개인에게 맡겨진다. 우리는 앨버타와 온타리오 훈련사들이
다양한 의견과 지식을 가지고 있음을 목격했다. 특히 이들은 상호작용
에 기반한 노동과 비노동의 경계, 특히 식사, 숙박, 사회생활, 보상 목적
의 포상을 제공하는 것에 대해 의견과 지식이 서로 다르다. 연구 결과
는 이러한 차이에도 불구하고 훈련사들이 유사한 복지 성과를 냈다고
제시하지만, 그럼에도 훈련사 인터뷰와 참여 관찰 결과는 분명 맥락 특
정적인 생태보호견의 일-생활을 보여 준다. 이는 생태보호와 다른 동물
노동 영역에서 동물복지 차원에서 보장돼야 할 자유의 목록을 표준화
하고 이에 따라 규제할 필요와 가능성을 수면 위로 올린다. 개 노동자
를 관리하고 고용하면서도 그 어떤 국가, 주 정부, 기관에서도 관련 지
침을 마련하지 않은 것은 눈에 띄는 허점이다. 콜터(2016: 156)가 말했듯
동물의 "필요와 욕구를 심각하게 받아들여야 하며 이는 인식 변화와 실
천, 규제와 집행을 통해 가능하다." 이를 위해 우리는 생태보호견이 인
도적인 일-생활을 누릴 수 있도록 하는 명확한 복지 지침, 특히 음식 제
공, 기후 조건, 사회화의 기회, 처벌 기반 훈련 기술에 대한 지침을 마련
하기를 권고한다. 그리고 일-생활 전반에 걸쳐 생태보호견이 경험하는
즐거움 그리고/혹은 고통을 측정하는 동물복지과학과 사회과학의 방
법을 사용해, 개별 생태보호견에 대한 체계적이고 엄격하며 주기적인
복지 평가를 제안한다.

　더 나아가 우리는 동물복지 논의가 재구성되기를 희망한다. 동물복
지 논의는 개의 선택권과 행위성이 충분히 존중되는 종간 연대를 기반

으로 일-생활을 구성할 수 있어야 한다. 작업 평가 도중이나 아닐 때나, 우리는 훈련사들이 생태보호견에게 선택의 자유를 허용하거나 특정 상황에 영향을 주는 개의 행동을 허용하는 것을 많이 목격했다. 가령 생태보호견이 대상물이나 목표물을 피하기 시작할 때 훈련사는 휴식 시간을 주거나 업무 시간을 일찍 끝내는 방향으로 대처한다. 다시 말하자면 개들은 하루 종일 특정 업무를 하지 않을 기회가 있다. 한편으로는 긍정적 유인이나 적대적인 조치를 통해서 생태보호견이 당면한 작업을 계속하고 다시 집중할 수 있도록 독촉받는 상황도 관찰할 수 있었다. 개별 생태보호견과 훈련사마다 서로 다른 특정한 맥락이 있는 것이다. 궁극적으로, 이런 일상적인 상황에서 생태보호견과 훈련사가 발휘하는 선택권과 행위성을 파악하기가 어려웠다. 업무 시간, 업무 유형은 다양했으며 또한 지속적이고 (개와 훈련사 간에_옮긴이) 관계적으로 협상되었다. 앨버타와 온타리오 생태보호견들의 일-생활이 훈련사에 의해 엄격히 규정되고 통제되는 정도와 이것이 개들에게 미치는 영향은 이 연구에서 명확히 밝혀지지 않았다.

보다 광범위하게는, 애초에 개가 생태보호 노동자로 일하도록 만드는 선택 혹은/그리고 일을 관두고 싶어질 때 떠나도록 두는 것에 관해 질문해야 한다. 전자의 경우에 훈련사는 주로 후각 능력, 민첩성, 달리거나 사냥하고자 하는 '자연적인 욕구' 같은 생물학적 근거에 따라 개를 고용한다. 훈련사들의 주장에 따르면 생태보호견으로 고용된 개들은 일을 하지 않았다면 보호소에 남겨지거나 감당 불가능한 수준의 에너지 때문에 반려견으로 입양되지도 않고 안락사 당할 수 있는 상황에서 '구해졌다'. 그리고 개들이 환경 홍보대사로서 생태보호 영역에 대중 참여를 높이고 사회 질서를 유지하는 데 공헌하며 범죄를 막을 수 있다고 주장한다. 이어서 후자의 경우, 생태보호견이 사직할 가능성은 주로 훈련이나 작업에서의 '실패'를 전제로 하고 있다. 일-생활을 떠난 생태보호견의 운명에 대해서는 거의 알려진 바가 없다.

그러니 생태보호견의 일-생활이 근본적으로 인간들에 의해 구성되고 통제된다는 사실은 전혀 놀랍지 않다. 물론 생태보호견은 많은 업무를 즐기고 있는 것처럼 보인다. 그럼에도 불구하고 생태보호견이 여러 동물 종으로 이루어진 집행 단위의 일원으로서 온전히 일하는 즐거움을 얻고 이익을 누리려면 통제, 존중, 상호성, 권리 보호의 문제는 반드시 해결돼야 한다. 구체적으로 말하면 개는 생태보호의 효율적인 도구라기보다는 선택할 자유와 행위성을 행사할 수 있는 동료로서 인식돼야 한다. 훈련사들은 개들과 생태보호팀에서 함께 지낸 동지로서 이야기한 것이긴 하나 그럼에도 그들의 평가는 생태보호 노동이 개로 하여금 '그들이 애초에 하게끔 되어 있는 일(생물학적 욕구에 따른 일 혹은 사냥)을 하게 하고' '대안(보호소에서의 삶이나 안락사)보다 훨씬 나은' 삶을 살게 한다는 가정을 재생산한다. 결과적으로 생태보호견 노동은 개들이 인간의 상상과 지배를 벗어나서는 대안적인 삶을 꾸릴 수 없다는 생각을 강화하기도 한다. 개가 생태보호 노동을 할 때 '행복해 보인다'는 사실 때문에 즐거움과 고통을 다루는 복지 정책들이 생태보호 노동자로서 개를 이용하는 일을 재생산하고 있을 수 있다는 것이다.

'인도적' 일자리와 일-생활을 기준점으로 동물복지를 평가하고, 통제, 구성원의 지위, 연대에 대한 윤리 기반의 규범을 평가하는 것은 어렵겠지만 매우 중요하다. 다학제적 동물복지 평가 도구를 더욱 발전시킬 수 있기 때문이다.

　우리는 생태보호견 노동이 얼마나 '인도적'인지 평가하기 위해 앨버타와 온타리오 생태보호견의 역할, 업무 환경, 복지 상황을 탐색했다. 우리는 동물복지과학과 질적사회과학을 잇는 전체적인 방법론을 강조하며 동물노동과 관련해 윤리적, 도덕적 문제들을 고려해야 한다고 주장했다. 이를 통해 단순히 생태보호견의 업무뿐만 아니라 동물의 일-생활 전반을 고려했다. 또한 특정 상황들과 개별 주체들(인간과 비인간)의 미묘한 차이 그리고 복잡성을 드러냈다.

　마지막으로 동물노동에 전제된, 종종 도구주의적이며 공리주의적인 관점을 (재)생산하는 동기와 가정을 재고하고, 동물노동을 진보적인 것이자 종간 연대를 촉진하는 무언가로 재구성하기를 원한다. 그러려면 동물 노동자가 느끼는 일의 즐거움, 무언가를 선택하고 행위성을 표현할 능력, 동물 노동자를 동료로 대하는 인식과 동물 노동자를 향한 존중에 주의를 기울여야 한다. 궁극적으로, 다른 연구자들이 동물노동에 존재하는 모든 관계와 전반적인 맥락에 대해 조사할 때 이 연구가 디딤돌이 되기를 바란다. 다른 연구자와 전문가들이 이 연구를 바탕으로 동물노동 산업에 변화를 만들고, 동물, 인간, 환경에 이익을 주는 인도적 일자리를 만들기를 희망한다.

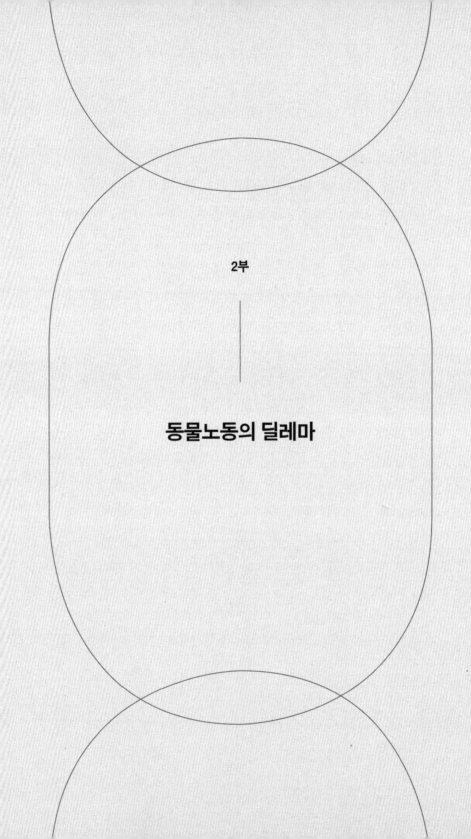

2부

———

동물노동의 딜레마

⑤

강제 노동의 금지와
자유롭게 일을 선택할 권리

샬럿 E. 블래트너◉

보편적인 환상이 아니던가? 동물들이 말하는 법을 배워서, 우리의 고양이와 개와 말이 어떤 생각을 하는지 마침내 알게 되는 것. 종을 가로질러 이해하는 새로운 시대 말이다. 그러나 상상하는 대로 이뤄진 적은 없다. 만약 그런 변화가 일어난다면, 인간들의 욕구를 충족하게끔 만들어 온 모든 포유류가 영향을 받을 것이다. 모든 포유류가 조금씩 말할 수 있게 되고, 말로 표현하기 충분할 정도로 자신의 생각을 잘 정리하게 될 것이다. 소, 말, 염소, 라마, 쥐도 그렇고 돼지와 밍크, 개와 고양이도 마찬가지다. 그러면 노예가 말없이 있는 편을 우리가 정말로 더 선호한다는 점을 발견하게 될 것이다.

(Johnson 2009)

◉ Charlotte E. Blattner, *Animal Labour: Toward a Prohibition of Forced Labour and a Right to Freely Choose One's Work* In: *Animal Labour: A New Frontier of Interspecies Justice?*. Edited by: Charlotte Blattner, Kendra Coulter, and Will Kymlicka, Oxford University Press (2020). © Oxford University Press. DOI: 10.1093/oso/9780198846192.003.0005

동물, 노동의 대상 혹은 주체

동물에게 정의로운 세상은 어떤 모습인가? 그 누구도 동물에게 이런 질문을 건네지는 않는다. 그 대신 연구자들은 동물에 **관한** 학술적인 글에서 세심하게 답을 찾는다. 동물을 연구한 문헌들은 수십 년간 권리론 대 복지론의 이분법에 따라 분류되어 왔다. 논쟁이 교착 상태에 빠졌으나 최근 생겨난 학문의 조류가 새로운 길을 열어주고 있다. 학자들은 동물노동이 논쟁에 탈출구를 제공할 뿐 아니라, 동물을 인정하고 동물에게 권리와 성원권을 부여하는 토대가 되어 줄 수 있다고 주장하기 시작했다(Kymlicka 2017).

다수의 동물권 옹호자들은 동물이 겪는 착취가 극심하기에 동물을 '노동자'로 정의하기를 주저한다. 와이스버그Weisberg에 따르면 동물은 노동자가 아니라 노동의 대상이라고 보는 편이 더 적절하다. "동물을 무엇이라고 부르든, 동물이 어떤 유의미한 방식으로 행동할 수 있는 가능성, 즉 자기 결정적 주체로서 행동할 수 있는 가능성이 전적으로 부정되는 잔혹한 현실을 호도하게 될 뿐이다"(Weisberg 2009: 36). 제이슨 흐라이벌Jason Hribal은 동물에 대한 대상화와 상품화의 문제를 폭로하는 비판적 학문이 가진 중요성을 인정하면서도[1] 와이스버그의 주장에 대해 다음과 같이 말한다.

이런 논의들은 당혹스럽고 또 좌절스럽다. 당혹스러운 이유는 자본주의의

---

1 흐라이벌은 특히 노스케Noske(1997)와 패키래트Pachirat(2011) 참고.

순환circuits을 폭로하기 때문이다. 우리가 당면한 문제, 즉 동물을 생산물이나 상품으로 간주하는 문제는 명확하다. '동물을 이렇게 생각하는 방식을 멈춰야 한다'는 것이다. 그러나 그 이후에 우리가 듣게 되는 말은, 동물이 극도의 착취 아래 놓인 살아 있는 상품이라는 것이다. 좌절스러운 이유는 패배를 인정하기 때문이다. 대안을 부정하고 동물의 행위성을 거부한다. 상품은, 자본과 같이, 죽어 있는 것이다. (Hribal 2012: 22)

동물이 우리 사회에서 노동이 수행되는 대상으로서 존재하는 방식을 분석하면 동물이 얼마나 나쁜 대우를 받는지 확인할 수 있어 안도감을 느끼게 된다. 그러나 그런 분석은 "장황하고 권력적인 자본의 밑에 동물을 너무 깊숙이 묻어 버려 동물이 시야에서 사라지게 한다"(Hribal 2012: 22). 이런 방식으로 동물의 상품화를 설명하면, 동물을 목소리를 지닌 행위자로 바라보는 더 정의로운 세상으로 나아가는 길이 열리지 않는다.

흐라이벌은 노동이라는 렌즈가 앞으로 나아가는 길을 열어준다고 말한다. 사실상 "살아 있는 것은 (동물에게) 가치를 부여하는 동물노동이며, 활기찬 것은 그 노동에 대한 동물들의 투쟁이다"(2012: 22). 흐라이벌은 우리가 동물을 오직 상품에 관한 용어로만 이론화할 때, 노동이라는 렌즈가 가진 규범적 가치가 모호해진다고 주장한다. 이 규범적 가치는 동물이 부당한 대우를 받는 것이 다름 아닌 동물이 주체이기 때문임을 인정하는 데 있다. 동물을 노동자로 인정한다고 해서 동물에 대한 착취를 지지하거나 동물의 노동거부권을 박탈하는 것은 아니다. 오히려 동물을 착취당한 노동자로, 혹은 토레스Torres의 표현대로 '극도로 착취당

한superexploited' 계급의 일원으로 인정해야 하며(Torres 2007: 37), 동물노동
자를 비하와 억압으로부터 보호하고 번영하도록 돕는 일종의 법적 권
리, 제도, 관행을 확립해야 한다.

동물노동 문제에 능통한 학자들에게 그러한 권리와 제도는 임금,
안전한 근로 조건, 은퇴, 의료, 단체 교섭에 대한 권리를 포함한다
(Cochrane 2016). 동물노동이라는 개념에서 꽤 자연스럽게 도출되는 이
권리들은 우리가 동물과 더 정의로운 노동관계를 맺는 모습을 상상하
게 한다. 그러나 이 권리들이 보장된다고 해서, 노동이 동물에게 행복
과 의미를 주는 장소라고 충분히 확신할 수 있는가? 인간의 경우에는
자유롭게 일을 선택할 권리와 그에 수반되는 강제 노동의 금지 원칙이
노동자를 착취로부터 보호하는 핵심 요소다.

그렇다면 '동물노동'이라는 해방적 프로젝트에서도 자기결정권²은
그 일부가 되어야 하는가? 동물이 일을 하고 싶은지 아닌지, 또는 어떤
유형의 일을 하고 싶은지 스스로 결정할 수 있어야 하는가? 이 장의 첫
번째 부분에서는 이런 질문에 초점을 맞춘다. 두 번째 부분에서는 거부
dissent, 동의assent, 합의consent에 관한 다양한 모델을 살펴보고 이론과 실
제 양측에서 동물의 행위성을 확보하기 위해 이 모델들을 설계하는 최
선의 방법을 검토하면서, 동물의 자기결정권이 일터에서 어떻게 보장
될 수 있는지를 설명하겠다.

---

2 학자들은 자기통치, 자기지배, 자율성, 해방, 자유, 참여 그리고 이와 비슷한 것들에 대한
영역이나 권리를 설명하기 위해 다양한 용어를 사용한다. 내가 '자기결정'이라고 말하는
이유는 이러한 다른 용어 중 상당수가 현실적이지도 바람직하지도 않은 무제한적 자유와
쉽게 융합되거나, 특별히 개인주의적이고 과도하게 이성적인 자율성 개념과 공명하기 때
문이다.

인간은 자유 노동, 동물은 강제 노동?

　동물노동을 연구하는 학자들 중에서 자기결정권이라는 문제에 주목하는 사람은 거의 없다. 가령 포처는 《동물노동의 윤리학*The Ethics of Animal Labor*》중 〈일과 자유*Work and Freedom*〉라는 장에서 노동자의 주관성이 노동의 본질적인 요소임을 인정하면서도(Porcher 2017: 25), 유럽연합 차원의 의사결정이 어떻게 프랑스 농부들의 주관성을 위협하는가 하는 문제만 탐구한다(Porcher 2017: 52). 심지어 클라크Clark는 '실험실 동물들'을 노동자로 분석한 흥미로운 연구에서 오직 동물들의 저항 행동을 통해서만 동물에게 목소리를 부여한다(Clark 2014: 159).[3] 클라크는 자기결정에 대한 설명이 동물 노동자의 기본권과 관련되어 있다는 점을 분명히 하지도 않는다. 이는 동물윤리학에서 나타나는 더 일반적인 경향을 반영하며, 동물윤리학 연구에서 스스로 선택하는 것에 대한 동물들의 능력과 관심은 폄하되거나 부정된다. 동물은 "자신의 이익에 대해 목소리를 낼 수 없고", "물론 합의도 할 수 없고", 의사결정에 "직접 참여하기가 명백히 불가능하다"라는 주장은 심지어 동물권 이론가들 사이에서도 드물지 않다(Linzey and Linzey 2018: 12; Parry 2016: 146). 이 관점에 따르면 자기결정권은 동물 노동자에게 적용될 수 없을 것으로 보인다.

　이것이 바로 코크런의 입장이다. 코크런은 동물에게는 본질적으로 자유에 대한 관심이 없으므로 동물 노동자에게는 자유, 자율적 의사결정, 자기결정 등에 대한 권리가 주어질 필요가 없다는 유명한 주장을 편

---

3 동물들의 저항에 대해서는 흐라이빌(2003, 2007, 2010)과 와디웰Wadiwel(2018) 참고.

다. 그럼에도 코크런은 동물이 고통받지 않거나(Cochrane 2016: 20-21) 피
해를 입지 않도록(Cochrane 2012) 보장하는 법률을 제정함으로써 동물의
그런 관심을 충족시킬 수 있다고 본다.

내가 볼 때, 코크런의 이런 주장은 깊이 탐구할 가치가 있다.[4] 슈미트
Schmidt는 코크런의 주장을 다음과 같이 요약한다(Schmidt 2015: 94-95).

P1 : 자유에 대한 도덕적 권리를 가지려면 자유에 충분하고 본질적인 관심
   을 가질 필요가 있다.

P2 : 자유에 충분하고 본질적인 관심을 갖는다는 것은 자유 그 자체가 한 개
   인의 복지에 기여함을 의미한다.

P3 : 자율적 개인인 경우에만 자유 그 자체가 개인의 복지에 기여할 수 있다.
   [자율적 개인에 한해, 부자유가 "자기만의 선 개념을 형성하고 추구하는"(Cochrane
   2009: 666) 능력을 약화시키기 때문이다.]

P4 : 비인간 동물은 자율적 개인이 아니다.

C1 : 그러므로 자유 그 자체는 비인간 동물의 복지에 기여하지 않는다.

C2 : 그러므로 비인간 동물은 자유에 본질적인 관심을 갖지 않는다.

C3 : 그러므로 비인간 동물은 자유에 대한 도덕적 권리를 갖지 않는다.

이후 코크런은 이 논증을 특별히 노동에 적용했다. 이에 우리는 다음과
같은 내용을 추가할 수 있다.

---

4 동물에게 자율성에 대한 권리를 부여하지 않는 학파로는 다른 학파도 많이 있지만, 코크
 런 학파는 명쾌한 논증을 제시하므로 좋은 예가 된다.

C4 : "그러므로 동물은 개입받거나 특정한 목적으로 이용되거나 심지어 다른 사람들에 의해 자신의 욕망이 형성되고 규정돼도 피해를 입지 않으며, 따라서 그렇게 하더라도 동물의 복지는 저해되지 않는다." (Cochrane 2012: 73)

C5 : "동물을 외부의 의지에 종속시키는 일, 말하자면 동물에게 특정한 종류의 노동을 수행하도록 지시하는 행위가 사람을 위한 것이라 해서 본질적으로 문제인 것은 아니다." (Cochrane 2016: 20)

C4와 C5는 일반적으로 인간 노동자에게 가장 기본적이며 최소한의 권리라고 여겨지는 것을 동물 노동자에 대해서는 부정한다. 국제노동기구International Labour Organization(이하 ILO)의 「일터에서의 기본 원칙 및 권리에 관한 선언Declaration on Fundamental Principles and Rights at Work」[5]에 따르면 일터에서의 네 가지 기본 원칙 및 권리 중 하나는 강요되고 강제된 노동의 금지다(제2b조). 또한, 강제 노동의 금지와 그에 수반되는 자유롭게 일을 선택할 권리는 유엔UN의 다른 규약과 협약에 의해서도 보장된다. 가령 「시민권 및 정치권에 관한 국제 규약International Covenant on Civil and Political Rights」(1996, 제8조 제3항), 「경제적, 사회적, 문화적 권리에 관한 국제 규약International Covenant on Economic, Social and Cultural Rights」(1996, 제6조 제1항), 「여성에 대한 모든 형태의 차별 철폐 협약Convention on the Elimination of All Forms of Discrimination against Women」(1981, 제11조), 「장애인 권리 협약Convention on the Rights of Persons with Disabilities」(2008, 제27조 제1항), 「아동 권리

---

5 ILO 1998. 이것은 노동법에 대한 준헌법적 문서로 널리 여겨진다(Fudge 2007: 30).

협약Convention on the Rights of the Child」(1990, 제12조와 연결된 제32조) 등이다. 강제 노동의 금지와 그에 수반되는 자유롭게 일을 선택할 권리가 사실상 모든 형태의 인간노동에서 갖는 자명한 역할을 고려할 때, 우리는 동물 노동자에 대해 이런 권리를 코크런만큼이나 쉽게 무시할 수 있을까?

자기결정에 대한 동물의 본질적 관심

코크런의 주장에 따르면 자율성에 대한 관심과 복지에 대한 관심은 서로 다른 범주에 속하지만, 자율성이 결여되어 피해 또는 고통이 발생할 때 자율성과 복지는 서로 겹쳐진다(Cochrane 2012: 73; 2016: 24). 코크런은 동물노동이라는 맥락에서 피해와 고통을 정의하면서, 이것들이 어떤 관행에서 기인한다고 본다. 이때의 관행이란 동물을 부적합한 환경에 두거나 폐쇄된 공간에 가두는 관행, 동물에게 위험한 업무(전쟁에 나가거나 경찰을 돕는 일)를 요구하는 관행, 동물 노동자에게 폭력을 사용하는 관행 등을 말한다(Cochrane 2009: 669; 2016: 24). 그러나 코크런은 동물이 자유롭게 일을 선택하는 것에 관심이 있다거나, 이런 자유가 부인됐을 때 고통스러워 한다는 점은 믿지 않는다(Cochrane 2012: 76). 이는 인간에 대한 코크런의 설명과는 극명한 대조를 이루는데, 코크런에 따르면 '온전한 능력을 갖춘fully-abled' 인간이라면 그 누구든 비단 통증을 유발하거나 즐거움이 결여된 일을 하는 경우뿐 아니라 스스로 일을 선택하거나 자신이 좋다고 여기는 삶을 추구할 기회가 없는 경우에도 고통을 느낀다(Cochrane 2012: 76).

이처럼 자율성과 복지를 구별하는 것이 처음에는 합리적으로 보일지 모르지만 자유의 박탈은 코크런의 생각보다 훨씬 더 큰 피해와 고통을 동물에게 불러온다는 증거가 많아지고 있다. 동물의 자유에 관한 기존의 견해들은 자율적 의사결정이 동물복지에 얼마나 기여하며, 사실상 얼마나 필수 불가결한지에 대해 끊임없이 과소평가한다. 1960년대에 진행된 한 실험에서 셀리그먼Seligman과 마이어Maier는 개들을 두 집단으로 나눈 뒤, 통제할 수 없는 스트레스 요인인 전기 충격을 동일하게 가했다. 이때 오직 하나의 집단만 두 집단 모두의 충격을 멈추는 버튼을 누를 수 있었다. 코크런에 따르면 전기 충격의 회피만으로도 그 실험의 문제 상황을 벗어날 수 있기에, 어떤 집단이 버튼을 누를 수 있는지는 중요한 문제가 아니어야 한다. 그러나 셀리그먼과 마이어는 스트레스 요인을 통제할 수 있었던(버튼을 누를 수 있었던_옮긴이) 개들은 빠르게 회복된 반면, 그러지 못했던 개들은 학습된 무기력의 징후를 나타냈음을 보여 줬다(Seligman and Maier 1967). 이 발견은 동물에게 스스로 결정하는 행동이 뭔가 특별한 것임을 시사한다. 더 최근 사례에서 연구자들은 마모셋원숭이marmosets가 자신이 사는 우리의 조명을 스스로 켜고 끌 수 있을 때 더 차분하다는 것을 보여 줬다(Buchanan-Smith and Badihi 2012). 자기결정권은 동물에게 장단기적인 이익을 주는 것으로 보이는 반면, 자율적 의사결정과 통제의 결여는 장단기적으로 유해하며 고통을 유발한다.[6] 다시 말해, 동물이 번영하거나 노동을 가치 있는 활동으로 경험하려면 동물이 자주 '직접 결정할' 필요가 있다.

---

6 우리가 동물에게 대부분의 과정을 설명하는 데 실패한다는 사실이 이런 부정적인 효과를 가중시킬 수 있다(Schmidt 2015: 103).

누군가는 동물에게 진정한 선택권이 불필요하며, 단지 동물에게 자신이 스스로 결정했다는 믿음을 주기만 하면 된다고 주장할 수 있다. 만약 동물이 노동 환경에서 스스로 원하는 방향으로 유도되거나 통제된 선택지를 부여받는다면 아마 동물은 '스스로' 노동을 결정했다고 믿을 것이다. 그러나 동물에게 완전한 자기결정권은 필요하지 않다. 왜냐하면 동물은 인간 노동자와 달리 '좋은 노동에 대한 자기만의 신념을 나타내고 추구할 수 없기' 때문이다(Cochrane 2016: 20; 또한 Garner 2016: 462 참고). 동물의 자기결정에 대한 회의론자들은 셀리그먼과 마이어의 개 실험 사례를 계속 인용하면서, 자기결정을 했다는 인식을 만들어 주는 것만으로도 개들의 복지를 충분히 보장할 수 있다고 주장할 것이다. 그들이 보기에 개들은 실험실 바깥의 좋은 삶에 대해서는 생각하지 않으며, 따라서 완전한 선택지를 필요로 하지는 않기 때문이다.

그러나 동물들의 '종 전형적 행동'만으로 개별 동물의 선호를 예측하기는 어렵다는 것을 보여 주는 경험적인 증거가 있다. 가령 동물은 특정한 음식, 장소, 사회적 파트너, 활동, 대상 등에 대해서 자기만의 개별적인 선호가 있으며(Slocombe and Zuberbühler 2006), 자신이 좋아하는 것을 얻고자 많은 것을 투자한다(Hopper et al. 2015). 이에 대해서 회의론자는 자율성에 대한 동물의 도구적 관심이 일반적으로 인정된 것보다는 더 폭넓을 뿐이며, 우리는 적절한 노동 환경을 보장하는 법률을 통과시킴으로써 동물의 개별적인 선호를 여전히 충족시킬 수 있다고 주장할지도 모른다. 이처럼 개별적인 선호를 충족하고 '직접' 결정하거나 일의 유형을 선택하는 것에 대한 동물의 관심이 제한적이라고 본다면, 일터의 동물에게 독립적인 자기결정권을 부여할 이유는 여전히 불충분하다. 어떤 동물이 경비원, 구조대원, 지뢰제거원, 공항의 식품검사원, 요가 보조강사를 포함해서 총 10가지의 직업 선택지를 제공받았다고 가정해 보자.[7] 이와 반대로, 다른 동물은 선택지 없이 처음부터 요가 보조강사로 훈련받았다고 하자. 이때 두 동물 모두 다른 어떤 선택지보다 요가 보조강사를 선호한다고 상상해 보자. 만약 자율성에 본질적인 가치가 있다면, 두 동물 모두 결국 요가 보조강사를 선택했을지라도 선택지가 없는 두 번째 경우보다는 선택지가 있는 첫 번째 경우가 더 가치 있을 것이다. 그러나 코크런의 입장에서는, 동물의 요가 보조강사에 대한 선호를 우리가 예측할 수 있다면 굳이 다른 선택지를 제공할 필요는 없다.

최신 연구들은 이러한 가정에 깊은 의구심을 나타낸다. 선택권을 갖는 것은 동물에게 상당히 긍정적인 영향을 준다. 자이언트판다(Owen et al. 2005), 북극곰(Ross 2006), 염소와 양(Anderson et al. 2002) 그리고 다른 많은 동물의 경우에도 가령 더 넓은 공간이나 다양한 공간에 대한 접근성, 어디에서 시간을 보낼지에 대한 선택권이 주어지면 스트레스를 덜 받고 긍정적인 행동 변화를 보인다. 붉은털원숭이는 정해진 순서보다 스스로 선택한 순서에 따라 일련의 인지 작업을 완수하기를 선호한다 (Perdue et al. 2014). 자이언트판다와 북극곰에 대한 연구(Owen at al. 2005; Ross 2006)는 심지어 동물들이 선택권을 행사하지 않는 경우에도 선택권이 있는 편을 선호한다는 것을 보여 준다. 침팬지와 고릴라는 실내에 머물기로 선택했더라도 외출 선택권이 있을 때 긍정적인 반응을 보였

---

7 카터Carter(1999: 42)의 예시를 가져오면서 각색했다.

다[그들은 그루밍과 같은 긍정적인 사회적 행동을 하고, 낮은 코르티솔(급성 스트레스에 반응해 부신 피질에서 분비되는 호르몬_옮긴이) 수치를 보였으며, 불안감과 심적 동요가 급격히 감소했다](Kurtycz et al. 2014). 이러한 발견들은 최근에서야 더 많은 관심을 받고 있으며(Kurtycz 2015), 우리가 윤리적으로 동물의 자율성을 평가할 때 광범위한 영향을 미치고 있다. 또한 이는 동물이 자기결정에 대해 폭넓고 견고한, 가장 중요하게는 본질적인 관심을 가진다는 것을 시사한다. 요가 보조강사의 예시로 돌아가면 직업 선택지를 제공하는 첫 번째 경우가 동물에게 더 가치 있으므로, 동물의 선택을 예측할 수 있든 예측할 수 없든, 통상 더 폭넓고 의미 있는 선택의 범위가 주어져야 한다. 선택에 관한 이런 논의는 어떤 일을 어떻게 할 것인가, 누구와 함께 일할 것인가, 얼마나 자주 혹은 오래 일할 것인가, 일이 얼마나 가변적이거나 반복적일 것인가 하는 문제에서부터 일의 환경과 분위기, 임금의 형태 및 종류와 지급 빈도, 일터에서의 놀이 등의 문제까지 사실상 일의 모든 측면으로 이어진다.

모든 결정은 합리적이어야 하는가

이처럼 코크런이 자기결정에 대한 동물의 관심을 고려하는 데 실패한다는 증거가 점점 더 많아지고 있다. 게다가 자기결정에 대한 인간의 관심을 포착하는 데 실패한다는 증거도 더 많아지고 있다. 앞서 서술했듯이, 코크런이 보기에 '온전한 능력을 갖춘' 인간이 자기결정에 관심을 갖는 이유는 이성적으로 '자기만의 선善 개념을 형성하고 추구'하기 때문이다. 그러나 최근 들어 인간을 대상으로 한 신경생물학과 심리학 연구들은 철학자들의 생각에 비해 우리 모두가 훨씬 덜 이성적이라는 점을 드러낸다. 인간이 이성적인 주체라는 주장은 점점 더 환상에 가까워지고 있다.[8]

코크런은 이런 연구 결과를 두고, 단지 우리 대부분에게 자기결정권을 가질 자격이 없음을 의미한다고 해석할지도 모른다. 그러나 이런 해석은 자율성을 초특권층 엘리트 집단만이 발휘할 수 있는 것으로 변모시키며, 거의 틀림없이 숨겨져 있을 성·장애·인종·계급 차별주의를 재생산할 것이다.[9] 더 나아가 이는 자기결정권에 대한 우리의 관심을 그야말로 잘못 파악하게 할 것이다. 우리는 심지어 충동적이거나 무의식적인 선택, 이성적으로 면밀히 검토되지 않은 선택을 내릴 때에도 선

---

8 이런 연구는 (1) 인간 의지, (2) 합리성, (3) 의식에 대한 예찬을 탈중심화한다. (1)과 관련하여 생물학적, 신경인지적 과학은 우리의 정신 상태가 뇌 상태의 부수 현상임을 시사하면서 '의지'라는 전통적인 개념을 약화시킨다. 리벳Libet과 베그네르Wegner의 실험은 행위자가 행동을 취할 때, 몇 백 밀리초(1000분의 1초_옮긴이) 차이로 뇌의 활동이 의식적인 결정에 앞선다는 것을 보여 줬으며(Libet 2005; Wegner 2002), 따라서 뇌는 우리가 의식하기 전에 결정을 내린다. (2)와 관련하여 우리는 대부분 자신의 행위가 불러올 결과를 합리적으로 평가하는 것과는 거리가 멀고, 수많은 비합리적 편견에 관여한다. 가령 우리는 60퍼센트의 생존율을 약속하는 치료는 수용하면서도, 40퍼센트의 사망률을 보여 주는 치료는 거부한다(Załuski 2016: 42). 또 우리는 결정에 도달할 때 정신적 지름길[휴리스틱heuristics(한국심리학회가 제공하는 《심리학용어사전》(2014)에 따르면, 휴리스틱은 "시간이나 정보가 불충분하여 합리적인 판단을 할 수 없거나, 굳이 체계적이고 합리적인 판단을 할 필요가 없는 상황에서 신속하게 사용하는 어림짐작의 기술"을 의미한다_옮긴이)]을 이용하기 때문에 가능성을 부정확하게 평가하는 경향이 있다(Tversky and Kahnemann 1974). (3)과 관련하여, 인간 정신 활동의 대부분은 자동적이고 무의식적이다(Wilson 2002).

9 아리스토텔레스, 어거스틴, 토마스 아퀴나스, 데이비드 흄, 임마누엘 칸트, 게오르크 빌헬름 프리드리히 헤겔, 아르투르 쇼펜하우어, 프리드리히 니체는 모두 여성에게 자율성에 대한 권리가 없다는 주장을 공공연히 했으며, 그 이유는 여성이 "타고나기를 합리적인 사유와 행동을 하기가 어렵고 따라서 진정한 도덕적 행위성을 갖지 못하기" 때문이다(Warren 1997: 7).

택의 자유를 소중히 여긴다. 만약 정말 그렇다면, 동물 또한 선택의 자유에 관심을 가진다는 것을 부인할 이유는 없다(Côté-Boudreau 2016; Pedersen 2011: 68). 인간도 충족할 수 없는 기준에 따라 동물에게 자율성이 부족하다고 주장한다면, 우리는 종차별적 편견을 강화하는 매우 부정의한 시스템을 지지하게 된다. 그 대신 우리는 동물이 가진 관심과 가능성을 추정할 때 지나치다 싶을 정도로 주의를 기울여야 하며, 동물이 자신의 목적에 대해서 이성적으로 성찰하든 아니든 자기결정에 대해서는 강하고 본질적인 관심을 가질 것이라 예상해야 한다.

　자기결정권의 보장 범위를 이성적이고 '온전한 능력을 갖춘 인간' 너머로 확장하라는 요구는 무리한 것으로 보일지 모르지만, 사실상 이미 이런 방향으로 이동해 왔다. 실정법은 누가 노동관계를 스스로 결정하는지, 혹은 누가 노동하도록 강제될 수 있는지의 문제와 합리성이 실제로는 거의 무관하다는 것을 보여 준다. ILO는 강제 노동 금지 원칙에 일부 예외를 두고 있지만,[10] 그것이 이성적 자율성의 결여와 유관한 것은 아니다. 강제 노동 금지 원칙은 코크런의 정의에 따라 '비자율적'이라 여겨지는 이들을 포함해, 모든 사람에게 기본권으로 받아들여진다. ILO 가입국들은 그 어떤 형태의 강제되거나 강요된 노동도 '인종적, 사회적, 국가적, 종교적 차별의 수단'(제1e조)이 되지 않도록 「강제 노동 금지 협약Convention against Forced Labour」(1932)을 준수해 왔다. 내가 보기에 우리는 종 차별이 포함되도록 이 목록을 확장해야 하며, 강제 노동이 종차별적인 편견을 강화하는 수단이 될 수 없다는 것을 명확히 해야 한

---

10 여기에서의 예외에는 군 복무, 감옥 내 노동, 위급 상황에 수행되는 일, 미성년자 사회봉사와 같은 경우가 포함된다(강제 노동 금지 협약, ILO, 1932, 제2a-e조).

다. 동물 노동자들의 사례는 노동자가 이성적 반성 능력과는 상관없이 자유에 대한 관심을 가질 수 있음을 분명히 한다(Giroux 2016: 33). 따라서 우리는 노동관계에 적극 참여하면서 활약하고 있는 존재 사이의 공통점과 다양성을 인정하고, 이로써 자기결정에 대한 우리의 이해를 바꿔야만 한다. 최소한 우리는 일하고 싶은지, 어떤 일을 누구와 함께 어떻게 하고 싶은지 스스로 결정하는 것에 관심을 표할 수 있는 모든 존재를 진지하게 고려하기 시작할 것을 요구받고 있다.

강제 노동의 금지와 일을 시작하고 중단할 권리

자신의 생각에 따라 노동관계를 시작하고 중단할 권리. 이 권리는 강제되거나 강요된 노동의 금지 원칙과 논리적으로 상응한다. ILO의 「강제 노동 금지 협약」을 보면 강제되거나 강요된 노동이란 "개인이 어떤 불이익에 대한 위협과 함께 요구받는 또는 개인이 자발적으로 참여하지 않는 모든 일과 서비스"(1932, 제2조)를 말한다. 마르크스주의자들에게 자본주의 임금 체계 안에서 이뤄지는 모든 형태의 노동은 강제 노동이나 다름없는데, 경제적 파산이라는 위협이 다모클레스의 칼(한 올의 말총에 묶여 머리 위에 매달린 칼로, 언제 닥칠지 모르는 위태로운 상황을 뜻함. 고대 그리스 이야기에서 유래됨_옮긴이)처럼 노동자의 머리 위에 항상 드리워져 있기 때문이다. 한편, 자유민주주의는 덜 비판적으로 해석한다. 2005년에 발간된 〈강제 노동을 금지하는 국제 동맹A Global Alliance Against Forced Labour〉 보고서에서 ILO는 강제 노동이 "실제로 고용 대안이 없거나, 혹은 없다고 생각되어서 노동자가 직장을 떠나지 못한다고 느끼는 경우로 순전히 경제적 필요가 있는 상황"(ILO 2005: 5)을 넘어선다는 점을 명확히 밝힌다. 강제 노동을 형사법에 의거해 협소하게 해석해서는 안 된다. 강제 노동은 경제적 불이익, 해고의 위협, 권리 및 특권 상실의 위협, 폭력의 위협, 심리적 위협 등에 따라 수행되는 노동을 의미할 수도 있다(ILO 2005: 5-6). ILO는 노동자가 종종 자신의 선택과는 무관하게 근로계약을 체결하며, 결국 노동을 자유롭게 중단할 수 없는 상황에 처하게 된다는 것을 인정한다(ILO 2009: 6). 따라서 노동에 대해서는 특권을 상실할 위험이나 강제, 강압, 강요, 위협 등이 없는 상태에서 **처음부터** 그리고 **정기적으로** 합의할 수 있어야 하며, 모든 노동자는 언제든 자신의 합의를 취소하거나 철회할 자유를 가져야 한다.

만약 동물에게도 자기결정에 대한 폭넓은 관심이 있다면, 노동을 강요받아서는 안 되며 노동을 자유롭게 시작하고 중단할 수 있어야 한다는 기본 원칙이 동물 노동자에게도 적용돼야 한다. 그러나 노동 합의에 필요한 기존의 요건, 즉 고용법에서 표준화한 기준들을 동물 노동자에게 단순히 확대 적용해야 한다는 뜻은 아니다. 이런 제안은 대부분의 학자들에게 '환상적'으로 보일 뿐이다(Nussbaum 2006: 333). 그렇다면 우리는 어떻게 노동 선택권이 제대로 작동하게 할 수 있는가? 거부, 동의, 합의라는 세 가지 모델의 탐구를 통해 이 중 어떤 모델이 노동을 시작하고 중단할 권리를 동물에게 가장 잘 보장할 것인지 평가해 보고자 한다.

거부할 권리

거부 모델은 아동이나 중증 정신장애인에 관한 연구에서 기준이 된다. 이 모델은 누군가가 자기결정을 하는 행위자에 해당하는지 판단할 때, 모든 모델 중에서 가장 문턱이 낮다. 이 모델에서 개인은 위험과 이익을 이해하고 이성적으로 평가하지 않아도 된다. 그보다는 고통, 통증, 괴로움을 경험할 수 있어야 하고 이를 원하지 않는다는 것을 보여 줘야 한다. 표준 연구 절차는 아직 동물에게 거부할 권리를 부여하지 않지만, 점점 더 많은 학자가 동물은 거부할 수 있고 이미 지속적으로 거부해 왔기에 그 거부 의사를 규범적인 측면에서 중요하게 다뤄야 한다고 주장하고 있다(Botero 2017; Fenton 2014; Kantin and Wendler 2015).

흐라이벌은 《동물 행성에 대한 공포*Fear of the Animal Planet*》(2010)에서 코끼리들이 쇠사슬을 끊고 나와 자신을 쇠꼬챙이로 학대했던 사람들에게 복수하려 했던 이야기, 샌프란시스코 동물원에 있던 호랑이들이 2006년에 울타리 밖으로 뛰쳐나가 자신을 괴롭혔던 방문객을 찾아낸 이야기, 고래들이 자신을 가두고 새끼와 분리해 버린 훈련사들을 공격했던 이야기 등을 들려준다. 신문에는 도축장에서 탈출한 양들, 수송 트럭에서 뛰어내린 돼지들, 수송선에서의 끔찍한 상황을 견디기보다는 망망대해에서 헤엄치기를 선택한 소들에 관한 기사가 점점 더 많이 실리고 있다. 일터에서 동물들은 무지를 가장하고, 명령을 거부하고, 태업하고, 더위 속에서 일하기를 거부하고, 충분한 음식 없이 일하기를 거절하고, 허락 없이 쉬고, 야근을 거부하고, 소리 높여 불평하고, 공공연한 도둑질에 가담하고, 장비를 부수고, 새로운 업무에 퇴짜를 놓고, 도망치며, 대립을 벌인다(Hribal 2007: 103).

동물이 강제 노동이나 부적절한 노동 환경에 대해 다양한 방법으로 항의하고 불평하고 저항한다는 것을 아무도 알아채지 못한 것은 아니

다. 흐라이벌은 17~19세기 동물 노동자들의 생애를 조사하면서 "일하
는 동물을 소유하고 관리하고 관찰했던 대부분의 사람들이 글이나 (동
물 저항에 대한_옮긴이) 대응 조치를 통해, 동물이 저항한다는 사실을 완
전히 인정했다"라고 말한다(Hribal 2003: 449). 그러나 이러한 저항의 여
지는 의도적으로 묵살당하고 있다. 최근 생산업에서는 닭 자동 포획기
(닭을 도축장으로 보낼 때 닭의 다리를 잡아올려서 손수 옮기는 대신, 닭을 끌어당기
는 장치로 30초에 200여 마리를 포획해 한 번에 실어 옮길 수 있는 기계_옮긴이) 또
는 양식업 설비처럼 기술적이고 조직적인 자동화를 통해 동물의 저항
에 대응하는 경향이 나타난다(Wadiwel 2018: 526). 동물의 저항에 직면할
가능성을 아예 차단함으로써 우리의 행동이 옳은지 그른지 점검할 수
있는 가장 가치 있는 방법 중 하나를 잃는 것이다. 동물노동에 대한 거
부 모델의 제도화는 동물 노동자의 목소리가 들리도록 보장하며, 동물
복지를 증진하고 동물의 행위성을 존중하도록 도울 것이다(Fenton 2014:
135; Kantin and Wendler 2015: 463). 따라서 거부 모델은 일터뿐 아니라 다
양한 곳에서 인간과 동물이 공정한 관계를 맺게 하는 훌륭한 모델인 듯
보인다.

그러나 거부 모델에는 한계가 있다. 가장 주목할 만한 한계로는 첫
째, 거부 모델이 옵트아웃opt-out(행위자가 사전에 동의했다고 간주하는 방식_
옮긴이) 시스템에 불과하다는 것이다. 거부 모델은 동물이 노동을 **원한
다**는 것을 보장하지 않는다. 오직 동물이 노동에 **동의하지 않는다**는 것
만을 필요로 할 뿐이다. 어떤 이들은 이를(동물이 노동을 원하는지 아는 것
과 동물이 노동에 동의하지 않는지 아는 것을_옮긴이) 동전의 양면이라 여길지
도 모른다. 그러나 옵트아웃 시스템은 흔히 동물노동에서 이윤을 창출

하는 인간을 위해 구조적으로 편향되어 있는 반면, 옵트인opt-in(행위자에게 사전 동의 여부를 묻는 방식_옮긴이) 시스템은 지나치다 싶을 정도로 조심성을 가져서 의심에 따르는 이익을 동물 노동자에게 남긴다. 둘째, 거부 모델은 동물을 둘러싼 구조적, 제도적, 대인관계적 고정관념을 묵인하는데, 대체로 이런 고정관념으로 인해 동물이 처한 환경이 동물의 우려에 반응하지 않게 되며 동물이 유의미하게 저항할 수 있는 가능성 또한 축소된다(Meijer 2016: 66). 데스프레Despret가 할로붉은털원숭이 사례에서 제시한 바와 같이, 저항을 무시당한 동물들은 흔히 학습된 무기력이 고조되며 의사 표현을 제대로 못하게 된다(Despret 2004: 124). 거부하지 않은 것을 무턱대고 자발적 동의로 간주하는 시스템은 기존의 억압 형태를 정당화하고 반복할 가능성이 높다. 셋째, 동물이 오직 거부만 할 수 있다는 주장은 동물을 어떤 일을 당하는, 반응적이고 수동적인 존재로 축소시킨다. 동물이 자기 주변의 세계를 만들고 변화시키며 관계를 시작하고 발전시키는 다양한 방식은 무시된다. 나의 이런 비평이 거부를 기준으로 삼는 모델을 완전히 버려야 함을 의미하지는 않지만, 우리는 동물이 이익을 더 잘 확보할 수 있도록 다른 선택지들을 고려해야 한다.

동의할 권리

거부를 넘어서는 다음 단계는 동의다. 동의는 가령 "법적 계약을 체결할 수 없는"(Ford et al. 2007: 20) 사람들과 같이, '정보에 근거한 합의informed consent'를 할 수 없다고 여겨지는 이들로부터 구하는 승낙을 말한다. 그러나 그들에게 영향을 미치는 결정을 내릴 때, 그들의 선호와 욕구를 간단히 무시해 버릴 수는 없다. 노동의 맥락에서 동의는 일에 대한 주체의 명백하고 확언적인 승낙뿐 아니라 일의 본질에 대한 주체의 이해를 필요로 한다.[11] 따라서 동의는 옵트인 규정이다. 동물 노동자를 위한 동의 모델은 참여권 의제의 일부분이 될 것인데(Dockett and Perry 2011: 233), 동의 모델은 동물 노동자가 중요한 사회적, 제도적 구조에 참여할 수 있음을 인정하며 그들과 공동체적 관계를 조성하기 때문이다.

동의 기준을 동물에게 적용할 수 있는지, 혹은 어떻게 적용할 수 있는지에 대한 논의는 상대적으로 거의 없는 편이다. 동의 기준 그 자체로는 동물이 입게 되는 피해를 막기 어려워 보이지만(예, Kantin and Wendler 2015: 470) 사실 동의 모델은 전형적으로 후견인에 대한 설명과 결합되어 있다. 이런 의미에서 동의 모델은 '중재된 합의mediated consent'의 한 형태로 볼 수 있다. 중재된 합의 모델에서는 동물의 동의 **그리고** 동물의 (법적) 후견인의 합의가 모두 필요하다(Mancini 2017: 227).

후견인의 등장은 동의와 자기결정의 관계를 복잡하게 만든다. 동의 모델의 대부분 버전에서 후견인은 두 가지의 구별되는 역할을 수행한다. 첫째, 후견인은 (동물이 정말 '동의'했는지 평가하기 위해서) 동물이 전달한 주관적인 의지를 통역한다. 그리고 둘째, 후견인은 '객관적'이거나 '정보에 근거한' 입장에서 봤을 때 동물의 주관적인 의지를 기각하는 것이 오히려 동물에게 최고의 이익을 가져올 것이라 판단하는 경우에는 그 의지를 기각할 권한을 갖는다. 따라서 후견인은 동물의 주관적인 의지에 대한 **통역사**면서, 동물이 누릴 최선의 이익에 대한 **수호자**다.

동의 모델은 인간이 지배하는 세상에서 인간이 동물의 선호에 응답

---

11 동의 모델을 어린 아동에게 적용한 경우로는 도케트Dockett와 페리Perry(2011) 참고.

하도록 보장하고, 또 필요한 경우에는 동물이 과도하게 위험한 결정을
내리지 않도록 보호하므로 이상적인 해결책인 듯 보일지도 모른다. 그
러나 동의 모델은 후견인이 지나치게 온정주의적paternalistic 권력을 가
질 위험성을 무시한다. 만약 참여에 대한 동물의 주관적 의지가 후견
인의 위험 및 이익에 대한 평가와 충돌한다면, 의사결정에 대한 후견
인의 권력이 동물의 권력을 능가할 것이다. 아동 전문 연구자들은 동
의 주체가 자신의 후견인에게 동의하는 경우에는 권한이 있지만, 후견
인의 조언을 따르지 않는 경우에는 권한이 없다고 여겨지는 상황을 '캐
치-22*Catch-22'라고 부른다(Neill 2005: 49; Shield and Baum 1994).

온정주의는 인간과 동물의 관계에 깊이 자리 잡고 있으며 심지어 도
구적 이익보다 사랑에 의해 지배된다고 알려진 관계의 맥락에서도 마찬
가지다. 가령 반려묘는 '안전한 집 밖에서 그들을 향해 도사리고 있는 위
험을 모르기 때문에' 실내에 갇혀 지내는 일상을 보낸다. 그리고 집 안에
서 지내는 개들은 '차량을 피할 수 없을 것이기 때문에' 실외에서는 영원
히 줄에 매여 있어야 한다. 만약 우리가 인간과 동물의 판단이 서로 충돌
하는 경우에 대한 지침을 제공하지 않으면서 동의 모델을 지지한다면,
우리는 자율성에 대한 동물의 본질적인 관심이나 동물이 동료 시민이자

*조지프 헬러의 소설 《캐치-22》에서 유래한 표현. 소설의 등장 인물은 전쟁으로 인해 정신
이 점점 피폐해지면서 출격을 원하지 않게 되고, 출격에서 면제되려면 본인에게 정신적으
로 문제가 있다는 내용의 서류를 제출해야 한다. 그러나 '캐치-22' 조항에 따르면 자신에게
정신 문제가 있음을 알고 스스로 서류를 내는 사람은 정신 문제가 있다고 볼 수 없으므로
출격해야 한다. 결국 누구든 출격을 피할 수 없는 상황으로, 캐치-22는 진퇴양난 또는 딜레
마를 상징한다. 본문에서는 이 표현이 아동 연구에 적용되었다. 아동의 의견이 후견인의
의견과 일치하면 그 의견을 따르지만, 두 의견이 일치하지 않으면 후견인의 의견을 따르게
된다. 결국 아동이 어떤 결정을 내리든 후견인의 의사를 벗어나는 일은 없다. 이는 동물과
후견인의 관계에 있어서도 마찬가지다._옮긴이

우리 사회의 정식 구성원으로서 갖는 역할을 사소하게 다룰 위험에 빠진다. 동물은 '실수'할 기회를 포함해서 자기 자신의 길을 선택할 기회를 가져야 한다. 파슨스Parsons 등은 간단명료하게 말한다. "동의 모델은 큰 기회를 놓치고 있으므로 그것에 동조하지 말라"(Parsons et al. 2016: 136).

합의할 권리

그러므로 동물이 후견인을 거치거나 후견인의 중재를 받지 않고 자기만의 선택을 내리도록 허용할 수 있는지에 대한 물음이 자연스럽게 생겨난다. 인간을 대상으로 하는 생명윤리 분야에서, 이처럼 중재 없이 합의할 권리를 부여하는 것은 전형적으로 '정보에 근거한 합의' 개념과 함께 논의된다. 만약 개인이 노동에 따르는 위험과 이익, 노동의 대안이 무엇인지 알고, 언제든 노동을 중단할 수 있음을 이해하며, 선택을 내릴 능력이 있고, 자신의 선택에 대해 의사소통할 수 있다면, 후견인의 승인 없이도 (가령 노동과 같은) 활동에 대해 스스로 합의할 수 있는 권한을 부여받는다(Wellesley and Jenkins 2015: 632).

이처럼 정보에 근거한 합의라는 발상은 대체로 매우 귀중한 윤리적 기준인 듯 보인다. 합의 모델은 동의 모델과 마찬가지로 옵트아웃보다는 옵트인 시스템으로, 과거의 부정의가 오래되고 뿌리 깊은 경우에 특히 바람직하다. 또한 합의 모델은 개인이 스스로 무엇에 동의를 표하고 있는지 이해하도록 보장할 법적, 도덕적 책임을 공무원들에게 부과하며, 개인에게 어떤 두려움이나 유인을 줌으로써 합의를 조장하는 것을 금지한다. 따라서 정보에 근거한 합의 개념은 물질적이고 심리적인 피해로부터 주체를 보호하고, 의사결정자가 스스로 합의하려는 바를 이해할 뿐 아니라 자신의 결정에 따라 과중한 부담을 지지 않도록 보장하기 위한 것이다(De Lourdes Levy et al. 2003: 629).

대부분의 학자들은 동물이 이런 형태로는 '분명히' 합의할 수 없다고 가정한다. 가령 동물은 문서화된 계약서에 서명할 수 없으며, 만약 서명할 수 있다고 하더라도 계약서의 약관을 이해하지 못할 것이다. 동물이 계약에 수반되는 위험을 확실히 이해하지 못하는데도 합의할 수 있다고 본다면, 이는 정치적으로 위험하다. 이 책의 도입부에서 언급했듯이 동물을 착취하는 산업은 동물이 연구, 농업, 오락 등에 참여하기로 스스로 합의했다는 주장을 실제로 자주 펼친다. 동물의 합의를 가장하는 것은 동물을 착취로부터 효과적으로 보호하는 것이 아니라 착취를 옹호하는 무기가 된다.

이는 동물의 경우 거부와 동의에 만족해야 하며, 그보다 더 높은 기준인 합의에 이를 수는 없음을 암시하는 것처럼 보인다. 그러나 많은 논평가 사이에서 심지어 인간의 경우에도 합의라는 기준에 대해 재사유할 필요가 있다는 인식이 커지고 있다. 우리는 지난 역사를 통해 정보에 근거한 합의 모델이 결정에 따르는 과중한 부담으로부터 취약한 개인을 보호하기보다는, 오히려 언어와 합리성에 지나치게 집중함으로써 개인을 의사결정에서 배제하고 개인의 주변화를 강화한다는 것을 확인했다(Greenhough and Roe 2011: 48). 심지어 신체 건강한 성인도 '문서 기반의' 합의에서 무엇이 위험한지 포착하는 데 실패할 수 있다. 사람들은 이해하기 어려운 약관에 동의하고 계약서에 서명할 것을 요구받으며, 진정 스스로 결정했다고 느끼기 어려운 일에 결국 구속될지도 모른다(Parsons et al. 2016: 138).

하바수파이Havasupai 부족 사례는 이런 문제를 잘 보여 준다. 1990년
대 초, 애리조나주립대학교는 그랜드캐니언 지역의 외딴 곳에 거주하
는 사람들 사이에서 흔히 발생하는 질병인 제2형 당뇨병을 연구하기 위
해서 하바수파이 부족의 일원들을 연구 참여자로 모집했다. 부족의 일
원들은 혈액 샘플의 제공을 요구받았고 '행동적/의학적 장애를 유발하
는 원인에 대한 연구' 전반에 대해 연구자들과 합의했다. 혈액 샘플은
제2형 당뇨병과는 관련 없는 다른 연구 프로젝트에, 특히 그 부족의 기
원과 구성원 간의 근친교배를 연구하는 데 사용되었다. 하바수파이 부
족은 그들이 서명했던 계약서에 이의를 제기하면서 그것이 너무 광범
위하게 기술되어 있어서 사실상 의미가 없을 뿐 아니라, 계약서에 사용
된 영어는 그들 대부분에게 제2언어에 해당한다고 주장했다. 애리조나
법원은 이 주장을 기각했고, 그 계약이 법에 따라 유효하다고 보기에 충
분한 정보와 합의가 있었다고 판단했다.[12] 정보에 근거한 합의에 관한
법적 기준은 하바수파이 사례를 비롯해 많은 경우에 윤리적 관계를 보
장하지 않으며, 그 관계가 모든 당사자의 이익에 부합하여 발전하리라
는 것 또한 보장하지 않는다.

정보에 근거한 합의에 내포된 이런 결함을 해결하기 위해서, 일부 연
구자들은 원자론적이거나 이성주의적이거나 배제적이지 않은 새로운
합의 모델에 대해 사유해 왔다. 가령 그린호프Greenhough와 로Roe(2011)는
생의학과 건강지리학 분야에서, 관계적이고 위치지어져 있으며 감정적
인 육체는 관계를 형성하는 데 핵심적인 역할을 수행한다고 주장한다.

---

12 *Tilousi v. Arizona State Univ. Bd. of Regents*, No. 04-CV-1290, 2005 WL 6199562 (D. Ariz.,
Mar. 3, 2005) (U.S.).

사람들에게 가장 중요한 관계이자 자신의 선호를 가장 잘 표현하는 관계는 '언어적 의사소통, 그 이상의 것'으로 구성된다(Greenhough and Roe 2011: 49). 이 모델에서 의미 있거나 진정한 합의는 사법적 검토를 마친 양식에 서명함으로써 이뤄지지 않는다. 오히려 진정한 합의는 실천, 즉 '체화된 기술embodied skill'에서 드러난다. 우리가 윤리적으로 옹호할 수 있는 합의 모델은 단지 법적 서명에만 주목하지 않으며, 두려움, 분노, 혼란, 망설임, 불신 등의 체화된 표현 그리고 진정한 합의의 철회를 나타내는 징후에 지속적으로 응답할 것이다.

그린호프와 로가 언급했듯이 체화된 합의라는 개념은 동물의 자기결정권을 사유할 때 중요한 가능성을 가질 수 있다. 인간관계를 맺을 때 몸의 역할이 중요하듯, 동물 사이에서도 육체는 중심적인 의사소통 수단이다. 동물은 업무에 기꺼이 착수하거나 그것을 거부하기 위해 소통할 때, 자신의 몸이나 얼굴 표정, 화학적이거나 후각적인 감각 등을 손쉽게 사용한다. 동물은 육체적인 감각의 전문가로서 엄청나게 다양한 의사소통 기술을 가지고 있다. 우리가 동물의 선호를 알고 싶어 한다면, 이처럼 체화된 행동 및 표현의 형태를 반드시 이해해야 한다. 이런 관점에서 합의에 관한 물음을 던진다면 우리는 '동물이 계약서를 이해하고 서명할 수 있는가?'라는 물음에서 다음과 같은 물음으로 이동하게 된다. '동물들은 관계의 조건이 어떠할 때 서로 합의하는가? 우리는 인간과 동물의 관계에서 그와 유사한 합의 모델을 발전시킬 수 있는가?' 일단 동물이 스스로의 삶에 대한 전문가라는 것을 인정한다면(Greenhough and Roe 2011: 60), 동물을 우리의 세계에 끼워 맞추려고 시도하기보다는 동물이 자신이 처한 조건과 상황에서 스스로의 이익을 최대한 확보할

수 있도록 환경을 조성해 주는 일에 초점을 두게 된다. 일반적으로 소아
윤리학에서는 반드시 소아가 "의사결정 과정에서 가능한 한 최대한으
로"(Tri-Council 2014: 제3.9a조) 참여해야 한다고 여긴다. 이런 의미에서 나
는 동일한 원칙에 입각해 동물에게 권한을 부여함으로써, 동물이 체화
된 합의를 통해 스스로 결정할 수 있어야 한다고 주장할 것이다.

이는 동의 모델과 정확히 어떻게 다른가? 체화된 합의는, 내가 구상
하기로는, 법적 후견인에게 동일한 방식으로 의존하지 않을 것이다. 체
화된 합의 모델은 동의 모델과 마찬가지로 **통역**(동물의 주관적인 의지는 무
엇인가?)과 **보호**(동물이 자신의 주관적인 의지에 따라 행동하도록 허용하면 동물의
객관적인 기본 이익이 위협받는가?)가 모두 필요하다. 우리가 앞서 살펴본 것
처럼 동의 모델에서는 이런 두 가지 업무가 한 사람, 즉 법적 후견인에
게만 주어진다. 이와 대조적으로 체화된 합의 모델은 그 업무를 분리할
것이며, 더욱이 둘 중 어느 것도 한 사람의 단독 재량에 맡겨 두지 않을
것이다. 오히려 체화된 합의는 (**통역**의 기반으로서) 공적 논의와 (**보호**를 결
정하는 기반으로서) 공적 기준을 마련함으로써 이뤄질 것이다. 이 두 가지
과정을 설명하고자 한다.

통역 체화된 합의는 본질적으로 원자적이기보다는 관계적이다. 즉, 체
화된 합의는 여러 언어적·비언어적 의사소통 신호에 의존하며, 직접
적인 사회적·개인적 경험을 통해 발전한다.[13] 통역은 법적 후견인 한

---

13 동물로부터 체화된 합의를 이끌어 내는 것은 안전하고, 반응성이 높고, 신뢰할 수 있는
환경에서만 가능하다(Noble-Carr 2006). 동물이 숙고하여 결정하도록 충분한 시간이 주어
져야 하며, 합의는 반드시 일회적이지 않고 지속적인 기준에 의해 이뤄져야 한다(Dockett
and Parry 2011: 234).

사람의 몫으로 주어지는 대신 동물이 처한 사회적 환경을 반영하며, 이 환경은 동물이 어디에 있고 어떤 일을 하는지에 따라 달라진다. 이는 언뜻 보면 개인들에게 책임을 회피할 기회를 열어줌으로써 일종의 '공유지의 비극'을 낳는 것처럼 보일 수 있다. 그러나 우리가 체화된 합의를 신중하게 설계하면, 동물의 선호를 정확하게 통역할 책임이 있는 사람들의 관계망을 확장할 수 있다. 우리는 동물이 단일한 통역자에게 의존하는 상황을 피할 수 있고,[14] 다양한 견해와 경험을 가진 다수의 집단을 참여시킴으로써 동물이 온정주의적인 일상과 구조에 이의를 제기할 수 있는 기회를 확대할 수 있다. 만약 우리가 동물에게 주의를 기울이고 동물의 목소리를 경청하며 동물의 욕망과 선호를 진지하게 여길 것을 공동체에 요구한다면, 시민들은 마치 다른 사람들의 목소리를 경청하면서 타인을 이해하는 경험을 점차 쌓아가듯이 동물에 대해서도 점차 경험 많고 숙련된 통역사가 되어 갈 것이다. 이처럼 공동체 통역은 동물에게는 그를 보호할 한 명의 후견인이 필요하다는 통념을 고집하는 대신, 우리로 하여금 동물에게 의사결정 권한을 부여하고 동물을 의사결정자로서 정상화하고 포함시키는 방향으로 나아가게 할 것이다.

---

14 도널드슨과 킴리카는 선의를 가진 농장동물 생크추어리조차도 온정주의 모델에 따라 운영되는 '종합 보호 시설'이 될 위험이 있으며, 동물들이 자신의 삶에 영향을 미치는 중요한 결정에 참여하는 것을 제한하고 동물복지를 약화시킴으로써 궁극적으로 그들의 권리를 침해할 수 있다고 주장해 왔다(2015: 56-57). 이와 유사하게, 통역사의 행동을 지도하거나 제한하는 공식적인 규칙 없이 한 명의 후견인 겸 통역사만을 둘 경우, 동물 노동자들의 권리를 침해하는 총체적인 환경이 형성될 수 있다. 취약한 개인들이 '돌봄의 독점 monopolies of care'에 예속돼서는 안 된다고 보는 게우스Gheaus(2018)의 논의 참고.

보호 체화된 합의 모델은 동의 모델과 마찬가지로 특정한 객관적 이익, 즉 너무나 필수적이라서 동물이 표현하는 주관적인 의지를 기각하더라도 정당화될 수 있다고 여겨지는 이익을 동물에게 줄 것이다. 그러나 체화된 합의 모델은 동의 모델과는 다른 방식으로 이익을 이해한다. 동물의 주관적인 의지를 어디까지 허용할지 결정할 때 개별 후견인의 판단을 따르는 대신, 특정 종류의 피해 또는 위험과 강압을 규제하는 법적 원칙을 집단적으로 고심하게 될 것이다. 자유민주주의 국가의 인간 노동자들과 마찬가지로, 동물이 일터에서 합의하고자 하는 경우에는 그 합의 능력에 절차적이고 실질적인 한계가 부여될 것이다. 절차적인 측면에서 합의는 반드시 강제, 사기, 기만, 협박, 그 외 어떠한 '이면의 제약이나 강압'(Nuremberg Code 1949: 제1조)도 없이 이뤄져야 한다. 실질적인 측면에서 각 동물은 사망(더 정확히는 도살)이나 그들의 신체적이고 정신적인 온전성을 심각하게 훼손하는 일에 합의하도록 허용돼서는 안 된다.

이런 한계는 또 다른 중대한 차이를 드러낸다. 동의 모델은 어떤 조건에서 동물의 자유 의지가 유효한지 긍정적으로 접근하는 반면, 체화된 합의 모델은 언제 동물의 합의가 유효하지 않은지 부정적으로 접근함으로써 동물이 가신 합의 능력의 '바깥쪽 한계선'을 그린다. 이는 합의의 유효성을 판단하는 기준이 훨씬 더 보편적이지 않다는 것 그리고 온정주의, 지배, 도구화를 피할 가능성이 더 높다는 것을 의미한다. 체화된 합의 모델은 동물이 자신의 실수로부터 배울 수 있도록 학습의 실험실을 제공하며, 동물이 자기만의 존재 양식과 삶의 양식을 발전시킬 수 있도록 광범위한 자기결정권을 부여한다.

동물에게 이렇게 갑자기 자기결정을 많이 하게 하면, 모든 동물이 반드시 이익을 보지는 않을 것이다. 특히 학대로부터 생존한 동물이거나 학습된 무기력이 생길 정도로 과도한 온정주의적 관계에서 고통받아온 동물이라면 말이다. 도널드슨과 킴리카는 아동 시민권에 관한 문헌에 기대어 동물에게 유의미한 선택이 이뤄지도록 '발판을 대주는 일 scaffolding'에 찬성한다(2016b). 발판을 대주는 일은 구조화된 상호작용, 학습, 훈련과 같이 합리적인 수단을 통해 동물의 의사결정 능력을 발전시킬 수 있다고 제안하는 사회적 구성주의 이론에서 비롯된다. 우리는 동물이 자신의 거부권을 행사하도록 권한을 주는 것에서 시작해 점진적으로 동의 모델을 향해 나아갈 수 있다. 그러나 거기에서 멈추면 안 된다. 동물에게 동의 모델을 기본값으로 둔다면, 모든 구성원이 접근 가능한 과정을 통해 합법화되고 통치되는 사회를 상상하는 데 실패할 것이기 때문이다. 일단 동물이 체화된 합의자로서 자기결정에 필수적인 전문 지식을 획득한다면 그 발판 중 일부(즉, 법적 후견인)는 제거될 수 있다.

따라서 내가 생각하기에 체화된 합의 모델은 거부 모델이나 동의 모델과는 진정으로 구별되며 더욱 선호될 만하다. 이때 체화된 합의 모델은 그 원래 기준인 정보에 근거한 합의 모델과도 다른데, 다음의 두 가지 측면에서 구별할 수 있다. 첫째, 체화된 합의는 고립된 개인들의 주권적 의지에 의존하지 않는다. 대신 우리가 스스로의 의지를 실현하기 위해 다른 사람에게 얼마나 의지하는지 인정하면서 자유를 보다 '분산된distributed' 것으로 설명한다. 둘째, 체화된 합의에서 의사소통 양식은 중요한 정보를 은폐할 위험이 있는 율법주의적 의사소통(가령 서명)에 기초하지 않는다. 체화된 합의는 몸짓 언어와 상호주관적인 육체적 의

사소통을 해석함으로써 보다 전체론적 접근법에 의지한다.

그러나 체화된 합의와 정보에 근거한 합의는 정보를 중요시 여긴다는 점을 비롯해 그 핵심적인 요소들이 **유사**하다. 심지어 체화된 합의 모델에서도 동물이 결정을 내리는 데 근거로 삼을 수 있으며 필요로 하는 모든 정보에 접근할 수 없다면 동물에게 합의를 요구할 수 없다. 동물은 어떤 제안이 불러올 수 있는 위험과 이익을 충분히 알아낼 정도로 인간의 언어를 잘 이해하지 못하겠지만, 그렇다고 해서 동물에게 정보를 알려야 하는 인간의 책임이 면제되지는 않는다. 우리는 동물이 어떻게 정보를 모으고 공유하는지 더 배워야 한다. 가령 동물은 결정을 내릴 때 다른 동물과 직접적으로 소통한다. 큰 집단에 속한 다수의 동물이 몸의 자세, 의식화된 움직임, 특유의 발성, 화학적 흔적, 그 외 다른 단서를 통해 자신의 관점을 표현하며 주변 지역의 이웃들과 소통한다(Conradt and Roper 2005: 454). 동물의 의사결정은 때때로 즉흥적일 수 있으며, 우리가 그러하듯이 동물도 본능적으로 특정한 결정을 내릴 수 있다. 그러나 동물은 흔히 복잡하고 정교한, 유익하고 신중한 과정들에 참여한 뒤 결정을 내린다. 새로운 연구들은 많은 동물이 결정을 내리기 전에 정보를 수집하고 평가하는 데 상당한 시간을 보낸다는 것을 알려주고 있다(Cronin and Stumpe 2014: 7; King and Sueur 2011: 1251; Möglich and Hölldobler 1974). 우리는 이런 통찰에 힘입어 인간과 동물의 관계에 대한 윤리적, 정치적 기준을 더 창의적으로 개발해야 하며, 그렇게 함으로써 동물들에게 그들의 선택지를 더 잘 알려줄 수 있다.

체화된 합의 모델에서도 정보에 근거한 합의와 마찬가지로 정보의 수신자가 수신된 정보를 이해해야 한다. 특정한 정보를 이해하거나 어떤 결정에 수반되는 위험과 이익을 평가하려면 경험이 필요하지만, 이전에 (가령 감금이나 온정주의로 인해) 선택권을 상실했던 동물들에게는 이런 경험이 아마도 충분하지 않을 것이다. 이런 동물들의 경우에는 중재된 동의가 적절한 기준일 수 있다. 그러나 앞서 주장했듯이, 동물이 경험을 통해 전문 지식을 쌓아 나감에 따라 중재된 동의는 체화된 합의라는 더 포용력 있는 기준으로 점차 대체되어야 한다.

요컨대 체화된 합의는 동물의 행위성을 최대한 확보한다는 점에서 우리가 노동의 맥락에서 사용할 수 있는 실현 가능하고 강력한 기준이다. 절차적 제한(강제, 사기, 기만, 협박으로부터의 보호)과 실질적 제한(온전한 심신에 대한 심각한 훼손이나 사망으로부터의 보호)이 적절하게 이뤄진다면, 또 동물의 선택에 발판을 대 주는 적절한 관행이 채택되어 왔다면, 동물의 주관적 의지에는 대체로 권위가 부여돼야 한다. 의료나 법 등 위험도가 높은 분야에서 결정을 내릴 때에는 여전히 전통적인 모델인 '정보에 근거한 합의' 기준을 원하거나 필요로 할 수 있지만, 일상적인 많은 결정에서는 체화된 합의가 동물과 인간 모두에게 틀림없이 더 현실적인 기준이다.

만약 이런 주장이 옳다면 동물이 자유롭게 노동할 권리를 확보하는 것은 가능하고도 필요한 일이다. 이때 우리가 논의해 온 세 가지 기준, 즉 거부, 동의, (체화된) 합의가 모두 포함될 것이다. 먼저 거부 모델은 동물을 불편하게 만드는 일이나 동물이 수행하기를 원하지 않는 일을 즉각 중단해야 하는 모든 경우에 적용 가능하다. 다음으로 개별 후견인이 중재하는 체화된 동의 모델은 동물이 일을 원하는지 아닌지, 어떤 유형의 일을 누구와 함께 얼마나 오래 하고 싶어 하는지 평가할 때 적용할 수 있다. 그러나 이 모델 자체는 동물의 이익을 확보할 역량이 다소 부족하다. 보호자 집단이 중재하는 체화된 합의 모델은 동물을 자기결정하는 행위자로 진지하게 받아들이도록 길을 내고, 우리 사회가 동물이 의사소통하는 다양한 방식에 주목하고 응답하는 법을 배우도록 독려하면서 그 결함을 보완한다. 체화된 합의를 채택하는 시스템은 동물들에게 그들이 선호를 존중받는 안전한 환경에 놓여 있다는 메시지를 명확하게 전달한다.

기준을 현실에 적용하기

이런 명제가 과연 얼마나 유용한지 측정하려면 이 책의 4장에서 디수자, 호보르카, 니엘이 검토하고 있는 생태보호견 정책과 같이 구체적인 사례를 살펴보면 도움이 될 것이다. 해당 정책의 운영 과정에서 개들이 자유롭게 일을 선택할 권리는 어떻게 확보되는가? 앨버타 팀과 온타리오 팀은 탐색 활동을 할 생태보호견을 모집할 때 노동에 대한 합의 기준을 충족시키지 않은 것으로 보인다. 두 팀이 에너지가 많고 놀이 욕구가 강한 개들을 채용하는 데 주안점을 두고 있다는 점은 사실이며, 혹자는 이 점이 "개들에게 일할 동기를 지속적으로 부여"(D'Souza 2018: 16)하므로 합의를 대신한다고 생각할 수 있다. 그러나 이 방법은 동물들이 일을 시작하고 중단할 권리를 확보한다기보다는 피해 간다고 할 수 있다. 생태보호견들에게는 상황을 평가하고, 미래의 잠재적인 일터를 탐색하고, 동료에 대해 알아가고, 정보에 근거해 결정을 내리는 데 필요한 시간이 주어지지 않는다. 대신 고용주들은 두 번 생각하지 않고 일에 '뛰어드는' 개들을 찾는다. 일부 사육견의 사례를 보면 개에게 단일한 욕구가 있다고 믿을 만한 근거가 있어 보인다. 그러나 그 욕구를 충족시키는 일에 고용됐을 때, 동물은 결국 의식적 선택과 자기결정을 하는 선택을 박탈당하며 단지 **우리가 그들에게 기대하는** 목적에 따라 일하는 데 '합의하도록 만들어진다'. 동물에게 다양한 선택지를 제공하려면 기존과는 매우 다른 채용 과정이 필요하다. 생태보호견 팀의 한 매니저가 어떤 이유로 헌신적인 사육자에게서 동물을 채용하기로 방향을 전환해 왔는지 밝혔듯이 "일에 적합한 특성을 지닌 개를 보호소에서 찾으려면 훨씬 더 많은 시간과 노력이 소요된다"(D'Souza 2018: 70).

일에 대한 동물의 합의가 **지속된다는** 측면에서도 유사한 결함이 있다. 앨버타주와 온타리오주 정부에는 개들의 거부 의사를 보호하고 실현하는 공식적인 관행이 없는 것으로 보인다. 개들은 일을 수행하기 어려울 정도로 불만을 표시할 때에만 주어진 날에 일하지 않거나 아예 퇴사할 수 있다. 그러므로 각 부처에서는 일터에서 불행한 개, 다른 업무를 선택했을 개, 동료나 훈련사를 바꾸고 싶어할지도 모르는 개의 의사를 무시한 채 고용을 유지할 수 있다.[15]

앞에서 한 명의 후견인을 기반으로 하는 중재된 동의 시스템과 관련해서 캐치-22를 논의했는데, 사실 생태보호견의 경우는 캐치-22를 보

---

15 그 팀들이 개들의 저항 의사를 온전히 반영하는 데 어려움을 겪는다는 것은 다음의 구절에서 암시된다. "저는 일하고 싶은데 개는 그렇지 않을 때 가장 절망스럽죠. 생태보호견 (훈련) 코스를 감당하기 힘들어해서 거기서 조금 휴식해야 할 때가 있었어요. 훈련의 성과를 쌓아가는 중이라 저는 전진하고 싶지만 개가 '이만하면 됐지 않냐'라며 물러서는 상황이죠. 그러니 그 말을 들은 저는 멈춰야 해요. 계속 나아가고 싶을 때라도 한숨 쉬어 가야 할 때는 그래야 하죠. 개가 안 된다고 하면 당신은 상황을 바꿔야 해요"(D'Souza 2018: 80).

여 주는 하나의 사례라고 할 수 있다. 훈련사들은 정부가 개를 위해 지정한 법적 후견인이라고 간주할 수 있으며, 확실히 많은 훈련사가 후견인으로서 전념하는 모습을 보여 준다.[16] 훈련사들은 흔히 그들이 함께 일하는 개들과 깊이 연결되어 있고 다양한 형태의 체화된 의사소통을 알아내기 좋은 위치에 있으며 그들이 동물의 안전을 우선시하고 동물을 보호한다고 믿을 만한 이유가 충분히 있다. 그러나 발콤Balcombe이 주장했듯이 "더 안전한 삶은 결코 더 나은 삶이 아니다"(Balcombe 2009: 2014; Donaldson and Kymlicka 2016b: 188). 또 생태보호견 정책은 자율성에 대한 동물의 그 어떤 본질적인 관심도 무시하는 것으로 보인다. 개들이 한 명의 훈련사와 생활하고, 일하고, 훈련하고, 휴식을 취한다면 그리고 그 한 사람이 개들의 동의 의사를 해석하는 독점권을 갖게 된다면(D'Souza 2018: 79-80) 편견과 온정주의라는 위험이 분명히 발생한다. 개의 행동을 쉽게 오해하고 잘못 해석하거나 개의 행동에서 자기 자신의 선호를 읽을지도 모르는 한 사람에게 책임이 불필요하게 집중되어 있음에도, 이런 문제를 방지할 수 있는 보호자들이 지정되어 있지 않다. 만약 체화된 합의 모델을 적용한다면 우리는 해석에 대한 책임에 여러 단계를 만들 수 있으며, 개가 어디까지 의사결정 권한을 가질지 그 한계를 관리하기 위해서 더 접근성 높고 투명한 보호 규칙을 세울 것이다.

---

16 디 수자 등이 언급했듯이 현실에서 생태보호견은 법적으로는 재산으로 규정된다. 따라서 개들은 법적으로 인정되는 형태의 후견 혜택을 받지 못하지만, 인간 훈련사 중 다수는 스스로를 후견인과 같은 용어로 이해하는 것처럼 보인다.

민주적인 동물 일터를 위하여

인간은 수 세기에 걸쳐 동물의 노동에서 얻는 이익에 의존하며 그런 이익을 기대해 왔다. 동물은 여전히 대부분의 사회에서 단지 인간의 목적을 위해 사용 가능한 투입 요소, 도구, 자원으로만 간주되고 있다. 이런 견해와 기대는 오랜 시간 수용되고 정당화되었으며 법에 의해 보호받아 왔다. 동물노동이 점점 더 인정받고 있는 것은 이런 역사에 대응하는 운동의 일환이기 때문이다. 이런 운동에서 동물은 노동에 주관성을 부여하는 존재 그리고 행위성을 가진 존재로 상정된다(Porcher 2017). 동물노동을 인정한다고 해서 동물에 대한 우리의 착취를 얼버무릴 필요는 없다. 해밀턴Hamilton이 말하듯이, "노동을 노동으로 정의한다고 해서 착취를 인정하지 못하게 되는 것은 아니다"(2016: 125). 학자들은 노동이 착취에서 정의에 이르는 연속체라는 발상을 가지고(Skrivanvoka 2010; Coulter 2019), 이를 바탕으로 은퇴, 안전한 노동 조건, 단체 교섭 등에 대한 권리를 비롯하여 노동하는 동물이 갖는 권리의 강력한 실현을 요구하고 있다(Cochrane 2016).

이 장에서 나는 노동에서의 종간 정의가 실현되려면 동물 또한 노동 관계를 시작하고 중단할 권리, 자유롭게 일을 선택할 권리를 가져야 하며, 강제 노동의 대상이 돼서는 안 된다고 주장했다. 동물은 자유롭지 못할 때 우리가 현재 인정하고 있는 것보다 훨씬 더 큰 피해를 입는다. 선택과 통제가 어떤 도구적 이익을 남기지 않는 경우일지라도, 선택과 통제는 동물복지를 상당히 증진시킨다. 이는 동물이 자기결정에 본질적인 관심을 가질 뿐 아니라 그런 관심을 실현할 권리를 필요로 한다는 것을 보여 준다.

자기결정에 대해서 효과적인 기준을 마련하는 일은 쉽지 않다. 또, 우리는 동물의 합의를 이끌어 내기 위해 노동 환경이 쉽게 조작될 수 있음을 잊어서는 안 된다. 가령 어떤 사람들은 젖소들에게 실내에서 젖을 짜는 것과 초원에서 이동식 로봇으로 젖을 짜는 것 중에 하나를 선택하게 하면서 유의미한 선택지를 제공한 것이라고 주장한다(Driessen 2014). 그러나 젖소들이 특정한 장소에서 살도록 강요당하고, 스스로 세우지 않은 울타리 안에 갇혀 있고, 강제로 임신하고, 자신의 의지에 반해 송아지와 분리돼야 한다면, 젖소들이 자기결정을 했다고 말하는 것이 합리적일까? 만약 우리가 동물에게도 노동관계를 시작하거나 중단하기로 선택할 권리가 있다는 점을 진지하게 받아들인다면, 우리는 그들이 살 수 있는 삶에 대해서 훨씬 더 폭넓은 선택지를 부여해야 한다 (Donaldson and Kymlicka 2016a: 237).

이런 의미에서 일터에서의 자유는 종간 정의에 대한 더 넓은 설명에 포함돼야 하며, 이때 종간 정의는 고용을 구조화하는 더 깊은 권력 관계에 초점을 둔다. 계약서에 없는 사항, 개별 동물 노동자가 협상할 수 없는 것으로 간주되는 사항도 계약서에 있는 사항만큼이나 중요하다 (Couter 2017: 74). 이 장에서 나는 일을 시작하고 중단하는 것에 대해 개별 동물들이 가진 자기결정권에 초점을 두었지만, 종간 정의를 더 충분히 설명하기 위해서는 노동·관리·감독의 조건에 대한 공동결정권을 포함하여 집단적 자기결정이라는 문제에 대해서도 주목해야 한다. 한마디로 우리는 '일터 민주주의workplace democracy' 개념에(Gomez and Gomez 2016: 4), 더 일반적으로는 민주주의 개념에(Donaldson and Kymlicka 2011)

동물을 포함시킬 필요가 있다. 동물이 일터에서의 자기결정권 **그리고** 공동결정권을 모두 가질 때에만, 노동은 종간 정의의 현장이 될 수 있는 합리적인 기회를 가진다.

일터에서의 자기결정권과 공동결정권은 과정 지향적이며(Fudge 2007: 59; Langille 2005: 431) 결과를 예정하지 않는다. 그러므로 오늘날 우리가 알고 있는 노동의 개념을 급진적으로 바꾸려면 동물의 목소리를 들을 준비가 돼 있어야 한다. 자기결정권과 공동결정권은 노동에 대한 우리의 선입견으로 동물을 구속하지 않도록 보장한다. 나는 이 장을 시작하면서 인용했던 존슨Johnson의 글귀로 되돌아가고자 한다. 동물 노동자에게 자기결정권을 부여하려면 우리는 다음과 같은 질문에 답해야 한다. 우리는 계속해서 동물 노동자를 침묵시키고 착취할 것인가? 아니면 동물 노동자의 관심, 욕망, 선호에 주목하며 귀 기울이고, 일터 공동체에 대한 그들의 비전을 통합하며 종간 정의에 대한 우리 자신의 견해를 급진적으로 변화시킬 준비가 되어 있는가?[17]

---

17 퀸즈대학교에서 열린 워크숍 '동물노동: 동물의 일을 인정하는 것에 대한 윤리적, 법적, 정치적 관점들'에 참석하여 이 글의 초고에 의견을 주신 모든 분에게 감사를 표하고 싶다. 이 글의 주제에 대해 구체적인 비평과 제안을 해 주고 관심을 보여 준 월 킴리카와 켄드라 콜터에게는 특별히 감사하다는 말씀을 전한다.

⑥ 마르크스의 소외 이론과 동물노동

오마르 바추르◉

대항과 재생산의 딜레마

1971년 촘스키Chomsky와 푸코Foucault 사이에 이루어진 논쟁에서 푸코는 "우리 사회에서, 우리 문명에서, 우리 문화에서 빌려 온 용어들을 사용해" 인간 본성을 정의하려는 시도에 의문을 제기한다(Chomsky and Foucault 2006: 43). 푸코는 자신의 논점을 설명하기 위해 다음과 같은 예를 든다.

19세기 말과 20세기 초라는 특정 시기의 사회주의는 자본주의 사회에서 인간이 스스로의 발전과 자기실현에 대해 완전한 잠재력을 깨닫지 못했다는 것,

◉ Omar Bachour, *Alienation and Animal Labour* In: *Animal Labour: A New Frontier of Interspecies Justice?*. Edited by: Charlotte Blattner, Kendra Coulter, and Will Kymlicka, Oxford University Press (2020). © Oxford University Press. DOI: 10.1093/oso/9780198846192.003.0006

또한 자본주의 시스템에서 인간 본성이 효과적으로 소외되었다는 것을 사실상 인정한다. 그리고 사회주의는 궁극적으로 해방된 인간 본성을 꿈꿨다. 사회주의는 이런 인간 본성을 상상하고 투영하고 결국 실현하기 위해서 어떤 모델을 사용했는가? 사실상 부르주아 모델이다. (Chomsky and Foucault 2006: 43)

푸코에게 부르주아 모델의 보편화는 부르주아 유형의 섹슈얼리티, 가족, 미학 등을 '해방된' 인간 본성으로 이해하는 사회가 소외 없는 사회로 여겨지는 것을 의미했다(Chomsky and Foucault 2006: 43-44). 소외 이론을 동물에게 적용하는 경우에도 이와 비슷한 문제가 있었는데, 스스로 대항하고자 했던 '환상적인 종 나르시시즘fantastic species-narcissism'을 의도치 않게 재생산하는 결과를 초래한 것이다(Benton 1993: 32).

소외된 동물노동을 분석하는 것은 자본주의 사회에서의 동물 억압 시스템을 이해하는 데 많은 도움을 준다. 그러나 다른 한편으로, '유적 존재species-being'*라는 개념에 근거를 둔 인본주의 모델은 소외된 노동에 대한 마르크스Marx의 초기 저술에 등장해 최신 문헌까지 지배하고 있

---

* 소외에 대한 마르크스의 설명에는 '유類'가 중요한 용어로 등장하며, 주로 유적 존재, 유적 본질, 유적 관계, 유적 생활 등의 형태로 나타난다. 한자로 '무리 류'로 '유형', '부류', '종류'의 단어에 사용되며 '포유류', '조류' 등의 단어에도 사용된다. 마르크스가 사용하는 유는 '인간이라는 유'가 축약된 것으로, 인간 종에 해당하는 특성이나 마르크스가 생각하기에 '인간다운' 특성을 일컬을 때 '유적'이라는 표현이 사용된다. 즉, 유적 존재라고 하면 다른 동물과는 구분되는 인간만의 존재 양식을, 유적 본질이라고 하면 다른 동물과는 구분되는 인간만의 본질을 의미한다. 이를 이해하기 위해 마르크스의 문장을 살펴보자. "의식적인 생명활동이야말로 동물적인 생명활동으로부터 인간을 구별하는 것이다. 다름 아닌 이 의식적 생명활동에 의해서만이 인간은 유적으로 존재한다. … 소외된 노동은 … 인간이 유로서 갖는 정신적인 능력도 인간에게 소원한 본질로 만들어 개체적 생존수단으로 만들어 버리고 만다." 인용문 출처: 칼 마르크스(2016), 《경제학·철학초고/자본론/공산당선언/철학의 빈곤》, 동서문화사_옮긴이

다. 유적 존재라는 개념은 인간과 동물 사이에 옹호하기 어려운 이분법을 전제하고, 동물의 행위성이나 번영에 여지를 두지 않으며, 소외 이론의 적용 가능성과 범위, 해방적 잠재력을 극심하게 제한한다. 테드 벤턴Ted Benton은 이런 딜레마를 다음과 같이 요약한다.

> 한마디로, 마르크스는 충족되고 해방된 인간의 삶과 비인간화되고 소외된 존재의 삶을 대조했는데, 그 내용의 상당 부분은 비인간 동물들이 처한 밀집사육 체제의 조건을 분석하는 경우에도 적용될 수 있다. 그러나 마르크스의 소외 개념에 놓인 '인본주의적인' 철학적 이론틀은 그런 분석을 인간 너머로 확장시키는 사유를 그야말로 불가능하게 만든다. '인본주의'는 동물의 욕구를 본능적이고 불변하는 것으로 개념화하며, 단순히 존재하는 상태와 번영하거나 잘 사는 상태 간에 도덕적으로 중대한 차이가 나타날 여지를 남기지 않는다. (Benton 1993: 59)

이 장에서 나는 소외된 동물노동과 관련해 '인본주의' 모델 대신 '전유appropriative' 모델을 제안함으로써 위와 같은 딜레마에서 벗어날 수 있는 길을 제시하고자 한다. 전유 모델은 소외 이론에 따르는 어려움을 피하면서도 그것이 가진 사회적, 정치적으로 풍부한 차원을 활용하게 할 것이다.

소외된 노동에 대한 마르크스의 설명과 그것을 동물에게 적용해 본 다양한 시도를 다루기에 앞서, 첫 번째 절에서는 우선 소외에 대한 일반적 정의를 살펴본다. 두 번째 절에서는 소외된 노동에 대한 마르크스의 이론 전체를 뒷받침하는 개념인 유적 존재에 특히 초점을 두면서, 해당 개념이 가진 인본주의적 전제로 인해 동물에게 이론을 일관적으로 적

용하기가 어떠한 경우에도 어렵다고 주장한다. 마지막 절에서는 동물
노동에 대한 전유 모델을 제안하면서, 이 모델을 통해 이전 절에서 서술
했던 어려움을 극복하고 소외된 동물노동을 해방적으로 이해할 수 있
음을 입증한다.

소외 이론을 동물 문제로 확장하기

일반적으로 '소외alienation(Entfremdung)' 개념은 "개인이 자기 자신, 세
계, 타인에 대해 갖는 관계의 **결핍**"을 의미한다(Jaeggi 2014: 5).[1] 이러한
"관계 없는 관계relation of relationlessnes"(Jaeggi 2014: 1-2, 25)는 흔히 그 심리
학적 구성 요소인 무력감, 무의미함, 무규범, 사회적 소외, 자기 소외의
측면에서 설명된다(Seeman 1959, 1972; Schacht 1970: ch. 5, 1994; TenHouten
2017).[2] 반면, 이와 달리 마르크스는 자본주의를 비판하면서 소외 개념
을 사회적이고 정치적인 진단 도구로 처음 활용했다. 착취에 대한 비판
을 보완하는[3] '소외 이론'은 노동의 목적과 자연이 자본주의하에서 어떻

---

1 여기 그리고 이 장 전체에 걸쳐 등장하는 인용문의 모든 강조 표시는 원문을 그대로 따른
  것이다.
2 이 장의 목적상, 우리에게 흥미롭게 느껴지는 소외의 두 가지 심리적 요소는 ① 이 세계에
  서 자신을 효과적 존재로 경험하지 못하는 것으로서의 '무력감powerlessness', ② 이 세계에서
  자신을 편안하게 만들지 못하는 것으로서의 '고향상실homelessness'이다. 어떤 소외 이론이라
  도 믿음을 사려면 이 이중적 손실에 대해 반드시 설명해야 한다.
3 마르크스의 착취 개념과 소외 개념이 어떤 관계인지에 대해서는 여전히 논쟁의 여지가 있
  다. 착취에 초점을 두는 비평가들 다수는 소외에 대해서 거의 말하지 않지만, 나는 소외
  개념이 마르크스의 착취 비판에 내용을 제공한다고 믿는다. 그러나 여기에서 이 문제를
  다루지는 않을 것이다.

게 왜곡되는지 설명한다. 소외 개념이 헤겔과 마르크스에게서 유래한
것은 아니지만(Schacht 1970: ch. 1), 소외는 "인간이 18세기 이후로 산업
화의 성장을 이루며 자기 자신 그리고 세계와 관계를 맺을 때, 그 관계
에 내포되는 '불확실성, 파편화, 내부 분열'에 대해 말하기 위해 사용하
는 암호가 되었다"(Jaeggi 2014: 6).

소외 개념은 사회 과정 및 관계가 자본주의하에서 어떻게 생산 서비
스로 무자비하게 흘러들어 왔는지, 그 통로가 동물과 인간 삶의 상품화
인지, 노동 분업의 증가인지, 사용가치를 초과하는 교환가치의 생산인
지, 아니면 인간과 동물의 생활세계에 대한 끊임없는 지배, 파편화, 도
구화인지 보여 주고자 할 때 유용하다(Benton 1993; Dickens 1996; Noske
1997; Torres 2007; Gunderson 2011; Nibert 2017). 그러나 소외 개념이 더 근
본적으로 가치를 가질 때는, 원래 동물과 인간이 스스로를 행위자로 경
험하면서 이 세계에서 편안하게 지내도록 해 주는 도구였던 노동 과정
이 어떻게 그들을 피폐하게 만드는brutalize 병적인 존재 양식으로 전락하
고 변형되는지 보여 주고자 할 때다.

마르크스는 소외 이론을 인간 노동자에게만 적용했지만, 이를 동물
노동자로 확장하려는 다양한 시도가 이루어져 왔다. 이러한 시도는 대
부분 마르크스가 《1844년 경제학·철학 초고*Economic and Philosophic Manuscripts of
1844*》에서 소외된 노동을 설명했던 것에 의지한다. 해당 문헌에 등장한
마르크스의 소외 이론은 흔히 그의 사유에 윤리적 차원을 더했다고 칭
송된다. 그러나 앞으로 보게 될 것처럼, 이런 윤리적 차원은 분명히 '인
본주의적인' 토대에 기초해 있으며 개인들이 명백히 인간적인 '본질'이
나 유적 생활로부터 소외를 경험한다는 생각과 결합되어 있다.

마르크스는《1844년 경제학·철학 초고》에서 노동 소외의 서로 구별되는 네 가지 형태에 대해 설명한다.

첫째, 소외된 노동에서 **노동 생산물**은 이질적인 대상으로서 노동자와 대립한다. 그가 더 많이 생산할수록, 그는 더 가난해진다. 대상이라는 감각적인 세계는 이질적이고 적대적으로 나타난다(Marx 1994b: 59-62).

둘째, 소외된 노동에서 **생산 과정**은 노동자에게 고통이다. 그의 일은 "자발적이지 않으며, 강요되고 강제된 노동이다." 그는 "비참하고 불행하다고 느끼며" 오직 일터 바깥에서만 편안함을 느낀다. 더욱이 생산 활동은 그가 아닌 다른 사람에게 속한다(Marx 1994b: 61-62).

셋째, 소외된 노동에서 노동자는 **다른 인간**으로부터 소외되며, 다른 인간은 적대적인 숙련공, 경쟁자, 또는 노동자의 즉각적인 욕구를 만족시키기 위한 단순 도구로서 노동자와 직면한다(Marx 1994b: 64-68). 이는 '상호 소외'를 야기한다. "그 누구도 다른 이의 생산으로 만족을 느끼지 않는다." 생산은 "전쟁이며, 승자는 더 많은 통찰력과 에너지, 힘, 영리함을 갖춘 사람이다"(Marx 1994a: 50-51).

넷째, 소외된 노동에서 노동자의 **유적 생활**, 유의 능력과 힘은 개개인의 생활에 종속되며, 그의 본질적인 본성은 육체적으로 존재하기 위한 도구가 된다. 노동자는 자신의 '정신적 본성', **'인간적 본질'**, '자기 자신의 몸' 그리고 '(자신) 외부의 자연'으로부터 소외된다(Marx 1994b: 61-63).

우리는 마르크스의 설명을 다음과 같이 요약할 수 있다. 소외된 노동에서 노동자는 ① 자신의 노동 생산물, ② 생산 과정, ③ 다른 인간, ④ 자신의 유적 생활로부터 소외된다.

이러한 분석틀은 동물노동에도 적용될 수 있는가? 이를 시도한 가장 초기 사례 중 하나는 바버라 노스케Barbara Noske의 '탈동물화de-animalization' 이론이다. 노스케에 따르면, 자본주의적 생산이라는 조건하에서 동물들은 그들의 신체와 자손, 신체적 기능, 그들 자신의 사회, 인간과 동물의 잠재적인 관계, 그들을 둘러싼 자연 그리고 마침내 그들의 유적 생활로부터 소외된다(Noske 1997: 18-21).[4]

다이애나 스튜어트Diana Stuart 외 연구진은 낙농업 부문을 비판하면서 마르크스의 소외 이론을 동물에게 가장 면밀하게 적용해 보고자 했다. 그들의 연구에 따르면 낙농업의 젖소들은 다음과 같은 소외로 인해 고통받는다.

생산물로부터의 소외 우유 생산업에서 우유는 젖소를 지배하는 이질적인 힘으로 바뀐다. 젖소는 우유를 가능한 한 많이 생산할 것을 강요받으며, 특화된 곡물 사료 급여, 성장 호르몬 주사, 일정 주기로 혹독하게 반복되는 인공수정과 임신, 과다한 젖 분비, 기계화된 착유 시설 등의 지배하에 놓인다(Stuart et al. 2012: 210). 이는 (젖소의 자연 수명인 20년 중에서) 기껏해야 4~5년 정도 지속되며, 그 후 젖소는 더 이상 이윤을 내지 않는 존재로 간주되어 도축장으로 보내진다. 젖소가 낳은 송아지들은 (우유 생산을 방해하지 않도록) 출생 직후 어미로부터 분리되는데, 이는 젖소와

---

4 동물 소외에 대한 다른 논의로는 다음의 문헌 참고. Benton 1993; Dickens 1996: 52-70; Torres 2007: 39-40; Gunderson 2011: 265-266; Murray 2011: 98-100; Stuart et al. 2012; Coulter 2016: 87-91.

송아지들에게 굉장한 고통을 유발한다. "흔히 젖소는 새끼와 분리된 후 며칠 간 끊임없이 울부짖고 고함치면서 자신의 감정을 표출한다"(Singer 1975: 136). 암송아지의 경우 두 살쯤 돼 우유를 생산할 준비가 될 때까지 (더 저렴한) 우유 **대용품**을 먹으며 자라는 반면, 수송아지는 송아지고기 생산자에게 판매된다. 젖소의 생산물은 젖소로부터 탈취될 뿐 아니라 젖소를 **배반**하게 되어 젖소를 "생산량의 정점에 있는" "미세 조정된 우유 기계"로 변형시킨다. … "젖소는 생산 능력이 먹이 대사 능력을 능가해서 … 자신의 신체 조직을 분해해서 사용하기 시작한다. 젖소는 '자신의 등골을 빼먹으며 젖을 짜기' 시작한다"(Singer 1975: 137).

노동 과정으로부터의 소외 낙농업의 젖소는 생존 기간이 짧은데, 젖소의 생애가 우유 생산에 맞춰져 있을 뿐 아니라 젖소의 몸이 쇠약해져서 도축장에 팔려 나간 이후에도 지속적인 수유와 꾸준한 우유 생산이 보장되도록 자손을 만드는 데 치중되기 때문이다. (친족관계 및 놀이를 포함하는) 사회화, 여행, 채집, 짝짓기, 송아지 양육 등 다른 모든 활동이 수유의 뒷전으로 밀려나며, 젖소의 유전자 구성이나 신체, 움직임, 식이, 환경, 수면 주기 등 모든 것이 끊임없는 생산 과정에 맞춰진다(Stuart et al. 2012: 210-211). 젖소의 활동이 수유에 국한될 뿐 아니라 다른 모든 활동이 저지되며, 생산 과정은 자발적이지 않은 강제 노동으로 구성된다(Stuart et al. 2012: 210). 우유 생산량을 극대화하기 위해 '콩, 어분, 양조 부산물, 심지어는 가금류 배설물과 같은 고열량 농축물'을 젖소에게 급여하는데, 젖소는 이를 적절하게 소화시키지 못한다. 젖소에게 매일 성장 호르몬을 주사하는 것은 지속적인 통증, 일상적인 감염, 만성 유방염을 유발하지만, 이는 보통 대형 제약회사들에게 이익이 된다(Singer 1975: 138).

공동체로부터의 소외 산업용 젖소는 자신의 송아지, 수소, 다른 젖소 그리고 인간과의 관계로부터 소외된다(Stuart et al. 2012: 211-212). 앞에서 살펴봤듯이, 젖소의 새끼들은 출생과 동시에 분리된다. 암송아지 중 일부는 젖소를 대체하기 위해 남겨지고 일부는 육우로 길러지며, 수송아지들은 송아지고기 생산업자에게 팔리거나 만약 그들의 유지비가 시장가격보다 비싸다면 바로 도살된다(Singer 1975: 136-137). 공장식 축산에서 인공수정과 같은 재생산 기술이 있으므로 암소와 수소는 아무런 관계를 갖지 않는다. 또한 젖소의 경우 친족관계를 형성하려는 욕구가 큼에도 불구하고, 생산을 요구받아서 생기는 심각한 스트레스로 인해, 또 비좁은 축사 환경과 대규모의 밀집형 가축 사육 시설 자체로 인해 다른 젖소들로부터 소외되며 공격적인 징후를 보인다(Stuart et al. 2012: 211-212).

위와 같은 분석에 기초하여, 스튜어트 외 연구진은 자본주의하에서 동물 생산이 가진 여러 측면을 분석할 때 마르크스의 소외 이론이 적합하다고 결론짓는다. 소외 이론은 동물이 어떻게 '자본 축적, 교환가치, 노동, 사적 소유, 실천praxis'이라는 문제에서 중심이 되는지, 또 자본주의 사회에서의 노동 과정으로 인해 어떻게 동물 노동자 안에 잠들어 있는 힘과 능력을 포함하여 '잠재적인 가능성들이 펼쳐지는 것이 억제되는지'를 보여 준다. 그리고 소외 이론은 경제적 욕구나 이윤을 최대화하려는 욕구가 아니라 생명체들이 가진 욕구를 충족시킴에 있어 인간과 동물이 공유하는 물질적 관심을 조명한다(Stuart et al. 2012: 203).

소외 이론을 동물노동에 적용하려는 이런 노력은 일견 그럴 듯하거나, 동물노동에 대한 우리의 이해를 돕는 듯 보인다. 그러나 이런 노력이 사실상 마르크스의 설명 중에서 처음 세 가지 차원에만 국한된다는 점에 주목해야 한다. 스튜어트 외 연구진은 마르크스 설명의 마지막 차원, 즉 '유적 생활'로부터의 소외를 동물노동에 적용하려고 고군분투하지만, 그 과정에서《1844년 경제학·철학 초고》의 토대가 지닌 더 깊은 문제가 드러난다.

인본주의 모델의 난제 : 유적 존재

동물학자들이 소외 이론을 동물에게 확장하고자 할 때, 마르크스의 유적 생활은 항상 성가신 개념이었다. 가령 노스케는 인본주의 모델의 처음 세 가지 측면, 즉 노동 생산물로부터의 소외, 노동 과정으로부터의 소외, 동료 생명체들로부터의 소외를 동물에게 적용할 때에는 어려움을 겪지 않는다. 그러나 유적 생활에 관한 한, 노스케는 그것을 본질적으로 분리된 차원으로 보지 않고 처음 세 가지 측면이 반복되는 것으로 즉 "생산물, 생산 과정, 자연과 동물 사회에 대한 관계 등 모든 것을 포괄하는 것"으로 취급한다(Noske 1997: 20). 다른 이들도 유적 생활로부터의 소외에 대한 마르크스의 설명을 동물에게 적용하려고 고군분투한다. 가령 라이언 건더슨Ryan Gunderson은 소외 이론의 가치를 인정하면서도 "마르크스의 인간 소외 이론은 자유롭고 성찰적이며 창조적인 노동을 통해 사회생활을 형성하고 완성하는 것이 인간성의 '본질'이라고 상정하는데 … 나는 이런 가정을 비인간 동물에게 적용할 때 이론적, 현실적으로 중대한 문제가 없을 것이라 생각하지 않는다"라고 말한다 (Gunderson 2011: 266). 이와 매우 유사하게, 스튜어트 외 연구진은 유적 생활에 대한 마르크스의 설명을 "이론적으로나 현실적으로나 근본적인 문제 없이 비인간 동물에게 바로 적용"할 수는 없다는 점을 인정한다(Stuart et al. 2012: 207).

이처럼 유적 생활에 대한 마르크스의 설명을 동물에게 적용할 때 '이론적, 현실적으로 근본적인 문제들'이 발생한다고 인정하면서도, 그들은 자신이 《1844년 경제학·철학 초고》에 나오는 소외에 대한 설명 중 나머지 부분을 동물노동에 적용하지 않는다고는 생각하지 않는다. 그러나 나는 이 문제가 마르크스 이론을 동물에게 적용함에 있어 실제로 치명적이며, 따라서 소외에 대해 전적으로 다른 모델이 필요하다고 주장한다.

이 문제의 핵심은 《1844년 경제학·철학 초고》에서의 마르크스가 아주 구체적인 차원에서 '인본주의적'이라는 것이다. 문제는 마르크스가 동물을 무시한 채 인간 노동자에게만 집중한다는 것이 아니다. 이와 반대로, 마르크스의 이야기에서 동물은 중심적인 역할을 한다. 문제는 마르크스가 소외 없는 인간성을 정확히 **동물성에 반대되는 것**으로 정의한다는 데 있다. 논의의 모든 단계에서, 마르크스는 인간의 소외 없는 생산이라는 비전을 정확히 동물성을 초월하거나 벗어나는 것으로서 정의한다. 표 3은 마르크스가 인간의 일을 동물의 일과 반대되는 것으로 정의하는 지속적인 경향을 보여 준다.

한마디로, 인본주의 모델은 유적 생활을 동물의 생명 활동과 정반대

표 3 마르크스가 표현한 동물의 생산 대 인간의 생산

동물	인간
"동물은 자신의 생명 활동과 즉시 하나가 되며, 생명 활동과 구별되지 않는다. 동물은 곧 **자신의 생명 활동**이다."	"인간은 자신의 생명 활동 자체를 의지와 의식의 대상으로 삼는다. 인간은 의식적으로 생명 활동을 한다. 인간은 그 결정과 자신을 즉시 동일시하지 않는다. 의식적인 생명 활동은 인간을 동물의 생명 활동과 즉시 구분해 낸다. 오직 이런 이유로 인간은 유적 존재다."
"동물은 자기 자신과 자신의 새끼에게 즉시 필요한 것만을 생산한다. 동물은 일방향으로 생산하고…."	"… 인간은 보편적으로 생산한다."
"동물은 즉각적인 육체적 필요에 지배되어 생산하고…."	"… 인간은 육체적 필요를 벗어나 자유롭게 생산하며, 자연 전체로부터 자유로운 상태에서 진실되게 생산한다."
"동물은 오직 자기 자신만을 생산하고…."	"… 인간은 자연 전체를 재생산한다."
"동물의 생산물은 동물의 육체에 즉시 속하고…."	"… 인간은 자신의 생산물을 직면할 때 자유롭다."
"동물은 오직 자신이 속한 종의 기준과 필요에 따라 만들어 내고…."	"… 인간은 그 어떤 종의 기준에 따라서도 생산할 줄 알며, 고유한 기준을 대상에 적용하는 방법도 항상 알고 있다. 그러므로 인간은 또한 아름다움의 법칙에 따라 창조한다." (Marx 1994b: 63-64)
"이 단계의 시작은 사회적 생활만큼이나 동물적이다. 그것은 단지 군중의식herd-consciousness이며, 여기에서 인간과 양sheep을 구별할 수 있는 것은 인간의 의식이 본능의 형태를 가진다는 사실, 혹은 인간의 본능이 의식적인 것이라는 사실뿐이다."	"인간은 의식, 종교 또는 당신이 좋아하는 그 어떤 것에 의해서도 동물과 구별될 수 있다. 인간은 존속 수단을 **생산**하기 시작하자마자 자기 자신을 동물과 스스로 구별하기 시작한다. … 인간은 존속 수단을 생산함으로써 자신의 물적 생활 자체는 간접적으로 생산하고 있다." (Marx 1978c: 150, -158)
"… 동물은 그 어떤 것과도 '**관계**'를 맺지 않으며, 동물은 그 어떤 관계도 맺지 않는다. 동물에게 타자와의 관계는 관계로서 존재하지 않는다."	"언어는 실천적인 의식**이다**. … 언어는 의식처럼, 오직 다른 사람과의 교류에 대한 욕구와 필요에서만 생겨난다. 언어는 관계가 존재하는 곳에서 나를 위해 존재하며…." (Marx 1978c: 158)
"코끼리가 호랑이를 위해 생산하고, 동물이 다른 동물을 위해 생산하는 일은 어디에서도 일어나지 않는다. 가령 벌집은 실제로는 단 한 마리의 벌이 만드는 것이며, 모든 벌이 그렇게 생산한다."	"한 사람의 필요가 다른 사람의 생산물로 충족될 수 있고, 다른 사람의 필요도 누군가의 생산물로 충족될 수 있다는 … 사실은 … 각 개인이 자기 자신의 특정한 필요를 넘어선다는 것을 입증하며 … 그들이 인간으로서 서로 관련되어 있다는 것, 모두가 그들 공통의 유적 존재[Gattungswesen]를 인정한다는 것을 입증한다." (Marx 1973: 243)
"거미는 방직공과 비슷한 작업을 하고, 벌집을 만드는 벌은 많은 건축가에게 부끄러움을 주며…."	"… 그러나 최악의 건축가라 해도 최고의 벌과 구별되는 점은 자신의 구조물을 현실에서 건립하기 전에 상상 속에 세워 본다는 것이다." (Marx 1978a: 344)

인 것으로 정의한다. 결과적으로 인본주의 모델이 지지하는, 소외 없는 노동이라는 비전 또한 동물의 생활과는 대조적으로 정의된다. 라인하트Rinehart의 말에 따르면, 소외 없는 노동은 "인간을 다른 모든 형태의 생명과 구별되게 하는, 분명하게 인간적인 특성을 이끌어 내고 반영한다"(Rinehart 2006: 12).

나는 이 논의의 함의가 소외된 노동에 대한 인본주의 모델을 동물에게 확장하려는 그 어떤 순간에도 치명적이라고 생각한다. 마르크스가 소외된 노동에 대한 자신의 설명을 동물에게 적용하지 않은 것은, 마치 동물이 일할 가능성에 대한 고려를 단순히 잊어버렸다든지, 동물을 간과했기 때문이 아니었음을 다시 한 번 강조할 필요가 있다. 도리어 마르크스는 동물이 일한다는 것을 인정한다. 다만, 동물이 자의식에 의해, 보편적으로, 자유롭게, 사회적으로 조직화된 방식으로 생산할 수 있다는 것을 부인할 뿐이다. 마르크스는 이렇게 말한다. "동물 또한 생산한다는 것을 확실히 하자. 벌, 비버, 개미 등등과 같이, 동물은 둥지와 집을 스스로 짓는다. 그러나 동물은 자기 자신이나 자신의 새끼에게 필요한 것만을 생산한다. 동물은 일방향으로 생산한다"(Marx 1994b: 64). 일과 노동 과정을 주제로 최신 교재를 쓴 라인하트는 다음과 같이 말한다.

다른 종들도 일을 하지만, 우리의 의식적이고 목표 지향적인 노동과는 대조적이다. 비인간 종의 노동은 대부분 학습되지 않고 자동적이며 본능에 따른다. 가령 거미들의 거미줄 치는 능력은 유전적으로 전달됐고 학습된 것이 아니지만, 이와 달리 인간의 노동은 계획 수립과 의식적인 목표를 수반한다. 한마디로 인간은 일을 개념화해서 수행하고, 이러한 정신노동과 육체

노동의 통합으로 우리 자신과 지역사회를 발전시키는 등 명확하게 구별되는 능력을 지닌다. (Rinehart 2006: 12-13)

이와 같은 인간과 동물의 구별은 서로 다른 두 가지 방식으로 마르크스의 소외 이론을 뒷받침하는데, 이를 구분해서 살펴봐야 한다. 첫 번째 방식에서는 인간의 생산력과 동물의 생산력이 직접적으로 대립한다. 두 번째 방식에서는 개인 안에서 (동물 같다고 이해되는) '자연적인 힘'과 (명백히 인간적이라 이해되는) '유적인 힘'이 보다 간접적으로 대립한다. 그러나 두 방식 모두 소외 이론을 동물에게 확장할 가능성을 약화시킨다.

먼저 인간과 동물 사이의 직접적인 대립은 마르크스가 전념하는 **종차**differentia specifica라는 발상에서 비롯한다. 종차 학설은 인간을 다른 종과 구별해 주는 어떤 것이 인간에게 가장 본질적인 것이라고 본다. 그게 무엇이든 인간에게 고유하고 특유한 것에는 최고의 가치를, 동물과 공유하는 것으로 보이는 것에는 낮은 가치를 부여한다. 존 엘스터Jon Elster는 마르크스의 종차를 다음과 같이 요약한다. "마르크스는 ① 자의식, ② 의도성, ③ 언어, ④ 도구 사용, ⑤ 도구 제작, ⑥ 협동에 근거해 인간을 다른 동물과 구별한다"(Elster 1985: 62). 보통 마르크스는 이런 차이들을 과장한다는 이유로 비판받는다. 그러나 바로 이 차이성differentia **때문에** 동물과 인간이 노동에 내재된 그 어떤 가치도 공유할 수 있다는 사실이 부인된다는 점을 인정해야 한다. 어떤 일이 인간의 본질에 포함되려면, 즉 유적 존재의 일부분이 되려면, 그 일은 인간에게 고유하거나 특유해야 한다. 만약 우리의 생산력이 동물의 생산력과 연속된다면 노동은 더 이상 우리의 '분명하게 인간적인' 능력을 개발하거나 고유한 유적 '본질'

을 표현하는 현장이 될 수 없다. 차이성 학설은 인간의 생산력과 동물의 생산력이 근본적으로 불연속적이라는 사실을 확립할 것을 요구한다.

소외 이론을 동물에게 확장하려면 우선 차이성을 포기하고, 다양한 형태와 차원의 노동이 인간인 우리에게 특유하고 고유한 것이 아니더라도 가치를 지닌다는 점을 직접적으로 주장해야 한다. 윌 킴리카는 다음과 같이 지적한다.

> (마르크스는) 자유로운 협동 생산(즉, 유적 생활)이 우리를 다른 종과 구별해 주고 우리를 **인간으로** 정의해 주기 때문에, 이것이 인간 특유의 우수성이라고 주장했다. 그러나 이처럼 '차이성'을 주장하는 추론은 불합리하다. … 다른 동물들이 생산노동에서 인간과 동일한 능력을 가지는지 여부는, 우리의 삶에서 그 능력이 어떤 가치를 가지는지 질문하는 것과 아무런 관련이 없다. 우리에게 가장 중요한 능력이 다른 동물들과는 가장 동떨어진 능력일 것이라 생각할 이유는 없다. (Kymlicka 2002: 193)

데이비드 레오폴드David Leopold는 킴리카의 주장에 동의하며, "여러 종들의 종차와 인간 번영에서 어떤 특정한 측면이 갖는 중요성을 결부시키려는 것은 잘못이다"(Leopold 2009: 225)라고 말한다.

레오폴드에 따르면, 마르크스의 종차 개념을 폐기한다고 해서 소외 없는 노동에 대한 그의 비전까지 폐기할 필요는 없다. "마르크스 자신이 무엇을 생각했든, 그의 설명이 종차에 의지하거나 종차로 뒷받침되지는 않"기 때문이다(Leopold 2009: 226). 가령 레오폴드는 만약 우리가 생산 활동에 체계적으로 종사하는 외계 종을 발견하더라도 "인류에게

있어 일을 수행하는 것의 중요성이 … 그런 발견으로 인해 줄어들 이유
는 없다"라고 주장한다(Leopold 2009: 225-226). 레오폴드의 견해에 따르
면, '인간 특유의' 것에 대한 논의는 단지 수사학적 미사여구에 불과하
며 이를 포기하더라도 소외 없는 노동에 대한 마르크스 설명의 실체가
달라지지는 않는다.

그러나 실제로 인간과 동물의 대립 구도는 인본주의 모델에서 "근본
적이고 구조화하는 역할"을 수행한다(Benton 1993: 33). 이는 인간과 동
물의 구별이 마르크스의 설명에서 수행하는 두 번째 역할, 즉 **개인 안에
서의** 구별을 살펴볼 때 가장 분명하게 드러난다.

인간의 유적 생활과 동물의 고정된 생명 활동을 구별하는 데 기반이
되는 것은 바로 '유적인 힘'과 '자연적인 힘'의 구별이며, 마르크스는 이
를 '감각'의 측면에서 설명하기도 한다(Ollman 1976: 82-84). 마르크스의
설명을 요약하자면, 자연적인 힘은 존속("먹기, 마시기"), 온기와 주거지
("난방, 의류, 주택"), 성적 활동("출산", "**자연적인** 유적 관계로서의 **남성과 여성의
관계**")(Marx 1994b: 62-63, 70), 기본적인 위생("가장 단순한 **동물적** 청결"), 움직
임("돌아다니기", "신체적 **운동**"), 건강에 도움이 되는 환경("신선한 공기", "**채광**
이 있는 집")(Marx 1988: 117-118) 등을 위한 것이다. 이와 대조적으로, 유적
인 힘은 미적 쾌락("음악을 듣는 귀, 형태적 아름다움을 보는 눈"), 예술적 표현
("노래 부르기, 그림 그리기"), 문화("극장에 가기", "여행하기"), 감정적이고 도덕
적인 충족("의지 실현하기, 사랑하기"), 지적 활동("독서", "이론화", "학습"), 오락
("음주", "펜싱", "댄스홀에 가기")(Marx 1988: 108-109, 118-119) 등을 포함한다.

마르크스는 인간화된 본성을 통해서 오감을 형성하고 정제한다는
측면에서 유적인 힘을 이해한다. 그러나 그 감각들은 '조야한 현실적

인 욕구'에 종속돼 제한된 형태로만 존재한다. 즉, "굶주린 사람에게 음식은 인간적인 형태가 아니라, 단지 음식이라는 추상적인 성격을 가진 것으로만 존재한다. 음식은 가장 조야한 형태로 이용될 수 있으며, 이때 굶주린 인간의 식사가 **동물**의 식사와 어떤 점에서 다른지 말할 수 없다"(Marx 1994b: 75).

그러므로 마르크스에 따르면, 소외는 욕구의 순서를 전도시킨다. 이때 노동자는 "오직 자신의 동물적인 기능, 즉 먹기, 마시기, 출산하기를 통해, 혹은 기껏해야 거주지나 화려한 옷차림을 통해서만 자유롭게 행동하고 있다고 느끼는 반면, 인간적 기능에서는 자신이 동물 같다고 느낀다. 동물적인 것은 인간적인 것이 되고, 인간적인 것은 동물적인 것이 된다"(Marx 1994b: 62).

인본주의적 설명에 따르면, 소외를 극복하는 것은 동물적 기능을 인간적 기능으로 전환하는 것, 즉 자연적인 힘을 유적인 힘으로 전환하는 것을 수반한다. 마르크스는 "먹고 마시고 출산하는 것이 진정한 인간적 기능"임을 인정하면서도 "인간 활동의 나머지 영역으로부터(즉, 개인들의 유적 생활로부터) 분리되어 최종적이고 유일한 목적으로 변해 버린 것이 바로 동물적 기능"이라고 주장한다(Marx 1994b: 62). 베르텔 올만Bertell Ollman은 다음과 같이 말한다.

만약 우리가 자연적인 힘과 유적인 힘, 둘 중 하나를 다른 하나 없이 생각하려고 한다면 그 둘은 명확하게 구별된다. 우리가 모든 동물에게서 매일 보는 자연적인 힘에 대해서는 유적인 힘 없이 생각하기 쉽다. 자연적인 힘은 인간적 속성이 결여된 삶의 과정이다. 그러나 자연적인 힘 없이, 인간이 모든 생명체와 공유하는 자질 없이 존재하는 유적인 힘은 생각할 수 없다. …
자연과 그 어떤 관계도 맺지 않은 인간은 관계가 결여된 공허함이며, 자연
과 그 어떤 특별히 인간적 관계도 맺지 않은 인간은 동물일 뿐이다. … 만약
자연적인 힘이 삶 자체를 지속시키는 틀을 확립하는 것이라 볼 수 있다면,
유적인 힘은 다른 모든 존재와 구별되는 인간이 그 틀 안에서 영위하는 일
종의 삶을 나타낸다. (Ollman 1976: 83)

한마디로, 인본주의적 설명은 인간과 동물이 자연적인 힘을 공유한다
는 것을 인정하면서도, 동물의 기능과 인간의 기능이 정말 극명하게
대립하는지에 대해서는 의심해 보지 않는다. 오히려 자연적인 힘과
유적인 힘의 관계는 정확히 인간과 동물의 차이를 **강조**하기 위해 배
치된다.

각 개인 안에서 자연적인 힘과 유적인 힘을 구별하는 일 그리고 동물
적 기능을 인간적 기능으로 전환해야 할 책임은 우리에게 더 큰 책무를
부여한다. 그것은 우리가 놓인 자연 환경을 '인간화된' 환경으로 전환
해야 할 책무다. 마르크스에게 유적 생활은 단지 유類에 속하는 것에 대
한 문제가 아니며, 우리가 자연에 역사적으로, 실천적으로 개입해 온 결
과다. 마르크스에 따르면 인간의 번영에는 "욕구를 세련됨과 정교함이
라는 새로운 영역으로 발전시킴으로써 … 기본적인 욕구를 충족하는
과정을 인간 능력에 내재된 풍요로움을 확인하는 과정으로 전환시키는
것"이 포함된다(Mulhall 1998: 20). 그러나 이러한 능력과 욕구는 사회 구
조와 문화의 인간화가 이뤄져 온 공동의 매트릭스 안에서만 전면적으
로 발전할 수 있다. 스티븐 멀홀Stephen Mulhall은 다음과 같은 예를 제시한

다. "와인 감정에는 포도나무 재배가 필요하고, 미적 평가에는 인간 형상의 물체가 필요하며, 근대적 생산 과정에는 기계가 필요하다. 이처럼 적절하게 개발된 대상이 없다면 인간 특유의 욕구를 실현하는 것은 불가능하다"(Mulhall 1998: 21).

마르크스에 따르면 "인간의 모든 감각과 재능의 완전한 해방"은 "이런 감각과 재능이 주관적으로, 또 객관적으로 **인간화**되어 왔다"는 사실에 달려 있다(Marx 1994b: 74). 이는 "오감의 **발달**은 이 세계의 전 역사에 걸쳐 이뤄진 노동"이라는 마르크스의 놀라운 주장을 설명해 준다(Marx 1994b: 75). 또한, 자연의 인간화는 인간 본성이 두 번째 방식으로 발전하기 위한 조건이기도 하다. 자연의 인간화는 인간의 능력을 발휘하고 발전시키기 위해서뿐 아니라 **형성**하기 위해서도 필요하다. 인간이 굶주림과 욕망에 직면한다면, 사회적 능력은 있다 하더라도 '오직 **협소한** 의미'만을 가진다. 이에 따라 "사회적 인간이 가진 **감각**은 비사회적 인간의 감각과는 다르다. 인간 본성이 객관적으로 풍부해질 때에만 **인간적인** 주관적 감성이 풍부해지거나 더욱 고양된다"(Marx 1994b: 75). 간단히 말해서, 인간의 능력을 형성하고 발휘하는 데에는 이를 매개하는 공동의 유대 구조 및 양식뿐 아니라 사회적으로 인간화된 본성이 필요하다.

비록 개인들이 사회 구조를 보존하고 발전시키는 데 직접 기여하지 않더라도 "그들 활동의 상당 부분은 다른 사회 구성원들이 필요로 하는 것을 생산함으로써 그 사회를 존속시키는 결과를 낳는다"(Mulhall 1998: 24). 개인적인 생산은 전체로서의 사회가 필요로 하고 원하는 것을 향할 뿐 아니라, 앞에서 살펴봤듯이 생산자들 또한 다른 사람들이 제공하는 재화와 서비스의 매트릭스에 의지한다. 그러므로 개인이 이용할 수 있으며 개인이 **생산하는** 풍부한 자원은 그 본질에 있어 언제나 **사회적**이며, 개인의 생산 과정은 전체로서의 사회를 (재)생산한다. 따라서 마르크스에게 산업은 "인간의 **본질적인 힘**을 보여 주는 열린 책"이다 (Marx 1994b: 76). 벤턴은 자연에 대한 인간화의 역사가 의미하는 바를 다음과 같이 요약한다.

> 인간 종 특유의 이 역사적 발전은 자연에 대한 우리의 변형력이 증대돼 온 과정에 있으며, 이 발전은 자연에 대한 잔여물 없는 '인간화', 우리 자신과 자연 모두에 대한 (그 둘의 통합으로 나아가는) 지식의 증대, '감각의 인간화'에 해당하는 감각력의 변형 그리고 욕망 구조의 변화에 이른다. (Benton 1993: 32)

여기에서 우리는 유적 존재가 역사적으로 발전하는 과정에서 인간과 동물의 구별이 세 가지 형태로 이뤄진다는 것을 확인할 수 있다. ① 동물은 역사적 발전의 초기 단계와 관련된다. ② 역사의 연속체에서 더 앞에 위치할수록 더 동물스럽다animal-like. ③ 동물은 유적 생활의 완전한 실현을 특징으로 하는 역사적 초월 능력을 결여한다. 이를 고려한다면, 인본주의 모델이 조금이라도 동물에게 확장될 수 있는 것인지 알기 어렵다. 인본주의 모델에서 번영을 말할 때 등장하는 역사적인 유적 잠재력이 동물과 직접적으로 대립할 뿐 아니라 동물성을 부정함으로써 구축되기 때문이다.

이는 레오폴드의 주장과 달리, 소외에 대한 마르크스의 설명에서 차이성은 단순히 수사학적 미사여구가 아니며 사실상 핵심이라는 것을 시사한다. 재기Jaeggi가 말하듯 "마르크스에게 노동, 즉 소외 없는 노동은 인간의 본질적인 특성으로 간주된다. 어떤 이를 동물과 구별되는 인간으로 만드는 것은 사회적 협동을 통해 자기 자신과 세계를 의식적으로 형성할 수 있는 능력이다"(Jaeggi 2014: 14). 이처럼 인간과 동물의 차별화를 호소하지 않는다면, 또 이와 관련하여 자연적인 힘과 유적인 힘을 구별하지 않는다면, 소외에 대한 인본주의적 설명은 공중에 붕 떠 버릴 것이다. 이어서 살펴보겠지만, 만약 우리가 종 차별화를 주장하지 않으면서 차이성을 버리고 노동의 다양한 형태와 차원을 저마다의 측면에서 평가한다면, 결국 우리는 소외를 매우 다른 방식으로 설명하게 될 가능성이 크다. 나는 (재기를 따라서) 이런 방식을 '전유' 모델이라 부를 것이다.

그러나 바로 대안으로 넘어가기 전에, 인본주의 모델의 두 가지 함의가 어떻게 그 모델이 동물노동을 사유하는 틀로서 갖는 가능성을 약화시키는지 살펴보고자 한다. 첫째, 마르크스는 동물의 비非역사적인 자연적 생산과 인간의 역사적인 사회적 생산을 대조함으로써 동물이 우리의 사회적 삶과 사회 진보의 일부분일 가능성을 근본적으로 배제한다. 마르크스에게 사회는 오로지 인간의 산물이자 성취다. 마르크스는 개인이 유적 존재로서 "자기만의 종을 만든다"라고 말하면서(Marx 1994b: 62), 이 과정은 그가 '**사회** 기관social organs'이라 부르는 것에 의존한다고 강조한다. 이때 사회 기관은 사회 구조 또는 유적 자질을 의미하는데, 개인이 인간으로서 지닌 힘과 능력을 발휘하고 발전시킬 때 활용하는 협력 노동의 전全 역사를 포함한다(Marx 1994b: 74). 이런 사회 기관은 우리의 종차가 실제로 구현된 것처럼 보인다. 그러나 차이성을 이론적으로 옹호할 수 없는 것처럼, 이런 '사회 기관'과 유적 자질 역시 순수하게 인간 활동의 산물이 아니며 그랬던 적 또한 없다. 켄드라 콜터가 동물노동에 대한 논의에서 지적했듯이 "인간 진화의 세계적 초상은 엄청난 다양성을 포함하지만 … 동물 개입의 보편성은 주목할 가치가 있다. 동물은 지구상의 모든 인간 사회와 생산 양식이 만들어질 때 중심에 있었다"(Coulter 2016: 5). 동물들은 그들의 환경을 생산, 변형, 형성하기 위해 언제나 인간의 곁에서 일해 왔을 뿐 아니라 "사회적 협동의 기본 체계, 즉 경제, 여가 양식, 교육 형태, 과학 등에 있어 중심이었다" (Kymlicka and Donaldson 2016: 695).[5]

사회 기관을 이종 간의 역사적, 사회적 과정의 산물로 생각하는 것은 소외 이론을 동물에게 확장해야 할 책무를 분명하게 만든다. 동물로부터 획득한 비가시적인 노동은 인식되지 않을 뿐 아니라, 동물에게 잔혹한 공장식 축산이나 기타 동물 착취 시스템과 같이 적대적인 '사회 기관'을 재생산하는 데 사용된다. 마르크스 본인은 다음과 같이 주장하면서 이런 결론을 암시한 것으로 보인다.

> 민물고기의 '본질'은 강물이다. 그러나 강이 산업에 기여하게 되자마자, 강이 염료나 다른 폐기물로 오염되고 그 위를 증기선이 항해하게 되자마자, 강물은 물고기의 '본질'이 아니게 되며 더 이상 물고기의 존재에 적합한 수

---

5 모든 마르크스주의자가 노동의 역사에 대한 동물의 기여를 알고자 하지 않은 것은 아니다. 가령 터키의 공산주의자 시인, 나짐 히크메트Nazim Hikmet는 그의 시 〈이브라힘 발라반의 그림 '봄'에 대하여On Ibrahim Balaban's Painting 'Spring'〉를 다음과 같은 심상으로 끝맺는다. "여기 쟁기질한 흙, / 여기 사람이 있다 / 그는 바위와 산, 새와 짐승의 주인 / 여기 그의 샌들, 천조각을 덧댄 바지가 있다 / 여기 쟁기, / 여기 소들이 있고, 슬프게도 엉덩이가 끔찍하게 뒤덮였다 / 상처들로"(Hikmet 2002: 128).

단이 아니게 된다. 강물이 운하로 흘러들어가면, 물고기는 단지 배수로 때문에 자신의 생존 수단을 박탈당한다. (Marx 1994: 128)

불행히도 인본주의 모델의 중심에 놓인 인간과 동물의 구별로 인해, 이종 간의 사회적 관계에서 발생하는 소외를 이론화하려는 그 어떤 시도도 불가능해진다.

인본주의 모델의 두 번째 함의는 가차없는 '생산주의productivism'다(Sayers 2011: 33). 우리가 살펴본 것처럼 마르크스에게 일은 주로 물질적 생산의 측면에서 정의된다. 노동을 이처럼 좁게 이해하면 콜터가 조사한 동물노동, 즉 생계형 노동에서 돌봄 노동에 이르는 다채로운 형태의 동물노동을 개념화할 여지가 거의 남지 않는다(Coulter 2016). 이는 마르크스의 노동 모델에 대한 페미니즘의 비판에서도 익히 다뤄져 온 문제다. 페미니즘은 마르크스 모델이 전통적으로 여성의 일이었던 사회적 재생산을 무시하거나 폄하하는 반면, 전통적으로 남성의 일이었던 물질적 생산에는 지나치게 주목한다는 점에서 비판을 제기한다. 이런 비판은 동물의 경우에 훨씬 강도 높게 이뤄진다.

한마디로 인본주의 모델은 다양한 이유로 실패한다. 인본주의 모델은 인간과 동물의 구별을 중심으로 구축되며, 이때의 구별은 ① 인간과 동물의 생산 활동 사이에 급격한 불연속성을 전제하고, ② 다름 아닌 동물성과의 거리를 측정해서 일을 평가하고(일에 동물이 개입하는지 또는 동물적인 힘이 들어가는지), ③ 우리 사회에서 동물이 수행하는 일의 범위와 '사회 기관'의 생산에 동물이 기여하는 바를 포착하는 데 실패하고, ④ 소외 없는 동물노동을 해방적으로 구상하는 데 실패한다. 나는 다음 절에서 설명할 소외의 '전유' 모델이 이러한 문제에 대한 해법을 제공한다고 주장할 것이다.

그러나 이것이 정확한 분석이라면 의문점이 생긴다. 왜 그렇게 많은 이론가들이 마르크스의 설명을 동물에게도 적용할 수 있다고 생각했는가? 앞서 살펴봤듯이 결국 다양한 저자들이 마르크스의 설명을 동물에게 적용할 때 '이론적이고 현실적인 문제들'이 생긴다는 것을 선뜻 인정한다(Gunderson 2011: 266). 그럼에도 왜 그들은 이 방식을 고수하는가? 아마도 일정 부분은 그들이 소외를 설명할 때 의지할 수 있는 대안이 거의 없었기 때문일 것이다. 그러나 한편으로 이론가들은 유적 존재에 대한 마르크스의 생각을 재해석하고 개선할 수 있기를 기대해 왔다.

건더슨이 제안한 하나의 가능성 있는 해법은 다수의 동물학자에게 채택됐다. 그것은 "인간이 개입한 환경에서 어떤 종이 보이는 행동과 비교하여 … 그 종이 자연에서 보이는 행동"을 동물이 영위하는 유적 생활의 내용으로 '간주하는' 것이다(Gunderson 2011: 266). 이 해법은 벤턴(1993)이 비환원적 자연주의nonreductive naturalism를 옹호하려고 할 때 채택됐으며, 또한 디킨스Dickens(1996)와 스튜어트 등(2012)이 젖소를 대상으로 유적 존재로부터의 소외를 분석할 때 채택되기도 했다.

벤턴은 각 종마다 특유의 유적 생활이 있다고 주장하는데, 그것은 생물체들이 단순한 유기체적 생존을 넘어 자신의 본질적인 힘을 확인하거나 드러내는 삶의 양식을 말한다. 벤턴에 따르면, 이러한 '번영의 조건들'은 종마다 다를 것이며 상당 부분 동물행동학과 생태학이라는 과학에 의해 경험적으로 결정된다(Benton 1993: 47). 사유재산이라는 제도 하에서 이 조건들은 모두 왜곡되거나 부정되며, 결과적으로 병적인 삶의 양식이 초래된다.

디킨스에 따르면 동물들에게는 "일생 동안 그들의 성장과 발전을 지속시키며 그것에 영향을 미치는 유적 존재 또는 자연적 존재, 내부 구조와 힘이 있다고 볼 수 있다"(Dickens 1996: 62). 자본주의의 전문화된 노동 분업에서 동물들의 유적 존재와 자연적 존재는 "분해된 전체disaggregate wholes로 취급되어" 끔찍한 결과를 초래한다(Dickens 1996: 63).

마지막으로 스튜어트 등은 "인류가 만들어 낸 제약이 없는 상태에서 젖소가 갖는 고유한 본성, 더 간단하게 말하자면 인간의 착취에서 자유로운 젖소가 갖는 본성을 설명하기 위해" 유적 존재라는 용어를 사용한다. 그들은 이것이 유적 존재에 대한 마르크스의 고전적인 정의, 즉 '분명하게 인간적인 것을 의미'하는 것으로서의 유적 존재와 일치하지 않는다는 점을 인정한다. 그러나 그들은 벤턴과 디킨스가 "비인간 동물이 가진 종 특유의 능력과 욕구가 무엇인지, 또 자본주의라는 조건하에서 동물의 생명 활동('종 특성')이 어떻게 왜곡되고 저해되는지를 인식하는 것이 타당하다"라고 주장하는 것에 동의한다(Stuart et al. 2012: 207).

사실상 이 전략은 각 동물 종에게 고유한 차이가 있다고 주장함으로써 인간의 종차를 주장하는 마르크스에 대응하는 것이라 볼 수 있다. 만약 분명하게 인간적인 생산 방식이 있고 인간이 그것에서 소외될 수 있다면, 분명하게 돼지적이거나 닭적인 생산 방식이 있고 그 동물들 또한 그것에서 소외될 수 있을 것이다. 그러나 이 제안의 주된 문제는 '인간이 중재하는 환경'과는 무관하게 존재하는, 이른바 종 특유의 어떤 본질을 구체화하는 경향이 있다는 것이다. 이런 접근법은 여러 세대에 걸쳐 인간의 곁에서 살고 일하도록 사육된 가축들에게, 또는 여러 세대에 걸쳐 인간의 환경에 적응해 온 경계에 놓인 수많은 동물에게 유용하지 않다. 이 동물들에게 선善은 이종 간의 협력적 노동에 필요한 힘을 포함하여, 그들이 야생에서 갖는 종 특유의 힘이나 능력과는 상당히 다른 힘과 능력을 발전시키는 데 있을지도 모른다. 이처럼 나름의 방식으로 동물의 종차에 호소하는 것은 마르크스가 인간과 동물 사이의 불연속성을 과장하고 우리의 '사회 기관'이 이종 간의 관계를 통해 구축돼 왔다는 사실을 무시한다는 문제점을 단순히 반복한다.

종 전형적이고 자연적인 행동에 호소하는 것은 개별 동물의 선이 종 전형적인 기준에서 벗어날 수 있다는 점에 주목하지 않는다는 측면에서도 위험하다. 아마도 개별 동물은 새로운 형태의 이종 간 협력을 포함하여 새로운 생산력을 발전시키고 싶어할지도 모른다. 새로운 활동이 '자연적'이지 않다는 사실 자체가 그 활동의 가치를 결정하는 것은 아니다. 알라스데어 코크런이 지적하듯이 이 접근법은 "믿기 어려울 만큼 완벽주의적으로 동물복지를 이해하며 어떤 이상적인 '자연적' 기준에 따라 동물의 선을 평가한다." 어떤 종에게 자연적이라고 간주할 수 있는 다수의 조건, 가령 부상, 굶주림, 질병과 같은 조건이 동물복지를 향상시키는 것은 아니며, 이와 반대로 자연적이라고 볼 수 없는 다수의 개입이 동물복지를 향상시키기도 한다(Cochrane 2016: 21).

유적 존재라는 개념의 본질적인 문제가 주어졌을 때, 일부 논평가들은 그 개념을 개선하려고 시도하기보다는 단순히 포기하며 소외 이론을 다른 세 가지 측면으로만 제한하려는 경향을 보인다. 그러나 내가 말했듯이 유적 존재라는 개념을 폐기하려는 시도는 그 어떤 것도 소외 이론의 동기를 상실시킨다. 결국, 노동자를 노동의 산물에서 분리하는

것이 애초에 왜 중요한 문제로 다뤄져야 하는가? 유적 존재라는 개념
은 인본주의 모델의 지지자들에게 명확한 답을 제시한다. 바로 그런 소
외가 우리 자신과 우리의 인간화된 세계를 자유롭고 자의식적으로 창
조할 수 있는 힘과 능력, 즉 분명하게 인간적인 힘과 능력을 좌절시키기
때문이다. 만약 유적 존재라는 개념이 없다면 인본주의 모델은 소외된
노동의 처음 세 가지 측면이 왜 중요한지 설명할 수 없으며, 소외 없는
노동을 통한 번영에 대해서도 만족스러운 설명을 제공할 수 없다. 유적
존재라는 개념은 인본주의 모델에서 필수적이지만, 궁극적으로는 옹호
할 수 없는 역할을 한다. 그렇다면 대안은 무엇인가? 이제 다음 논의로
넘어가 보자.

한계를 극복하는 전유 모델

마르크스는 헤겔을 따라 노동을 "인간과 자연이 모두 참여하는 과정
이자, 인간이 자연의 생산물을 자신이 원하는 형태로 개조하여 전유하
기 위해 자기 육체의 자연력을 이용함으로써 자신의 힘 중 하나인 자연
에 대항하는 과정"으로 정의한다(Marx 1978a: 344). 그러므로 우리는 노
동이나 일을 넓게는 '세계의 변화를 일으키기 위해 고안된 의도적 활동'
으로 정의할 수 있다(Sayers 2011: 33).

헤겔과 마르크스는 노동 과정을 본질적인 힘과 능력의 외부화 및 객
관화로 간주하고 있다. 이는 물질적이고 사회적인 측면을 지닌다. 우리
는 자신의 생산물을 통해 자기 자신을 객관화함으로써 스스로의 의지,

목표, 능력을 현실적이고 객관적인 것으로 인식하게 되는데, 이는 그것 들이 노동을 통해 물질화되기 때문이다. 동시에 우리는 자연 세계를 변 형시킴으로써 그 세계 안에서 편안함을 느끼게 되는데, 이는 우리의 노 동 생산물이나 세계와 각각 관련될 뿐 아니라 세계 안의 노동 생산물과 도 관련이 있다. 헤겔에 따르면 노동자는 "어떻게 환경이 자신을 만족 시킬 수 있는지, 또 어떻게 환경이 자신에 맞서서 어떠한 독립의 힘도 보존할 수 없는지를 보여 줌으로써 자신의 환경을 인간화한다. 노동자 는 오직 이런 효과적인 활동을 통해서만 더 이상 그저 일반적인 존재가 아니게 되며 … 실제로 자신을 의식하고 자신의 환경에서 편안함을 느 낀다"(Hegel 1975: 256). "(노동자는) 외부 세계에 영향을 미치고 그것을 변 화시킴으로써 동시에 자신의 본성을 변화시킨다"(Marx 1978a: 344). 노동 자가 이를 행하는 것은 "자유로운 주체로서 외부 세계의 경직된 이질성 을 벗겨내고, 사물들의 형태에서 오직 자신의 외부 실현만을 향유하기 위함이다"(Hegel 1975: 31).

라헬 재기Rahel Jaeggi는 전유 모델을 다음과 같이 설명한다.

인간은 각각의 행동에서 **자신**과 자신의 **세계**를 생산한다. 인간은 세계를 생 산할 때 자신을 생산하며, 또 자신을 생산할 때 세계를 생산한다. 그리고 이 과정이 성공적인 한 인간은 객관적인 세계와 자기 자신을 스스로의 것으로 만든다. 즉, 인간은 자신의 활동과 생산물에서 **자신**(자신의 의지와 능력)을 인 식하며, 자신의 생산물과의 관계를 통해 자신을 발견한다. 따라서 인간은 자신의 활동에 따른 생산물로서의 세계와 적절한 관계를 맺음으로써 스스 로를 실현한다. (Jaeggi 2014: 14)

전유라는 개념은 무언가를 수동적으로 취하는 것이 아니라 능동적으로 변형시키고 동화시키는 실천praxis의 한 형태를 의미하며, 이때 전유되는 것과 전유하는 자는 모두 변화한다. 따라서 "전유란 자신과 세계의 관계를 확립하는 방법이자 자신과 세계를 대하는 방법을 말한다"(Jaeggi 2014: 36). 그러므로 우리는 소외의 극복을 (인간의 경우든 아니든) 본질주의적 관점에서 잃어버린 본성을 회복하는 것으로 이해할 수 없고, 진정한 본질이나 종 특유의 능력을 실현하는 것으로 이해할 수도 없으며, 목적론적 관점에서 완수 가능한 역사적 과정으로 이해할 수도 없다. 그 대신 소외의 극복은 성공적인 또는 어떠한 방해도 없는 전유 행위로 이해돼야 한다.

우리는 전유의 **내용**('무엇에' 의지가 행사되는지)에서 전유의 **형태**('어떻게' 의지가 행사되는지)로 초점을 전환하자고 동물학자들에게 직접적으로 호소해야 한다. 전유는 특별히 무언가에 의지를 행사하는 것이 아니라, 자유롭게 자기결정 하는 방식으로 자신의 자아와 세계에 의지를 행사하며 전유하는 능력에 대한 것이기 때문이다. 이런 견해에 따르면, 소외 없는 삶이란

특정한 실질적인 가치를 실현하는 삶이 아니라 특정한 방식, 즉 소외되지 않는 방식으로 사는 삶이다. 모두가 자기만의 삶을 살 수 있어야 한다는 믿음은 더 이상 소외 이론 프로젝트와 대립하지 않는다. 오히려 소외를 부르는 방해물이 없는 것 그리고 그런 방해물 없이 자신과 세계를 전유할 수 있는 것이 자유 및 자기결정의 조건이다. (Jaeggi 2014: 36)

전유의 내용에서 벗어나면 인본주의 모델을 괴롭혔던 인간중심주의, 본질주의, 완벽주의라는 혐의가 무효화되며, 다음과 같은 주요 질문이 남는다. 어떤 물질적 조건, 사회경제적 구조, 이념적 제도 등이 동물로 하여금 그들의 환경을 성공적으로 전유하지 못하게 하는가? 동물의 전유 행위가 방해되거나 아예 배제되는 한, 삶은 병적인 양식을 갖게 된다.

물론 인간과 동물의 구별은 전유 모델에 대한 헤겔적인 마르크스주의의 정식화에서도 여전히 동일하게 등장한다. 가령 마르크스는 전유 행위를 노동자가 "자신의 잠들어 있는 힘을 발전시키고 그 힘이 자신의 명령에 복종하여 (자연에) 작용하게 만드는" 것으로 설명하는데, 그 바로 뒤에 다음과 같은 주장이 따른다. "우리는 이제 그저 동물을 연상시키는 원시적이고 본능적인 형태의 노동을 다루지 않는다. … 우리는 독점적으로 인간적인 형태의 노동을 상정한다"(Marx 1978a: 344). 그러나 이제 우리는 동물노동, 인간과 동물 간 추정되는 구별 그리고 욕구의 본질 등에 관한 물음을 다룰 때 소외 이론을 약화시킬 위험에 빠지지 않으면서도, 다른 어떤 학문 분야보다 생태학, 동물행동학, 노동학, 고인류학, 사회생물학 등을 참고해야 할 입장에 있다(Ingold 1983; Elster 1985: 62-68; Benton 1993: 34-69; Noske 1997: 80-170; Wilde 2000; Hribal 2003, 2010; Coulter 2016). 인간과 동물의 구별에 대한 거부는 인본주의 모델의 유적 존재라는 개념을 무너뜨렸으며, 이와 동시에 소외된 노동을 설명하게 하는 가장 중요한 동기 또한 무너졌다.

이와는 대조적으로 전유 모델은 전유의 형태와만 관련된다. 일단 동물도 자신의 외부 환경을 전유한다는 점이 드러나면, 무엇이 전유되는지 그 내용에는 무관심하다. 대신 동물의 행위성, 욕망, 욕구, 바람 그리

고 동물이 자신의 환경을 전유하는 다양한 방식에 대한 탐구가 중요해
지는데, 이는 동물의 전유 행위가 성공하지 못하거나 방해받으면 (동물
의 욕망, 욕구, 바람이 좌절되어) 동물이 자기 자신과 세계, 타자들로부터 소
외되기 때문이다. 인간과 동물의 구별을 반대하는 것은 일각에서 우려
하듯이 결코 소외 이론을 약화시키지 않는다. 다만 위와 같은 탐구를
더 중요하게 만들 뿐이다.

그러나 전유 모델은 동물들을 단지 종의 일원으로만 바라보는 관점
을 배제한다. 그런 관점에서 동물은 종이 가진 엄격한 기준에 따라 세
계를 부분적으로 전유하며, 생명 활동과 동물적 기능에만 고정되고, 역
사와 관계없이 자연의 영역으로 완전히 추방된다.

또한 전유 모델은 인본주의 모델의 한계를 다른 방식으로도 극복하
는 데 성공한다. 앞서 살펴본 바와 같이 인본주의 모델은 '물질적 산물
을 만들어 내는 일을 모든 일에 대한 패러다임으로 간주'함으로써 노동
을 협소하게 이해하게 돼 어려움을 겪으며 '생산주의'라는 혐의를 받게
된다(Sayers 2011: 33). 동물은 광범위한 일을 행하므로 인본주의 모델을
적용하면 노동의 무수한 형태를 포착하는 데 실패하게 된다. 헤겔에 따
르면, 이와 대조적으로 전유 모델은

이 다양한 종류의 일이 공통적으로 물질에 형태를 준다는 점에서, 모든 일
을 형태를 부여하는form-giving 활동으로 취급한다. 공예와 제조처럼 물질적
인 산물을 만들어 내는 '생산주의적' 유형의 일들은 특별한 노동으로 간주되
지만, 헤겔은 꽤나 분명하게 모든 일을 이 모델에 동화시키려고 하지 않는
다. 이와 반대로 헤겔은 일이 매우 다양한 형태를 취할 수 있다는 점을 강조

한다. 일의 결과가 꼭 물질적인 산물일 필요는 없으며, 일은 대상을 보존하기 위해, 동물이나 사람의 특성을 바꾸기 위해, 사회적 관계를 변화시키기 위해, 혹은 그 외 목적을 위해서도 이뤄질 수 있다. (Sayers 2011: 35)

헤겔적 마르크스주의 언어의 단호한 어조에 따라, 전유 행위는 외부 세계를 우리의 의지에 굴복시키려는 프로메테우스식 노력으로 쉽게 묘사돼 버릴 수 있다. 또 자연, 타자에 대한 우리의 의존성과 관계, 관계성·사회성·상호주관성에 대한 요구 등이 거의 고려되지 않은 채 노동이 정복으로 묘사될지도 모른다. 그러나 이런 묘사는 심지어 헤겔의 용어를 쓰면서도 전유 모델의 목적과 내용을 근본적으로 오해한다. 전유 모델은 동물과 인간이 이 세계에서 자신을 효과적인 존재로 경험하는 능력, 또 이 세계에서 스스로를 편안하게 만드는 능력과 관련이 있다. 헤겔은 동물과 인간이 세계와 맺는 이런 관계를 흔히 두 가지의 유용한 방식으로 특징짓는다. 즉, 이 관계는 ① 이 세계에서 자신을 '배증하거나doubling' 이중화하는duplicating 형태이자 ② 주체와 대상 간의 중재다.

　전유 모델에 따르면 인간과 동물은 모두 이 세계에서 자신을 **이중화**한다. "자연의 사물들은 단지 **즉각적**immediate이고 **단일한**single 반면, 인간은 … ① 자연의 사물들처럼 **존재**하면서도 ② 그만큼 **대자적**으로도 존재한다는 점에서 스스로를 **이중화**한다"(Hegel 1975: 31). 전유 모델은 인간과 동물의 구별을 거부하면서, 동물의 이러한 '배증' 과정을 더 탐구할 길을 열어 준다. 전유 모델이 이 세계에서 본질적인 힘과 능력이 어떻게 외부화되고 객관화되는지 설명하는 것을 들어 보면, 그 과정은 처음 보기보다 덜 수수께끼처럼 느껴진다.

그러나 소외 이론을 특별히 빛나게 하는 것은 전유 행위가 가진 두 번째 특징, 즉 주체와 대상 간의 중재라는 측면이다. 가장 먼저 언급할 점은 프로메테우스주의Prometheanism*에 대한 혐의인데, 프로메테우스주의는 그 첫 번째 정식화에서 외부 세계(대상)에 맞서는 고정된 주체를 가정한다. 그러나 이는 정확히 헤겔이 반대하는 것이다. 세이어스Sayers가 말하듯이,

> 헤겔의 가장 생산적이고 시사적인 생각 중 하나는 주체와 대상이 서로에 대한 관계 안에서 변화하고 발전한다는 것이다. 따라서 헤겔은 고정되고 정해진 주체가 분리된 별개의 외부 세계에 맞선다는 계몽주의적 생각에 의문을 던진다. 주체의 활동이 발전하듯이, 그 주체가 관계 맺는 대상도 마찬가지로 발전하고 변화한다. 헤겔의 노동에 대한 설명은 이런 원리에 따라 조직화된다. (Sayers 2011: 35)

더 중요한 것은, 세이어스에 따르면 헤겔은 "다양한 종류의 노동을 주체와 대상(자연)이 다양한 형태로 관계 맺는 것이라 이해하며 … 다양한 형태의 노동은 주체와 대상 간에 이루어지는 중재의 정도에 따라 오름차순으로 배열된다"(Sayers 2011: 35-36). 이에 따라 동물노동은 한편에는 소외된 노동이, 다른 한편에는 자유롭고 창조적인 실천이 있는 연속체

---

*그리스 신화에 등장하는 프로메테우스는 불을 훔쳐 인간에게 주고, 인간에게 문명을 가르친다. 프로메테우스주의에서 자연은 인간의 필요와 이익에 의해 결정되는 자원으로 여겨지며, 인간은 자연을 정복하고 굴복시킴으로써 원하는 것을 얻는다. 이때 주체와 대상은 고정된 존재다. 인간과 자연은 관계 속에서 서로에게 영향을 미치지 못하며, 인간이 자연을 일방적으로 이용한다._옮긴이

로 구성되며, 전유 모델은 이처럼 광범위한 동물노동의 스펙트럼을 설명할 수 있을 뿐 아니라 노동이 주체와 대상을 더 많이 중재할수록 주체가 덜 소외된다는 점을 밝힌다.

프로메테우스주의에 대한 두 번째 혐의는, 전유 모델이 동물에 의해 수행되는 광범위한 일들을 수용할 수 있다고 인정하더라도, 이 모델이 여전히 세계에 변화를 일으키는 활동에 편향되어 있으며 결과적으로 덜 의도적sub-intentional 형태의 노동에 대해서는 적대적이라는 것이다. 소외 없는 노동이라는 마르크스의 이상은 결국 생산의 망령을 벗어날 수 없는가?

마셜 버먼Marshall Berman은 근대성에 대한 그의 연구에서 다음과 같은 점을 우리에게 상기시킨다.

> '사치, 평온, 쾌락luxe, calme et volupté'은 마르크스가 구상했던 것의 요점과는 확실히 거리가 멀다. 그러므로 프로메테우스주의에 대한 혐의 제기는 일리가 있으나 처음 봤을 때보다는 그 혐의가 덜해진다. 만약 마르크스가 무언가에 대해 페티시즘이 있다면, 그것은 일과 생산이 아니라 발전이라는 훨씬 더 복잡하고 포괄적인 이상이다. (Berman 1982: 127)

즉, 전유 모델에 활기를 불어넣는 마르크스의 이상인 소외 없는 노동은 인간과 동물의 생산적이거나 프로메테우스적인 힘을 분출시키는 것에 관련된다기보다는 인간과 동물을 발전시키는 조건에 관한 것이다. 게다가 우리가 주체와 대상 간 중재의 한 형태로서 노동을 논하면서 살펴봤듯이 전유 모델은 자연에 대한 지배가 아니라 동물과 자연 간 이상적인 조화를 확립하는 것에 목표를 둔다. 그럼에도 불구하고 버먼은 "이런 균형과 조화의 내용이 구체적으로 무엇이든 간에 … 엄청난 양의 프로메테우스적 활동과 그것을 수행하려는 노력이 필요할 것이라는 점을 … 깨닫는 것도 마찬가지로 중요하다"라는 마땅한 결론으로 나아간다(Berman 1982: 127). 간단히 말해서 전유 모델에 필요한 것은 "자연에 대한 급진적인 **재평가**"가 아니라 "연합을 이룬 생산자들에 의한 … 자연의 신진대사에 대한 통제"이며(Foster and Burkett 2018: 15), 이는 동물노동자를 반드시 포함해야 한다. 따라서 전유 모델에 따르면 핵심 질문은 어떻게 인간 및 동물 노동자의 열망, 욕망, 욕구가 노동 과정을 급진적으로 변화시킬 수 있는가 하는 것이며, 이때의 변화는 소외 없이 노동하고 번영할 수 있는 조건의 획득을 말한다.

예를 들어 스튜어트 등은 낙농업에서 발생하는 소외를 분석하면서 '방목형 로봇 시스템'이라는 대안을 평가했는데, 이것이 산업형 목장의 시스템보다는 낫지만 그럼에도 농장동물의 소외를 없애지는 못한다고 결론지었다. 노동 생산물의 소유권, 노동 과정, 유적 존재, 동료 생명체들과의 관계에 대한 물음이 지속되기 때문이다(Stuart et al. 2012: 212-216). 논의를 진전시키기 위해, 인본주의 모델을 통해서도 소외의 네 가지 측면을 모두 적절하게 다룰 수 있다고 가정해 보자. 우리는 낙농업의 젖소들이 번영하는 삶을 영위할 수 있게 하는 해방적인 개념, 즉 소외 없는 동물노동에 도달했는가?

수입된 인본주의 모델에서 개별 젖소의 열망, 욕망, 욕구, 소망은 만약 어떤 역할을 한다 해도 부차적인 역할에 그친다. 가축화된 동물과 야생동물의 차이는 차치하고, 동물이 다른 종에 속한 동물과 친구가 되고 시간을 함께 보내기로 선택하며 그 동물의 행동을 따라하기도 하는 경우를 찾으려면 그저 동물 생크추어리를 보면 된다. 전유 모델에 따르면, 우리가 그런 사례들을 통해 알 수 있는 것은 소외를 종 특유의 '자연적인' 행동에 반하는 것으로 보고 소외의 네 가지 측면을 판단하면, 개별 동물의 번영 능력이 증진되기보다 좌절된다는 것이다. 이와 대조적으로 전유 모델은 동물의 열망과 소망, 동물의 자기실현에 필요한 조건에 직접적으로 반응한다.

게다가 대안적 시스템이 생산 영역에서 (비록 여전히 강제적이지만) 더 자발적인 노동을 이끌어 냈음에도 불구하고, 스튜어트 등은 "젖소의 몸이 (여전히) 생산 과정에 특화되어 있고, 젖소는 여전히 산출량과 긴 수명을 위해 길러지며, 우유 생산을 중심으로 존재한다"라고 언급한다 (Stuart et al. 2012: 215). 전유 모델은 소외의 서로 구별되는 네 가지 형태에 초점을 맞추지 않는다. 그보다 전유 모델은 젖소가 이 세계에서 스스로를 효과적인 행위자로 경험하는 능력 그리고 자신이 처한 환경에서 행동하며 스스로를 편안하게 만드는 능력과 관련이 있다. 이런 잠재력을 가로막는 것은 젖소의 몸을 자본주의 생산 리듬에 완전히 포섭된 '우유 기계'로 변형시키는 것이다. 다시 말해, 우리는 노동 과정을 분석하는 것만으로는 젖소의 번영에 필요한 조건을 얻을 수 없다. 왜냐하면 생산의 우위가 그대로 남겨지고, 창조적인 전유라는 성공적인 행위가 저지되기 때문이다.

이제 우리는 전유 모델의 마지막 장점을 인정할 차례다. 인본주의 모델이 가진 또 다른 어려움은 생산의 망령을 벗어날 수 없다는 것이다. 인본주의 모델은 노동 과정을 비판적으로 평가하지만, 그럼에도 불구

하고 단지 생산의 조건만 개선하고자 하며 생산의 가치를 그대로 인정
한다. 생산은 여전히 모든 활동에서 중심이다. 전통적 사회주의 패러다
임이 자본주의적 착취로부터 생산을 해방시키는 것에 관심을 두었다
면, 인본주의 패러다임은 소외라는 특성에서 일을 해방시키려 하지만
생산의 **가치**는 검토하지 않은 채 내버려둔다.

따라서 케이시 윅스Kathi Weeks가 "소외 없는 노동에 대한 인본주의적
단언은 현대 자본주의 통제 양식에 맞서는 적절한 전략이 아니다. 그것
은 노동의 형이상학과 일의 도덕화가 지나치게 큰 문화적 권위를 얻는
맥락에서, 너무 쉽게 채택된다"(Weeks 2011: 107)라고 결론지은 것은 틀
린 말이 아니다. 그러나 전유 모델이 자본주의적 소유 관계의 민주화(전
통적 사회주의 패러다임) 혹은 질적으로 완벽한 노동사회(인본주의 패러다임)
로도 만족하지 않는다면, 그것은 어떤 처방을 제시하는가?

마르크스는 《자본론*Capital*》 제3권의 유명한 구절에서 '자유의 영역'과
'필요의 영역'을 다음과 같이 대조한다.

실제로 자유의 영역은 필요나 일상적인 고려 사항에 의해 노동이 결정되지
않는 곳에서만 시작된다. 따라서 자유의 영역은 물질 생산의 범위를 넘어,
다름 아닌 사물의 본질에 있다. … 그 너머에서 그 자체로 목적이자 진정한
자유의 영역인 인간 에너지의 발전이 시작된다. … 노동일의 단축이 그 기
본 전제 조건이다. (Marx 1978b: 441)

전유 모델은 폭넓고 다채로운 노동 개념을 수용할 수 있을 뿐 아니라
전유의 내용에는 무관심하다. 이를 고려할 때, 노동 단축에 대한 요구

는 아무런 방해 없이 충분히 전유할 수 있는 자유로운 창조적 실천으로서의 소외 없는 동물노동을 거부하는 것이 아니다. 다름 아닌 그 노동의 조건을 거부하는 것이다. 동물에 대한 우리의 직접적이고 잔인한 착취가 중단되고 자본주의적 생산 관계가 민주화되는 경우가 있다고 하더라도, 만약 생산의 우위가 지속된다면 전유 모델의 조건은 여전히 충족되지 않을 것이다.[6]

---

6 퀸즈대학교에서 열린 동물노동 컨퍼런스에 참석하여 이 장의 초고에 의견을 주신 분들에게 감사를 표한다. 그리고 논평으로 큰 도움을 준 윌 킴리카와 샬럿 블래트너에게 특별히 감사하다는 말씀을 전한다.

농장에서 일어나는 일 :
동물 지위와 착취, 농업 예외주의

제시카 아이젠◉

농장에서의 동물노동 분석하기

인간과 동물의 노동에 대한 연구 분야는, 동물이 수행하는 노동에 대한 설명에서부터 동물 착취에 대해 인간 경험 기준의 노동 분석에 이르기까지 다양한 주제를 포함하고 있다. 이 장에서는 '노동-인정-변혁'이라고 명명한 특정 분석 방식에 집중하여 논의할 것이고, 이는 책의 다른 부분에서도 찾아볼 수 있다. 이 분석법의 근본적인 논지는 동물을 사회적 범주의 노동자와 동일시하여 동물 '노동'(특히 인간을 위한 노동)을 바라볼 때, 동물의 사회적, 법적, 정치적인 지위를 향상시킬 수 있다

◉ Jessica Eisen, *Down on the Farm: Status, Exploitation, and Agricultural Exceptionalism* In: *Animal Labour: A New Frontier of Interspecies Justice?*. Edited by: Charlotte Blattner, Kendra Coulter, and Will Kymlicka, Oxford University Press (2020). © Oxford University Press. DOI: 10.1093/oso/9780198846192.003.0007

는 것이다.

내 주요 관심사는 농업 맥락에 이 분석 방식을 적용하는 것이다. 이 장에서는 노동-인정-변혁 논의를 농장동물에게 적용하는 문제를 중점적으로 살폈다. 특히 농장동물을 대상으로 한 노동-인정-변혁 논의가 농업 예외주의agricultural exceptionalism의 광범위한 맥락을 간과하는 위험을 무릅쓰고 있음을 말하고자 한다. 농업 예외주의는 농업 내 사회적 삶의 중요한 부분을 차지하고 있는데도 말이다. 농업 예외주의는 다양한 사회적 우선 순위의 우위에 있는 규제에서 농업 생산자를 계속해서 보호해 왔다. 동물 보호 영역에서만이 아니라 무역과 환경 보호 분야에서도 그렇고, 이 연구에서 특히 중요하게 다루는 노동과 고용법에서도 그렇다.

노동-인정-변혁 논의를 농업 맥락에 적용할 때 정치적 우려가 두 가지 있다. 첫 번째는 농장동물을 '노동자'라고 부르게 되면 일상적으로 이뤄지는 감금과 강요된 재생산, 도살을 눈가림할 위험이 있다는 점이다. 단순히 이러한 감금과 재생산, 도살이 일어날 수도 있다는 추측이 아니라, 업계는 일상화된 사회 관행으로 자리잡길 바라며 지속하고 있다. 두 번째는 농장동물이 '노동자' 인정으로 지위가 향상될 수 있다는 주장을 하면서, 차별적이고 불안정하며 위험한 고용 조건에 처한 실제(인간_옮긴이) 농장 노동자의 사회 법률적 지위를 눈가림할 위험이 있다는 것이다. 이렇게 농장동물의 노동-인정-변혁 논의를 시작한 다음에 이어서 농장이 아닌 곳에 이 주장을 적용하는 것을 시험삼아 고려해 보면서 이 장을 끝맺을 것이다.

동물노동의 인정에서 사회 변혁까지

많은 학자들은 사회적, 법적, 정치적 지위를 높이는 방법으로 동물을 '노동자workers' 혹은 '임금 노동자labourers'로 인정하길 요구해 왔다. 이러한 학문은 "노동과 노동자를 진지하게 받아들이는 노동 연구"(Coulter 2016a: 14)와 "사회적 관계 구성"에서 노동을 중심적 역할로 인정하는 입장(Porcher 2014: 4), 정치 공동체가 동물의 이익을 진지하게 대우하고자 하는 수단으로 동물권을 인정해야 한다는 관점(Cochrane 2016: 17)의 영향을 다양하게 받았다. 이 다양한 관점의 공통점은 동물을 수동적이거나 생각이 없는 객체로 바라보는 기존 관점에 대항하고자 동물을 **행위자**agents로 인정하길 요청한다는 점이다(Blattner, 이 책의 5장; Fraser 2017; Hribal 2012; 참조, Coulter 2016a: 68). 동물노동을 인정하자는 몇몇 논의는, 인간 사회의 집단에서 전통적으로 간과해 온 여성이나 다른 주변화된 노동에 대해 인정 및 평가하고자 하는 페미니스트 및 비평 분석과 궤를 같이한다(Coulter 2016a: 65, 77, 93, 147). 이러한 인정은 그저 존재론적으로 동물이 노동하는 것을 '알아보거나' 혹은 '이해하는 것'만이 아니라 인정에 따른 변혁을 달성하기 위한 정치적 프로젝트를 목표로 한다(Clark 2014: 157; Coulter 2016a: 94-95, 146-147; Haraway 2008: 73; Porcher 2012: 56-57; Porcher 2014: 2, 7-8; Porcher 2017a: 303).

노동에 대한 인정이 긍정적인 사회물질적 변혁sociomaterial transformation(이는 노동에 관련된 물질적 요소와 사회적 요소 모두의 변혁을 말한다. 참고로 사회물질성 이론은 인간 신체와 공간 배치, 물체 등이 언어, 상호작용, 관행과 얽혀 있는 방식을 중점으로 연구하는 분야다_옮긴이)을 만들어 낼 힘이 있다고 확신할 수 없음에도, 전반적으로 이 글은 동물을 노동자로 명시적 혹은 함축적으로 인정하여, 동물의 존중 및 사회적 지위 상승을 촉진할 수 있다는 입장을 취한다. 즉 "'동물 노동자로서의 쓸모를 입증하여' 개체 및 종을 바라보는 방식과 대우를 다르게 만든다는 것이다"(Coulter 2016a: 146). 이러한 인정을 통한 실질적인 이득이 동물이 제때 은퇴하는 일일 수도 있고, 동물의 동의를 보다 존중하거나 혹은 특정한 노동에 대한 열광(혹은 저항)을 존중하는 것일 수도, 산업 내 의사결정을 할 때 동물의 이익을 폭넓게 고려하거나 이를 의사결정 단계에 포함하는 것일 수도 있다(Porcher 2017a : 314-315; Blattner, 이 책의 5장; Cochrane 2016: 27-30). 켄드라 콜터는 보다 광범위한 사회적 '분석 혹은 정치'가 동물에까지 확장되어야만 한다는(Coulter 2016a: 68) 동시적 합의 없이 동물의 '노동'과 '행위성'을 받아들이는 것을 '모순'으로 보고, 동물 노동자의 인정으로 생길 정치 및 분석 유형으로 '종간 연대'를 제시한다. 이를 위하여 콜터는 동물을 노동자로 인정하는 것이 "인간이 동물에게 행하는 수많은 폭력을 정당화하는 인간 예외주의 패러다임에 도전할" 수 있을지 모른다는 조너선 클라크Jonathan Clark의 핵심 견해를 인용하고, "동물을 진지하게 노동자로 간주하는 것이 … 살해 기계killing machine(동물을 무차별적으로 살해하는 체계를 지칭한다_옮긴이)를 막는 데 도움이 될지 모른다"는 도나 해러웨이Donna Haraway의 질문을 덧붙인다(Coulter 2016a: 93; Clark 2014: 157; Haraway 2008: 78). 조슬린 포처는 도우미동물에 대해 논의하면서 "은퇴한 동물을 더 잘 돌보려면 노동에 대한 동물들의 기여를 인정하고 특정한 지위를 부여해야 한다"며 인정이 실질적인 이득을 가져올 것이라고 상정한다(Porcher 2017a: 314-315). 이처럼 여러 학자들이 열망하는 변혁의 종류와 범위는 서로 다르지만(Coulter 2016b: 201를 참조. 예를 들어 콜터는 포처가 인정에 접근하는 방식과 본인의 방식이 다르다고 구분한다), 동물을 노동자로 인정해야 이들을 위한 긍정적이고 실질적인 변화를 만들어 낼 수 있을 것이라는 주장을 공유한다.

노동-인정-변혁 접근법을 주장하는 학자들은 이러한 정치적인 프로젝트에 농장동물을 고려해야 할지 여부와 농장동물을 어떻게 봐야 할지에 대해 다른 입장을 피력한다. 한쪽에서는 농장동물이 동물노동의 중요한 사례이기에 노동자로 인정받아야 마땅하고 변혁된 환경을 누릴 자격이 있다고 본다. 그중 몇몇 경우에는 농장동물이 노동자 인정에 충분한 노동을 '하는' 것으로 보지 않기도 하고, 다른 경우에는 농장동물이 노동을 '한다'고 여겨지지만 이런 억압적인 상황 속에서는 기존의 노동 모델을 그대로 적용하는 것이 적절치 않다고 본다(만약 농업 내의 관행이 개선된다면 이러한 동물이 실질적인 노동자로 여겨질 가능성은 열려 있다). 이러한 입장에 동의하는 포처는 "도축과 안락사는 인간 노동자에게는 해당되지 않는 운영 선택지"이기에 이 부분이 노동관계에 있어서 인간과 동물의 주요한 차이점이라고 인정한다. 그럼에도 불구하고 농장동물 중 도축을 위해 기르는 동물까지도 노동자로 대우받아야만 한다고 주장한다(Porcher 2017a: 315; 또한 Porcher 2012: 41 참고). 포처의 관점에 따라 동물을 노동자로 인정하는 일은, 좀 더 인도적인 농업 관행을 수립하는 데 기여하고, 동시에 동물을 사육하고 살해하는 근본적인 관행을 정당화하는 결과로 이어지기도 한다(이 책의 8장에서 니콜라스 들롱이 이러한 주장을 반박한다). 콜터는 노동-인정-변혁 접근법이 요구되는 일을 '하는 것'으로 한정하여 해석했으며 "유일한 '업무'가 고기나 모피가 되기 위해

먹고 살찌는 것"뿐인 동물들이 조금이라도 '일'한다고 볼 수 있는지에
대해 의문을 제기했다(Coulter 2016a: 90).

노동-인정-변혁 접근법이 동물을 이용하는 현 시대의 유해한 현실
에 가로막혀 있다는 사실은 콜터와 코크런의 연구에서 분명하게 드러
난다. 콜터와 코크런은 동물 도살이 어느 상황에서든 허용 농업 관행
의 범위 밖에 있다고 동의한다(Cochrane 2016: 25; Coulter 2016a). 그렇지만
두 사람 모두 낙농업과 달걀 생산과 같은 일부 동물 농업 관행이 충분
하게 변화한다면, 일부 농업 관행을 동물노동으로 간주할 수 있을지 모
른다는 가능성을 염두에 두고 있다. 예를 들어 콜터는 '새끼 혹은 달걀,
우유'를 생산하는 것이 비록 동시대의 조건에서는 '소외되었다'고 할지
라도 '특정 종류의 노동'으로 기능할 수 있다고 믿는다(Coulter 2016a: 90,
Noske 1989를 인용함). 요청한 것을 '수행하면서' 동물이 느끼는 성취감에
도 불구하고, "대부분 동물의 삶이 오직 인간의 이익 추구 때문에 고통
받고 극도로 도구화될 뿐 아니라 모욕을 겪어야 하는" 산업이라는 맥락
에서 동물을 노동자로 표현하는 것이 "개념적, 윤리적, 정치적으로 유
의미한"지에 대해 콜터는 의문을 제기한다(Cochrane 2016: 90) . 코크런은
본인의 글에서 "생산성이 없는 동물이 살해당하지 않고, 송아지가 어미
소의 젖을 먹을 수 있는 충분한 시간이 주어지고, 동물이 해를 입지 않
으며 우유를 생산할 수 있는 근본적으로 다른 형식을 상상할 수 있다"
고 주장한다(Cochrane 2016: 25). 이로써 우리는 도살과 재생산 통제를 구
분 가능하고, 살육을 금지하는 한 동물이 받는 재생산 통제를 합법적으
로 '노동'으로 간주할 수 있을지 모른다. 이를 위해서는 근본적인 사회
적, 경제적 변혁이 필요하다. 결과로 '극히 소수인 동물과 농부가' 농업

시스템에 참여하여 생산품의 가격 상승이 자연스럽게 일어나더라도 말이다(Cochrane 2016: 25).

　이러한 접근법은 예외 없이 현대 농업 관행의 대대적인 재구조화를 요구한다. 포처는 이윤 추구를 목적으로 하는 농업 집약화agricultural intensification의 추세가 동물을 동료 노동자로 존중하는 관점으로 인해 완화될 것이라고 봤다. 이러한 과정에서 '협력적 유토피아collaborative utopia'를 확신하기도 한다(Porcher 2017b). 콜터의 설명에 따르면 실질적으로 농장동물의 노동을 인정하기 전에 동물에게 극심한 소외와 고통, 도구주의와 비존엄을 유발하는 조건의 변화가 필요하다. 코크런은 소규모이고 윤리적인 생산 방식과 동물 생산품의 가격 상승에 호의적인 농산업으로 광범위한 재구조화가 필요하다고 보고, 농장동물의 노동 인정을 통해 재구조화의 필요성을 설득할 수 있다고 본다. 농업 영역에서 노동-인정-변혁 논의가 유용해지려면 동물 농업의 변혁이 필수적이든, 아니면 노동-인정-변혁 모델이 이러한 변혁의 수단으로 간주되든, 산업화된 농업 시스템의 지속은 심각한 문제 상황일 수밖에 없다. 다음 절에 자세히 서술한 것과 같이 합법화된 동물 착취의 극단적 결과인 현 동물 농업 상황의 지속을 통해, 우리의 주요 목적인 노동권 등의 다양한 사회 정의와 책무 이행의 필요성을 외면하는 농업의 경향을 보여 준다. 이러한 예외주의의 정책 패러다임에서는 동물과 인간 노동자가 모두 극도로 비참한 지위에 처하기에 현 상태를 유지하며 노동-인정-변혁 논의를 정치적으로 호소하는 것에는 한계가 있다.

농업 예외주의

디네시 와디웰은 '공장식 축산'에서 동물의 삶 자체가 "항상 극히 예외적인 공간에 갇혀 있다"고 관찰한 바를 설명한다(Wadiwel 2002: 단락 11). 전지구적으로 많은 법 체제에서 동물보호법은 노골적이건 암시적이건 농장동물을 법적 대상에서 제외하는 경향이 있다. 캐나다 연방형법은 동물학대를 금지하나, 전형적 농업 내에서 벌어지는 불법적인 행위는 제외하는 것으로 해석된다(Bisgould 2011: 74; 참조, Sykes 2015). 캐나다 주법provincial laws 또한 동물학대를 금지하나 역시나 농장동물은 명시적 혹은 묵시적으로 학대 금지 조항에 해당되지 않는다(Bisgould 2011: 190-192). 미국에서 동물의 상업적 이용을 관리하는 기본법인 「동물복지법the Animal Welfare Act」은 실제로 '동물'을 정의할 때 농장동물을 제외하고 있으며, 더 나아가 농장동물은 동물복지법이 보장하는 모든 보호를 받을 수 없다.[1] 미국 주 차원에서는 동물학대에 대한 처벌이 강화되는 형국이지만, 점점 더 많은 주가 농장동물에 대한 의무를 명시적으로 면제하면서 농장동물은 법적 보호 바깥으로 밀려났다(Wolfson and Sullivan 2004; Marceau 2019). 각 사법권은 현 동물 복지 상황에 대한 우려를 법적 제도를 통해 보여 주고 있으나, 동시에 이러한 법적 체제는 농장을 '사적 영역'으로 명시하여 동물을 대신해 법적 개입을 할 여지가 없도록 만든다(Cohen 2017: 152 n. 238; Eisen 2017: 239-240; Eisen 2019).

농장을 '극히 예외적인 공간'으로 다루는 방식은 동물보호의 맥락

---

1 9 C.F.R. §1.1 (2017).

에서 특이한 일은 아니다. '농업 예외주의'라는 용어는 종종 국제 무역과 환경 보호, 노동자의 권리와 같은 다양한 정책 영역과 관련 체제 내에서 농업이 차지하는 특수한 사회법률적 위치를 보여 준다. 농장동물을 법적으로 보호하지 못하는 상황과 농장을 법적으로 특별 대우하는 현상이 동일한 맥락에서 발생함에도 불구하고, 나는 농장동물의 법적 예외 대우를 표현하기 위해 '농업 예외주의'를 사용한 용례를 찾을 수 없었다. 카르스텐 도버그Carsten Daugbjerg와 피터 파인트Peter Feindt가 농업 정책의 예외주의적 요소와 역학에 대해서 기술한 글은 농장동물을 법적으로 보호하는 데 실패했다는 동물권 옹호자의 항의를 잘 표현한 것으로 보인다. '일련의 예외주의자의 **견해**'는 '**제도 구분**'를 정립하고 지지하는 데 기여하고, 이러한 제도는 한정된 '**정책 관련 행위자들**'이 '자신의 이익과 견해에 일치하는 **정책 수단과 프로그램**을 채택하고 시행할 수 있도록' 힘을 부여한다(Daugbjerg and Feindt 2017: 1567, 원문 내 강조). 예외주의에 동의하는 이들은 동물 농업에 대해 전통에서부터 종 위계까지 다양한 견해를 보인다. 예외주의적 관점을 보여 주는 곳도 다양한데, 분권화된 기관으로는 농업부가 있고, 정책 관련 행위자로는 마케팅협회와 자발적 결사체들을, 정책적 수단과 프로그램으로는 농장을 법적 예외로 간주하여 동물을 위한 국가의 개입을 막는 상황이 있다.

 농장동물만 법적 보호 범위에서 예외적으로 제외하는 관행과 동물 존중에 대한 사회적이고 법적인 일반적인 행동 규범 범위 밖에 있는 공간으로서 농장은, 다른 맥락의 농장 처우와도 연결된다. 예를 들어 국제무역법학자들은 국경을 넘어 재화의 자유로운 흐름을 요구하는 국

제법 체제에 유례없이 저항해 오고 있는 경제 영역으로 농업을 평가한
다(Smart and Smart 2017: 112). 대부분의 서구 민주주의 국가에서 농업 예
외주의(이 맥락에서는 보호무역주의를 지칭함)는 "전후 복지에 대한 합의의
일환으로 완전히 확립되었고", 1980년대부터 계속된 신자유주의라는
국제적인 법 관련 흐름에 성공적으로 저항해 왔다(Daugbjerg and Feindt
2017: 1570; Trebilcock 2014: 81; Trebilcock and Pue 2015). 이러한 맥락에서 농
업 예외주의를 비판하는 마이클 트레빌콕Michael Trebilcock은 농산품이 다
른 상품 기준으로 다뤄졌으면 '농장 집단'이 손해를 봤을 것이고, 이들
이 받고 있는 '강력한 금융 혜택'이 "특정 이익 집단의 이득과 농부에 대
한 대중적 지지, 식량 안보와 외국 의존에 대한 우려, 소비자 혹은 납세
자의 무지, 지역 유권자의 불균형한 영향력과 같은 지역 정치 시스템
의 재정적 특징"에 기반한다는 사실을 관찰했다(Trebilcock 2014: 82; 또한
Daugbjerg and Swinbank 2009: 3,5-6 참고). 자유 무역에 대한 트레빌콕의 관
점에 동의하든 동의하지 않든 농업이 법적 흐름에서 뚜렷하게 예외적
인 정책 영역이라는 사실은 우리 입장에서 주목할 만하다. 농부에 대한
지배적인 사회적 태도로 인해 법적 이익을 얻는 이해당사자는 더욱 개
방된 시장을 지향하는 전반적인 추세를 효과적으로 저지하는 것이다.
비슷한 맥락에서 도버그Daugbjerg와 스윈뱅크Swinbank는 '농업 예외주의'
에 대항한 '농업 정상화'를 위하여 무역 정책 내의 사상적 변화가 커지
는 상황에도 불구하고, 보호무역주의자의 정책 체제는 근본적인 변혁
에 저항하고 있다고 판단한다. 이 긴장 상태를 저자들은 체제의 '관념적
인 층위와 운영 층위' 간에 조응이 이뤄지지 않는 것으로 본다(Daugbjerg
and Swinbank 2009: 12-14).

환경 영역에서도 농업 운영은 특별한 대우를 받아 왔다. OECD 국가들은 대부분 심각한 환경오염에도 불구하고 농업 시설에 한해 노골적으로 일반환경보호법general environmental protection laws 적용을 면제해 주었다(Montpetit 2002: 2). 캐나다는 사적 소유물에 대한 헌법적 권리가 확고하지 않지만, 환경보호법률의 한계를 규정할 때 지역 재산권에 대한 문화적 및 관습법적 존중이 특히 주요하게 작용했다(Bowden 2006: 69-70; Boyd 2003: 112). 예를 들어 농부들은 보호 서식지로 규정돼 사유지가 침해되는 일을 막기 위해서 「멸종위기종보호법The Species at Risk Act」에 대해 강력하게 로비를 했다(Bowden 2006 : 69; Jones and Fredricksen 1999: 22). 그 결과 법 제정 시 연방이 소유한 땅만 주요 대상으로 하는 절충안이 채택됐고, 이는 캐나다 전체 영토 중 오직 5퍼센트만 해당된다(Bowden 2006: 70; Smallwood 2003: 5). 농업 예외주의를 보여 주는 또 다른 예시로 마리-앤 보든Marie-Ann Bowden은 '오염시킨 사람이 책임을 지는 원칙'이 캐나다 환경법에 널리 받아들여졌다지만, 농업 영역에는 거의 적용된 적이 없다고 본다(Bowden 2006: 63-65). 몇몇 캐나다 사법 관할 구역에서 환경보호법률은 특수농업법률의 하위 범주로 간주되고, 농업법률은 환경 부처보다는 농업 부처에 환경오염을 감시하고 징계할 권한을 준다(Bowden 2006: 65-66). 흔히 농업 활동은 일반적으로 따라야 하는 환경 보호 행위에서 면제돼 살충제 사용 등이 가능하다(Bowden 2006: 66; Boyd 2003: 123). 온타리오의 「환경보호법」은 '일반적인 농업 관행에 따라' 가축 배설물 배출, 고지 및 오염물질 유출에 대해 관련 법률에서 명시적으로 의무를 면제하고 있으며, 월커턴 조사위원회the Walkerton Commission Inquiry의 의견에 따라 농업별 규정을 보완하고 있다(Bowden 2006: 71). 기초법이 농업 운영의 환경 영향을 관리할 법적 구속력이 있는 규제를 만들 수 있는 권한을 부여했을지라도 농업 운영은 보통 자체적인 가이드라인과 정책을 따른다(Bowden 2006: 69-70; Boyd 2003: 112). 비슷하게 미국은 환경법에서 농장을 '능동적 혹은 피동적으로 안전한 은신처'로 다양하게 예외 취급하는데, 이는 결과적으로 "농장과 환경을 '제외한 법'"과 마찬가지다(Ruhl 2000: 263; Schneider 2010: 936). 예를 들어 「수질오염방지법」은 농업 용수 오염을 규제 대상에서 제외했는데, 농업 오염으로 인한 정수 비용과 노력을 공익 설비 제공자의 몫으로 남겨둔다(Pollans 2016). 많은 환경 제도에서 캐나다와 미국 양국이 용인하는 농업 예외 처우는 '농사할 권리right to farm'라 불리는 법률에 기반하고 있다. 이 법률 덕에 농장주들은 일반적인 농업 관행이 야기할 관습법상의 성가신 소송에 시달릴 일이 없다. 이 기준은 산업에 유리하도록 정의된 것으로, 많은 경우 농장 관행으로 인해 해를 입었다고 주장하는 원고에게 입증의 책임이 주어진다(Bowden 2006: 76-77; McCormally 2007; Hamilton 1998; Dowell 2011).

다시 말하면 '농업 예외주의'는 노동법 영역의 상황을 반영한 용어다. 이 용어는 농업 노동자들을 다른 영역의 노동자들이 영위하는 법적 보호로부터 제외하는 법적 체계의 경향을 보여 준다. 캐나다와 미국 지역의 예외주의에는 적어도 세 가지 갈래가 있다. ① 농장 노동자에게 기초적인 고용 기준을 적용하는 데 한계가 있다는 점, ② 노동자들이 고용주와 집단적으로 협상할 수 있는 능력을 기르고자 고안된 법적 제도에서 농장 노동자를 배제한다는 점, ③ 농업 노동자를 위한 특수한 이민 규칙을 채택한다는 것이다. 첫 번째로 일반적인 보건 및 안전 규정과 최저 임금, 초과 근무 요건이 농장 노동자에게는 적용되지 않는다.[2] 두 번째로 농업 노동자는 보통 집단 협상과 노동조합 결성을 조직하고 지원하는 법적 체계에서 제외된다. 미국에서 노동자의 단체 교섭권을 보장하는 기초법인 「노동관계법The National Labor Relations Act」은 '농업 노동자'를 '피고용인'의 정의에서 제외하고 그에 따른 보호도 제공하지 않는다.[3] 과달루페 루나Guadalupe Luna는 농업 영역에서 노동자들이 '상호 지원 활동'에 참여할 때는 법적 인정이 이루어지지 않는 상황과는 반대로, 생산자들은 "협동조합에 가입해 홍보 및 판매 지위를 보호받으면서" 특정한 법적 지원을 얻는다는 사실을 비교하여 보여 준다(Luna 1998: 491-492). 몇몇 캐나다 주에서는 농장 노동자에게 훨씬 제한된 결사권만 보장하면서 법적 보장 영역인 표준 노동관계 체계에서 농장 노동자가 제외된다.[4] 세 번째로 캐나다와 미국 양국에서는 농업에 전념할 노동 인력 창출을 위해 법적, 허위법적 이민pseudo-legal immigration(표면적으로 합법으로 보이나 실제로는 법 조항과 위배되는 이민을 말한다_옮긴이)과 초청 노동자 프로그램을 발전시켜 왔다. 이들은 빈곤 국가 출신 노동자들이며, 이민 자격은 이들이 일터를 옮겨다닐 수 없도록 강력하게 제한하여 특정한 고용주에게 구속되도록 만든다(Linder 1987: 1336; Smith 2013).

---

2 다음을 참고한다. 29 U.S.C. §213(a)(6) (2006), and the discussion in Schneider 2010: 936 n.4; Schell 2002; Tucker 2012: 34.

3 29 U.S.C. §213(b)(12) (2006); Schneider 2010: 936 n.4; Schell 2002: 150-151.

4 *Ontario (Attorney General) v. Fraser*, 2011 SCC 20, and the discussion in Tucker 2012.

노동자로서 농장동물의 한계와 가능성

　이론가들이 노동-인정-변혁 논의를 농장동물에 적용할 경우에(특히
포처가 그러하듯이) 법적 예외주의는 밀접한 관계가 있는 두 가지 시험을
마주한다. 첫 번째 시험대는 동물 축산animal farming을 근본적으로 유익
한 관계이고 동물이 기여한 바를 좀 더 인정하도록 약간의 수정만 거치
면 된다고 겉치장할 위험이 있다는 것이다. 그러면서 현재의 농업 관행
을 옹호하는 이들이 이미 효과적으로 그러하듯, 동물 이용 시의 껄끄러
움을 없애는 비유를 이용한다. 두 번째 시험대는 비슷하게 농업 노동을
낙관적인 방식으로 서술하는 위험인데, 인간 노동자 중 가장 주변화되
고 착취받는 이들을 적절한 인정과 권리를 이미 달성한 완벽하고 성공
적인 정의 운동가의 전형으로 취급한다.

첫 번째 시험대, 동물을 이용하는 현 상황을 눈가림하기

　동물이 노동자이고, 그렇게 인식돼야 한다는 의견은 동물 농업의 극
단적인 조건을 일반화하는 위험이 있다. 현재의 동물 이용 형태를 인간
종이 관계 맺는 방식을 반영해서 전반적으로 건강하고 생산적이라고
간주하기 때문이다. (물론 이후의 내용에서 드러나듯, 농업 분야의 인간노동 관계
에 대한 이런 이미지는 특히 논쟁의 여지가 있다.) 그런 이유로 동물 산업은 기
존 동물 이용의 전반적인 현실과 특히 유제품 생산으로 인한 위험을 모
호하게 표현하려고 광고에서 동물 노동자 이미지를 사용한다. 낙농업
에 대한 이런 설명 방식은 암소가 유리한 거래를 한 것으로 묘사하고,
여성의 노동을 축소하고 폄하하는 방식처럼 널널한 일을 하는 노동자

로 못박는다. 예를 들어 캐럴 애덤스Carol Adams는 젖소가 아래의 '복리후
생제도'를 즐긴다고 묘사한 미국의 식료품점 전단지를 '비꼬면서' 다음
과 같이 이야기한다.

> 우선 소는 시간제 일을 하면서 전일제에 해당하는 임금을 받아요. (젖이 짜이
> 는) 노동은 매일 20-30분 정도 소요되고 고용주는 365일 24시간 의사(수의사)
> 를 대기하게 두는 의료 혜택을 제공하지요. 매끼 식사마다 룸서비스와 식후
> 정리뿐만 아니라 영양사가 식사를 준비합니다. 심지어는 화장실 청소를 하
> 는 전일제 가사 도우미도 있어요. 소를 위한 미용사와 발톱관리사, 스파 시
> 설 등을 제공하는 전문가들이 항시 대기 중입니다. 24시간 상시 관리됩니
> 다. 온라인에서 데이트 상대를 찾아 헤맬 필요도 없어요…. 특징에 맞춰 수
> 컷을 선택하고 매년 다른 짝을 만날 수 있어요. 평생 동안 모든 이동 수단이
> 무료로 제공된답니다. (Adams 2017: 25에서 인용함)

이처럼 젖소를 미용과 연애에 관심을 쏟으며 근심 걱정없이 일하는 소
녀로 묘사한다. 일상적으로 인공수정을 해야 하고, 슬퍼하는 어미 소로
부터 송아지를 떼놓고 '계류식 우사tie stall'(소가 운동장이나 방목장에 나가 있
는 경우 외에는 소를 목에 걸쇠나 체인으로 걸어 계류시키는 형태의 우사를 말한다.
젖소의 경우 많이 사용한다_옮긴이)에서 젖을 내야 하는 집약적인 비방목형
감금intensive zero-graze confinement과 도살로 이뤄진 산업 전반의 현실을 눈
속임하는 것이다. 경박스러운 여성과 여유로운 서비스로 비유를 통해
정상적인 관행처럼 서술하면서 말이다(Eisen 2019; Gillespie 2014; Adams
2017: 26).

이렇게 낙농업을 대중적으로 정상화된 '노동'으로 묘사하는 현상은 산업 발행 홍보물에서 임신을 여성화된 노동으로 다루며 더욱 구체화된다. 예를 들어 캐스린 길레스피Kathryn Gillespie는 소를 위한 백신인 보비실드 골드Bovi-Shield Gold 광고를 예로 드는데, 그 광고에는 "젖소가 임신 말고 다른 일을 할 수 있나? 여러분, 소를 항상 임신한 상태로 만들어 계속 일하도록 하세요(Gillespie 2014: 1329에서 인용함)"라는 문구가 있다. 애덤스가 설명하길 그 광고 시리즈 내내 동일한 질문을 던진다고 한다. 애덤스의 표현에 따르면 전통적 남성 직업으로 간주되는 소방차 운전수인 소가 등장하고, 이번에는 "암소가 당신의 일자리를 뺏을 수도 있다는 무언의 압박"을 제기한다(Adams 2017: 34). 젖소의 노동을 전통적인 여성 노동으로 묘사하는 것은, 다시 말해 농장을 가족적 공간으로 제시하는 것과 같이 낙농업을 정상적 행위로 설명하기 위해 사용되는 이미지 및 비유와 교차된다(Eisen 2017; Eisen 2019). 이렇게 일과 가족을 교차시키는 논지는, 표면적으로 농장을 비정치적으로 간주되는 '사적 영역'으로 법적 대우를 하면서 작동한다. 또한, 이 논지는 정부의 법적 뒷받침도 받는데 정부는 마치 농장에 위계관계가 없는 것처럼 비개입을 고수한다(Eisen 2017; Eisen 2019; 참조, Cohen 2017; Kymlicka 2017: n.55 and n.73 참고). 농업 예외주의가 농장동물을 생산 단위로 취급하는 것을 협력하고 지원하며, 사회적 가치의 경합을 독려하는 역할을 하는 법적 개입으로부터 농장을 제외시키는 한 이러한 예외주의는 농장을 '사적 영역'으로 제시하는 사회적이고 법적인 구성 요소일 수 있다.

이러한 눈가림은 노골적으로 젠더화된 표현에 그치지 않고, 낙농업에서 필연적인 죽음과 동물 육체에 대한 억압을 숨기거나 초점을 분산시키고자 노동 은유를 사용할 때도 나타난다. 예를 들어 그레타 가드 Greta Gaard는 미국 유제품 업체들이 우유 가격이 떨어지는 것을 막기 위해서 50만 마리의 어린 소를 도살한 일에 '집단 은퇴herd retirement'라는 표현을 사용한다고 밝힌다(Gaard 2013: 602). 젖소와 실험동물을 노동자로 보는 포처와 해러웨이에 대한 구체적인 응답으로, 가드는 "산업적 동물 생산 구조 속에 신체 활동이 제한되어 있는 동물"이 "기꺼이 선택할 수도 있고 그만둘 수도 있는 지속 가능한 '일자리'"를 향유한다는 의미를 함축한 주장을 비판한다(Gaard 2013: 598; 또한 Clark 2014 and Weisberg 2009: 37 참고. 해러웨이의 실험동물 처우에 대한 주장 또한 유사하게 비판한다). 동물의 처우가 나아진 상황을 가정한다면, 동물이 공식 계약을 기반으로 한 노동관계에 어느 정도 진입할 수 있을지에 대해서는 논의의 여지가 있다(Enman-Beech, 발간 예정). 그렇지만 의심의 여지 없이 현대 농업 관행인 통제된 사육과 물리적 감금, 도살로 노동 언어가 구성되어 있음에도 불구하고, 선택과 자유의 교환이라는 식의 부적절하고 오해의 소지가 있는 비유가 남발되고 있는 것이 현실이다.

두 번째 시험대, 농장 노동의 현 상황을 눈가림하기

농업 예외주의와 관련된 두 번째 도전은 농장동물을 노동자로 인정해 사회에 포섭하고 지위를 향상시킬 수도 있다는 주장에서 비롯된다. 이러한 프레임은 인간 농장 노동자들의 비참한 환경과 현재 진행 중인 정의 투쟁을 축소시키거나 무시할 위험이 있다. 위에서 설명한 바와 같이, 농업 노동자들은 양질의 노동 환경과 민주화된 일터를 보장하고자 하는 법적 보호 대다수로부터 **법률적**으로도 **현실적**으로도 제외되어 있다. 그 결과 '노동자' 지위는 포용과 존중 영역이 아닌 배제와 학대로 점철된 사회생활 영역에 있다.

농장 노동은 다칠 가능성이 커 가장 위험한 고용 형태 중 하나이며(Otero and Preibisch 2010: 24), 노동자들은 일반적으로 열상 및 눈 부상, 근골격계 문제, 청력 손실, 호흡기 질환으로 고통받는다(Arcury and Quandt 2011). 농업 노동 종사 직업이 가진 위험에 대한 노스캐롤라이나North Carolina의 보고서는 해당 주에서 "열사병으로 사람이 매년 죽는다"는 사실을 밝히며, 모든 농장 노동자들이 유해 살충제에 노출되며 25퍼센트는 급성 니코틴중독 증상인 현기증과 메스꺼움, 구토, 불면증, 거식증으로 고통받는다고 한다(Arcury and Quandt 2011). 너무 많은 사람이 한 집에 살며, 노동자들은 환경적 위험과 설치류 감염, 결핵과 같은 전염성 질병이 확산되기 쉬운 환경에 노출되어 있다(Arcury and Quandt 2011; Otero and Preibisch 2010: 5). 특히 여성 농장 노동자를 대상으로 성폭력과 성희롱이 만연하고, 감독관과 고용주의 성적 접근을 거부하는 노동자에게 일상적인 보복이 자행된다(Otero and Preibisch 2010; Castañeda and Zavella 2003; Ontiveros 2003; Preibisch and Encalada Grez 2010). 미국에서는 이러한 노동자 중 일부는 법적 노동 불가 연령인 12세 정도의 어린이였고(Arcury and Quandt 2011), 5살 정도의 어린이도 밭에서 일한다는 조사가 있었다(Patel, Hill, Elslocker, and Ross 2010). 미국의 농장 이주 노동자나 한시적 농업 노동자의 평균 수명은 49세에 불과하다(Hansen and Donohue 2003). 전반적으로, 농장 노동자들은 이러한 근로 및 생활 조건과 일터의 인종차별과 모욕을 복합적으로 겪으며, 높은 비율로 불안과 우울증, 다른 정신 건강 문제를 경험한다(Arcury and Quandt 2011; Otero and Preibisch 2010: 29; Hovey and Magaña 2002).

노동 환경에서의 농업 예외주의는 인종화racialization 과정과 식민지 계층화와 깊이 맞물려 있다(Satzewich 1991). 에릭 린더Eric Linder는 「미국 공정노동기준법the American Fair Labor Standards Act」의 입법 역사를 추적하여 농장 노동자들이 인종차별로 인해 최대 시간 및 초과 근무 조항에서 제외됐다고 주장했다. 특히 남부 대농장 시스템의 인종화된 노동 구조를 유지하려는 직접적인 동기가 있다고 말한다. 후안 페레아Juan Perea는 「미국 노동관계법the National Labor Relations Act」에서 농업 노동자들이 배제된 것이 「미국공정노동기준법」에서와 같은 인종적 이유로 인해 촉발되었다는 것을 설득력 있게 보여 주었다(Perea 2011). 캐나다에서는 한시적 농업 노동자 프로그램이 "불안정한 이주 지위와 본국 송환 위협"을 결합하여 "농업에서 산업별 노동조합주의가 광범위하게 확산되는 것을 막는 난 공불락의 기제"가 되고 있다(Smith 2013: 32). 미국에서는 놀라울 정도로 많은 농장 노동자가 외국인이다. 1960년대까지 운영되었던 브라세로 프로그램the Bracero Program에서는 가혹한 노동 환경하에서 국외 추방 위협을 지속적으로 가했는데, 이러한 구조는 미등록 농장 노동자에게 대부분 의존하고 있는 현재 농업 체제의 근간이다(Luna 1998: 493, 505-506; Massey and Brown 2011). 캐나다와 미국에서 농업 노동자의 이민 신분이 불안정하고 상대적으로 권리를 보장받지 못하기에 농업 고용은 '자유가 없는 노동unfree labour'의 영역으로 불린다(Tucker 2012: 39; Smith 2013: 17). 에이드리언 스미스Adrian Smith는 사회 및 법적 지위를 향상시키기 위한 농업 노동자들의 노력을 목록화하여, 이들이 "스스로의 종속 상태를 묵인한다"는 가정에 이의를 제기하며 "노동자의 저항이 은밀하거나 발견하기 어렵고 인종차별에 의해 복잡해지는 경향이 있다"고 파악한다 (Smith 2013: 28). 농업 분야에서 '자유가 없는 노동labour unfreedom'은 마르 크스가 모든 자본주의 노동 책략의 속성이라고 본 '은근한 경제적 강제 dull economic compulsion'와는 다르고, 대신 인종화된 이주 체제에 의존하여 '과잉 착취super or hyper-exploitation' 체제를 만들어 낸다(Smith 2013: 29-30).

동물을 노동자로 대우하면 동물의 사회 포용 작업이 진일보하리라 는 주장을 고찰해 보자면, 동물 억압의 주요한 배경인 농장이 농업 예 외주의로 인해 시종일관 "일터에서의 민주적 신념이 전혀 없고 노동자 의 광범위한 참여를 방해"하는 장소라는 점에 주목해야 한다(Luna 1998: 509). 이러한 맥락에서 포용과 존경의 상징으로 '노동자'의 지위를 고수 하는 것은, 광범위하게 적용되는 농업 예외주의가 모든 종류의 사회 정 의 투쟁을 무력화하는 위험을 축소할 수 있을 뿐 아니라, 인간 농업 노 동자의 구체적인 투쟁을 묵살할 위험도 있다. 이 점에서 동물권 옹호자 가 열망하듯이 동물권 증진의 상징으로 노동자 권리 인정 호소는 몇몇 동물권 옹호 운동 안의 시민권 운동과 흡사하다. 안젤라 P. 해리스Angela P. Harris는 아래와 같이 설명한다.

(시민권 투쟁)을 동물해방운동의 근간으로 이용하는 것에 대한 반대 의견 중 (하나)는, 이러한 염려적인 비유가 암시하는 것처럼 시민권 투쟁이 도덕적 완 벽성을 향한 질서정연한 진보가 아니라는 것이다… (새로운) 권리 주장은 아 프리카계 미국인 권리 주장과 절차 면에서 유사하며, 농업 노동자의 처우가 흑인에게 적용될 경우 절대 용납되지 않으리라고 항상 주장한다. 이러한 주 장의 오류는 아프리카계 미국인의 권리 투쟁이 성공적으로 끝났다고 암묵

적으로 가정한다는 점이다. 유사성에 기대게 되면 역사를 자연스럽고 유기적으로 서서히 생기는 과정인 양 잘못 재현하게 됨을 인정해야 한다.(Harris 2009: 25)

다시 말해서, 소외된 인간과 동일하게 동물을 사회적으로 분류한다면 동물들이 적절한 대우를 받을 것이라는 주장은, 현재 진행 중인 인간의 정의 투쟁이 완전하다는 가정에 기반을 둔 것이다. 이는 동물과 인간의 투쟁을 부정확한 방식으로 설명하고 잠재적으로 두 운동 모두에 해를 끼치는 방향을 제시한다. 동물과 소외된 인간 집단 간의 비유적 표현으로 인하여 이 집단을 동물적이라고 폄하하는 상황이 지속되면서 부정적인 영향이 강화된다(Harris 2009). 농장동물이 '노동자'로 인정되면 적절한 대우를 받을 것이라는 주장은 인간 농업 노동자가 겪고 있는 배제와 억압의 심각성을 간과할 위험이 있다. 게다가 농장 노동자들이 미등록 이민자들을 과잉 대표하고 있고, 미국 대통령은 미등록 이민자들에 대한 신체적이고 정치적인 배제를 정당화하기 위해 이들을 '동물'로 지목하면서 이러한 비유를 더더욱 유해하게 만든다(Davis 2018).

물론 노동-인정-변혁 접근법을 주장하는 사람들이 인간 노동자의 상황에 무관심하다는 말을 하려는 것은 아니다. 포처는 분명하게 산업형 동물 농업과 도축업 종사자들이 직면하고 있는 가혹한 노동 조건에 주의를 기울인다(Porcher 2011). 그리고 (포처보다 농장동물을 잠재적 노동자로 취급하는 데 더 조심스러운) 콜터는 특히 인간 일터의 변화를 동반하여 구성된 광범위한 의미의 '인도적 일자리'일 경우에 한하여 동물노동을 인정한다(Coulter 2017a, 2017b). 그럼에도 불구하고 특히 포처가 변혁된 관계를 획득하기 위한 방법으로 농장동물의 노동 인정을 강조하게 되면, 이러한 노동-인정-변혁 접근법이 노동자 포용 모델이라는 문제적 소지가 있는 암시를 주게 된다(위에서 논의된 북미의 맥락과 같이, 포처가 주로 연구하는 프랑스 농업은 "노동할수록 생활 환경과 건강 상태가 점점 더 심각해지는" 한시적 이주 노동자에 의존하고 있다)(Verhaeren 1986; Potot 2016).

또한 노동-인정-변혁 접근법에 대한 이러한 우려 때문이기도 하고, 인간과 동물 관계를 특징짓는 착취의 구조와 경험을 이해하기 위해서라도 노동 분석을 배제할 수 없다. 예를 들어 이 책의 디네시 와디웰이 집필한 장(9장)에서 산업이 동물을 이용하는 데 특징적인 착취의 구조를 이해하는 유용한 진입점으로 '노동일'과 '노동 시간'에 대한 마르크스의 해석을 탐구한다. 그러나 와디웰은 동물노동의 인정을 기초로 동물이 변화된 조건을 얻거나 받을 자격이 있다는 노동-인정-변혁을 주장 하지는 않는다. 바버라 노스케 또한 소외와 같은 마르크스주의 개념을 이용하여 산업형 농업이 작동하는 방식을 밝히지만, 동물의 생명이 도덕적 관심의 대상이 되는 방법 또는 이유를 설명하는 데 노동-인정-변혁 접근법을 이용하진 않는다(Noske 1989; 1997). 마니샤 데카Maneesha Deckha가 설명하듯 '억압 사이에 평행선을 그리며 비교하는 것'과 '우리가 동물에 관심을 가지도록 동물과 인간을 비교하는 것'에는 차이가 있다(Deckha 2018: 227). 전자는 인간과 동물이 공유하고 있는 착취의 근본 원인과 구조를 이해하는 데 도움이 될 수 있고, 후자는 특히 소외되고 혜택받지 않은 사람들과의 비교를 통해 동물의 지위가 상승된다고 주장할 때 앞서 말했던 우려할 만한 상황이 일어날 수 있다(Deckha 2018; Harris 2009; Ko 2017).

나가며 : 동물노동의 인정을 위한 광범위한 사례

동물의 노동-인정-변혁에 대한 비전에서 동물 농업을 어느 정도 제외해야 한다고 주장하는 동물노동 옹호자는 어떻게 봐야 할까? 나는 이 중요한 지지층을 배제하는 동물 포용 비전이 다소 우려스럽다. 데이비드 울프슨David Wolfson과 매리앤 설리번Mariann Sullivan은 농장동물이 사육 및 포획 동물의 98퍼센트를 차지하기에 "통계학자의 관점에서 … 모든 동물은 농장동물이다"라고 말한다(Wolfson and Sullivan 2004: 206). 게다가 농장동물은 모든 가축 중 가장 끔찍하고 소름끼치는 배제와 착취의 대상이다. 농장동물의 가혹한 환경은 노동-인정-변혁 접근법에서 비롯된 몇몇 주장에 심각하게 드러난다. 주장의 예를 들면 (도살당하지 않을 권리로 볼 수도 있는) 은퇴할 권리와 인간이 행하는 착취에 응할지와 수용 방식을 선택할 수 있는 권리, 사회적 존중을 받을 권리, 폭력으로부터 보호될 권리, 가족 및 공동체 관계를 만들 권리를 말한다. 이러한 권리는 일을 통해 '얻는 것'이라기보다는 오히려 보다 근본적인 관계를 만들려는 목적에 있다. (비슷하게 이 책의 10장에서 도널드슨과 킴리카가 밝힌 것처럼, 노동에 대해 도덕적으로 접근하게 되면, 인간 사회의 가장 취약한 집단을 사회적으로 배제하는 데에 동의하는 것과 마찬가지라고 비판받았다.) 예를 들어 경찰견과 마차를 끄는 말을 위한 선善을 추구해야 한다는 방식으로 동물 농업의 문제점을 부각하며, 사회적 포용을 주장하는 것은 내겐 제대로 된 포용이 아닌 것처럼 보인다. 물론, 사상적 변혁을 보장하기 위해 관련된 사회적 삶(예를 들어, 경찰견과 마차를 끄는 말의 삶)에 관심을 기울인다고 해서, 변혁적 관점에서 포착 가능한 모든 사회적 문제에 주의를 기울여야 한다는 주장은 아니다. 그렇지만 농장동물이 유독, 어쩌면 전형적으로 가치 절하되어 있는 집단임을 알기에 이 범주를 수용하지 않는 듯한 동물 포용 이론에 주의해야 한다. 노동 문제에서 그러하듯, 포용을 위해 제안하는 메커니즘이 소외된 집단을 배제하거나 주변화하는 효과가 있다고 이미 밝혀졌을 경우에는 더욱 그렇다. 요컨대 농장동물이 노동-인정-변혁 논의에 '포함되든' 아니든, 노동하는 동물은 이러한 분석에 문제를 제기한다는 것이다.

사실 이러한 노동-인정-변혁 이론가들 중 농장동물에 이 이론을 적용하는 일에 한계를 두거나 거부하는 사람들은, 농장동물을 이론 외 영역으로 두는 것에 만족하지 않고 오히려 도살과 동물 고통에 대한 우려가 농업에서 기인했다고 판단한다(Cochrane 2016; 2016a). 물론 동물의 권리와 고통 때문에 인간의 행동을 제한해야 한다는 의무론적이고 공리주의적인 주장은 새롭지 않다. 만약 동물의 삶과 자유, 안녕이 이러한 의무론과 공리주의적 논지를 배경으로 하는 헌신을 통해 이뤄진다면, 동물 '노동'에 대한 인정이 어떠한 영향을 주는지, 혹은 어째서(또는 어떤) 추가적인 재화가 노동자로 인정된 동물에게만 보내져야 하는지 알기 어렵다.

노동-인정-변혁 접근법을 주장하는 사람들은 이 접근법이 권리 혹은 복지에 대한 의무적인 헌신을 요청한다 할지라도 중요하게 시사하는 바가 있다고 본다. 특히, 노동-인정-변혁 모델은 도널드슨과 킴리카의 통찰을 바탕으로 만들어졌는데, 이들은 인간과 동물 간 관계를 변혁하려면 구성원 및 포용에 대한 긍정적인 프로그램이 필요하다고 봤다(Donaldson and Kymlicka 2011). 나는 동물의 사회 및 법적 지위에 대한 보다 관계적인 접근이 변혁 프로젝트에 필요하다는 것에는 동의하지만 (Eisen 2018), 농업 영역에서 노동 모델이 가지는 단점을 감안하면 다른 범주의 관계가 좀 더 효과적일 수 있다고 본다. 특히 내 직관에 따르면 사회적, 법적 인정을 보장하기 위해 동물의 경험 범주를 식별하는 가장 좋은 출발점은 동물 자신이 가장 소중하게 여기는 것을 탐구하는 것이다.

많은 개들이 특히 사람들을 위해 일하기를 즐기는 측면이 있다는 것은 분명하지만, 나는 사람을 위해 하는 일이 개에게 **핵심적인 우선 순위**는 아닐 거라고 생각한다. 심지어 현대에 인간이 개를 이용하는 방식인 종에 따라 번식을 통제하는 행위와 종 내부의 관계가 전무하도록 고립시키는 상황이 개가 사람을 위해 일한다고 해서 사라질 거라고도 생각하지 않는다. 이는 다소 차이는 있지만 강압과 제한된 기회가 특징인 인간 내 노동관계와 확실히 유사하다. 이러한 현실은 착취의 양극단에서 '일'이 근본적 관계를 묘사하는 데 유용한 역할을 하는지에 대한 논쟁을 불러일으켰다. '성노동' 혹은 '인신매매trafficking'가 성관계에 대해 금액을 지불하는 관계에 대한 적절한 용어일지와 더 나은 용어가 있을지에 대한 격렬한 논쟁이 하나의 분명한 사례다. 반대 진영에서 논의의 대상으로 삼는 용어는 사실에 기반을 두면서도 이론적 요소를 가지고 있고, 일반적으로 동의와 계약에 대한 의문을 분명히 나타낸다. 이러한 질문은 연령 및 강제력의 사용, 불평등한 상황에서 동의의 유의미성과 관련되어 있다(예, MacKinnon 2011: 272; Sutherland 2004: 3-7; Rubin 1984 참고). 조건이 매우 불평등한데다 동의라는 허울조차 기대되거나 요구되지 않고, 신체적 억압과 도살이 관계에서 공식적이고 필수적인 요소로 작동하는 농장동물의 맥락에서, 나는 이러한 논쟁의 여지가 거의 없다고 본다. 물론 극적으로 중요한 변혁이 이뤄져 이 진영의 사람들이 '노동'을 보다 적절한 관점으로 고려하는 방향으로 바뀔 수도 있지 않느냐고 주장할 수 있다. 현재는 농업 분야에서 구속받고 있는 동물과 종이 긍정적인 전망을 가진 '일'과 관련된 다른 종류의 관계로 진입할 수도 있고 유의미한 동의를 할 기회를 가질 수도 있다. 여기에서 나는 '일'을 보는 관점이 근본적으로 변혁된 환경에서 완전히 달라질 수도 있다는 가능성을 배제하지 않는다. 대신 내 목표는 농업 예외주의와 그에 기반한 법적, 정치적, 물질적 분배가 우세한 현실에서 노동-인정-변혁 접근법이 유용한 접근법인지에 대해 의문을 제기하는 것이 목표였다. 그리고 농업 예외주의가 지배적인 현 상황에서는 동물이 인간을 위해 일하는 것을 가치 있게 여길 것이라는 전망을 믿거나 이 전망에 근거하여 사회적 변혁 이론을 구사할 이유가 없다고 본다. 더군다나 동물이 덜 강압적인 조건에서 살고 행동할 수 있는 권한을 부여받았을 때도 인간을 위한 노동을 가치 있게 여길 것이라는 가정은 더욱 믿지 않는다.

이러한 이유로 나는 불평등한 권력 상황에서, **우리를 위해** 무언가를 하려는 동물의 관심과 자발성에 의지하지 않는 포용과 인정의 모델을 찾고자 한다. 동물들이 가장 소중하게 여기는 것으로 보이는 일과 현재의 환경에서 좌절된 동물의 우선 순위를 탐구하여, 관계적인 변혁을 위한 접근 방식을 제안할 것이다. 하지만 동물이 어디에 가치를 부여하는지를 어떻게 알 수 있을까? 그리고 동물의 우선 순위에 기초한 변혁 이론을 어떻게 만들어 낼 수 있을까? 젖소에 대한 연구에서 나는 소를 **부모**이자 **친구**로 이해할 때 인정과 포용이 구성될 수 있다고 주장했다. 소가 친구와 자녀를 진심으로 보살핀다는 것은 분명하고, 사회적 혼란과 가족의 유대감 형성의 좌절이 소에게 광범위하게 파괴적인 영향을 미친다는 사실도 확실하다(Eisen 2019). 젖소가 마땅히 받아야 할 노동자로서의 대접을 받지 못하고 있다며 사람들을 설득할 방법에 대해 고민하기보다는, 우리는 동물을 가장 가치 있는 유대관계가 단절되고 거부된 부모이자 친구로 바라보며 공감과 포용의 모델을 구축해야 할지 모른다. 전자의 방식으로 이야기를 하면 소가 삶에서 가장 중요시 여기는 것이 무엇인지를 기껏해야 추측으로밖에 알 수 없다. 물론 **친족으로서의 인정**을 포용의 매개체로 인식하는 것은 그저 질문이 보여 주는 방향성일 뿐 결론이 아니다. 특히 법적, 정치적, 물질적 변혁을 목표로 한다면 말이다. 인간 공동체에서 친족관계는 사회적 범주의 기원으로, 친족관계에 대한 법적 인정은 항상 격렬한 논쟁 대상이었는데, 가치와 연관성에 대한 개인 및 집단적인 해석을 두고 질문의 경합이 이뤄졌다(Eisen 2019; 또한 Bryant 2010; Coulter 2016b 참고). 농장에 있건 아니건 동물의 관점에서 볼 때 동물의 부모됨과 친구됨은 인간의 정서적 연결과 **비슷하게** 관련지어서 인식돼야 한다고 주장하는 것이 **아니라**, 이러한 유대관계가 동물 자신의 삶과 경험에 기반을 둔 관계적 가치의 근원을 보여 준다는 것이다.

인간의 목적과 활동에 동물을 맞추는 계획이 아니라 동물이 무엇을 가장 중요하게 보는지에 기반한 인정이, 인간과 동물 사이의 '연결'을 무시한다고 주장할 수도 있다(이 책의 8장에서 들룽이 상세히 논한 주제다). 다양한 동물의 가치에 초점을 맞추게 되면, 분명히 개와 농장동물이 인간 공동체에게 많은 가치와 이득을 주었던 활동을 훨씬 덜 하거나 비정기적으로 할 수 있다. 만약 위에서 말한 연결이 동물을 사육하고 훈련하는 곳에서만 충족된다면 이것이 진정한 가치인지 잘 모르겠지만, 나는 이 연결이 더 풍부해질 수 있다고 생각한다. 동물이 소중하게 여기는 사회적 관계에 초점을 맞춘 사회 범주로 풍부한 연결을 만들 수 있기 때문이다. 인간과 동물 사이의 연결고리가 강화될 뿐 아니라 지속될 수 있다고 본다. 예를 들어 우리가 부모와 친구로 이뤄진 이종 간의 폭넓은 공동체에 있고, 차이를 가로질러 인정을 추구하고자 하는 개인적이고 집단적인 목표를 추구하고, 공통점과 동일성이 포용을 위한 기반이 아니라 이해를 위한 자원이 된다면 말이다(Harris 2009: 31). 나는 이러한 연결 방식을 가장 유망하다고 보며, 노동-인정-변혁 모델이 이러한 방향으로 우리를 데려가고 있다고는 볼 수 없다.

(8)

동물노동의 의미 :
동물을 먹으면서
동물을 위한다고 말할 수 있을까?

니콜라스 들롱◉

옮긴이 일러두기 ────────

1. 이 장에서는 축산과 관련된 개념어가 여럿 등장한다. 쓰이는 개념어들의 의미를 살피고 원어에 상응해 어떤 역어를 채택했는지를 짚고 넘어가고자 한다.

한국어에서 '축산'이란 "가축을 길러 인간 생활에 유용한 물질을 생산하기 위해 활용하는 일"을 의미하며 '축산 농업'의 준말이다. '농업'의 경우 "축산 행위를 포함해 과수업, 원예업, 임업 등을 두루 포함"하는 포괄적인 의미로 쓰인다. '축산'에 '산업'이 결합된 '축산업'이나 '공장식 축산'의 경우 "산업화된 방식, 즉 대규모로 가축을 밀집하여 기계적인 방식으로 사육하면서 상품을 생산하는 형태"를 의미한다. 반면 '동물복지 축산'의 경우 "산업화되지 않고 인도적인 방식으로 축산을 하는 형태"를 가리킨다.

이러한 기준에 따라 원어를 살펴보면, 단어 'Farming'은 '(동물복지) 축산' 혹은 '축산업'이라는 상반된 의미로 혼용된다. 따라서 주로 '축산'으로 번역하되 '산업'의 성격이 강조돼야 할 때는 '축산업'으로 번역했다. 'Husbandry'는 주로 '(동물복지) 축산'의 의미로 쓰인다. 따라서 '동물 복지 축산', '축산', '축산 농업' 등으로 번역했다. 'Agriculture'는 '축산' 혹은 '농업'이라는 의미로 쓰여 분야 전체를 의미할 때만 '농업'으로 번역했다. 'Industry'가 포함된 단어의 경우 '산업'을 포함해 번역하고자 했다. 독자의 이해를 돕기 위해 '동물복지'라는 이미 존재하는 단어를 사용했으나 이는 이 축산의 형태가 사상적인 차원에서 동물의 복지를 지향한다는 의미일 뿐 한국 축산계의 '동물복지'와 같은 조건과 환경을 의미하지 않는다.

2. 이 장에서는 'RKARaising and Killing Animals for Food'와 'LDHALabour-based Defence of Humane Agriculture'라는 줄임말이 주요하게 쓰인다. 저자가 이에 대해 설명하기는 하지만 이 책에서는 독자의 편의를 위해 영문 줄임말 대신 RKA는 '식용목적도살', LDHA는 '노동기반축산옹호론'으로 번역하였다.

◉ Nicolas Delon, *The Meaning of Animal Labour* In: *Animal Labour: A New Frontier of Interspecies Justice?*. Edited by: Charlotte Blattner, Kendra Coulter, and Will Kymlicka, Oxford University Press (2020).
© Oxford University Press. DOI: 10.1093/oso/9780198846192.003.0008

공장식 축산을 둘러싼 논쟁과 조슬린 포처의 이론적 위치

동물복지, 식량 정의, 노동권, 지구 온난화, 환경오염을 신경쓰는 이들 사이에서 공장식 축산은 가장 극명한 논란이 있는 분야다. 많은 동물권 활동가들은 공장식 축산뿐 아니라 축산 농업 전체를 폐지하자고 주장한다. 반면 동물복지 축산의 옹호자들은 공장식 축산은 병폐가 크기에 더 전통적이고 소규모의 지속 가능한 관습으로 돌아가야 하며 우리의 소비 행태도 변화돼야 한다고 주장한다. 대립되는 두 의견 외에 잘 드러나지 않는 중도적인 입장이 일부 있지만 기초적인 논쟁점을 파악하려면 이 정도로 충분하다.

논쟁의 핵심은 다음과 같다. 공장식 축산에 대해 비판한다고 해서 꼭 농업에 가축을 이용해서는 안 된다고 주장하는 것은 아니다. 양측 모두 자신들은 동물들의 편이며 심지어 친구라고 말한다. 공동의 목표에도 불구하고, 동물에게 좋은 삶이 무엇을 의미하는지에 대해서는 양립할 수 없는 주장을 펼치고 있는 듯하다. 먹기 위해 동물을 죽여도 되는지, 어떠한 농업 체제에서 동물을 활용하는 것을 착취로 볼지에 대한 의견이 갈리는 것이다.

다르게 말하면, 가축이 누리는 이익을 무엇으로 볼 것인가? 인간과 비인간 동물 사이의 관계를 어떻게 볼 것인가? 가축이 인간과 관계를 지속하는 것에 관심이 있으며, 가축과 인간의 관계는 귀중하다는 주장에 대해서도 의견이 갈린다. 앞선 주장에 따르면 축산 농업의 폐지는 동물과 인간이 맺을 수 있는 유일하고 귀중한 관계인 노동까지 없애 버릴 것이다. 이 관점에서 농장동물은 노동자로서 자신들의 존재와 번영,

상호간의 보람 있는 관계에 꼭 필요한 가치 있는 활동을 한다고 볼 수 있다.

이 장에서는 먹기 위해 동물을 기르고 죽이는 것[줄여서, 식용목적도살 (RKA)]을 정당화할 때 노동의 가치를 전략적으로 활용하는 데 주목한다. 특히 동물을 도살하는 축산 농업이 인간과 동물의 대체 불가능한 관계 양식이라는 전제를 심문한다. 노동의 가치를 내세우는 동물복지 축산에 대한 변호[줄여서, 노동기반축산옹호론(LDHA)]의 여러 가정에 문제를 제기하면서, 가축을 먹기 위해 기르고 죽이지 않으면서도 지속 가능하며 가치 있는 관계를 맺는 대안적 방식을 고려한다. 식용목적도살은 축산이 (번식과 사육을 포함해) 도살을 전제하도록 만든다. 이 글은 노동기반축산옹호론이 식용목적도살을 성공적으로 뒷받침하지 못했을 뿐 아니라 많은 비판을 해결하는 데 실패했다는 점을 밝힐 것이다. 이를 위해 한 비거니즘 비평가에 주목하고자 한다. 동물복지 축산 운동을 대표하는 저명인사로 프랑스 사회학자이자 전직 농부인 조슬린 포처Jocelyne Porcher다.

포처는 자비로운 또는 양심적인 잡식동물의 관점이라 불리는 것에 기대, 특히 노동에 근거한 주장을 펼친다. 그렇게 함으로써 포처는 동물복지 축산에서 이뤄지는 동물노동이 무엇인지 보여 준다. 이 두 가지 설명은 밀접히 연관되는데, 노동은 그 자체로 가치 있으며 동물복지 축산은 노동을 장려하는 여러 가지 방법 중 하나라는 것이다. 말하자면 일 경험이 없는 행복한 고기(방목, 친환경 등 동물의 복지를 고려한 형태로 관리된 가축으로 만든 고기_옮긴이)는 진정으로 행복하다고 할 수 없다. 포처는 직접 구상한 21세기의 '협력적 유토피아'를, 동물과 더불어 살기 위한

'재창조' (그러나 어떤 면에서는 선조의) 방식이라 칭한다(Porcher 2011a; 2017). 나의 주요한 의문은 포처가 식용목적도살을 정당화하는 데 성공했는지, 단지 노동기반축산옹호론에 대해서만 성공했는지, 혹은 둘 다 실패했는지에 대한 것이다. 나는 포처가 단지 노동의 가치를 옹호하는 데만 성공했으며 노동기반축산옹호론이나 식용목적도살은 제대로 정당화하지 못했다고 생각한다. 따라서 우리가 동물과 가치 있는 관계를 유지하기 위해서 동물을 죽이고 먹어야 한다는 주장을 철저히 심문해 볼 셈이다. 포처가 도살을 동물복지 축산의 (필요악으로서) 필수 구성 요소로 생각하는 한 그의 주장은 유독 눈에 띈다. 포처는 노동기반축산옹호론을 주장할 때 **노동**이 정당화됨으로써 **식용목적도살**도 정당화되는 독특한 방식의 전략을 쓴다. 포처의 유토피아에 비춰 볼 때, 축산 폐지론자의 이상은 종종 '디스토피아'적으로 인식되는데 비건 도시인과 자연, 동물 간의 의미 있는 연결을 끊어 버리기 때문이다(Weele and Driessen 2013: 656).

이 장에서는 포처가 순전히 허수아비와 싸운 것[논지를 곡해하여 상대의 입장과 유사하지만 사실은 다른 엉뚱한 명제(즉, 허수아비)를 반박하는 일_옮긴이]은 아닐지라도 식용목적도살에 대한 조잡하고 비대표적인 비판만을 다뤘다고 생각하는 이유를 설명할 것이다. 나는 노동을 포함한 종간 관계를 소중히 한다고 해서 식용목적도살은커녕 꼭 노동기반축산옹호론을 지향할 필요가 없다고 생각한다.

첫 번째 절에서는 포처가 '동물 생산'(산업화된 축산)과 '산업화되지 않은 축산'을 용어적, 개념적, 평가적으로 어떻게 구분하는지 소개하고 이러한 구분이 인도적 식용목적도살을 둘러싼 논쟁에 어떻게 들어맞는지 이야기할 것이다.[1] 두 번째 절에서는, 포처가 식용목적도살을 정당화하기 위해 노동으로 예시했던 '연결'에 호소하는 방식에 대해 논의할 것이다. 세 번째 절에서는 동물이 동료 노동자라는 발상을 더 자세히 살피고 대안을 숙고할 것이다. 네 번째 절에서는 퍼브스와 들롱Purves and Delon(2018)의 주장에 기대어 식용목적도살이 동물들에게서 삶의 의미를 빼앗는다고 주장할 것이다.

산업 대 동물복지 축산

농업 생산의 증대로 심각한 문제가 생겼다. 농장 경영의 성장은 절대적인 규모나 동물의 수, 생산량, 수익성 측면에서 농부에게 이익이 되는 것처럼 보이는 규모의 경제를 가능케 했다. 그러나 다른 한편으로 농부는 경영에 대한 직접적인 통제력을 점점 잃어가고 있다. 특히 일상적인 농장 운영과 농장동물 각각의 행동과 필요를 면밀히 감독하는 능력에서 그러하다. 농경 사상은 전통적인 농부를 칭송한다. 그들은 사적 차원에서 농장동물과 알고 지내며 동물을 돌보고 동물을 대리할 수 있는 가장 좋은 위치에 있으며 그렇게 함으로써 토지와 공동체, 관습을 보존해 나갈 수 있었다(Bruxvoort Lipscomb 2016). 하지만 이제는 기껏해야 제한된 통제권을 허용할 뿐인 여러 생산 기술과 기술자들로 대체되거나 그러한 기술과 기술자들에게 점점 더 의존하는 처지에 놓이게 됐다. 농

---

1 최근 포처의 관점을 종합적으로 보고싶다면 포처Pocher 2017 참고.

부가 가진 선한 목자(어린 양을 이용하는 악한 자가 아니라 지극정성으로 돌보는 좋은 양치기를 의미하는 기독교 용어_옮긴이)로서의 정체성과 역할이 퇴색하는 와중에 농부를 환경오염에서 기인한 다양한 질병과 동물학대의 원인 제공자로 지목하는 여론이 점차 늘어난 탓이다. 이들을 향한 비난은 종종 무분별하고 때로는 부당했다. 이러한 변화의 가장 주된 요인은 이른바 BRIC이라고 불리는 신흥 국가(브라질, 러시아, 인도, 중국)에서 동물성 제품에 대한 수요가 20세기 후반 기하급수적으로 늘어난 데 있다. 북미와 유럽에서 채식주의가 소폭 증가하고 엄격한 복지 기준을 지킨 제품에 대한 수요가 늘어나고 있음에도 불구하고, 동물성 제품에 대한 세계적인 추세는 이를 능가하고 있다. 미국 산업 체제의 전형으로서 밀집형 가축 사육 시설(CAFOs)이 자리잡았고 중국 같은 국가들도 이러한 모델에 주목하고 있다.

'동물복지 축산(élevage)'과 '동물 생산'에 대한 포처의 구분에서부터 이야기를 시작하겠다. 그에게 축산은 농부(éleveurs)와 동물의 관계로서, "경제적이지만 동시에 관계적이고 정체성에 기반한다는 점에서 여러 합리성을 지닌 의미 있는 노동"이다(Porcher 2009: 162). 산업 생산품(예컨대 돼지, 닭, 토끼), 집약화 생산품(토지 면적 단위당 노동 혹은 자본이 집중적으로 투자되어 생산된 제품_옮긴이)(예컨대 유제품, 송아지)은 19세기 중반에 부상했으며 포처가 '동물공학zootechincs' 혹은 '동물 기계machines를 착취하는 것의 과학'이라 지칭하는 과학 기반 번식 및 과학 기반 축산과 함께 시작된 산업화 과정의 결과다. 축산은 "우리 문화의 일부이며 … 사람들이 그 가치와 취약성을 인지하지 못하고 있다"(Porcher 2009: 162). 그에 반해 동물 생산에는 문화나 역사랄 것이 없다. 이러한 구분은 서로 다른 두 가지 삼자 구도를 낳는다. 동물-농부-축산 대 생산물-생산-생산자가 그것이다. 후자는 (홍보 따위 목적으로 일부러 강조되곤 하는) 가축을 독립된 개체로서 바라보는 인식과 생산품으로서 대우하며 바라보는 인식 사이에서 긴장을 유발한다(Porcher 2009: 163).

포처가 수행한 사회학적 현장 연구는 대부분 인간 노동자의 '살아 있는 주관적 노동 경험', 그중에서도 특히 그들의 고통을 다뤘다. 특히 효율성을 고려하는 산업 속에서 농부는 동물에게 가할 것이라 기대되는 고통, (도살장에서든 농장에서든) 동물을 죽이거나 그 광경을 견딜 필요성, (동물 생산에 대한 비판은 결국 축산업 전체를 비판하는 것으로 귀결되는 상황 속) 농부의 대중적 이미지에서 비롯된 고통들이다. 예를 들어 파스칼 몰리니에Pascale Molinier와 포처는 산업적 양돈장에서 일하는 농부에 대해 '인식이 부족한' 이들이 농부에게 초래하는 고통을 강조한다. 가령 농장을 지원하는 '농장주와 직원들'(수의사, 기술자)과 소비자, 더 넓게는 양돈장 농부가 더러운 일을 한다고 인식하는 동료 시민들은 농부에게 고통을 준다(Molinier and Porcher 2006: 6). 이때 돼지와 농부는 '고통을 공유하는' 경험을 한다(Porcher 2011b).

포처가 느끼기에 가축을 기르는 일은 오해받고 있다. 언어학적으로 같은 용어가 식물이나 동물에게도 적용되며, 실생활에서도 그렇게 사용되는 것이 일례다. 오늘날 "우리가 식물성 물질을 다루는 것처럼 '원료(Porcher 2009: 165)'" 쓰듯 농장동물을 다루기 때문이다.[2] 실제로 축산

---

2 로레어Larrère(2010)는 생명체를 기계처럼 대하는 데카르트 모델을 생명에 대한 최초의 재현으로 조명한다. 데카르트 모델은 (시계 혹은 자동조절기계와 유사한) 기계 장치에서 열역학, 생명공학 모델로 발전했다. 유기체를 재현하는 이러한 방식은 사람들이 유기체를 기계처럼 이용하게 만들었다.

업계에서는 '동물질'(먹을 수 있는 동물 생산품), '살처분'(경제적이거나 안전상 목적의 동물 도살), '재활용valorisation'(프랑스어로 연료 또는 퇴비로 쓰고자 '동물질'이나 '폐기물'을 활용하는 것을 이르는 말) 같은 용어들을 일반적으로 사용한다(Porcher 2009: 163-164). 포처는 동물해방론자나 축산업 모두 축산을 동물질에 대한 착취로 잘못 이해하고 있다고 주장한다. 그에 반해 동물복지 축산은 본질적으로 동물을 자원으로 사용하지 않는다는 것이다. 그러니 축산/생산의 구분은 인간과 비인간 동료 노동자에게 해방적일 수 있는 (일방적으로 상대를 사용하는 것이 아닌) **관계**를 위한 공간을 열어 준다.[3] 그 반대로, 동물 생산은 공장식 양돈장의 여성 일꾼 같은 노동자들이 흡족하게 일하고 동물과 관계를 맺으며 행동하는 것을 불가능하게 만든다. 업계의 높은 이직률은 이러한 딜레마에 기인한다.

인간과 동물의 관계는 상호주관적 성격을 띠기에 산업 체제에서조차 필연적으로 둘 사이의 연결고리가 존속된다. … 하지만 이는 왜곡되는데, 일의 조직 구조가 이러한 **유대로서** 연결의 존재를 부정하기 때문이다. … 노동자는 '암퇘지의 친구'가 되라는 명령과 암퇘지의 머리를 큰 망치로 내리쳐 죽

---

3 포처Porcher(2014)는 다음과 같이 서술한다. "축산에서 … 노동의 중요성은 가축 산업에 의해 무시당한다. 가축 산업은 인간과 짐승을 그들의 행동 양식과 표준화된 기능을 수행하는 수단으로 축소시키기 때문이다. 노동이라는 쟁점을 논의하려고 하지 않는 동물해방론에서도 노동의 중요성은 동일하게 간과되었다 … 왜 동물해방론자는, 다들 자신이 정치적이라고 주장하며, 심지어 그들의 신조에 따르면 혁명적인 주장을 펼치면서도 노동이라는 탁월한 정치적 쟁점을 무시하는가? 나는 그 이유가 동물에 대한 정치적 분석이 인간과 짐승 사이의 굉장한 친밀감을 증명하는 반면, 사실 동물 '해방'의 목적은 인간과 짐승을 분리하는 데 있기 때문이라고 생각한다. 노동을 인정하는 것은 동물과 짐승의 유대를 인정하는 것이다. 그렇기에 이는 실로 혁명적이다."

이라는 명령의 이중성에 갇혀 버리고 만다. (Porcher 2009: 167-168; 또한 Porcher 2008)

다시 말해, 사회가 기대하는 바에 따라 노동자들은 동물을 따뜻하게 대하는 일이 금지된다. 사회는 오로지 음식의 저렴한 공급에만 관심을 두기 때문이다. 농부와 농장 노동자들은 "가장 중요한 부분은 '사람들을 먹이는' 것"인 사명을 완수하기 위해 일한다(Porcher 2009: 169; 또한 Mouret 2012 참고). 하지만 산업 체제에 대한 비판은 노동자들에게 "환경을 오염시키고 동물을 학대하며, 의심스러운 음식을 제공한다는 혐의를 제기한다." 이러한 비판으로 인해 사명은 "무색해진다." 궁극적으로, 관계의 붕괴는 노동자를 바라보는 동물의 인식을 손상시킨다. 관계만 무너지지 않았더라면 동물들은 "자발적으로 인간과 협업했을 것이라는" 말이다. 반면 산업 체제 안에서는 "동물은 고마움을 표하지 않는다. 그들은 심지어 일을 방해하기까지 한다(Porcher 2009: 169)."[4] 노동자의 고통에 대한 포처의 해석은, 동물학대가 이른바 대리인을 통해 동물에게 고통을 주는 체제의 **증상**임을 암시한다.

포처의 입장을 들어봤으니 이제 다시 우리가 문제를 제기할 차례다. 우리가 식용목적도살의 잠재적 가치를 높게 평가하지 않는 이유는 동물복지 축산이나 부당한 축산업 관행이나 별다르지 않기 때문이다. 같은 이유로, 동물해방 **혹은** 착취라는 이분법은 잘못됐다. 만일 우리가

---

4 노동 과정에서 동물이 저항하는 현상에 대해서는 흐라이벌Hribal(2007) 참고. 도살 과정에서 동물이 저항하는 현상에 대해서는 레미Rémy(2009)의 문화기술지 참고.

인간과 동물이 얽혀 온 역사를 이해하고 그 역사의 대체 불가능한 구현으로서 노동을 높게 산다면, 동물을 원료로서 착취하는 것을 피할 수 있다고 노동기반축산옹호론자는 주장할 것이다. 다음 절에서는 현 상황에 대한 포처의 진단과 그 진단의 중심에 있는 구분을 드러내면서 포처가 동물노동을 어떻게 이해하는지를 설명할 것이다. 나는 포처가 잘못된 이분법을 대체하기 위해 또 다른 잘못된 이분법(축산 폐지주의 혹은 식용목적도살)을 쓰고 있다고 주장한다. 동물이 동료 노동자가 될 수 있다는 관점을 취하는 것이 식용목적도살의 논거를 실로 심각하게 훼손한다고 나는 생각한다.

포처가 이해하는 동물노동

우리는 앞서 식용목적도살이 어떻게까지 잘못될 수 있는지 규명했다. 그렇다면 전통적인 축산 농업이 적절한 해결책이 될 수 있을까? 포처가 동물노동을 어떻게 이해하는지를 들여다 보자. 포처의 관점에서 노동이란 인간과 비인간 동료 노동자 사이의 이원적 혹은 집합적 관계다. 그러니 노동의 가치는 본질적으로 관계에 있다. 실제로 포처는 '연결'을 그 자체로 보존할 가치가 있다고 생각한다. 그렇다면 그의 개념 틀 안에서 진정한 노동이란 무엇을 의미하는가?

노동기반축산옹호론에 기반한 주장을 더 자세히 살피기에 앞서, 진정성이 결여된 노동이 무엇인지를 먼저 고찰해 보자. 최근 축산업은 대규모 생산을 유지하면서도 공장식 축산의 폐해를 해결하려는 새로운 기술에 투자하는 방향으로 가고 있다. 이 산업은 가축을 상호 교환이 가능한 생산 단위와는 다르게 특정한 욕구와 선호를 가진 개별 존재로 다루는 방법이 최적화된 생산으로 직결된다는 것을 꿰뚫고 있다. '정밀 가축농업PLF'은 유럽연합EU이 지원하는 표준화되고 인증된 방법을 활용한다. 정밀가축농업은 농업의 (환경에 대한 영향, 효율성, 식품 안전, 복지 측면에서) 지속 가능성을 개선하기 위해 노력하는 동시에 동물성 제품의 꾸준한 혹은 증가하는 수요(실제 2050년 예상 인구인 90억 명을 위한 식량)를 충족하며 더 엄격한 복지 기준을 갖추고 있다(Berckmans 2004; Lehr 2014; Werkheiser 2018). 정밀가축농업은 '자동 착유 시스템, 마이크로칩 시술, 원격 전자 감시, 정밀 사료 급여, 빌딩 환경 감시, 가상 울타리, 인공수정 기술, 로봇 기술' 등 정보 기반의 혁신 기술 같은 새로운 방법을 통해 가축 산업을 지속시킨다. 어떤 면에서, 정밀가축농업은 선한 목자라는 이상적인 농경 사상을 대규모로 복제해 내는 것처럼 보인다. 이 시스템은 동물의 개별적 특성에 주목했기에 가장 효율적이며, 특정한 욕구에 맞춰져 있다. 모순적이게도 이런 지점이 농부를 대체 가능하게 만든다. 정밀가축농업은 동물에게 미치는 부정적 영향을 최소화하는 방향으로 설계되어 있다. 하지만 농장동물의 수는 너무 많고 공장식 농장에 사는 동물은 사람과의 교류에 익숙지 않다는 문제가 있다. 따라서 정밀가축 농업은 상호작용을 최소화하는 방식으로 부정적 영향을 줄인다. 포처처럼 선한 목자의 옹호자들은 이러한 경향을 소외를 야기하는 생산 체제에 의해 노동자, 일자리, 관계가 파괴된 것으로 해석한다. 소규모 농장에서처럼 농부가 일찍이 동물과 친숙해지기를 장려하는 대신, 개체에 대한 관심이 환영받으며 일종의 비접촉 착취를 조장하는 결과를 낳았다. 정밀가축농업은 '집약적 생태 축산업'을 가능케 한 것이다(Porcher 2017: 36).

포처의 동물복지 축산은 정밀가축농업과 어떻게 다른가? 유럽의 농기계 산업을 대표하는 연합인 유럽농기계연합(CEMA)은 '스마트 축산'을 지지하는 주요 단체 중 하나다. 유럽농기계연합에 따르면 스마트 축산에는 많은 장점이 있다. 예컨대 자동화 솔루션이 생산성을 증대시키고, 실시간 디지털 정보와 빅데이터를 얻기 수월할 뿐만 아니라 인간노동이 가진 제약을 넘어서 결과적으로 동물이 자연스러운 행동을 하고 그런 행동에 참여할 수 있는 더 많은 기회를 제공한다.[5] 반면, 정밀가축농업은 동물들이 선호를 표현하는 것을 제한하므로 당연히 참여도 제한한다. 기술자, 생물학자, 경제학자가 설계한 최적화 시스템을 도입해 신호 수신 및 해석 체계를 구축한 후에, 그 동물을 잘 알지도 못하는 농부들에게만 자문받기 때문이다(Lehr 2014; Werkheiser 2018). 전통적인 축산 농업은 특정 동물들에게 직접 관심을 가져서 동물들이 스스로의 욕구와 선호에 대해서 농부들과 효율적으로 소통할 수 있도록 하는 반면 정밀가축농업은 이를 대규모로 복제하고자 한다. 정밀가축농업이나 일반적인 집약 농업과 다르게, 동물복지 축산 농업은 동물의 적극적인 참여를 촉진한다. 예를 들어 일부 농장에서는 젖소가 착유 로봇과 상호작용을 할지 스스로 결정하고 착유의 순서를 선택하는 것을 통해 착유 과정에 참여할 수 있으며 심지어 조용한 시간을 보내는 대가로 종종 다른 보상을 거절하기도 한다(Driessen 2014; Driessen and Heutinck 2015;

---

5 '스마트 축산'에 대해서는 http://www.CEMA-agri.org(2019년 1월 15일 접속) 참고.

Porcher and Schmitt 2010; 2012; Stuart, Schewe, and Gunderson 2013). 대규모 운영은 어느 정도의 선택권을 허용하지만, 정밀가축농업은 참여의 의지를 꺾는 경향이 있다. 정밀가축농업 기술은 동물의 자율성과 표현력을 약화시켜 동료 노동자이자 적극적인 공동체 구성원으로서 동물 지위를 훼손시킨다. 정리하면, 정밀가축농업은 포처가 말하는 노동기반 축산옹호론에 들어맞지 않는다.

이와 대조적으로, 노동의 가치에 대한 포처의 설명은 얼마나 그럴듯한가? 우리는 애초에 왜 동물과 함께 살아야 하는지, 같이 산다면 왜 꼭 노동을 해야 하는지 물어야 한다. 포처의 주요 주장은 역사와 인류학을 얼버무린 경험적 전제에서 시작한다. 한마디로 우리는 동물과 함께 할 때 더 행복했으며 언제나 함께 살았다는 것이다. "농부와 가축은 수천 년간 함께 살고 일해 왔다. 아마 이는 단순하게도 함께 사는 것이 떨어져 있을 때보다 더 흥미롭고 훨씬 즐겁기 때문일 것이다"(Porcher 2009: 166). 이 전제는 가치론적인 의미를 내포한다. 노동은 함께 사는 삶의 고유한 가치를 유례없이 구현한다는 것이다. 역사를 통틀어 축산 농업은 가치 있는 노동의 주요 형태였으니, 이를 장려해야 할 것처럼 보인다. 그리고 바로 그 축산 농업은 (사람들을 먹이기 위해서라거나 여러 현실적인 이유들로) 도살을 포함하기 때문에, 함께 사는 것의 고유한 가치를 지킬 방법은 식용목적도살의 장려뿐인 것만 같다. 왜 이런 결론에 다다른 걸까? 추론이 틀렸기 때문이다. 이제 내가 반박할 차례다.

나의 오랜 질문은 다음과 같다. 만일 즐거움이 관계를 형성하고 지속하도록 동기를 준다면 왜 이는 노동을 통해 구현돼야만 하고, 개중에서도 도살 기반의 생산 노동이어야 하는가? 오늘날 대부분 주인과 반려동물이 맺는 고립되고 상업적인 관계가 이러한 형식의 관계를 포함한다는 것을 포처는 미심쩍어한다. 물론 반려동물과 농장동물이 모두 진정한 동료가 될 수 있지만, 그러한 관계는 일적으로 동료애를 느낄 때에나 가능하다는 것이다(Porcher 2017: 1-22). 그렇다 할지라도 왜 노동의 가치가 축산 농업, 더 나아가 심지어 식용목적도살에서 구현된다고 생각하는가?

게다가 포처의 주장은 지난 역사에 근거하고 있다. 상호 보상적인 관계를 보여 주는 과거의 사례에 포처가 전적으로 기대고 있으니 그가 개별 존재들이 얻는 복지 이익에 관심을 갖는 것은 당연하다. 하지만 포처가 특정한 생애 기간에 걸쳐, 개별 존재들이 맺은 관계를 칭송하는 동안 역사적 논증은 시간이 지날수록 우리와 다른 종 사이의 관계를 기습적으로 망치는 것처럼 보인다. 가축화가 인간 존재를 포함하여 많은 종(생물 분류의 기초 단위_옮긴이)과 품종(종의 하위 단위로 인위적인 유전자 개량을 통해 생긴 새로운 생물 개체군_옮긴이)의 진화적 적합성을 증진할 수 있다는 측면에서 유익했다는 것을 인정하자. 가축화된 많은 종과 품종들은 생태 공생적 협동 관계의 일부다.[6] 하지만 그렇다 하더라도, 이것은 그저 경험에 근거한 서술일 뿐이다. 역사 자체는 현재의 관행은 고사하고 가축화에 대한 어떠한 정당성도 부여하지 못한다.

기원에 근거해서 현재의 관계를 정당화하고 가능한 최상의 형태를

---

6 경험에 근거한 이야기는 때때로 사회적 '가축 사육' 계약이라는 개념을 지지하기 위해 전개된다(Budiansky 1999; Larrère and Larrère 2000). 이에 대한 비평은 파머Palmer(2010: 57-62) 참고.

추론하는 것은 **발생론적 오류**의 예다. 특히 가축화는 내부적으로 기인한 부수적인 관행들을 대부분 정당화할 수 없다. 새로 생겨난 의존성을 오히려 이용함으로써, 현대 축산은 공생적일 **수 있었던** 관계를 비대칭적인 취약성이 발현된 사례로 변모시켰다. 물론 현재의 축산 관행은 부당할 수 있으나 가축 사육의 핵심 가치는 여전히 훼손되지 않았다. 내가 포처를 비판하는 이유는 가축화 그 자체 때문이 아니다. 단지 가축화의 지난 역사에서 오늘날 관행이 가치 있다고 추론할 수 있는 근거가 얼마 없다는 사실을 지적하고 있을 뿐이다.

마지막 요점은 역사에 관한 것이다. 노동기반축산옹호론은 인도적인 식용목적도살을 정당화하기 위해 소위 **대체 가능성 논거**를 일반적으로 포함한다. 대체 가능성 논거란 우리가 아니었다면 애초에 존재하지도 않았을 행복한 동물을 만들어 (비교적 어릴 때) 먹기 위해 죽이지만, 그들의 빈 자리를 또 다른 행복한 동물로 똑같이 대체하는 한 그 관행은 동물, 농부, 소비자, 환경, 사회 전반에 총체적인 순이익을 창출한다는 것이다. 동물에게 죽음이 해가 된다고 할지라도 삶의 기쁨이 주는 이익으로 상쇄된다는 식의 논리다. 이 논리에 따르면 짧은 삶일지라도 행복했다면 아예 삶이 없었던 것보다 낫다. 이 논의를 면밀히 살피는 것은 이 장의 범위를 벗어나 있기에[7] 간단하게만 짚고 넘어가고자 한다. 우선 포처는 농부가 동물을 결국 죽이긴 하지만 살아 있는 동안은 좋은 삶을 살게 두면서 가능한 한 늦게 그리고 잘 죽을 수 있게 한다는 (그럼에도 여전히 시기상조인데다 동물을 먹기 위한 주장인) 대체 가능성 논거를

---

7 개략적인 설명은 들롱Delon(2016), 상황에 대한 비평은 유트리아Utria(2014) 참고.

암묵적으로나마 거의 지지하는 것으로 보인다.[8]

둘째로 이 논지는 동물로 추정되는 누군가가 존재하지 않았더라면 더 나쁘다고 (혹은 적어도 존재하는 것이 더 낫다고) 가정한다. 그러나 존재하는 것이 그들에게 좋다는 사실이, 존재하지 않는 것보다 존재하는 것이 그들에게 더 낫다는 사실을 수반하지는 않는다. 만일 우리가 품종과 종의 존재 자체에 호소하여 주장을 입증한다면 이로부터 도출되는 이점은 훨씬 더 추상적일 것이다. 존재하는 개체들은 존재한다는 사실을 즐기지 않는다. 만일 그렇다면 대체 어떤 상황과 비교해 그것이 더 낫다고 할 수 있는가? 축산을 경유하는 관계는 상호적으로 적응하는 성격이 있기에 지속됐다. 하지만 그런 사실로부터 개별 존재가 받을 수 있는 **복지** 이익에 대해 추론 가능한 점은 전무하다. 일부 종이 진화론적으로 번성했다는 사실(개와 늑대의 차이를 생각해 보자)만으로는 개별 존재들을 어떻게 대해야 하는지에 대해서 거의 알 수 없다. 선택의 단위로서 유전자의 훌륭함만을 고려하는 것은 도덕적으로 부적절하다. 중요한 것은 동물들의 입장이다.

---

8 포처의 작업에서 이 주장은 모스적인Maussian '**증여/역증여**don/contre-don' 발상(프랑스 사회학자이자 인류학인 마르셀 모스는 교환 행위의 호혜성에 천착해 주고, 받고, 갚아야 하는 삼중의 의무가 수행됨으로써 공동체가 유지되고 결속될 수 있다고 주장한다. 더 자세한 내용은《증여론》참고_옮긴이)에 근거한다(Mouret 2012; Porcher 2002; 2017: 73-83). 다음과 같은 포처의 말이 그 예다. "농부가 동물들에게 생명을 주었기에 농부는 동물에게 헌신하고 동물은 농부에게 의지할 수 있어야 한다. … 증여받은 삶이라는 선물과 동물에 대한 농부의 책임 그리고 매일같은 보호와 보살핌이 동물들로 하여금 증여받은 것을 돌려줄 수 있도록 하는 것이다(Porcher 2002: 27)." 농부들의 증여는 동물의 일생 내내 그중에서도 특히 도살을 미루거나 피하려고 할 때 지속되며 반복된다. "농부는 흔히들 삶이라는 선물이 반복된다고 생각하는 것 같다. … 그것은 농부의 경제적 이익에 반하는 것이다. … 이것이 암시하는 바는 동물들이 주는 역증여의 증가를 의미한다(31)." 포처는 식용목적도살이 동물이 자신의 생명을 바치는 것이나 다름없는 의미를 지닌 선물이라고 가정한다.

그렇다면 인간과 동물이 함께하는 삶의 고유한 가치를 보존하기 위해서 축산이 필요하다는 점 그리고 개별 동물들이 다른 방법으로는 절대 누릴 수 없는 이익을 누리고 있고 그 이익은 때이른 죽음이 끼치는 해를 상쇄할 만큼 크다는 점을 보여 줄 수 없는 한 포처는 불완전한 주장을 펴고 있다. 그런데 다음에 따르면 포처의 인정을 받을 만큼 충분히 좋은 삶은 현실에 없는 것 같다.

> 좋은 삶이란 … 동물의 세계와 그 세계가 지닌 관계적, 인지적, 감정적 잠재력이 조화를 이루는 삶을 의미한다. 또한 동물들과 함께 설계한 서식지이자, 그들이 가거나 가지 않을 수 있는 곳이며 개인적이거나 집단적인 공간을 의미한다. 그것은 동물의 필요뿐 아니라 취향에도 잘 맞는 다양한 음식을 의미하기도 한다. 그리고 동물의 생체리듬을 고려한 노동 구조와 동물들 사이의 관계를 고려하는 것을 의미한다. 친구관계, 어미와 새끼의 관계 그리고 갈등관계까지도 고려해야 한다. 그것은 노동의 구조로서 … 동물에게 자기 삶을 펼칠 기회를 주고, 생산 현장 안팎에서 이 생애계획에 부합하게끔 가축들이 기대수명을 연장받아 노동 이외의 삶도 즐길 수 있도록 하고 은퇴한 후에도 인생의 재미를 보도록 한다. (Porcher 2017: 119)

축산에 이러한 가치가 있는가? 새끼 동물들을 돌보는 어미 동물을 보고 나서 농부는 스스로를 '가장 행복한 사람'(Porcher 2009: 166)이라 칭하며 '조화', '함께하는 건강한 삶'이 주는 즐거움을 경험했다고 말한다. 대체 가능성을 제쳐둔다 해도 동물복지 축산이 적어도 상호적인 번영을 진정으로 포함한다고 상상할 수는 있다. 하지만 포처는 두 가지 문제를 뒤섞어 버린다. 이미 존재하는 동물들이 농장에서 일하지 못하게 된다면 입게 될 손실, 존재하지 않는 동물을 단계적으로 없애는 과정에서 입게 될 손실이다. 존재하지 않는 동물이란 종 단위의 멸종은 아닐지라도 우리가 먹기 위해 기르다가 죽이는 품종 같은 경우를 말한다. 반면에 존재하지 않는 존재는 결코 어떤 손실도 경험하지 않는다. 하지만 실제로 존재하는 동물의 경우, 제대로 관리되지 않는 은퇴의 과정, 방치, 안락사로 인해 손실을 입을 수 있다. 이것이 유일한 대안이라거나 종이나 품종 자체가 해를 입을 수 있다고 가정해서는 안 된다.

흥미롭게도 포처가 내세우는 사례 중 하나는 축산과 전혀 관련이 없다. 아시아 지역에서 조련사 마훗Mahout에 의해 벌목에 이용되는 코끼리 그리고 프랑스의 당나귀와 말은 노동의 기계화로 인해 일자리를 잃었다. 그 결과, 연결을 보존하기 위해 "사육자들은 이제 관광객을 태우는 등 코끼리와 당나귀를 고용할 다른 방법을 찾고 있다. … 인간 세계에서 이 동물들이 사라지지 않도록 하기 위함이다(Porcher 2009: 167)." 코끼리 노동은 코끼리를 보호할 뿐 아니라 종간 협력의 형태를 유지하기 위한 한 방안으로 그럴 듯하게 들린다. 니콜라스 레인Nicolas Lainé(2017)은 라오스의 외진 마을 주민들이 계절에 따라 코끼리와 함께 노동하는 일과를 설명한 바 있다. 코끼리는 마을 주민들이 물품을 옮기고 숲을 청소하고 잡초를 뽑는 것을 돕는다. 만일 위의 사례에서 포처와 레인이 '연결'의 가치 있는 구현을 정확히 보여 준 것이라면, 서로 연결되기 위해서 꼭 가축으로 길들이거나 감금을 할 필요는 없다는 뜻이 된다. 코끼리의 이러한 업무 환경이 코끼리의 번영을 포함할 수 있다고 가정해 보자. 마훗과 코끼리의 관계는 조상 대대로 (아마 5,000년간) 물려받은 것

이고 가족 전통에 기반해 있으며(Hart and Sundar 2000), 동업 형태로 간주
된다(Hart 1994). 그런데 이런 관계가 진정으로 번영하려면 우리는 코끼
리를 일시적으로만 감금해야 한다. 조상 대대로 공유된 역사적인 활동
임에도 불구하고 코끼리는 고도로 복잡한 정신적, 사회적 생활을 하기
때문에 감금하기에 부적합한 동물이다(Poole and Moss 2008; Vanitha et al.
2011). 마지막으로, 이 코끼리들은 인간이 먹으려고 도살하기 위해 사육
된 것이 아니다. 이는 축산에서 볼 수 있었던 것과 완전히 다른 유형의
관계다. 이 사례에서 얻을 수 있는 교훈은 상호 보상이 가능한 일은 매
우 까다롭고, 종에 따라서나 상황에 따라 신중을 요할 가능성이 높다는
것이다. 이 사례는 축산에 대해서는 거의 알려주지 않는다.

따라서 이런 사례에서는 극히 제한적인 범위에서만 노동에 관해 주
장할 수 있다. 만일 코끼리가, 당나귀가, 말이 적어도 노동자로서 그리
고 농장동물로서 좋은 대우를 받고 있다면, 계속 '연결'되기 위해서 식
용목적도살은 불필요하다. 나아가, 만일 이 동물들이 일을 하지 않을
때보다 노동자로서 더 나은 삶을 살고 있다면 그로 인한 이익은 이 **특
정** 동물들에게만 주어지는 것이다. 다시 말하지만 존재하지도 않은 동
물들이 그로 인해 더 나쁠 이유는 없다.

요약하자면, 포처의 주장은 너무 과하거나 너무 빈약하거나 둘 중 하
나다. 이미 존재하는 생명체가 영위할 수 있는 두 가지 삶에 대한 비교
는, 오직 새로운 존재를 **반드시** 창조해야만 하는 이유를 보여 줄 수 있
을 경우에 한해서 가능할 것이며, 이 경우 이 두 가지 삶 중 하나의 방식
으로 새로운 존재를 살게 할 때만 정당화될 수 있다. 하지만 우리는 그
럴 법한 가능성이 있는 존재를 고려하고 있는 것이지 필연적으로 있어

야만 하는 존재를 고려하는 것이 아니다. 우리가 고려하는 생명체의 존재 여부는 오직 우리의 선택에 달려 있다. 포처는 가치 있는 삶을 살 생명체를 존재하게끔 만들어야 할 결정적인 이유가 있다는 주장을 하고 있는 것이다. 만약 그렇다면, 동물이 살 가치가 있는 한 우리에게는 엄청나게 많은 관습을 보존해야 할 책임이 있는 것처럼 보인다. 포처조차도 그런 주장을 하고 있지는 않지만 말이다.

그의 주장은 동물에게 단지 살 가치가 있는 삶을 주자는 것이 아니라 좋은 삶을 줘야 한다는 것이기에 더 까다롭다. 우리가 보았듯이 포처는 정동情動(감정, 정서, 기분, 느낌, 욕망 등에 관련한 모든 잠재된 경험을 총체적으로 이르는 말로 이러한 요소들이 고정적이지 않고 움직인다는 점을 강조하는 단어_옮긴이), 그중에서도 특히 즐거움에 호소한다. 이걸 곧이곧대로 받아들인다면 포처는 결과적으로 스스로 예상한 것보다 더 엄격한 기준을 만든 것이 아닐지 의심된다. 즉, 동물과 관련된 현재의 많은 관행은 이 기준을 적용한다면 더 이상 전혀 허용되지 않는다. 무엇보다도 오늘날 대부분의 농장동물 삶에서 불행이 즐거움에 비해 현저히 많을 정도로 정동의 불균형은 심각하다. 더 흥미로운 질문을 던지겠다. 동물복지 축산을 포함한다 처도 도대체 어떤 노동이 즐거움이라는 기준을 충족시킬 수 있는가. 동물노동은 일반적으로 외부로부터 가해지는 엄격한 제약이 많은 중노동이다[가령, 마차를 끄는 말, 관광용 코끼리, 경찰견·보안견·탐지견 같은 징집 동물의 동물노동 등(DeMello 2012: 194-214)]. 당연히 경찰이나 군을 위해 일할 때도 의미 있는 개인적 유대를 느낄 수 있고, 이런 상호작용의 많은 부분은 긍정적인 영향을 공유하는 것을 포함한다(DeMello 2012: 194-214, 234-235). 고된 직업에 내재된 여러 위험과 제약에도 불구하고 이런 노동은 매우 즐겁고 양측 모두에게 유익한 상호작용일 수 있다. 그리고 인간 노동자의 입장 역시 중요하다. 전통적인 농부와 마찬가지로, 훈련사, 조련사 등 동물과 함께 일하는 사람들은 동물의 취향과 필요에 대해 귀한 통찰력을 얻었다. 그들의 경험은 '전문적인 민간 지식'(Andrews 2009)의 가치 있는 원천이며 동물을 산업적으로 바라보는 인식과 대조를 이룬다. 하지만 노동은 동물의 어떤 신호들을 모호하게 만들기도 한다. 특정한 목표나 가치, 필요, 고정관념은 신호가 주는 것을 받아들이고 수용할 때 오해를 만들 수 있다. 인간은 단순한 보호자나 수탁자가 아니다. 그들은 특정한 목적을 달성하기 위해 동물들을 사육하고, 기르고, 팔고, 사며, 훈련시키고, 가둔다. 이때 특정한 목적은 그들이 동물로부터 주의를 기울여야 할 신호가 무엇인지를 결정한다. 그렇기에 어떤 노동이 좋은 삶을 제공할 수 있을지는 오직 경험에 의해서 알 수 있는 문제로 남아 있다. 그런데 우리는 인간 노동자들의 개인적인 증언이 매우 다양한 노동 환경과 작업 환경에서 일하는 동물의 경험을 정확하게 파악한다고 단편적으로 말할 수 없다.

많은 가축이 번영하려면 '(인간의) 경제적 수입과 (동물의) 일용할 양식을 보장하는' 노동으로 촉진 가능한 인간과의 상호작용, 아마도 동지애 또는 우정이 필요하다(Porcher 2009: 167)는 포처의 의견에 동의할 수 있다. 그러나 의미 있는 형태의 연합을 굳이 노동으로 제한할 이유란 또 무엇인가?

포처가 주장하는 우정의 개념 또한 억지스럽다. 전형적으로 노동과 우정은 서로 겹치는 경우가 있더라도 별개의 영역이다. 흔히들 친구를 직속 부하로 두는 것은 나쁜 생각이라고 말해진다. 물론 나는 많은 예외 상황이 존재할 수 있다고 확신하지만, 우정은 평등한 관계에서 활기를 띠고 노동에는 때때로 우정에 반하는 제약들이 요구된다. 어쨌거나 우정에 대한 비유를 가볍게 넘길 수 없는 상황이라면, 우정이라는 명목 아래 밥값을 하게끔 사육하고, 살찌우고, 도살하거나, 가둔 채로 열심히 일하라고 강요하는 상황을 필요로 하는 데다 우정이 그렇게 하도록 내버려둔다는 사실을 분명히 보여 줄 책임은 포처에게 있다. 이제 (반려동물과 보호자가) 친구가 되는 것이 우정의 관점에서 볼 때 노동보다 나을 수 있지만, 행위성의 관점으로 접근한다면 혹자는 노동이 더 나을 수도 있다고 대답할 것이다. 실제로 포처는 오늘날 반려동물을 기르는 관행이 진정한 의미의 상호작용을 포함하지 않는다고 종종 비난한다. 반려동물은 **특정한** 종류의 (반려동물만 해야 하는) 일을 할 줄 알아야 한다. "반려동물의 일이란 게 그렇듯이 아무리 별개의 것이라 하더라도 노동하지 않는다면, 사람과 동물 사이에는 어떠한 유대도 없을 것이다"(Porcher 2017: 120). 동지가 된다는 것은 일종의 노동이다. 또한 인간의 동지가 된 반려동물은 돌봄 노동, 정서적 지원, 동물매개치료 등 많은 서비스를 수행한다. 반려동물을 기르는 많은 기존 관행들이 동물의 행위성을 좌절시킨다는 측면에서 포처는 옳다. 허나 단지 우리가 개를 가둘 수 있다고 해서 개다운 행위성을 강화시킬 수 없다는 것을 의미하지는 않는다(Horowitz 2014). 그렇다면 궁금한 것이 있다. 우리가 그 안에서 행위성을 길러줄 수 있다면 동지애는 인간과 동물이 서로 연결되기에 왜 충분하지 않은가? 훈련된 개, 말, 새를 포함해서 인간과 동물이 동지애를 가지고 서로 의미 있게 유대하는 모델을 확인할 수 있고 이는 상호 간 동등한 능력은 아니더라도 진정한 정서적 관계에 기반해 있다. 예컨대 게리 바너Gary Varner(2002)는 개, 말같이 이미 우리 동지인 동물과 형성할 수 있는 관계의 유형을 설명한 바 있다. 이를 '길들여진 동지애'라고 하는데 이 관계를 통해 그들의 능력을 기르고 존중할 수 있다는 것이다.

포처는 증상을 설명하고, 진단하고, 실현 가능한 해답을 보여 주고자 했다. 반면 나는 포처의 노동기반축산옹호론이 이대로라면, 고된 노동은 물론이고 축산과 식용목적도살을 보존해야 할 결정적인 이유를 제시하는 데 실패하고 있음을 주장했다. 다음 절에서는 노동기반축산옹호론을 과감히 버리고 다른 대안을 고려해야 할 또 다른 이유를 제시하겠다.

축산이 아니라면 무엇일 수 있을까?

이 절에서는 노동에 대한 포처의 설명이 축산을 지지하는 데 실패했음을 다음 두 가지 측면에서 검토할 것이다. 대안을 고려하지 않은 실패, 동료 노동자로서의 동물이라는 개념틀에 내포된 뜻을 충분히 끌어내지 못한 실패다.

1. 포처는 삼도 논법(축산, 자유, 산업형 농업)을 제시한다. 그의 주장에 따르면 자유와 산업형 농업은 '연결'을 깨는 것을 수반한다. 포처가 언론이나 공개 강연에서 몇 번이나 주장해 왔듯 합성육 혹은 배양육 그리고 동물성 제품조차 생명공학산업의 물질 착취에 기반해 있으며, 동물권 활동가들과 거대 산업체들의 전략적 동맹 아래 실제 생명체들이 파

괴되고 '살아 있는 죽음'이 대규모로 생산됐다(Porcher 2017: 99-100; 2007; 2014). 논쟁의 실마리를 마련하고자 나는 연결을 보존해야 하는 이유를 인정한 바 있다. 실제로 마지막 절에서 나는 오직 동물을 위해 그렇게 해야 할 이유가 있다고 주장한다. 대부분의 동물권 옹호자들이 포처의 주장에 동조하기는 쉽지 않을 것 같다. 어쩌면 대부분은 아닐지라도 많은 경우가 그럴 것이다. 그들은 인간과 동물 간의 의미 있는 상호작용을 보존하고 싶어한다(아래에서 더 자세히 설명하겠다). 다만 나는 포처의 삼도 논법을 거부한다.

포처(2018)는 지난 나의 논문(Delon 2017)에 응답하며 축산 없이 인간과 동물의 연결을 보존하려는 시도가 어떤 비극적인 대가를 야기하는지 강하게 역설한다. 예컨대 우리가 소와 함께 살기를 바란다고 할 때, 소가 건강하려면 유전적 다양성이 필요하며, 이를 위해서는 충분히 많은 개체가 있어야 한다고 포처는 말한다. 그러나 동시에 이 개체들은 개체를 솎아내는 작업을 통해 관리되어야 한다. 예를 들면 식용목적도살 기반의 축산이 그것이다. 그가 다른 글에 썼듯 "동물을 번식시키고 새끼를 파는 일은 관계를 지속 가능하게 만드는 수단이다"(Porcher 2017: 113). 다른 말로, 우리가 만약 식용목적도살을 하지 않는다면 동물을 불임(궁극적인 측면에서 우리가 보존하고자 하는 동물을 단계적으로 제거하는 행위)으로 만들거나, 안락사하고, 굶겨 죽이는 일에나 전념하게 될 것이라고 포처는 주장하는 것이다. 즉, 동물과의 관계를 중시하는 나 같은 동물윤리학자들은 정말 "그러는 줄도 모르는 새[몰리에르Molière의 희곡 주인공 무슈 주르댕Monsieur Jourdain이 산문을 말하는 것처럼(인간의 허영심을 비판하는 작품 《서민귀족》에서 주인공인 주르댕이 신분 상승을 위해 들은 철학 수업에서, 배우지도 않았는데 이미 평생 동안 문장, 즉 산문을 말해 왔다는 기초적인 사실을 깨닫는 우스꽝스러운 장면에 빗대고 있다_옮긴이)] 축산을 촉진하게 된다(Porcher 2018: 120-121)."

결과적으로 동물복지 축산(포처의 개념에 따르면 이 축산 형태는 식용목적도살을 수반하며 여기서도 그렇다고 가정하겠다)과 공장식 축산 양측에 대한 거부는 결국 축산 폐지주의를 수반한다고 포처는 말한다. 포처와 같은 다수의 옹호자들은 가축화가 착취라기보다는 '해방'의 한 형태가 될 수 있음에 동의한다(Porcher 2009: 164). 단지 굉장히 다른 용어를 쓸 뿐이라는 것이다. 폐지 대 착취의 이분법은 틀렸고 물론 많은 동물윤리학자들이 이런 주장을 내세우지도 않는다. 만약 포처처럼 우리가 받아들일 수 있는 연결의 형태가 비극적인 대가, 즉 단순한 자연사가 아닌 실제로 죽이는 일을 수반한다고 가정한다면 수많은 질문을 뒤로 하고 상황을 섣불리 단정 짓는 것일 뿐이다.[9] 많은 동물권 연구자와 활동가들은 대부분 식용목적도살 폐지를 주장하지만 동물과 인간 사이의 '연결'까지 끊어버리자고 말하지는 않는다(예를 들어, Donaldson and Kymlicka 2011;

---

9 포처는 현장 연구를 통해, 도살의 필요성이 농부와 도살장 일꾼에게 야기하는 고통을 반복적으로 강조한다. 농부와 일꾼들은 동물을 살려둘 수 있기를 바라며 경제적으로 가능한 한 도살을 미루려고 한다는 것이다. "동물들은 죽기를 원치 않고 우리는 그것을 안다. 특히 농부들의 동물권 감수성이 달라지고 있기에 이에 따른 질문들은 우리를 괴롭힌다. … 여기 채식주의자 농부들이 있고, 소가 20마리 혹은 심지어 2, 3마리밖에 없다 하더라도 진심으로 만족하는 농부들이 있다(Porcher 2017: 113)." 식용목적도살은 이른 죽음을 암시하지만, 동물복지 축산은 이를 마지못해 받아들인다. 무레(2012)는 (양돈장) 농부와 죽음 사이의 관계를 '비통한'(Porcher 2002; Mouret and Porcher 2007 또한 참고) 것으로 묘사한다. 무레의 설명에 따르면, 이러한 마음은 순환적 '증여-역증여' 상황과는 다르다. 이 마음상태는 안락사든 도태든 도살이든 간에 죽음이 지닌 악惡이 만드는 관계적인 영향과 인식의 복합적인 결과라는 것이다(Mouret 2012: 77-80). 무레는 동물이 동의해서 증여한 것이 아니라 빼앗겼을 뿐이라는 것을 인정한다.

Cochrane 2012).[10] 포처는 식용목적도살에 대한 비평과 인간과 동물의 관계에 대한 비평을 뒤섞지만, 전자가 후자를 꼭 내포할 필요는 없으며, 동물노동의 잠재적인 가치를 옹호한다고 해서 노동기반축산옹호론에 찬성할 수밖에 없는 것은 아니다.

축산을 통해 구성된 사회적 정체성과 직업이 도덕적으로 중요하며 사람들에게 의미를 부여한다고 가정해 보자(많은 소규모 농장의 농부들에게 확실히 그렇다). 그렇지만 오래된 관행이 사라진 자리는 새로운 관행이 채우며 그에 맞는 새로운 정체성, 직업이 함께 따라온다. 조시 밀번Josh Milburn은 '공정 우유clean milk'에 관한 최근 논문에서 이 점을 제대로 지적하고 있다.

공정 우유의 대대적인 성행은 젖소 이용과 관련된 **특정 방식**, 특히 어떤 직업들이 더 이상 사람들에게 받아들여지지 않는다는 사실을 의미할 수도 있지만, 그것은 도덕적, 사회적, 기술적 진보가 낳은 일반적 결과다. 실제로 이런 결과는 보통 우려할 만한 상황으로 취급되지 않는다. 담배가 덜 용인되는 방향으로 사회가 변했다고 해서 담배 산업의 일자리 감소에 대해 재정적으로 별 관계가 없는 다수의 사람들이 사서 걱정하는 상황을 상상하기는 어렵다. 마찬가지로 핀세터Pin-setter(볼링 핀을 원래 위치로 정렬하고 볼링 공을 되돌려 놓는 일을 하는 사람_옮긴이), 얼음 절단 기사, 전보電報 운영자로 고용되는 사람들은 이제 더 이상 없으며 윤리적/법적 규범이 변화함에 따라 닭싸움꾼, 시체 도굴자, 사형 집행인도 찾아보기 힘들어졌다. 머지않은 미래에 낙농업자

---

10 포처를 비판하는 축산 폐지론자들(예, Utria 2014)조차 가축을 단계적으로 없애는 것을 용납하지 않는다.

와 도축업자들도 비슷한 운명에 처할지 모른다. … 그와 동시에, 새로운 인
도적인 직업들이 창출되어야 한다. 이 직업들은 새로운 낙농업과 관련 있을
것이며, 평화로운 그리고 새로운 (또는 확장된) 인간과 동물 간 공존의 방식에
기반해 있어야 할 것이다. (Milburn 2018: 270)

의심할 여지없이 자동차, 화석 연료, 담배 산업은 포처가 가치를 발견
한 일종의 연결과 무관하다. 게다가 직업의 존재 자체는 규범적인 무게
랄 것이 거의 없다.

2. 내가 포처의 해결책을 회의적으로 느끼는 또 다른 이유는, 합법적
노동에 내재한 특성에 의존해 문제를 해결하려 한다는 사실과 관련 있
다. 최근 포처는 아래와 같이 제안했다.

일종의 가축 '노동법'을 제정하는 것이다. … 우리는 동물에게서 기대하는
노동과, 동물 스스로 자신의 일에 가진 기대에 따라서 동물을 대하는 의무
의 기초를 다질 수 있게 된다. 동물에게 좋은 삶을 선물하는 일이 전제 조건
이 되는 유토피아를 우리는 상상할 수 있다. (Porcher 2017: 119)

우리가 목격했듯 '좋은 삶'은 "동물에게 자기 삶을 펼칠 기회를 주고, 생
산 현장 안팎에서 이 생애 계획에 부합하게끔 가축이 기대수명을 연장
받아 노동 이외의 삶도 즐길 수 있도록 하고 은퇴한 후에도 인생의 재미
를 보도록 한다"(Porcher 2017: 119). 아닌 게 아니라 정말로 동물이 노동자
가 될 수 있다고 생각한다면(Porcher and Schmitt 2010; 2012; Cochrane 2016;

Coulter 2016) 노동은 특정한 지위를 수반한다는 점을 놓쳐선 안 된다. 동물 노동자들은 단순히 공간적, 사회적, 잠재적으로 정치 공동체를 우리와 공유하는 가축이 아니다. 그들은 반려동물, 가축, 보호동물로 축소될 수도 없다. 동물 노동자는 그 나름의 의미를 지닌 뚜렷한 범주다. 동료 노동자들은 농장, 밭, 거리 등 **일터**를 공유하며 특정한 **권리**를 갖는다. 예를 들어, 코크런(2016)은 노동조합을 결성할 권리, 공정하게 임금을 받을 권리, 안전하고 건강한 환경, 휴가, 은퇴 그리고 편익을 노동자의 권리로 고려한다.

이 책에서 코크런은 동물에게 '좋은 노동'은 다음과 같은 세 가지 기반을 가지고 있다고 주장한다. 첫째, 좋은 노동은 기술을 사용하고 발전시키는 기회를 제공함으로써 즐거움을 준다. 둘째, 동물의 행위성을 행사할 수 있게 해 준다. 셋째, 동물들이 노동하는 공동체의 구성원으로서 인정받는 가치 있는 노동자로 여겨지게끔 하는 맥락을 제공한다. 하지만 동물이 의미 있는 은퇴를 할 자격이 있다면, 생산적인 삶이 끝났다고 도살하는 것은 언뜻 부당하게 보인다는 점에도 주의해야 할 것이다. 포처는 최근에 그 결말에 대해 더 자세히 논의한 바 있다.

우리는 동물의 은퇴 또는 도살에 관한 다른 원칙을 상상해 볼 수 있다. 우선 이는 동물의 기대수명을 결정하는 일이기 때문에 품종을 신중히 따져야 한다. 5개월 반을 산 산업용 돼지를 도살하는 것보다는 리무진 돼지Limousin pig를 18개월까지 사육하는 것이 나을 것이다. … 고깃덩이를 내놓는 일만이 돼지가 할 수 있는 전부인가? 내 생각에는 그렇지 않다. 돼지는 다른 많은 일자리를 가질 수 있다. 특히 숲과 관련한 직업을 생각해 볼 수 있다. … 송

아지나 양의 경우도 마찬가지다. 동물과 우리 사이의 증여-역증여가 동물의
좋은 삶으로 표현되는 것이라면 그들은 더 많은 시간을 살아가야 할 것이
다. 예컨대 만약 … 동물이 활동적으로 노동하고 있다면 은퇴 시기에 대해
서도 질문해야만 한다. 많은 농부, 특히 염소를 다루는 농부는 늙은 동물을
도살장에 보내지 않고 무리지어 살 수 있게 둔다. 동물이 생산에서 은퇴할
지라도 집단 생활에 계속 참여하는 것이다. (Porcher 2017: 113-114)

이 범상치 않은 대목에서 포처는 적어도 우유, 달걀, 양모를 수확하는
데 있어서는 도살하지 않는 형태의 축산을 ("그러는 줄도 모르는 새!") 거의
옹호할 뻔했다. 아마 많은 동물윤리학자들은 이 결과를 환영할지 모른
다(Cochrane 2012: 86-89; Donaldson and Kymlicka 2011: 139; Milburn 2018).[11]
그럼에도 여전히 포처에 따르면 농장동물은 일반적으로 은퇴까지 가
지는 못할 것이다. 말하자면 경찰견과 다른 처사인 것이다. 사육은 그
들을 죽이는 것을 수반한다(Porcher 2018). 그런데 은퇴가 그들의 권리에
포함되지 않는다면 그들을 의미 있는 노동자라 할 수 있는가? 포처는
도널드슨과 킴리카 또는 블래트너(이 책의 10장과 5장)와 달리 **자신의 고**

---

11 도널드슨과 킴리카(2015)는 계획된 공동체 모델을 구상하며, 식용목적도살의 유해한 특
  성이 없는 농장동물 생크추어리에서 급진적으로 새로운 형태의 인간과 동물의 공존이
  가능할 것이라 주장한다. 농장동물 생크추어리가 공간, 보호, 동지애, 본능적 욕구에 대
  한 추정적인 비非간섭(예, 생명, 생식 그리고 공간 안에서와 공간 사이에서의 사회화)을 가능하게 만
  든다는 것이다. 포처(2018)는 도널드슨과 킴리카의 주폴리스Zoopolis와도 (Delon 2017에 개입
  한 것보다 사실 더 많이) 논쟁하고 있다고 할 수 있다. (반反종차별주의를 비평하는) 최신 논문의
  저자들은 다음과 같이 말한다. "도널드슨과 킴리카의 프로젝트는 수천 년 동안 존재해
  온 일종의 관계로서 축산을 재발명하는 것이다. 하지만 동시에 그들은 기존의 방정식에
  서 도살을 빼버린다. 축산이 동물이 태어나면 다른 동물이 죽어야 하는 상황이라면 주폴
  리스는 도살 없는 동거 프로젝트를 보여 준다"(Gardin et al. 2018: 8; 편역판).

용 여부를 선택할 수 있는 권리와 노동자로서의 지위를 (암시적으로나마) 분리시킨다. 포처의 개념틀은 많은 사람들이 착취로 간주할 만한 행위가 지속되는 현실을 합리화하기 위한 것으로 보일 뿐이다.

그리하여 은퇴 그리고 합의 여부가 문제로 떠오른다. 산업혁명에도 불구하고, 19세기에 몇몇 종류의 노동은 유제품 생산, 채굴, 운송, 견인, 전쟁을 위해 주로 말, 소, 개 등 동물 이용을 지속하거나 심지어 강화시켰다. 프랑스 역사학자 에릭 바라테이Eric Baratay(2008)가 주장했듯 그러한 노동은 일반적으로 동물을 친구는 고사하고 동료 노동자보다도 못한 **프롤레타리아**로 변모시켰다(Hribal 2007 참고). 게다가 적어도 노동이 대우받는 상황에서는 노동자가 서면으로나 암묵적으로나 계약 조건에 **합의**해야 한다. 동물은 합의할 수 없더라도 최소한 **반대 의견**에 **동의**할 수는 있다(블래트너가 쓴 5장 참고). 반대 의견은 노동하기 싫다는 거부를 명확하게 나타낸다. 또 한편으로 우리는 생명, 음식, 주거, 돌봄의 대가로 서비스를 제공하는 것에 대해서 비언어적으로 표현된 동물의 동의를 얻기 위해 노력해야만 한다. 그럼에도 불구하고 동물 노동자들은 스스로의 선택이 지닌 의미에 의문을 제기할 때 대체로 매우 제한된 폭의 선택권을 가지고 있다. 동물은 특정한 목적을 위해 사육되고 판매되기 때문에 선택의 여지가 전혀 없을지도 모른다. 그들이 업무 범위 안에서 어떤 자유를 갖든지 간에 보통 일을 시작하거나 관둘 자유는 없다.

요약하자면 포처의 삼도 논법은 오직 게리 프란치오네Gary Francione (2008) 같은 폐지론자들을 저격한 것으로, 이들은 복지에 미치는 영향에 상관없이 지각력 있는 존재의 어떠한 이용도 본질적으로 잘못된 것으로 간주한다.[12] 이런 관점에서 가축화는 본질적으로 의존성과 착취를 수반한다. 전자는 질 나쁜 것이며 후자는 부당한 것이다. 이것은 내 의견도 아니고 앞서 언급된 다른 이론가들의 관점도 아니다. 축산 소멸주의적인 접근법은 궁극적으로 가축들을 고통 없이 단계적으로 없애고 우리의 상호 관계를 폐지해야 한다고 주장한다. 프란치오네의 주장에 따르면, 모든 존재가 그로 인해 더 잘 살 수 있다고 해도 들판에 양을 방목시키며 우리 뜻대로 이용하는 것은 잘못됐다. 이와 대조적으로, 도널드슨과 킴리카는 동료 시민으로서 상호 존중하는 관계를 촉진한다면 동물을 이용하는 일을 허용한다(예컨대, 양몰이를 하는 당나귀나 개, 엄격한 조건을 통과한 환경에서 양모, 달걀, 우유를 제공하는 농장동물). 그러나 동물을 이용하는 것은 오직, 동물에게 번영할 기회와 (일할 것이냐 말 것이냐, 언제 일할 것이냐를 결정할) 진정한 선택의 자유를 보장하고 나이가 어릴 때 도살하는 것을 전제로 하지 않는 경우에 해당한다(Donaldson and Kymlicka 2011: 134-140). 사실 가축과 우리의 관계를 정당하게 재구성하는 작업은 가축화의 역사적 부당성을 부분적으로나마 고칠 수 있다. 이것이 소멸과 다른 점이다. 포처에게는 애석한 일이지만 가축화를 비판하기 위해 꼭 축산 소멸론자가 될 필요는 없다. 그러한(가축과 인간의 관계를 재구성할_옮긴이) 가능성들이 포처의 공상적인 동물복지 축산보다 차라리 더 그럴싸하다.

포처의 노동기반축산옹호론은 실패했다. 그러나 포처와 동물윤리

---

12 동물이 의존적이라는 점 그리고 자원으로 이용된다는 사실이 곧 이들의 복지에 반한다는 뜻으로, 프란치오네의 견해를 해석하지 않는다면 이렇게 볼 수 있다. 하지만 프란치오네에게 '복지'는 (축산 폐지주의나 권리의 반댓말로서) 복지주의를 가리키는 용어다(Francione and Garner 2010).

학자들이, '연결'의 가치를 지금 포처가 신경쓰는 것보다 더 많이 수렴해야 한다고 나는 제안한다. 그들은 어떤 공동체를 촉진하고 싶은지에 대한 의견을 제대로 모으지 못했다. 마지막 절에서 나는 덩컨 퍼브스 Duncan Purves와 함께한 최근 연구에 기반해 가축들에게 어떤 노동이 의미 있을 것인지 제안하려 한다.

의미 있는 노동과 삶

퍼브스와 나는 최근 저작Purves and Delon(2018)에서 개인이 의도적으로 행위성을 가지고 행동해 최종적으로 가치 있는 상태에 이바지한다면 의미 있는 삶을 산 것이라 주장한다. 다시 말하자면 적극적으로 선善을 행함으로써, 그렇게 (선의로서) 하려고 했든 안 했든 그 의도와는 상관없이 선하게 행동한 존재는 자신의 삶에 (조금 더 좁게 보면, 자신의 행동에) 의미를 부여한다. 이 의미는 일관성 있는 서사, 즉 총체적 삶에 강력한 영향을 미칠 수 있지만 꼭 그럴 필요가 있다는 것은 아니다. 이는 삶의 장면 그리고 순간과 개별적인 행동에 적용된다. 총체적 삶이나 의미의 개념에 대한 서사적 감각이 필요하기 때문이라서가 아니라, 많은 동물이 충분한 능력을 가진 유형의 행위자이기 때문에 많은 동물이 의미 있게 행동하고 쉴 수 있다.

동물은 의도적으로 행동할 수 있고 선한 일을 할 수도 있다. 교통량이 많은 칠레에서 목숨을 걸고 차에 치인 친구 개를 고속도로 밖으로 끌어낸 개, 다른 코끼리 가족의 죽어 가는 우두머리를 도우려고 애쓰며 괴

로워하는 암컷 코끼리, 우리에 떨어진 작은 소년을 구해 사육사에게 넘
겨준 암컷 고릴라(Rowlands 2012)까지 많은 일화를 들 수 있다. 의미 있
는 행동이 꼭 도덕적으로 거창하거나 대단한 목적 때문일 필요는 없다.
유아를 양육하는 것 또한 그 자체로 중요한, 건강한 삶에 의도적으로
기여하는 한 방법이다. 비인간 부모나 비인간 돌봄 제공자들(보통 어미
동물이 이 역할을 맡지만 아닐 때도 있다)은 가치에 적절하게 연결된 방식으
로 의도를 가지고 간호, 놀이, 보호에 관여하고 있다. 이것은 우리가 농
장동물로부터 늘 빼앗는 의미 있는 상호작용이다.

여기서 우리의 견해가, 어떤 행동이 기여도가 높은 행위성을 길러내
는 한 의미 있는 노동임을 잘 설명해 낸다고 나는 강력히 주장한다. 가
치에 기여하는 것은 인간 그리고/혹은 동물의 이익을 중요하게 고려하
는 일에 의도적으로 열려 있다. 동물은 인간이나 다른 동물의 이익을
위해서 자신의 이익을 유의미하게 희생할 수 있다(구조동물, 전쟁동물, 시
각장애인 안내견 등을 예시로 들겠다). 사실 우리가 내놓은 분석 자체가 포처
가 해석한 노동이 인간과 동물의 행동에 의미를 부여하는 것을 배제하
지는 않는다. 농장, 관광, 보안, 수색, 구조 노동은 모두 어느 정도 선에
기여하고 있고, 모두 어느 정도 동물의 행위성에 기초한다. 포처와 나
는 의미 있는 노동만 가치 있다는 점에 동의한다.

그러나 동물에게 일을 시키기 위해 가해진 심각한 제약은 행위성을
손상시키고, 따라서 그들의 행동이 지닌 의미도 훼손된다. 앞서 설명
한 바 있지만, 이때의 의미는 행위성을 포함하는 정도까지일 뿐 착취적
노동까지 해당될 여지는 거의 없다. 나아가 정의에 대한 설명을 곁들
여 조금 더 보완하자면, 정의로운 노동을 지향한다면 (이전 절 참고) 인간

의 이익을 위해 동물의 번영을 방해하는 유형의 노동은 배제해야 한다. 퍼브스와 나의 연구에서, 피실험동물의 삶이 가지는 의미를 보다 잘 고취하기 위한 새로운 연구 관행을 고려한 바 있다(Purves and Delon 2018: 336). 생물의학계 표준 관행과는 대조적으로, 마리노Marino와 프로호프 Frohoff는 고래와 함께 일하기 위한 초기 '종간 협력 연구(ICR)'를 기술해왔다. "인간에게 근접하게 다가오고 심지어 인간과의 사회적인 상호작용을 시작한 방목형 고래들을 연구할 가능성은 … 아직 인간의 손길이 닿지 않은 고래를 연구하는 시대를 열기 위한 과학적으로 색다른 기회를 제공한다"(2011: 4). 연구가 노동으로서 적합하든 아니든 간에, "종간 협력 연구는 동물의 복잡한 심리적, 사회적 필요와 선호를 수용하면서 연구자(와 고래들)에게 귀중한 결과를 제공할 수 있는 잠재력을 가지고 있다"(Purves and Delon 2018: 336). 바너Varner의 '길들여진 동지애'와 도널드슨과 킴리카의 계획된 생크추어리 공동체는 비슷한 방식으로 의미를 창출할 수 있다.

반대로 착취적인 노동은 동물이 의미를 창출할 기회를 약화시킨다. 동물이 스스로에게 중요한 일을 못하기 때문이다. 부당한 노동은 의미를 창출하는 데 중요한 기초적인 행위성 같은 것을 축소시킬 수 있다. 따라서 의미가 좋은 삶의 필수 요건이라면 부당한 노동은 곧 좋은 삶을 구성하는 물질적 조건을 약화시키는 것이다. 동물의 삶 전체를 통제하는 권리는 경제적인 고려에 기반해 작동되는 노동에 있다. 따라서 동물이 기본적인 욕구로 인해 포획자에게 의지하게 될 때는 어떠한 행위성이 남아 있다 하더라도 그것을 의미 있다고 말하기에는 불충분하다. 농장동물, 산업용 동물, 때로는 '인도적'이고 '친환경'스러운 환경에서 사는 동물은 육체적으로나 심리적으로 고통, 스트레스, 지루함, 불안으로 고통 받을 뿐 아니라 행위성을 행사할 기회조차 박탈당한다. 다시 말하지만 포처는 이런 종류의 부당한 노동을 옹호하지 않는다. 그러나 우리는 이 질문을 심각하게 받아들여야 할 것이다. 의미를 최우선으로 고려한다면 동물이 행위성을 발휘하지 못하게 만드는 제약이 어떻게 가능하단 말인가?

의미는 단순히 욕구를 만족시키는 것을 넘어서서 동물의 건강한 삶에 중대한 영향을 미친다. 실제로 동기심리학의 최근 연구는 효과적으로 함께 일하려면 **진리, 통제력, 가치**라는 동기가 필요하다는 의미에서 더 풍부한 '좋은 삶'의 모델(동기의 효과적인 조직 혹은 동기의 효과 이론 Effective Organization of Motives or Effectiveness Theory of Motivation)을 주장하고 있다(Franks and Higgins 2012). 동물들은 "적절한 영양과 안전을 부여받으려는 동기 이상으로(가치 동기)" 행동하도록 고무된다. "또한 그들의 환경을 관리하고(통제 동기) 무엇인가에 대해 배우도록(진리 동기) 동기 부여받는다(Franks and Higgins 2012: 165)." 저자들이 주장하길, 이러한 동기들은 삶에 의미를 부여하며 인간과 동물이 건강하게 살 수 있도록 한다.

건강한 삶과 행위성의 관계는 동물노동을 방어하는 중요한 무기가 된다. 그러나 지적했듯이, 이는 특히 대안으로서 식용목적도살은커녕 노동기반축산옹호론조차 뒷받침하지 못한다. 물론 제약은 다양한 스펙트럼에 따라 달라진다. 마찬가지로 의미 있는 삶의 물질적 조건은 가능한 선택지의 범위에 따라 달라진다.

노동이 행위성을 빈약하게 만드는 만큼 의미를 찾을 기회는 축소된다. 노동자가 가치에 기여할 수 있는 탐구나 사회적 행동을 하는 것을 막기 때문이다. 이와는 반대로 도전적인 행동을 유발하고 적응을 유도하여 행위성을 강화하는 노동(이외에도 인간, 생산, 서비스와 직접적으로 관련되지 않는 놀이나 활동이 포함된다. 10장의 도널드슨과 킴리카의 논의 참고)이 의미를 만드는 기회를 창출할 수 있다. 요약하자면 동물 행위성과 인간-동물의 건강한 관계에 대한 관심이 꼭 식용목적도살로 이어지지는 않는다.

나가며

나는 축산에 대한 포처의 방어가 실패했다고 주장했다. 그의 연구가 노동기반축산옹호론을 대표하는 한, 노동이 어떻게 식용목적도살을 정당화할 수 있는지를 설명해야 하는 책임은 축산 옹호자들에게 있을 것이다. 저명한 축산 옹호자 포처는 부당한 노동 관행을 영속시키고 식용목적도살의 대안을 모호하게 만드는 노동관을 보여 주고 있다. 다른 관계들이 인간과 동물 관계의 책무에 필요한 요소들을 충족하는 한 노동기반축산옹호론은 실패할 수밖에 없다. 노동이라는 맥락에서 도살은 그 행위를 정당화하기 위해 동원된 즐거움과 상호 존중이라는 차원을 약화시킨다. 결과적으로 동물을 위한 의미 있는 노동은 가능하지만 그것은 오직 식용목적도살이 없을 때에 한할 것이다.[13]

---

13 이 글은 샬롯 블래트너, 프레드릭 코테-부드로Frédéric Côté-Boudreau, 켄드라 콜터, 발레리 지루Valéry Giroux, 윌 킴리카,《프랑세즈 데티크 어플리케이션 저널 *Revue française d'éthique appliquée*》(이 글은 해당 저널에 실린 글을 수정해 재출간한 것이다)(Delon 2017)의 심사위원들, 캐나다 킹스턴에 위치한 퀸즈대학교의 2018년도 동물노동워크숍2018 Animal Labour workshop at Queen's University in Kingston 참가자들에게 빚지고 있다.

⑨

동물이 노동하는 시간 :
동물, 자본주의, 잉여시간

디네시 J. 와디웰⊛

《자본》 10장 〈노동일〉은 카를 마르크스Karl Marx의 가치 이론이 노동자의 몸과 삶에 어떻게 구체화되어 있는지를 보여 주는 참으로 뛰어난 본보기와 같은 글이다. 이 글에서 마르크스는 인간 노동자의 몸(노동자의 육체, 생명유지력, 역량, 생물학적 생명)이 잉여를 추출하기 위한 생명정치적 전쟁터라는 것을 효과적으로 설명한다. 또한 이 글은 마르크스가 자

옮긴이 일러두기

이 장은 카를 마르크스의 다양한 저서를 인용한다. 한국어 번역본이 존재하는 경우 해당 번역본을 직접 인용했음을 미리 밝힌다. 직접 인용한 저서는 다음과 같다.
카를 마르크스(2008), 《자본 I-1》(강신준 옮김), 도서출판 길.
카를 마르크스(2010), 《자본 II》(강신준 옮김), 도서출판 길.
칼 마르크스(2016), 《경제학·철학 초고/자본론/공산당선언/철학의 빈곤》(김문수 옮김), 동서문화사.
본문에서는 원문 인용표기 뒤에 쉼표를 찍고 번역본 인용 페이지를 밝혔다. (예. Marx 1986: 375-376, 마르크스(2008: 374-376))

⊛ Dinesh J. Wadiwel, *The Working Day: Animals, Capitalism, and Surplus Time* In: *Animal Labour: A New Frontier of Interspecies Justice?*. Edited by: Charlotte Blattner, Kendra Coulter, and Will Kymlicka, Oxford University Press (2020). © Oxford University Press. DOI: 10.1093/oso/9780198846192.003.0009

본주의를 사회적, 경제적, 정치적 관계로 분석한 궤적 중 하나다. 바로 노동시간을 갈등의 근원으로 분석한 것이다. 마르크스는 아래의 주목할 만한 단락에서 노동시간을 형성하는 논쟁의 비밀을 밝힌다.

"노동일이란 무엇인가? 하루의 가치가 지불된 노동력을 자본이 소비할 수 있는 시간은 어느 정도일까? 노동일은 노동력 그 자체의 재생산에 필요한 노동시간을 넘어 얼마나 연장될 수 있을까?" 이런 질문에 대해서 이미 우리가 보았듯이 자본은 다음과 같이 대답한다. 노동일은 매일 만 24시간에서, 노동력이 그 일을 반복하기 위해 절대로 빼놓을 수 없는 약간의 휴식시간을 제외한 것이다. 우선 무엇보다도 자명한 것은 노동자는 그의 하루 전체를 통하여 노동력 이외의 아무것도 아니라는 것, 또 그가 처분할 수 있는 시간은 모두 자연적으로나 법적으로나 노동시간이고 따라서 자본의 자기증식을 위한 것이라는 사실이다. 교육이나 지적 발달, 또는 사회적 기능의 수행이나 사교를 위한 시간은 물론 육체적·정신적 생명력의 자유로운 활동을 위한 시간과 일요일의 안식시간조차도 — 안식일을 엄격히 지키는 나라라 할지라도— 전혀 당치않은 일이다! 그러나 잉여노동을 갈구하는 무한히 맹목적인 충동(늑대 같은 갈망)[1]을 통하여 자본은 노동일의 도덕적인 한계는 물론 순수한 물리적 한계까지도 돌파한다. 자본은 신체의 성장·발달과 건강 유지를 위한 시간을 가로챈다. 자본은 바깥 공기를 마시고 햇빛을 쬐기 위해 필요한 시간을 빼앗아 버린다. 자본은 식사시간을 빼앗아서, 가능한 그

---

1 벤 포크스Ben Folkes가 이 문장을 '잉여노동에 대한 채워지지 않는 식욕insatiable appetite for surplus-labour'이라고 번역한 것에 주목하라. 독일어 원문에는 "Wehrwolfs-Heisshunger nach Mehrarbeit", 즉 "잉여노동에 대한 늑대인간의 탐욕적인 갈망"이라고 쓰어 있다.

것을 생산 과정에 통합시켜 버린다. 따라서 노동자는 단지 생산 수단으로만 간주되어, 그에게 음식물이 공급되는 것은 보일러에 석탄이 공급되고 기계에 기름이 주어지는 것과 마찬가지로 이해된다. 자본은 생명력을 축적하고 생산하며 활성화시키는 데 필요한 건강한 수면을 완전히 피로에 지친 생명체의 소생에 요구되는 최소한의 시간으로 압축시킨다. 여기에서는 노동력의 정상적인 유지가 노동일의 한계를 결정하는 것이 아니라, 거꾸로 하루에 가능한 한 최대한의 노동력 지출이 — 비록 그것이 아무리 건강에 해롭고 무리이며 고통스럽다 해도 — 노동자의 휴식시간의 한계를 결정한다. 자본은 노동력의 수명을 문제 삼지 않는다. 자본이 관심을 쏟는 것은 오로지 노동일 가운데 사용 가능한 노동력의 최대일 뿐이다. 자본이 노동력의 수명을 단축시켜서라도 이 목표에 도달하려는 것은 마치 탐욕스러운 농부가 지력地力을 수탈함으로써 수확을 증대시키려는 것과 같은 원리다. (Marx 1986:

375-376, 마르크스(2008: 374-376))

《자본》을 임금 관계를 통해 잉여를 불평등하게 추출하는 임금 착취의 논리와 과정에 대한 설명으로 읽는 것은 유혹적일 수 있지만, 〈노동일〉은 그보다는 자본주의의 중심에 놓여 있는 다른 반목의 현장을 드러낸다. 앞서 인용한 문단에서 알 수 있듯이 사회적, 경제적, 정치적 관계로서 자본주의의 합리성은 자유시간에 대한 지속적인 갈취와 모든 생활 시간을 자본의 리듬에 포섭시키는 추진력을 통해 규정된다.

나는 마르크스가 쓴 〈노동일〉이 동물권 옹호자에게 유력한 도구라고 주장하고 싶다. 이것은 마르크스가 자신의 책에서 동물노동을 직접 분석하기 때문은 아니다. 오히려 그와는 거리가 멀다. 우리는 마르크스

가 동물의 노동과 인간의 노동을 근본적으로 비교할 수 있다는 생각에
크게 반대했다는 사실을 알고 있다. (Marx 1978: 70-81; 또한 Johnson 2018:
278-283 참고) 더불어 마르크스는 《자본》 10장에서 동물과 동물보호운동
을 언급하면서도 동물을 노동자로 이론화하지는 못하고 있다.[2] 하지만
〈노동일〉은 마르크스의 연구 목표 중 한 가지 주요 관심사, 즉 자본주
의 체제에서 반목의 장소인 노동시간과 자유시간의 관계를 드러낸다는
점에서 동물권 옹호자에게 유용하다. 이 관심사를 경유하여 《자본》을
독해하는 방식은 동물권 옹호자에게 매우 생산적이다.

　우선, 노동시간과 자유시간의 관계를 자본주의의 핵심으로 이해한

2　이 장은 《자본》의 다른 부분과 마찬가지로 동물을 여러 번 언급한다. 마르크스가 인간과
　말의 노동일의 한계를 비교하는 예시에 관해 후술할 것이지만, 다른 언급도 존재한다. 일
　례로, 마르크스는 어린이를 노동 상품으로 대상화하는 것과 동물을 상품으로 사용하는
　것을 비교하기도 한다.

　　1844년 공장법은 11세 이하의 아동을 6½시간 이상 일을 시키는 '자유'를 그들에게서
　　'박탈'해 갔지만, 대신 11~13세의 아동을 날마다 10시간씩 부려먹을 수 있는 특권을 그
　　들에게 보장했으며, 다른 공장 아동에 대해서는 규정된 취학 의무를 면제해 줬다. 이번
　　의 구실은 이런 것이었다. "섬세한 직물은 손가락의 유연성을 필요로 하는데, 이는 어
　　려서부터 공장에 들어감으로써만 보장된다." 남부 러시아의 뿔 달린 가축이 가죽과 지
　　방질 때문에 도살당하는 것과 마찬가지로 아동들은 섬세한 손가락 때문에 완전히 도
　　살당하는 셈이다. (Marx 1986: 406, 마르크스(2008: 412))

　《자본》 1권 10장은 동물보호가 부르주아의 병적 집착이라는 마르크스의 견해를 예증한
　다. 마르크스는 스스로를 노동자로 상정한 후 자본가를 호명하면서 다음과 같이 외친다.

　　그러므로 나는 너에게 표준적인 길이의 노동일을 요구하는 것이며, 그것은 동정을 호
　　소하는 것이 아니다. 왜냐하면 상거래에서는 인정이 통하지 않기 때문이다. 너는 모범
　　시민이고, 아마도 동물학대방지협회 회원일지도 모르며, 게다가 성인聖人이라는 평판
　　을 얻고 있을지도 모르겠다. 그렇지만 나에 대해 네가 대표하는 물적 존재는 가슴속에
　　고동치는 심장을 가지고 있지 않다. 그곳에서 고동치고 있는 듯이 보이는 것은 바로 나
　　자신의 심장의 고동이다. 나는 표준노동일을 요구한다. 왜냐하면 다른 모든 상품 판매
　　자와 마찬가지로 나도 나 자신의 상품가치를 요구하기 때문이다. (Marx 1986: 343, 마르크
　　스(2008: 333-334); 또한 Gunderson 2011 참고)

다면, 임금관계를 자본주의의 핵심으로 조명하지 않을 수 있다. 임금관계에 초점을 맞추지 않는다면, 자본주의가 ('늑대인간'이나 '뱀파이어'처럼) 모든 여분 에너지와 노동력을 '흡수'하거나 '빨아들이는' 유기체로서 기능한다는 점을 드러낼 수 있다. **인간** 노동자에게 초점을 맞출 필요도 사라진다. 대신 인간이든 아니든, 모든 생명체가 자본 축적 전략의 대상이라는 점을 이해할 수 있게 된다(Moore 2015; Cooper 2008; Barua 2018). 두 번째로, 마르크스가 〈노동일〉에서 펼친 분석은 노동시간의 정치학과 공명하는 정치적 변화의 서사를 가능케 한다. 《자본》에서 마르크스는 "표준노동일의 탄생은 자본가계급과 노동자계급 사이의 오랫동안의 다소 은폐된 내전의 산물이다"(Marx 1986: 412-413, 마르크스(2008: 419))라고 명확히 밝힌다. 여기서 시간이란 반목의 현장이다. 따라서 노동시간을 줄이기 위한 정치적 행동은 사회적, 정치적 변화의 목표다. 나는 이 통찰이 생산 체제 속에서 동물의 노동시간을 줄이고자 하는 진보적인 정치행동의 길을 열어준다고 주장한다.

이 장에서는 동물노동을 사유하고 변화를 위한 전략을 만들어 내기 위해 **시간**을 생산적인 논점으로써 사용하고자 한다. 추후 논하겠지만, 노동시간에 초점을 맞춘다면 증대되는 산업적 축산업industrial animal agriculture 속에 위치한 동물, 특히 식용으로 쓰이는 동물에 대한 독자적인 설명을 할 수 있게 된다. 이 글에서 우리는 동물의 '노동일'이 결코 끝나지 않는다는 것, 다시 말해 집약적 생산체제가 동물 노동자의 모든 시간을 노동시간으로 바꾸는 것을 목표로 한다는 사실을 탐구할 것이다. 이 장은 나아가 이 분석이 동물을 위한 사회·정치적 변화에 미치는 영향에 대해서 사유한다.

노동은 좋은 것인가? 아니면 지배인가?

이 책의 다른 장에서도 강조하고 있듯이 동물학의 분석 범주로서 '노동'에 대한 관심이 크게 증가했다(이 책 외에도 다음 저자들을 참고. Painter 2016; Stuart et al. 2013; Beldo 2017; Haraway 2007; Barua 2017; 2019; Hribal 2003; Porcher 2014; Perlo 2002; Coulter 2016; Cochrane 2016). 노동이라는 분석 범주는 동물윤리학에서 두드러졌던 권리와 복지의 언어를 넘어설 수 있기 때문에 유용하다. '노동'은 생산 과정에 속해 있는 동물의 '행위성agency'을 중점적으로 다룰 수 있는 잠재력을 가지고 있기도 하다. 일례로 권리 접근법rights approach은 비인간 동물의 본질적 가치와 그들 권리의 불가침성을 설명하는 데 크게 기여했지만, 노동 접근법labour approach은 동물이 생산 순환productive circuits에 참여하는 활동 집단으로서 어떤 특정한 역할을 갖는지, 또 어떤 형태로 가치를 창출하는지 이해할 수 있게 한다.

동물노동에 관해 새롭게 부상하는 관점들을 가진 일부 학문 분야는 노동자로서의 동물에 대한 규범적 가치를 평가하고, 동물이 노동자로 이해되고 더욱 존중돼야 한다고 주장한다. 이 학문 분야들은 한 쌍으로 긴밀하게 연결돼 있는 두 가지 관점을 제안한다. 오늘날 대다수의 동물노동이 착취적이고 불필요하지만, **동시에** 노동을 동물의 잠재적 번영flourishing과 결부된 것으로 상상할 수 있는 근거가 존재한다는 것이 바로 그 관점이다(이 책의 다음 장을 참고. 코크런, 3장; 디 수자, 호보르카, 니엘, 4장; 콜터, 2장). 예를 들어 켄드라 콜터는 다음과 같이 설명한다.

어떤 종류의 동물노동과 관행은 합리화될 수 없고, 유지돼서도 안 된다. 인

간이 동물노동으로부터 물질적, 상징적 이득을 얻는다고 해도 여러 종species
과 개별 동물에게 노동하기를 명령하는 일은 절대 정당화될 수 없다. 보호
와 분명한 권리가 부여될 때만 그 동물노동이 적절하고 서로에게 이롭다고
평가할 수 있을 것이다. (Coulter 2016: 155)

콜터는 어떤 동물노동은 근절돼야 한다는 것과, 동물에게 자유시간
과 '일하지 않을 권리'(Coulter 2016: 160)가 주어져야 한다는 점을 인정한
다. 그러나 동시에 그는 동물의 번영에 기여하는 일을 지원하는 정치적
으로 진보적인 과제에 헌신할 것도 주장한다. 이러한 맥락에서 콜터는
"물질적, 경험적 행복을 우선하는 것으로써, 해치기보다는 돕기"(Coulter
2016: 163)를 목표로 하는 '인도적 일자리'를 요구한다. 이때 일이란 개념
은 인간과 동물 사이에서 균형을 잡을 수 있는 가능성을 의미한다.

조슬린 포처Jocelyne Porcher 역시 동물에게 성취감을 주는 일의 가능성
에 대해서 유사한 접근 방식을 제시한다. 포처는 가축화가 "노동을 통
해 동물을 인간 사회에 섞어 넣는 협동 과정"이라는 새로운 해석을 펼
치며, 농부와 동물의 상호 연결성이 잠재적인 '해방'(Porcher 2014)의 공
간을 만들어 낼 수 있다고 제안한다. 일은 동물 존재와 번영의 핵심 요
소로 여겨진다. 포처는 동물을 위한 일의 가치를 죽음의 해악과 비교하
면서, 만족스럽고 유의미한 삶이야말로 윤리적으로 가장 중요하게 고
려돼야 할 사항이라고 주장한다.

젖소가 기대할 수 있는 경제적, 정서적, 사회적 삶은 무엇이 있을까? 젖소의
죽음은 왜 중요한가? 소, 돼지, 닭들이 가치 있는 삶을 살 수 있으려면 우리

는 어떤 종류의 사회를 건설해야 하는가? 우리가 그들과 함께 최선의 삶을 살기 위해서 어떤 사회를 건설할 수 있을까? (Porcher 2014)

어떤 면에서 포처는 자신의 동물노동에 대한 관점을 윤리학에서 사용하는 동물권리 개념[3]으로부터 의식적인 거리두기를 하고 있다. 대신 포처는 축산업에서 동물을 도구로 이용할 때 일어나는 해악을 넘어 동물의 번영을 가능하게 하는 수단으로 일을 묘사한다(포처의 접근에 대한 종합적 논의를 살펴보고 싶다면 들롱이 쓴 이 책의 8장 참고).

하지만 '노동'이 정말 번영의 토대일까?[4] 노동이 어떤 존재의 번영에 필수적이라는 관점은 '초기' 마르크스의 《1884년 경제학·철학 초고》[5]

---

3 사실 포처는 동물권/동물해방 접근법에 공공연히 적대적이다. 그는 다음과 같이 말한다.

> 하지만 축산에서 노동의 중요성은 가축 산업에 의해 무시당한다. 가축 산업은 인간과 짐승을 그들의 행동 양식과 표준화된 기능을 수행하는 수단으로 축소시키기 때문이다. 노동이라는 쟁점을 논의하려고 하지 않는 동물해방론에서도 노동의 중요성은 동일하게 간과되었다. 나는 이 지점이 중요하다고 생각하여 강조한다. 왜 동물해방론자는, 다들 자신이 정치적이라고 주장하며, 심지어 그들의 신조에 따르면 혁명적인 주장을 펼치면서도 노동이라는 탁월한 정치적 쟁점을 무시하는가? 나는 그 이유가 동물에 대한 정치적 분석이 인간과 짐승 사이의 굉장한 친밀감을 증명하는 반면, 사실 동물 '해방'의 목적은 인간과 짐승을 분리하는 데 있기 때문이라고 생각한다. 노동을 인정하는 것은 동물과 짐승의 유대를 인정하는 것이다. 그렇기에 이는 실로 혁명적이며, 공동 해방보다 생명공학 산업의 유혹에 더 민감한 동물해방론 추종자들에게는 의심할 여지없이 너무나도 혁명적이다. (Porcher 2014)

4 참고로 나는 '번영'이라는 개념을 도덕윤리와 역량 관점 사이의 관계를 나타내기 위해 의도적으로 사용하고 있다. 이 두 관점은 윤리적이고 정치적인 의미로써 행복한 삶에 노동이 공헌하는 가치를 강조할 수 있는 잠재력을 일정 부분 갖추고 있기 때문이다. 여기서 동물노동의 의미를 사유할 때 역량 접근법이 기여할 수 있는 바에 관한 논의는 미뤄 두고자한다. 하지만 마사 누스바움Martha Nussbaum이 인간 역량의 목록 중 하나로 노동을 나열하면서도(특히 〈10. 환경 통제〉 참고), 동물 역량의 목록에서는 동물노동을 직접적으로 언급하지 않고 누락했다는 점은 언급하고자 한다(Nussbaum 2004).

5 앞서 논의한 바와 같이, 포처는 《1844년 경제학·철학 초고》의 마르크스의 소외 개념을 직접적으로 참고한다(Porcher 2014).

에 나온 소외 개념에 일부 빚지고 있다(이 책 6장 참고). 마르크스는 이 책에서 자본주의에서의 노동은 본질적으로 인간 노동자에게 단절을 강요하여, 유적 존재로서 인간의 본성인 창조적인 활동을 불가능하게 한다는 지금은 널리 알려진 논의를 펼친다(Marx 1978: 70-81). 자본주의에서의 노동은 인간이 더 이상 일을 통해 교류하거나 협력할 수 없게끔 만들었다. 노동은 '소외'됨으로써 고립됐다.

> 그것은 우선 첫째로 노동이 노동자에게 **외적**인 것이며, 노동자의 본질에 속하지 않고, 그 때문에 노동자는 자신의 노동에서 자신을 긍정하지 않고 오히려 부정하며, 행복하다고 느끼지 않고 불행하다고 느끼며, 자유로운 육체적·정신적 에너지를 발휘하기는커녕 그의 육체를 소모시키고, 그 정신을 황폐하게 만든다는 데에 있다. 그래서 노동자는, 노동 이외의 장소에서 비로소 자기 자신에 대한 소속감을 느끼고, 노동을 하고 있을 때에는 자기 바깥에 있다고 느낀다. 노동자는 노동하지 않을 때에 그의 집에 있는 것처럼 편안한 마음을 가질 수가 있는데, 노동할 때에는 그런 마음을 가질 수가 없다. 그러기 때문에 그의 노동은 자발적인 것이 아니라 강요된 것으로 강제노동이다. 따라서 그의 노동은 욕구의 만족이 아니라 노동 이외의 곳에서 욕구를 만족시키기 위한 수단에 지나지 않는다. (Marx 1978: 74, 마르크스(2016: 68-69))

자본주의 임금 관계의 구조적 요소는 이러한 단절을 낳는다. 노동자가 생존하기 위해 자신의 노동에 굴복해야 한다는 사실 그리고 노동의 생산물이 노동자에게 귀속되지 않는다는 사실은 노동의 창조적 활동을 위한 자기 투자를 불가능하게 하여, 자본주의에서의 노동을 특징짓는 공허한 생산성을 낳는다. 이 해석에 따르면 노동 그 자체가 문제적인 것은 아니다. 오히려 노동은 인간 존재에 본질적으로 핵심적인 요소라 할 수 있다. 그러나 자본주의의 착취적 맥락 속에 노동이 배치되는 방식은 인간 존재의 핵심 요소를 그 존재에 반하게 만들어 버린다. "노동의 이런 실현이 경제적 상황에서는 노동자의 **현실성의 박탈**로 나타나고, 노동의 대상화는 **대상의 상실**과 **대상에 대한 예속**으로서 나타나고, (대상의) 획득은 **소외**, 즉 **외화**外化로서 나타난다"(Marx 1978: 72, 마르크스 (2016: 66), 강조는 원문을 따름).

잘 알려져 있듯, 마르크스는 이 책에서 동물의 활동과 인간의 노동이 다르다는 점을 지적하기 위해 고군분투한다. 마르크스의 설명에 따르면 동물은 자신과 자기 생명 활동을 구별할 수 없는 반면, 인간은 의식적으로 노동하며 필요와 관계없이 생산할 수 있다(Marx, 1978). 많은 동물학 연구자들이 이 관점을 수정할 수 있는 다른 견해를 제안했다(그 예로는 Benton 1993; Noske 1997: 12-21; Painter 2016; Stuart et al. 2013; Foster 2018 참고). 특히 노스케는 마르크스의 소외 개념에 대한 정교한 해석을 펼치는데, 오직 인간만이 창조적으로 노동할 수 있다는 관점을 거부하는 동시에 어떻게 동물이 자본주의적 축산업 내에서 독특하게 소외되는지에 대한 관점을 제공한다(Noske 1997: 12-21). 이 견해는 동물이 소외되는 특정한 방식이 인간 노동자의 소외와 공명한다는 것을 보여 주는 동시에 비착취적인 조건에서의 노동이 귀중한 번영의 가능성을 가진다고 시사한다. 이로써 노동을 비인간의 범주로까지 확장하고자 한다. 이 해석에 따르면 노동은 본질적으로 좋은 것이다. 자본주의와 착취 과정은 생명 존재의 번영에 기여할 수 있게 하는 노동의 역량을 **변질**시킨다. 노동이 변질됐기 때문에 노동을 착취로부터 해방시키고, 본래 노동의 이상적인 역할, 즉 생명 존재가 창조적 활동을 하기 위한 필수 요소로 노동을 되돌리거나 바로 잡는 진보적인 정치 과제가 필요한 것이다.

그러나 노동을 번영에 기여하는 긍정적인 활동으로만 이해할 필요는 없다. 노동이 번영할 수 있는 역량을 방해한다고 여기는 마르크스에 대한 다른 해석도 존재한다. 이 관점에 따르면 자본에 의해 부과된 노동시간은 "신체의 성장·발달과 건강 유지"(Marx 1986: 375-376, 마르크스(2008: 375))를 위한 자유시간을 가로챈다. 노동에 대한 이러한 관점은 일을 지배의 양식[6]으로 다룬다. 이 관점에 따르면 일은 노동하는 주체에게 부과되는 것이며, 생산 과정은 노동시간을 증폭시켜 자유시간을 줄이고 모든 시간을 자본을 위한 생산에 포섭되게 하는 것을 꿈꾼다. 여기서 나는 노동을 사회적 관계로 문제화하는 후기 마르크스의 견해를 신중하게 주목한다. 이 견해는 《자본》에서 확실하게 드러난다. 《자본》은 노동일에 대한 투쟁이 격렬한 반목의 현장이며, 자본주의는 노동을 지배하고 추출하는 역할을 수행하는 체제이고(강제 노동forced labour에 대해서는 블래트너가 쓴 이 책의 5장 참고), 노동을 최소화하고자 하는 노동자의 이익을 반대한다고 강조한다.

---

6 노동이 종속의 방식인지에 대한 질문은 당연히 이념적이지만, 나는 여기서 '지배'를 정의하지 않은 채로 남겨둔다. 아이리스 마리온 영Iris Marion Young은 유익하게도 지배를 다음과 같이 정의했다. "사람들이 자신의 행동 조건을 결정하는 데 참여하는 것을 금지하거나 방지하는 제도적 조건이다. 타인 또는 다른 집단이 상호작용 없이 직접 혹은 자기 행동의 구조적 결과에 의해 누군가의 행동 조건을 결정지을 수 있다면, 그 누군가는 지배의 구조 속에서 살고 있는 것이다"(Young 1990: 38). 어떤 의미에서 이것은 인간 사회와 관계 맺는 모든 동물이 처한 영구적인 정치적 상황이다. 다시 말해, 대부분의 인간-동물 관계는 폭력적인 지배관계로 특징지을 수 있다(Wadiwel 2015).

따라서 여기에는 권리 대 권리라는 이율배반이 발생하는데, 이들 두 권리는 똑같이 상품 교환의 법칙에 의해 보증되는 것들이다. 동등한 권리와 권리 사이에서는 힘이 사태를 결정짓는다. 이리하여 자본주의 생산의 역사에서 노동일의 표준화는 노동일의 한계를 둘러싼 투쟁 — 총자본가(즉 자본가 계급) 와 총노동자(즉 노동자 계급) 사이의 투쟁 — 으로 나타나게 된다. (Marx 1986: 344, 마르크스(2008: 334))

특히 안토니오 네그리Antonio Negri는 마르크스가 묘사한 노동에 대한 갈등을 조명하며 모든 시간을 노동시간으로 바꾸고자 하는 **자본**의 욕망과 노역을 벗어나고자 하는 노동자의 욕망 사이에서 발생하는 지속적인 적대감을 지적한다. "자본이 모든 삶의 시간, 즉 노동일만이 아니라 모든 시간을 장악하고 있을 때 자본에 저항한다는 것은 무엇을 의미하는가? 재생산은 생산과 같고, 삶은 노동과 같다. 이러한 수준에서 자본을 벗어나는 것은 감옥에서 벗어나는 것과 같다"(Negri 1991: xvi)[7]. 여기서 중요한 것은 자본주의에서의 노동이 번영과 대립되는 관계에 있다고 생각된다는 점이다. 노동은 존재에 부과되어, 존재의 안녕을 위해 다른 활동을 할 수 있는 시간을 앗아간다. 윌리엄 제임스 부스William James Booth가 우리에게 상기하듯 노동시간에 대한 이 견해는 자유시간을 개인이 스스로를 발전시키는 토대라고 생각해서 중요하게 여겼던 고대

---

7 여기서 네그리는 마르크스의 '중기' 연구 저서인 《정치경제학 비판 요강*Grundrisse*》을 해석하고 있다. 논란의 여지는 있지만, 확실히 《정치경제학 비판 요강》은 자본주의 포섭에 맞서는 노동자들의 정치적 투쟁에 대한 보다 깊은 내용을 담고 있다. 네그리와 다른 학자들은 마르크스가 《자본》에서 이 정치적 투쟁까지 다룰 예정이었으나 그 계획을 완수하지 못했다고 강조하겠지만(Negri 1991: 4-19; Lebowitz 2003), 《자본》 1권에는 노동에 맞서는 이 투쟁에 관한 흔적이 강하게 남아 있다. 10장 〈노동일〉이 그 예가 될 수 있다.

정치철학의 전통에서부터 기인했다. "자유시간은 더 나은 정치 형태에 속한 시민권과 우정의 전제 조건이었고, 비자유로부터 자유를 분리하는 철학적 경계선 중 하나였다"(Booth 1991: 7-8). 부스가 여기서 지적하듯이, 노동은 상대적 자유와 비자유의 상태를 생산한다. 그리고 한 존재가 다른 존재를 철저하게 섬기게 만들어 자유시간이 완전히 상실되는 것은 노예화의 상징이었다.[8] 이때 노동은 지배의 원천이며 번영을 가로막는 것이다. 추후 논의하겠지만, 노동시간을 지배의 한 방식으로 보는 견해는 동물의 경험과 공명하는데, 특히 축산업 생산 체제에서 식용으로 길러지는 동물의 경험을 상기시킨다.

노동일

마르크스가 〈노동일〉에서 제기한 두 관점은 현대 생산 체제에서의 동물노동, 특히 식용으로 사용되는 동물의 구조적 위치를 이해하는 데 매우 유용하다.

첫 번째 관점은 삶을 재생산하기 위해 필요한 노동시간과 생산 체제 내에서 노동자에게 부과된 노동시간이 다르다는 것이다. 이는 마르크스주의 관점의 핵심을 강조한다. 즉, 자본주의와 같은 착취적 경제 체제

---

8 실제로 부스는 고대 노예 경제의 목적은 주인에게 자유시간을 만들어 주는 것이라고 언급한다. "필수 노동으로부터 자유로운 시간과 그 시간을 채우기 위한 계급화된 활동은 노예 경제가 지켜내야 할 가장 중요한 재화 중 하나로 여겨졌다"(Booth 1991: 7). 여기서 부스는 시간과 강제 노동의 관계에 대한 이 관점이 인종화된 노예제를 포함한 현대 노예제도 형태와 어떻게 관련될 수 있는지에 대해서는 논의하지 않으며, 이 논의는 더 깊은 분석이 필요하다.

는 노동의 재생산 비용을 초과하는 잉여를 추출해 생산 체제에 남기려
고 한다는 것이다. 어떤 면에서 이 잉여는 화폐적 조건으로 계산된 가치
(예를 들어 임금, 비용 등)로 이해될 수 있지만, 마르크스 해석에 따르면 이것
이 잉여를 계산하는 유일한 방법이라고 보기는 어렵다. 실제로 《자본》
은 잉여를 계산하는 여러 방법을 설명하는데, 그중 **노동시간**과 결부시
켜 잉여를 계산하는 방법도 포함되어 있다. 내가 마르크스 독해에서 노
동시간이라는 궤적을 강조하는 이유는 동물노동을 분석할 때 노동시간
이 임금보다 더 유용한 척도이기 때문이다. 임금이라는 **엄격한** 매개변
수를 통해 동물의 잉여 추출을 사유하는 것은 무의미하다. 동물은 임금
을 화폐로 받지 못하고, 화폐 단위의 임금을 사용하기도 어렵기에 화폐
적 측면에서 가치를 빼앗기는 경험은 하지 않기 때문이다. 하지만 동물
이 스스로의 삶을 재생산하기 위해 사용하는 시간과 **우리**(예를 들어 인간,
자본주의, 생산 체제)를 위해 사용하기를 요구받는 시간의 차이를 비교한다
면 동물에 대한 독특한 착취 방식을 매우 쉽게 개념화할 수 있다. 그리고
마르크스는 이 지점을 아주 명쾌하게 사유할 수 있는 방법을 제시한다.

> 그러므로 노동일은 불변적 크기가 아니고 가변적 크기다. 그것의 두 부분
> 가운데 한쪽은 노동자 자신의 끊임없는 재생산에 필요한 노동시간에 따라
> 정해지지만, 노동일 전체의 크기는 잉여노동의 길이와 함께 변동한다. 따라
> 서 노동일은, 정해질 수 있는 것이긴 하지만 혼자서 정해지는 것은 아니다.
> (Marx 1986: 341, 마르크스(2008: 330))

여기서 노동시간은 다음 두 가지 구성 요소로 나뉜다. 체제 내에서 노동의

유지 비용을 확보하고 지속시키기 위해 필요한 시간과 잉여를 추출하는 데 할애되는 시간(즉, 재생산 비용을 초과하는 노동에 필요한 시간)이 그것이다.

위 단락에서 마르크스가 인간 노동자만 고려하고 있다는 사실은 잠시 접어두자. 마르크스의 노동에 대한 논의는 동물노동을 사유할 때도 활용할 여지가 있기 때문이다. 만약 우리가 인간과 비인간이 모두 노동할 수 있다고 가정하면 유익한 논의가 가능해진다. 가령 모든 생산 체제는 해당 체제에 투입되는 유지 관리 비용을 충당할 수 있어야 한다. 일꾼이 노동일 이후에도 노동에 의해 소진되거나 파괴되지 않고 노동을 지속할 수 있으려면, 노동시간의 일부가 해당 노동의 유지관리 비용(음식, 물, 휴식, 주거 등)에 할애돼야 한다(Marx 1986: 274-277). 인간 노동자의 유지 관리 비용은 임금 지불을 통해 해결된다. 즉, 노동자는 현금 수입으로 생존에 필요한 수단을 구매해 노동력을 재생산한다. 그러나 동물에게 주어지는 임금은 이와 다르며, 결코 화폐 형태로 주어지지 않는다(Coulter 2016: 76).[9] 축산업이 잉여를 발생시키려면 동물을 도살하기 전에 살려두면서 성장시키는 데 드는 생존 비용을 능가하는 부가가치가 창출되어야 한다(Beldo 2017). 축산업은 곡물, 항생제, 난방, 조명, 기반 시설 등의 비용을 생산 과정에 필요한 투입 비용으로 상정할 것이다. 이런 비용은 투입된 화폐 가치로 계산될 수 있다. 하지만 모든 비용

---

9 마르크스는 동물이 임금을 받을 수 있다는 생각에 매우 적대적이다. 실제로 《자본》 2권에서 마르크스는 짐을 끄는 짐승들에게 먹인 곡물이 '임금'에 대응될 수 있다는 애덤 스미스Adam Smith의 의견을 조롱한다(Marx 1992: 499 n.6; Smith 1981: 68 참고). 그러나 여기서 마르크스는 잉여가치를 화폐가치와 노동시간이라는 두 조건을 통해 계산할 수 있다는 자신의 해석을 망각하고 있다. 그게 아니라면 그는 최소한 화폐가치를 인간의 노동시간으로 전환하는 것만 상상할 수 있었던 것으로 보인다. 각주 10 참고.

은 노동시간으로도 설명될 수 있다.[10] 시간이라는 척도를 토대로 비용
을 계산하는 것은 노동하는 주체의 주관적인 존재에 생산 체제가 얼마
나 부담을 주는지 측정할 수 있기에 유리하다. 시간이 중요한 이유는
생명이 유한하기 때문이다. 다시 말해, 유기체인 우리들의 시간이 확실
히 종말을 맞이하기 때문에 "우리가 다른 무언가를 하기 위해 사용하는
시간에 비해 노동에 할애하는 시간이 얼마나 긴가?"라는 질문이 우리와
우리의 번영을 위해 중요하다는 것이다.[11]

　　한편, 마르크스는 자본주의 생산 체제가 항상 노동하는 주체의 삶을
유지하는 데 필요한 필요노동시간과 생산 체제를 위해 추출된 추가 또
는 잉여시간을 조합하여 노동시간을 항상 결정한다는 점에 주목한다.

10　실제로 마르크스는 《자본》 2권에서 이 점을 축산업에 투입되는 자원과 연관지어 설명한
　　다. 하지만 마르크스가 선호하는 측정법이 인간의 노동시간이라는 것이 암시되고 있다
　　(Marx 1992: 458).

11　(모든 비용이 단순히 인간의 노동시간으로만 환원되는 것은 아니므로) 노동시간이 동물과도 관련
　　된 문제라는 사실을 망각하는 것은 당연히 인간중심주의를 증명한다. 이 인간중심주의
　　는 축산업의 대차대조표가 동물이 생산에 투입되는 양을 계산할 때 (자본이 동물의 삶을 일
　　시적으로 이용하는 시간을 비롯하여) 노동시간의 측면에서 동물들이 생산하기 위해 쓰는 시간
　　을 계산하기보다는, 동물을 고정된 자원 투입물로 상정한다는 사실에 주목하면 더욱 명
　　백해진다. 우리의 생산 체제는 동물의 삶을 잃어버린 시간으로 상정하며 결국 그들의 삶
　　자체를 빼앗아 버린다. 동물을 단순한 비용으로 치부하는 것은 이 사실을 망각하는 행위
　　다. 동물의 시간을 망각하는 것에는 더 깊은 철학적 토대가 있다. 예를 들어, 마르틴 하이
　　데거Martin Heidegger는 지루함이라는 체험이 삶의 활동에 동물적인 방식으로 소비되지 않
　　고, 그 활동으로부터 물러서서 자신의 경험을 성찰할 수 있는 인간 역량을 나타내는 것이
　　라고 주장한다(Agamben 2004: 70). 우리의 인식 체계를 통해서 동물이 지루함을 느낀다는
　　것을 (다시 말해, 동물이 시간의 흐름을 경험하고, 성찰하고, 흐름에 절망할 수 있다는 것을) 상상할 수
　　없다는 사실은 수많은 구체적인 감금 및 생산 체제에서 드러난다. 밀집형 가축 사육 시설
　　CAFOs, 실험실, 양식장, 동물원은 동물이 마치 시간의 흐름에 아무 관심이 없는 존재인 것
　　처럼 취급한다. 동물이 시간에 무관심하다고 생각하는 이 인식론적 해석의 더욱 음험한
　　측면은, 축산업에 속한 동물의 모든 욕구가 산업에 의해 처리되기 때문에 동물이 최소한
　　으로 노동하고 한없이 자유시간을 즐길 것이라는 믿음이다. 실제로 축산업에서 동물은
　　유의미한 활동을 할 기회를 박탈당하는 것임에도 말이다(Adams 2017: 25).

다시 말해, 노동일은 생명을 유지하는 데 쓰이는 시간과 자본에게 노동
력을 넘겨주는 데 쓰이는 착취시간 사이의 몸싸움이다. 축산업의 증대
를 고려한다면 이 착취는 명백하게 인간 노동자에게만큼이나 동물에게
도 잠재적인 의미를 가진다. 어류 생산에 대한 양식업 체제의 세계적 변
화를 고려해 보자. 어류 생산 방식은 지난 40년 동안 극적으로 변화하
여 야생 어류를 기계로 포획하는 방식에서 양식업 체제, 즉 '양식장' 형
태로 바뀌었다. "2014년, 양식업은 처음으로 자연산 어류 포획 방식보
다 더 많은 식용 생선을 공급하는 역사적 국면에 도달했다"(FAO 2016:
2). 어류를 집약적인 양식 생산 체제로 포섭하려면 인간의 동물 지배에
대한 접근법을 대대적으로 바꿀 필요가 있었다.[12] 기계화된 산업 규모

---

12 나는 '가축화'를 대체하기 위해 '포섭'이란 용어를 의도적으로 그리고 기술적인 의미에서 사
용하고 있다. '포섭'이라는 용어는 동물이 번식, 영양, 행동, 사회성 등을 통제하는 집약적인
지배양식에 투입된다는 단순한 의미를 넘어, 동물의 전 생애가 자본의 흐름에 투입되어 동
물의 삶 그 자체가 생산과 분리되지 않는다는 점을 나타내기 때문이다. 가축화된 동물의 삶
은 그들을 지배하는 체제와 불가분의 관계에 놓이게 됐다. 이것은 마르크스가 묘사한 '실질
적 포섭'의 과정과 강하게 공명한다. 실질적 포섭은 집단적 과정, 기술, 기계, 생산 기술의 진
화를 통한 노동을 변화를 내포하며 노동은 더 이상 단독적, 개별적으로 이해될 수 없다.

　　노동 **사회적 생산력**, 또는 전적으로 **사회적이고, 사회화된** (공동) 노동은 협력, 작업
장 내 분업, **기계** 이용 그리고 특정한 목적을 위해 역학, 화학 등 자연과학의 의식적인
적용을 통한 생산 과정의 변화, **기술** 등과 이 모든 것에 조응하는 **대규모** 노동 등을 통
해 발전한다. (이 사회화된 노동만이 수학 등과 같은 인간 발전의 일반적 산물을 직접적 생산 과정에
응용할 수 있고, 다른 한편으로 이들 과학의 발전은 일정 수준의 물적 생산 과정을 전제로 한다.) 사회화
된 노동의 생산력 발전은, 개인의 다소 고립된 노동 등과는 대조적으로 그리고 그것과
함께, **직접 생산 과정**에 사회 발전의 **일반적** 산물인 **과학**을 **적용**하는 것은, 노동의 모
습이 아니라 **자본의 생산력**의 모습을 갖춘다. 혹은 단지 자본과 일치하는 한에서 노동
의 생산력의 모습으로 나타날 뿐, 어떤 경우에도 개별 노동자의 생산력이나 생산 과정
에서 결합된 노동자들의 생산력의 모습으로 나타나지 않는다. 일반적으로 자본 관계
에 있는 신비화는 노동의 단순히 자본에 의한 형식적 포섭의 경우보다 훨씬 더 발전돼
있다. 반면에 자본주의적 생산의 역사적 중요성은 직접적 생산 과정 그 자체의 변화와
노동의 사회적 생산력의 발전에 의해 비로소 두드러지게(그리고 구체적으로) 나타난다.
(Marx 1864; Shukin 2009 참고)

에서 자연산 어류를 포획하는 방법은 '야생' 환경에 사는 동물을 **일시적으로** 포식하는 반면, 양식장은 고도로 감시되고 관리되는 한정된 환경에서 동물을 **지속적으로** 통제하고자 한다. 자연산 어류 포획 기술과 양식장 기술의 차이는 미셸 푸코Michel Foucault가 생명 권력의 출현에 대해 설명한 것과 정확히 일치한다. 즉, 생물학적 인구의 삶에 대한 집중적인 관리를 목표로 하는 지속적인 규율과 규제의 메커니즘이 폭력과 통제의 간헐적 메커니즘을 대체한 것이다(Foucault 1998: 135-138; Wadiwel 2018a 참고). 그러나 이 변화는 노동을 자본을 위한 노동시간으로 변모시키고, 폭력의 체제를 전환시키기 때문에 이 체제에 속해 있던 동물의 시간적 경험을 바꿔 낸다. '야생 어류'는 자기 존재를 유지하기 위한 노동 세계를 경험하는데, 이 세계는 끝없이 먹이를 찾고 끝없이 포식자로부터 도망쳐야 하기 때문에 생사가 위태롭고 어려운 곳이기도 하다. 인간의 어업은 어류의 삶을 갑자기 끝내 버리기도 한다. 예를 들어 자연산 어류 포획은 본디 인간의 직접적 개입에서 벗어나 살고 있던 동물을 인간 폭력의 간헐적 침범에 노출시킨다. 반면, 양식장은 동물을 지속적인 지배에 노출시키는데, 이는 양식장의 모든 시간은 생산을 위해 쓰여야 하는 것처럼 여겨지기 때문이다. 양식업에서 어류를 위한 시간은 오로지 도살된 후 상품으로서의 가치를 창출하기 위한 목적을 달성하고자, 붐비는 양식장 속에서 영양을 공급받으며 단조롭게 보내는 시간일 뿐이다. 양식 어류가 경험하는 시간이란 생산 체제에 의해 구조화된 것으로, 생산 체제는 양식 어류가 평생 생명을 유지하는 데 드는 비용보다 생산 과정을 통해 얻을 수 있는 부가가치를 더 많이 창출해 내는 것을 목적으로 한다. 양식업 체제 환경에서 어류가 스스로를 유지하기 위해 그렇게 오래 혹은 힘들게 일할 필요가 없다는 말은 사실일 수 있다. 하지만 이것은 어류가 노동하는 시간이 필요 이상으로 길어졌다는 점을 강조할 뿐이다. 어류의 삶 전체가 자신을 상품으로 생산하는 노동 과정이 되도록 조직되어, 삶의 다른 모든 측면은 이 목표에 방해되는 것으로 여겨진다는 것을 의미하기 때문이다. 이 동물들은 자극이 부족한 환경 속에서 기다림의 시간을 경험한다(Evans et al. 2015; Makino, Masuda, and Tanaka 2015; Näslund and Johnsson 2016). 이 시간 속 모든 순간과 모든 결정은 잉여를 얻기 위해 노동시간을 늘리고자 하는 경제적 필요에 의해 조직된다.

나는 산업적 가축화 과정이 시간의 집약화intensification를 동반한다는 점을 강조하기 위해 어류의 노동을 예로 들었다. 그러나 도우미동물이나 법 집행 영역에 이용되는 동물과 같이 다른 동물노동 형태에도 시간이란 요소가 영향을 미친다. 이런 노동은 어류의 노동과는 분명 완전히 다른 조건에서 운용되고, 산업화된 축산업에서 흔히 볼 수 있는 공공연한 형태의 강압과 통제를 반드시 동반하지는 않는다(Coulter 2016: 60-62). 또한, 이러한 노동은 자본주의 생산의 직접적인 좌표 내에서 일어나지 않는다는 것도 중요한 사실이다. 이를테면 식량 생산은 잉여를 발생시키기 위해 동물들을 사육하고, 보존하고, 도살한다. 반면 경찰견은 자본을 발생시키기 위해 자본주의 생산 과정 속에 직접 배치되지는 않는다. 그러나 시간의 분배는 여전히 이 동물의 삶을 형성한다. 일례로, 도우미동물은 일반적으로 24시간 내내 한 인간에게 지정되어 그를 지원하는데, 이런 상황은 그들에게 주어진 임무 이외의 (자유)시간을 잠재적으로 앗아간다.

누군가를 위해 고용된 동물은 연중무휴로 일하지만, 일반적으로 매일 짧은 휴식만 취할 수 있으며, 이 시간 동안만 업무를 중단하고 스스로 선택한 방식으로 행동할 수 있다. 이 '쉬는' 시간을 식별하기 위해 개는 특정 명령을 받거나 특정한 방법으로 (예컨대 하네스가 아닌 목줄에) 묶인다. 게다가 도우미견이 개인의 집에서 일한다면, 도우미견의 삶과 생활환경을 관찰할 수 있는 보호수단은 아주 적을 뿐더러 그런 수단이 있더라도 도우미견이 어떻게 대우받는지 365일 24시간 동안 관찰할 수는 없다. 도우미견을 고용하는 사람들은 대부분 동물을 해치지 않지만, 그럼에도 도우미견이 잔인한 취급을 받을 가능성이 있고, 심지어 때로는 공공장소에서 그런 상황이 발생하기도 한다. (Coulter 2016: 81; DeMello 2012: 201-204 함께 참고)

도우미견을 어떻게 이해해야 하는지는 복잡한 문제다. 특히 장애인 활동 보조의 맥락에서 도우미견을 이해하는 것은 주로 산업적 생산 분야에서 노동하는 동물에 초점을 맞춘 이 글의 연구 범위를 벗어난다.[13] 하지만 적어도 노동하기로 예정된 (혹은 노동하도록 부과된) 시간과 노동으로부터 자유로운 시간이 불일치하는 한, 시간은 지배를 이해할 수 있는 주목할 만한 요소로 남아 있을 것이다.

노동일에 대한 고찰은 생산 순환에 속한 동물들의 노동시간의 한계를 사회규범이 정한다는 사실을 강조한다. 마르크스의 노동일 고찰에서 도출할 수 있는 두 번째 통찰은 노동시간이 '육체적이고 사회적인' 최대치의 **한계** 내에서 구성된다는 것이다.

---

13 이 논의에 관해서는 콜터의 연구에 더해 켈리 올리버Kelly Oliver의 도우미동물의 정치학에 대한 섬세한 분석을 참고할 수 있다(Oliver 2016).

노동일에는 최대한도가 있다. 노동일은 어떤 한계 이상으로는 연장될 수 없다. 이 최대한도는 이중으로 정해진다. 첫째는 노동력의 육체적인 한계에 의해서다. 인간은 24시간이라는 자연적 하루 중에서 일정한 양의 생명력밖에는 지출할 수 없다. 가령 말이 매일 8시간밖에 노동할 수 없는 것과 마찬가지다. 인간은 하루 가운데 일부분 동안에는 체력을 쉬게 하고 수면을 취해야만 하며, 또 다른 일부분 동안은 그밖의 육체적 욕망을 (즉 먹는다든지 몸을 씻는다든지 옷을 입는다든지 하는 등의 그런 욕망을) 충족시켜야만 한다. 이같이 순수한 육체적 한계 말고도 노동일의 연장은 도덕적인 한계에 부딪힌다. 노동자는 정신적·사회적 욕망을 충족시키기 위한 시간을 필요로 하며, 이들 욕망의 크기와 종류는 일반적으로 문화 수준에 따라 정해진다. 그러므로 노동일의 변화는 육체적·사회적 한계 내에서 움직이는 것이다. (Marx 1986: 341, 마르크스(2008: 331))

마르크스가 이 절에서 순간적으로 인간중심적인 구조화를 포기하는 것에 주목하자. 이 해석상으로는 **심지어 말에게도 노동일의 한계가 있다.** 실제로 모든 생명체는 이런 식으로 '자연스러운' 노동의 한계를 가진다. 어떤 활동을 지속하기 위한 능력은 해당 유기체의 수명, 생명유지능력과 힘든 일을 지속하기 위해 회복하고자 하는 욕구를 포함한 생물학적 특성에 의해 조절된다. 노동일의 사회적, 도덕적 한계에 대한 마르스크의 설명은 인간이 유적 존재로서 번영하고자 하는 욕구가 있다는 점을 설명하려고 노력한다는 점에서 《1844년 경제학·철학 초고》 시절의 초기 주장으로 돌아가는 것처럼 보인다. 그러나 위 단락의 두 가지 지점을 유의해 보자. 첫째, 노동은 다른 번영하고자 하는 욕구("정신적·사회적 욕망을 충족시키기 위한 시간")와 서로 다른 별개의 것이며, 나아가 노동이 잠재적으로 번영하고자 하는 욕구를 충족하지 못하게 방해한다는 내용이다. 이는 노동을 번영과 밀접하게 연결되어 있는 것으로 해석했던 초기 마르크스의 작업과 배치되는 것으로 보인다. 둘째 지점은 동물을 사유할 때에도 중요한데, 노동시간이 사회적으로 용인될 수 있는 한계에 의해 결정된다는 내용이다. 다시 말하자면, 노동일의 한계는 자명하지 않고, 생물 특성에 관한 객관적인 철학적, 경험적 분석에 좌우되지도 않는다. 그 대신 노동을 둘러싼 규범은 사회적 관계를 통해 도출된다고 할 수 있다.

오늘날 인간의 사회적 관계는 동물에 대한 대규모 지배를 당연하다는 듯이 옹호하고 있다. 동물의 노동시간은 이러한 인간관계에 의해 결정된다. 우리 인간은 동물에 대한 지배의 일환으로 우리가 만들어 낸 이 집약적인 체제 속에서 동물들이 어떻게 살아갈지를 결정한다. 실제로 이러한 시각은 동물에 대한 우리의 생명정치적 폭력의 시간 정치학를 설명해 준다. 비육장肥育場(육우를 기르기 위해 사료조와 급수대를 설치한 공간_옮긴이), 양식장, 실험용 동물의 성냥갑 같은 케이지가 보여 주는 집약적인 감금 체제는 인간이 동물의 시간 가치를 하찮게 여긴다는 사실을 드러낸다.[14] 우리는 우리가 동물에게 부과한 생산시간 밖에서 동물이 번영할 필요가 없다고 상정하고, 그렇기 때문에 동물의 모든 시간을 생산시간으로 바꿔 버린다. 인간은 동물이 자유시간, 즉 인간에게 이용되는 시간 외의 시간을 원하지 않는다고 간주하는 것 같다. 실제로 우

---

14 각주 11 참고.

리 인간이 동물에게 요구하는 노동시간에는 분명한 사회적 한계가 존재하지 않으며, 이러한 맥락에서 누군가는 시간에 관한 제한이나 규제가 없다는 사실이 동물에 대한 인간중심적 폭력의 본질을 드러낸다고 주장할 수 있을 것이다.[15]

여기서 이 문제를 제기하는 이유는, 우리 사회에 동물에 대한 폭력을 제한하는 한계가 없다는 사실이 동물(특히 식량 생산에 사용되는 동물)의 노동일을 정할 때 어떤 영향을 미치는지 보여 주기 때문이다. 인간의 생산 체제에 속한 동물들이 무제한의 폭력에 거의 완전히 노출되어 있다는 사실은 우리가 동물을 어떻게 대해야 하는지에 관한 그 어떤 사회적 한계도 존재하지 않는다는 사실을 의미한다. 생산 과정에 이용되는 동물의 '육체적' 한계가 곧 동물의 노동일을 결정하는 주된 척도가 될 뿐이다. 이렇게 가장 기본적인 생명정치의 문제가 노동일의 한계를 결정하기에, 노동하는 동물의 삶 자체가 관리의 대상이 된다. 가치를 극대화

---

15 내가 이전에 주장했듯이, 우리의 '동물에 대한 전쟁'은 거의 무한해 보이는 적대관계를 나타내며, 완전한 지배 상황을 구성하고 무수히 많은 동물을 법, 규제, 혹은 규범에 의해 거의 견제되지 않는 지속적인 통제, 폭력, 고통 그리고 죽음에도 노출시킨다(Wadiwel 2015). 우리가 이렇게 과대하게 폭력적인 관계를 허용하는 이유는 우리의 사회적 관계가 이 폭력을 용인하기 때문이다. 동물들이 고통을 느낄 수 있고, 인지 능력이 있으며, 인간과 비슷한 방식으로 번성하고 번영하려는 의지를 가지고 있음을 알고 있음에도 불구하고, 우리는 마치 동물이 이런 자질을 갖추지 않았다는 듯이 동물과 이러한 관계 맺기를 지속한다. 나는《동물에 대한 전쟁*The War Against Animals*》에서 동물과 인간의 관계가 통치권이 윤리에 우선하는 사례임을 논증했다. 우리와 동물의 관계는 윤리적 관계로 설명되지 않는다. 대신, 동물에 대한 우리의 주권적 지배권력에 의해 이 관계가 확립되고, 그 후에 윤리적 고려에 대한 제한적인 기준선이 설정된다(Wadiwel 2015: 36-55). 그 예로 동물윤리에 관한 복지주의 접근법을 들 수 있다. 복지주의 접근법에서는 동물을 사용하거나 죽일 권리는 의문시되지 않으며, 윤리의 영역은 우리의 목적을 위해 동물을 사용하고 죽일 수 있는 우리의 주권을 달성한 후에 동물이 느낄 고통을 어떻게 최소화할지에 한정된다. 주권이 윤리에 영향을 미치며, 그 반대는 성립되지 않는 것이다.

하기 위해 영양, 움직임, 활동 공간, 다른 동물과의 관계, 섹슈얼리티와 재생산 그리고 당연히 동물이 언제 살고 죽을지도 완벽하게 통제하는 것이다(Wadiwel 2015: 65-96; 2018a). 모든 사회적 한계를 벗어난 축산업의 폭력은 노골적인 생명정치적 폭력의 절대적인 특성과 그 특유의 공포를 행사한다.

더구나 동물 노동자로부터 더 많은 잉여를 추출하기 위한 전략은 마르크스의 노동일을 둘러싼 투쟁에 대한 정밀한 분석을 따른다. 이때 노동일을 둘러싼 투쟁이란, '절대적 잉여가치'와 '상대적 잉여가치'를 증가시키고자 하는 전략 간의 싸움을 의미한다.[16] 상대적 잉여가치를 증가시키고자 하는 전략은 노동력을 재생산하는 데 드는 비용을 줄이려고 한다. 동물 노동자의 경우에 이러한 현실은 생산 투입과 관련한 비용을 절감시키려는 잇따른 시도로 드러난다. 그 예로 도축장에서 발생한 부산물의 재생품을 집약적으로 사육되는 육지동물과 해양동물의 사료로 사용하는 일을 들 수 있다(Jayathilakan et al. 2012). 효율성의 균형을 미묘하게 달성하기 위해 생산을 대량화하는 모습에서도 이러한 현실을 관찰할 수 있다(Duffy 2009). 여기서 주목할 점은 마르크스의 견해와 달리 상대적 잉여가치의 변화는 단순히 인간노동 효율성에 관한 것만은 아니라는 사실이다. 가령 사료를 먹고 대사하여 신체를 성장 및 발달시키

---

16 《자본》 1권에서 마르크스(1986: 432)가 내린 정의는 유익하다. "노동일의 연장을 통해서 생산된 잉여가치를 나는 절대적 잉여가치라고 부른다. 반면 필요노동시간의 단축과 그에 상응하는 노동일의 두 구성 부분 사이의 비율 변화에서 생겨나는 잉여가치는 상대적 잉여가치라고 부른다"(마르크스, 2008: 441). 마르크스가 설명하는 필요노동시간이 명백하게 인간의 노동시간을 지칭한다는 지점을 주목해야 하며, 이는 내가 펼치는 논의와도 연관된다.

는 동물노동에서 사료 비용을 감소시키는 것은 (축산업) 비용의 감소를 의미한다. 이러한 변화는 동물노동에 드는 비용을 줄이는 것을 목표로 하게 된다.[17]

하지만 **절대적 잉여가치**의 확장은 아마도 축산업이라는 조건에서 가장 극악한 방식으로 드러난다고 할 수 있다. 첫째, 집약적 축산 체제 intensive farming systems는 점점 모든 시간을 지배하는 것, 즉 육체적 한계뿐 아니라 그외 모든 한계로도 제한되지 않는 노동시간을 목표로 할 것이다. 이것은 어떻게 가능한가?[18] 여기에는 다양한 생산 과정에 사용되는 **동물이 불변자본과 가변자본의 혼종**이라는 독특한 위치를 점한다는 현실이 반영돼 있으며, 축산업에 쓰이는 동물은 특히 그러하다(Wadiwel 2018b). 식용동물은 새로운 사용가치를 가진 상품으로 전환되기 위해 제조·가공될 원료로써 생산 현장에 배치된다. 그러나 식용동물이 무생물이나 무감각한 물체와 다른 점은 생산 과정에 협력할 수 있기 때문이다. 동물은 최종 상품을 생산하기 위해 대사 과정을 통해 자신의 육체 자체에 노동을 투여해야 한다. 만약 동물이 살아 있지 않다면, 상품

---

17 현대 이론가조차 인간의 노동시간에 초점을 두고 노동의 효율성을 논의한다는 점에 주목하라. 예를 들어, 제이슨 무어Jason Moore는 자신의 영향력 있는 저서인 《생명의 그물 속 자본주의*Capitalism in the Web of Life*》에서 인간노동 착취의 역학 변화를 위해 사용私用하는 '값싼 자연'의 예시로써 동물을 논하는 것처럼 보인다(Moore 2015; 또한 Patel and Moore 2018도 참고). 이런 논의는 축산업에서 인간노동 효율성과 동물노동 효율성 사이의 중요한 상호 작용을 간과한다. 즉, 노동 효율성을 통한 인간노동 단축이 동물노동의 완전한 변화에 달려 있다는 사실을 말이다(Wadiwel 2018b).

18 마르크스는 다음과 같이 기술한다. "따라서 노동을 하루 24시간 내내 점유하는 것이야말로 자본주의적 생산의 내재적 충동이다. 그러나 같은 노동력이 밤낮으로 계속해서 착취 당한다는 것은 육체적으로 불가능하므로…" (Marx 1986, 제4절의 도입부, 마르크스(2008: 364)). 그러나 우리는 축산업이 자본주의의 이 소망을 실현하는 것을 확인할 수 있다.

생산은 불가능할 것이다. 살아 있다는 사실이 스스로에 대한 노동을 가능하게 만드는 것이다. 집약적 축산 체제는 모든 자원을 동원해 이 노동을 촉진시키고, 생산의 모든 순간이 판매 상품(동물의 고기를 그 예로 들 수 있다)의 효율적인 창출을 목표로 할 수 있도록 한다. 이 생산 체제가 강화될수록 동물의 이동, 영양, 섹슈얼리티, 재생산, 수면, 사회화는 더욱 통제되고 결국 식용동물 삶의 모든 순간이 최종 산물에 최적화되도록 꾸려지게 된다. 그 어떤 규범적 한계도 없이 동물의 모든 시간이 생산을 위한 시간이 됐기에, 공장식 축산 농장은 노동일의 팽창이라는 자본주의적 꿈을 완성했다고 할 수 있다. 일일 노동시간에 그 어떤 제한도 없이, 하루 전체가 노동을 위한 날이 된 것이다. 심지어 최종 산물에 위해를 주지 않고 가치를 향상시키는 방식으로 구성되고 위치되는 한, 수면시간조차 고기라는 가치 있는 상품이 될 동물의 생산적 노동이라고 할 수 있다(그 예시로 Alvino et al. 2009 참고). 여기서 우리는 축산업에서의 노동일 확대가 마르크스가 노동자의 생물적 육체에 부과할 수 있다고 상상했던 한계를 뛰어넘는다는 것을 알 수 있다. 동물 육체 자체를 완성된 상품으로 창출하는 것이 생산 목표이기 때문에, 생산의 모든 순간이 이 목표를 향해 무자비하게 설계됐기 때문에, 동물의 생애 모든 순간이 이 노동을 향하게 되는 것이다.

둘째, 이미 노동일 전부가 축산업에 포섭됐으므로 삶 전체가 생산을 위한 시간이 된다. 생산은 동물의 생장에 소요되는 시간과 일치한다. 1분의 오차도 없이 정확하게 동물의 생장 시간과 동일한 것이다. 이 잔인한 경제학은 생산 시간을 줄이기 위해 생장을 가속화하고 동물의 수명은 단축하고자 하는 비뚤어진 생명정치를 탄생시킨다.

그 예로 지난 50년 동안 생산 속도를 높이고 수익을 증대시키기 위해[19] 브로일러 닭broiler chickens(통닭구이용으로 쓰이는 육계 품종_옮긴이)은 유전적으로 선별됐고, '성장' 시간은 효과적으로 반으로 줄어들었다(Petracci et al. 2015: 364; Tailentire, Leinonen, and Kyriazakis 2016; Moore 2015: 232). 양식업에서도 어류 생산의 효율성 개선을 촉진하고자 사료 공업과 관련된 유사 기술이 등장하고 있다(Muir 2005: 196-199). 여기서 잉여가치는 (이미 절대적으로 한계치까지 확대된) 노동시간을 줄임으로써 획득되는 것이 아니라, 생물의 노동을 가속화하는 동시에 동물이 살아야 하는 시간(노동일수)을 줄여 생산 주기를 단축시키는 방식으로 획득된다. 어떤 의미에서, 집약적 축산업에서 식용으로 사용되는 동물은 자본의 특정한 환상을 현실화시키고 있다. 한편으로는 동물의 전 생애가 생산의 포로로 잡혀 있기에 동물의 모든 시간은 노동시간이지만, 동시에 동물이 전체 생산 단계를 의미하기 때문에 그 수명을 단축시키는 것이 잉여를 확장하는 유용한 전략이 되는 것이다. 인간중심주의가 지배적인 사회는 동물을 어떻게 대우해야 하는지에 관한 거의 모든 규범적 한계가 부재한데, 이런 조건은 자본의 환상을 추구할 수 있는 허가증을 발급한 것과 마찬가지다.

---

19 마르크스가 동물의 삶을 단축시키는 생명정치의 잠재력을 인지하고 있었음에 주목하라.

물론 다섯 살짜리 동물을 5년이 되기 전에 공급하는 것은 불가능하다. 그러나 일정한 한계 내에서 가능한 것도 있는데 그것은 동물을 다루는 방법을 변경함으로써 그것을 보다 짧은 기간에 그 용도에 맞게 성숙시키는 것이다. 이것이 바로 베이크웰R. Bakewell이 이뤄 낸 것이었다. … 베이크웰의 방법에 따르면 한 살밖에 안 된 양도 살이 통통하게 사육될 수 있고 어떤 경우에도 2년이 되기 전에 완전히 자라 버린다. … 베이크웰은 주도면밀한 사육 방법을 사용하여 양의 골격을 그것의 생존에 필요한 최소한의 수준으로 축소했다. (Marx 1992: 315, 마르크스(2010: 296))

필요노동을 넘어, 노동을 넘어

노동시간이란 틀을 통해 노동을 이해하는 것은 몇 가지 뚜렷한 변화를 위한 방안을 제시해 준다. 지금부터 우리가 어떻게 나아가야 할지 시험적으로 고찰한 바를 제안하고자 한다. 물론 내가 앞서 서술한 요소들은 (노동시간으로 노동을 이해하기, 축산업에 내재하는 수명 단축이라는 문제, 노동일을 위한 투쟁과 생산 지배로부터의 자유 그리고 필요 노동시간의 감축과 노동으로부터의 자유를 위한 집단적 요구) 이 고찰을 짜임새 있게 만드는 데 기여할 것이다.

불필요한 고통만 줄이는 것이 아니라, 불필요한 노동 줄이기

동물노동권 접근법이 동물권과 동물복지 사이의 '제3의 길'을 열어준다는 알라스데어 코크런의 추진력 있는 주장(Cochrane 2016)을 확장하여 동물 노동시간에 초점을 맞추면 동물복지 접근법의 한계를 돌파할 굉장히 유용한 대안을 얻을 수 있다. 그 대안에는 동물 이익의 집단적 대표성을 고려하여 노동시간을 단축하는 일 등이 포함된다. 복지주의적 접근법은 생산 체제에 사용되는 동물의 '불필요한' 고통을 감소시키는 것을 목표로 하지만, 해당 체제 자체에 근본적으로 도전하지는 않는다. 이것은 필연적으로 인간이 동물을 이용하는 현실에 동물복지가 도전할 역량이 부족함을 의미한다. 실제로 "동물복지법은 동물을 보호하기 위해서만이 아니라 동물의 지속적인 이용을 관리하고, 실제로는 용이하게 하는 데 사용된다"(Bourke 2009: 133). 존 웹스터John Webster의 '다섯 가지 자유'와 같은 보다 급진적인 복지 관점 역시, 동물의 정치적 요구를

알린다기보다 살아 있는 유기체에 대한 노골적인 생명정치적 규범들을
목록화한 것으로 읽힌다(Webster 2001: 233).[20] 노동 관점은 다른 사유의
틀을 제시한다. 그리고 이 틀은 이미 현실에 영향력을 발휘하고 있다.
코크런이 지적하듯, 경찰견의 퇴직제도 시행을 위한 캠페인이나, 은퇴
한 경주마들에게 새로운 주인을 찾아주려는 캠페인rehome campaigns은 동
물의 노동을 보상할 필요가 있다는 인식을 반영한다(Cochrane 2016; 또한
DeMello 2012: 202도 참고). 그러나 나는 이 정치학이 노동을 반드시 좋은
것으로 간주하며 노동의 가치를 인정하는 것이 아니라, 노동시간에 대
한 투쟁과 관련이 있음을 강조하고자 한다. 이것은 동물들이 우리가 부
과하는 생산 과정에 지배받지 않는 삶의 시간을 즐길 수 있어야 한다는
요구를 의미한다. 물론, 노동시간위 정치학은 더욱 급진적일 수도 있
다. 노동시간의 정치학은 단지 동물의 삶이 끝나갈 즈음에서야 그동안
동물이 우리를 위해 노동해 온 시간을 어떻게 보상할지를 고민하는 것
에 머무르지 않고, 동물을 이 지배로부터 해방시키기 위해 생산과정에
서 필수적으로 일일 휴업을 보장하자는 논의를 여는 기회가 될 수도 있
다. 이 논의는 노동사에서 8시간 근무제 쟁취 투쟁의 핵심이기도 했다.
8시간 근무제 쟁취 투쟁은 노동자에게 강요된 착취적 노동이 노동자의
번영을 위한 시간을 방해한다는 것을 인정하는 사건이었다.[21]

---

20 이 자유는 '갈증 및 굶주림, 영양 결핍으로부터의 자유', '불편함으로부터의 자유', '고통·
상해·질병으로부터의 자유', '정상적인 행동을 표현할 자유', '공포와 스트레스로부터의
자유'를 포함한다.

21 예를 들어 마르크스는 노동일에 대한 이 투쟁을 자유권보다는 정치의 근간에 입각한 것
으로 보았다. "'양도할 수 없는 인권'이라는 화려한 표제 대신 '노동자가 판매한 시간이 언
제 끝나며 그에게 속하는 시간은 언제 시작되는지를 궁극적으로 명백히 하는' 소박한 대
헌장(즉 법적으로 제한된 노동일)이 나타난 것이다"(Marx 1986: 416, 마르크스(2008: 423)).

 동물의 노동일은 언제 시작되고 언제 끝나야 할까? 특히 식용동물에
게 이것은 절박한 문제다. 앞서 설명한 바와 같이 생산 체제가 모든 시
간을 지배하고 있다면, 모든 시간이 노동시간이기에 대부분의 동물에
게 노동일이란 존재하지 않는 것이고, 그렇기에 노동일을 주장하는 것
은 어려운 도전이다. 그러나 나는 시간이라는 굉장히 유용한 사유의 틀
이 우리를 복지주의 정치학의 막다른 골목에서 벗어날 수 있게 한다고
주장한다. 시간이라는 분석틀은 단지 불필요한 고통을 줄여야 한다는
원칙의 정치학에서 나아가 ('필요'노동과 '불필요'노동[22]을 포함한) 노동시간
단축을 목표로 하는 정치학으로 이동하게끔 영향력을 발휘하기 때문이
다. 동물이 집약적 축산 체제의 생지옥으로 내몰려야만 한다면, 그 집
약적 노동 체제의 방해를 뚫고 번영할 수 있는 정기적인 휴식이 동물에
게 부여돼야 하지 않겠는가? 물론, 동물의 노동일을 위한 캠페인이 벌
어진다면 많은 우려의 목소리가 제기될 것이다. 동물을 노동하게끔 강
제하고 감금했던 전 세계 축산업이 이번에는 동물에게 굴복할 것이라
고 쉽게 믿기는 어렵다. 그러나 어떤 면에서 복지 개혁을 위한 기존 캠
페인은 이미 시간의 문제를 다루고 있었다. 자연 방사 달걀 생산에 대

---

22 '필요'노동과 '불필요'노동은 사용가치를 생산하기 위해 필요한 평균 노동시간을 의미하
  는 마르크스의 '사회적 필요노동시간' 개념을 의도적으로 참고한 것이다. 마르크스는 이
  개념을 불명확하게 사용하며(Marx 1986: 129-131; Marx 1991: 287-289) 그렇기에 개념에 대한
  학술적 논의가 필요하다(Tombazos 2014: 33-41). 하지만 우리는 필요노동시간을 사회적 요
  구를 충족시키기 위한 생산과 결부된 평균적인 사회 활동을 반영하는 것이라고 개괄적
  으로나마 이해할 수 있을 것이다. 필요노동은 노동자가 자신의 노동을 재생산하기 위해
  필요한 필요노동시간을 결정하고, 이는 결국 생산 과정에서 기대할 수 있는 잉여의 규모
  를 결정한다. 이 때문에 필요노동은 자본주의 생산에서 여러 모로 관심의 대상이다. 즉,
  "자유시간을 잉여시간으로 변형시켜 모든 시간을 전유하는 것(다시 말해, 확장된 잉여가치의
  생산을 위한 시간으로 변형하는 것)이 자본의 경향성이다"(Booth 1991: 17).

한 세계적 움직임을 고려해 보자. 이 캠페인을 구성하는 정치적 뼈대의 일부는 **공간**의 논리로 구성되었다. 일례로, 호주의 동물권 옹호자들은 'A4 한 장'이란 이미지를 효과적으로 사용하여 집약적인 양계장 생산 체제에 속해 있는 산란계에게 아주 비좁은 공간만 허용됨을 강조한다 (RSPCA 2018).[23] 이 방식은 '케이지 달걀cage eggs'에 대한 수요를 억제하고, 대중의 인식을 바꾸는 데 기여했다. 그러나 동물 생산 산업 관련자들은 산업의 수익성을 보호하는 방식으로 대응했다. 최근 강력한 산업계 로비로 인해 호주법은 "산란 주기의 낮 시간 동안 야외 방목장에 유의미하고 정기적으로 접근하는 것, ; (b) … 야외 방목장에서 돌아다니거나 먹이를 찾을 수 있는 것, ; (c) … 1만 마리 혹은 그 이하의 밀도로 닭을 수용하는 경우를 조건으로 함"[24]으로 개정되어 '자연 방사'의 의미가 상당히 약화되었다. 이 법안에는 "야외 방목장에 대한 유의미하고 규칙적인 접근권"을 구성하는 요소에 대한 세부 사항이 존재하지 않는다는 점이 눈에 띈다. 그러나 바로 여기서 흥미로운 기회를 이끌어 낼 수 있다. '자연 방사'가 집약적 양계 시스템으로부터의 공간적 자유를 의미하는 한 법안의 주요 쟁점은 공간이지만, 이러한 법안의 변화가 **시간**과 관련된 정치적 기회를 창출한다는 묘한 사실이 바로 그 기회다. 사실 이 법안의 맥락상 동물권 옹호자들의 투쟁 쟁점은 **동물이 양계장의**

---

23 이들의 합리적 제안에 대해 산업계는 비뚤어진 반응을 보였다. 일부 산업 부문은 공간이 늘어난다고 해서 산란계의 사망률이 감소하거나 건강이 개선되지 않는다는 주장을 펼치며 대응했다(Locke 2018). 다른 산업 부문은 관할 구역마다 가축 밀도에 대한 규제가 다르다는 점을 이용하여 이익을 보고 있다(Han 2015).

24 「호주 소비자법 [자연 방사 달걀 표기] 정보 기준 2017Australian Consumer Law [Free Range Egg Labelling] Information Standard 2017」.

집약적 감금에서 얼마간의 시간 동안 벗어나 있을 수 있는지에 관한 것이다. 마르크스의 말을 다르게 표현해 보자면, 노동자가 그들의 노동력을 판매하는 시간이 언제 끝나는지 그리고 그들 스스로를 위한 시간이 언제 시작되는지에 관한 문제인 것이다.[25] 동물이 우리의 생산체제에 지배당하지 않을 때 무엇을 할 수 있을지에 대한 질문은 많은 것을 고려해야 하지만(노동을 벗어난 동물이 보내는 자유시간의 질을 평가하는 작업은 이 장의 역량을 벗어난다), 나는 동물권 옹호자들이 벌써 이러한 삶을 상상하기 시작했다는 사실에 주목한다. "홰에 오르기, 둥지 틀기, 혼자만의 공간에서 알 낳기, 먹이 찾기, 흙으로 목욕하기는 집약적인 케이지 양계산업이 닭에게 허용하지 않는 간단하고 필수적인 즐거움이다"(Animals Australia 2018). 이 경우에 공간이 동물권 옹호 활동의 주요 쟁점이 아닐 수 있다. 오히려 시간이야말로, 그러니까 노동시간과 노동하지 않는 시간의 차이점이야말로 핵심이다.

생산 속도를 늦추고 생명 단축에 맞서기

흥미롭게도 동물권 옹호 활동의 초점을 공간에서 시간으로 이동시켰을 때, 생산에 박차를 가하며 성장해 온 현대 축산업의 가속 논리에 도전할 수 있는 가능성이 탄생한다. 여기서 동물권 운동과 다른 사회운동이 기묘하게 공명한다. 우선 가속화와 자동화를 포함한 동물 생산의 강화가 특히 작업 안전과 업무 스트레스 측면에서 인간노동에게도 불리하다는 점이 그렇다(Erwin 2017). 이것은 최소한 표면적으로

---

25 각주 21 참고.

는 분명히 노동권 운동가와 동물권 옹호자가 생산을 둔화시키기 위해 함께 투쟁할 수 있는 강력한 사례다. 또 한편, 축산업의 생산 속도를 늦추자는 주장은 환경정의운동과 같은 다른 사회운동이 강력하게 요구하는 노동 감소, 생산 감소 그리고 소비 감소를 통해 '자본주의 속도를 늦추라'는 주장과도 묘하게 겹친다(D'Alisa, Demaria and Kallis 2014의 예시 참고). 아래에서 논의하고자 하는 바와 같이 이 주장은 자본주의를 구조적으로 비평하는 데 유용하며, 또한 포스트자본주의 사회에 대한 다른 상상을 실현하기 위한 사회운동을 전개할 가능성도 제공한다.

노동일을 위한 투쟁은 또 다른 잠재적 문제와도 만난다. 동물 노동자가 얼마나 길게 살아야 하는가의 문제다. 축산업의 총체적 조건 속에서 우리가 지배하는 동물의 수명은 오로지 생산의 경제학에 의해 결정된다. 앞서 설명한 것처럼 많은 (가금류와 어류 등의) 식용동물 생산 산업 체제는 비교적 효율적으로 잉여가치를 추출하기 위해 동물의 생존 기간을 단축시킨다. 동물의 생명을 단축하는 일은 동물의 필요노동을 줄이고 생존 유지 비용을 최소화하여 더 많은 잉여를 얻을 수 있게 한다. 복지주의 정치학은 아마도 동물에게 가해지는 불필요한 고통을 줄이는 일에 집중하느라 그리고 동물의 죽음이 해악이라고 생각하지 못했기 때문에, 동물의 생존 기간을 조작하는 일에 거의 대항하지 못했다. 우리는 이윤을 위해 삶이 단축되는 것을 목격했고, 우리 사회가 식량 생산에 사용되는 동물의 합리적인 생존 기간에 대해 논의하지 않는다는 사실을 목격했으며, 양고기를 얻기 위해 어린 양을 도축하는 것이 일상이 된 것처럼 식용육 시장에서 인간의 독단적인 욕망을 충족시키기 위해

갑작스럽게 동물의 수명을 단축시키는 일[26]의 정당성이나 도덕성을 고민하지 않는다는 사실도 목격했다. 노동시간에 대해서, 혹은 더 나아가서 동물이 살아가는 시간에 대해 논의한다면 괜찮은 삶이란 어떤 모습이어야 하는지에 관한 대화가 가능해질지도 모른다. 그리고 어쩌면 이 대화를 통해 축산업이 동물의 생명을 단축시킬 권리가 있는지, 동물에 대해 축산업이 자행하는 폭력의 사회규범적 한계는 어디까지인지 고민하지 못하게 하는 인식론적 폭력을 무효로 만들 수 있을지도 모른다. 앞서 제안했듯 이 질문은 동물에게 시간이 중요한지에 대한 더 깊은 철학적 문제를 내포한다. 그리고 이 질문을 던짐으로써 동물이 아무래도 덜 의미 있는 시간을 살아갈 것이라는 우리의 인간중심적 가정에 도전할 수 있을 것이다.[27]

노동 없는 세상은 가능할까?

노동시간에 주목할 때 우리 사회에서 필요노동이 맡는 역할에 대한 더 넓은 정치적 논의가 이어질 수 있다. 나는 이것이 노동시간을 핵심으로 고려할 때 가장 기대되는 점이라고 강조하고 싶다. 어떤 정치적 비전은 사회주의를 재산과 자원의 재분배를 목표로 하는 정치운동으로 상상하는 반면, 다른 비전은 사회주의를 잉여노동에 대한 민주적 통제에 관한 것으로 표현한다(Spivak 2012: 192). 필요노동의 감축을 목표로 하는 체계적 프로젝트에 관한 비전이 적어도 하나 더 있다. 바로 노동을 줄여 번영을 가능하게 하는 것이다. 이 마지막 견해는 자본주의가

---

26 기이하게도, 이 대화의 일부는 '윤리적 고기' 담론의 맥락에서 비롯되었다(Fox 2015).
27 각주 11 참고.

자유시간을 소거하는 그 특유의 지배 방식을 통해 계급 차별의 역사를 지속시킨다고 역설한다. "마르크스에 따르면, 모든 주요 노예 계급servile classes은 그들의 여유로운 주인을 위해 혹은 잉여가치 창출을 위해 자신의 잉여시간이나 자유시간을 속박된 시간에 넘겨준다는 사실로 특징지을 수 있다"(Booth 1991: 23). 노동의 축소를 추구하는 사회변화를 상상할 때, 나는 우리가 건설하고자 하는 사회에는 노동의 필연성에 지속적으로 도전하는 기획과, 노동이 번영에 걸림돌이 된다는 것을 알리는 기획이 필요하다고 강하게 주장한다. 이는 결국 노동을 사회 지배의 한 형태로 해석하는 작업이며, 번영을 이루기 위해 노동을 단축하거나, 어쩌면 노동의 근절을 다시 논의하게끔 하는 일이다(이 책 10장의 '노동사회'에 대한 도널드슨과 킴리카의 폭넓은 논의 참고). 네그리는 《맑스를 넘어선 맑스》에서 현대 자본주의가 삶이 사회적 공장이 되는 방식으로 모든 시간을 자본의 시간으로 포섭하면서 형성된다는 것을 밝히는 데 주력한다.

> 사회는 자본의 사회로서 나타난다. 바로 이런 변화를 통해 모든 사회적 조건이 자본에 포섭되는데, 다시 말하자면 사회가 자본의 '유기적 구성'의 일부가 되는 것이다. 그리고 자신의 직접성을 통해 스스로를 드러내는 사회적 조건에 더하여, 자본은 유통 과정(처음에는 매개의 기능을 하는 화폐와 교환)의 모든 성분과 요소를 지속적으로 포섭하고, 그 후에는 생산 과정에 관련된 모든 것들을 포섭하는데, 바로 이 지점이 공장제 수공업에서 대공업으로 그리고 사회적 공장으로 이행하는 토대다. (Negri 1991: 114)

동물의 모든 시간이 자본의 흐름에 포획되기 때문에 네그리가 묘사한 사회적 공장이 공장식 농장의 좌표와 거의 흡사함을 알아차리는 데에는 많은 상상력이 필요하지는 않다(Wadiwel 2018b). 실제로, (실험에 사용되는 동물을 포함하여) 축산업 환경에 속해 있는 전 세계 동물의 처지는 자본의 욕망이 무자비하게 실현된 형태라고 할 수 있다. 동물의 사회 전체가 생산에 포섭돼 동물의 자유시간은 얼토당토않은 개념으로 여겨지게 됐고, 동물의 모든 시간은 생산을 위한 시간이 된 것이다.

앞서 설명한 바와 같이 최근 좌파·녹색 정치에서 포스트자본주의 해법에 관한 수많은 경쟁적인 비전을 제시하고 있다. 그 일부는 예를 들자면 제로 성장, 혹은 마이너스 성장 경제에 대한 상상을 시도한다. 이와 동시에 진보 정치 내에서 노동의 정치학의 위치가 무엇인가에 대한 논의가 이뤄지고 있으며(Weeks 2011: 20), 자동화가 '포스트노동'사회에 갖는 가능성에 대한 관심도 증가하고 있다(Mason 2016). 그러나 포스트자본주의에 대한 이러한 비전 가운데 그 어느 것도 탈인간 중심적이지는 않다. 다수의 동물 노동자를 계속 이용하는 것을 전제로 두는 한, 그 비전은 비인간 노동력은 여전히 유지하면서 인간 노동자들을 생산에서 벗어나게 하는, 단순히 자본주의의 기술적 구성을 변화시키기 위한 제안에 지나지 않는다.[28]

---

28 나는 다른 글(Wadiwel 2018b)에서 동물노동의 가치를 인정할 경우, 축산업에 대한 마르크스주의 해석이 달라진다고 지적한 바 있다. 생산이 점점 더 증대되면서 인간노동의 존재는 감소됐지만, 동시에 기계 사용과 인클로저(16-17세기와 18-19세기에 공유지였던 농작지에 울타리를 쳐서 목축지로 사유화한 것으로, 인클로저가 진행되자 공유지에서 농사를 지었던 농민들은 도시의 하층 노동자가 됐다. 마르크스는 이를 자본주의적 포섭의 한 형태로 본다_옮긴이) 등이 증가했다(따라서 '기술적 구성' 또한 부상했다). 이렇게 증대된 생산에서는 동물노동의 질량이 비정상적으로 커지는 것이 현실이다. 그 이유는 동물이 생산의 대상이기 때문인데, 그러므로 동물의 노동은 더 효율적으로 만들어질 뿐, 사라질 수는 없다.

그렇다면 필요노동의 단축을 (그리고 자유시간 증가를) 목표로 하는 탈인간중심적 프로젝트는 어떤 모습이어야 할까?[29] 이 마지막 프로젝트는 인간과 비인간에게 동일하게 적용되는 일련의 질문을 가능하게 한다는 점에서 내게 매력적이다. 다시 말해, 우리의 사회적, 경제적 구조 속에서 생명을 유지하고 번영하기 위해 얼마나 많은 노동이 필요한가? 우리의 미래 필요를 충족하려면 사회는 얼마나 많은 노동이 필요로 하는가? 실제로 우리가 노동할 필요가 있는가? 마지막 질문은 대량 축적을 지속하는 현대 세계에서는 풀리지 않는 문제다. 한편으로, 이것은 우리의 기술 사용과 조직화 양식이 삶을 재생산하고 번영하기 위해 최소한의 노동만을 필요로 하는 세상을 만들었는지에 대한 실제적인 질문이다. 다른 한편으로는, 노동에 전념하지 않는다면 삶이 어떻게 쓰일 수 있을지에 대한 더욱 심오한 질문도 존재한다(이 책 10장의 도널드슨과

---

29 명확히 하자면, 여기서 동물의 '자유시간'이 각 동물이 소유 가능한 권리로 상상되는 것은 아니다. 집단적 과정은 사회적 필요노동시간을 잇따라 감소시켜 삶을 보살피고 번창시키는 일을 가능하게 한다. 각주 22에서 논의된 바와 같이, '사회적 필요노동시간'은 논쟁의 여지가 있는 개념이다(Tombazos 2013: 33-41). 그러나 이 개념을 최대한 확장하면, 생산하는 데 필요한 모든 노동력과 에너지를 포함하는 개념으로 사용할 수 있다. 이러한 맥락에서 바추르(6장)가 "개인이 이용할 수 있으며 개인이 생산하는 풍부한 자원은 그 본질에 있어 언제나 사회적이며, 개인의 생산 과정은 전체로서의 사회를 (재)생산한다"고 말했듯이, 노동은 사회적 맥락 안에서만 이해될 수 있다. 그렇기에 노동시간에 대한 사회적 개념은 공식적 유급노동이나 생산 영역에 직접 속해 있는 노동뿐만 아니라 무급 돌봄 노동, 재생산 노동, 사회적 재생산, '자연' 등을 포함해 생산을 가능하게 하는 물질적, 비물질적 노동도 포함한다. 이는 자유시간이 집단적 과정의 산물이며, 사회적 과정과 규범에 따라 개인이 번영하기 위해 시간을 보내는 방법이 구성된다는 것을 의미한다. 어쩌면 어떤 노동(예를 들어 다른 개인을 돌보기 위해 쓰이는 시간)은 언제나 필요하고 중요하며, 가치 있게 여겨지고 인정돼야 한다는 주장이 사실일지도 모른다. 하지만 그런 노동에 대해서도 자유시간을 늘리기 위해 노동시간을 어떻게 줄일 수 있을지 상상해 볼 여지가 있다. 예를 들어, 돌봄 노동과 관련된 시간을 줄이기 위해 집단노동 과정과 기술을 사용해 볼 수 있을 것이다.

킴리카의 글 참고). 하지만 이러한 질문들을 다음과 같은 규범적 질문에서 분리할 수는 없다. 노동의 가치란 정확히 무엇인가? 노동은 존재의 번영에 기여하는가, 번영을 방해하는가? 그리고 우리가 상상하는 사회에서 인간에게 혹은 비인간에게 노동을 없애 버린다는 것은 무엇을 의미하는가?[30]

---

30 월 킴리카, 샬럿 블래트너, 켄드라 콜터 그리고 "동물노동 : 동물 '노동' 인식에 대한 윤리적, 법적, 정치적 관점" 워크숍에 함께한 모든 참여자께 진심으로 감사드린다. 여러분의 조언과 제안은 이 장을 전개하는 데 도움이 되었다.

⑩

포스트노동사회의 동물노동을 상상하다

수 도널드슨, 윌 킴리카⦿

우리가 처음 노동과 동물을 함께 고려하기 시작했을 때, 노동자의 범주에서 제외되는 일이 동물들에게 중대한 문제가 될 수 있음은 명확해 보였다. 적어도 근 시일 내에 우리와 더불어 공유사회의 일부가 될 가축에겐 특히 더 그렇다. 노동이 인정받을 자격을 결정하고, 사회적 지위를 부여하고, 시민권을 정의하며, 목적을 가지고 선택한 활동과 사회적 협력을 거쳐 자기 개발에 할애할 기회를 제공하고, 기본적인 물질적 욕구가 보장되게끔 하는 소득을 벌어들이는 활동인 한, 동물을 '노동'의 공적 담론과 법적 범주에서 배제하는 것은 문제적이다. 이는 사회 속에서 동물이 처한 비천한 처지를 반영하고 또 영속시키는 일이다. 문제를

⦿ Sue Donaldson and Will Kymlicka, *Animal Labour in a Post-Work Society* In: *Animal Labour: A New Frontier of Interspecies Justice?*. Edited by: Charlotte Blattner, Kendra Coulter, and Will Kymlicka, Oxford University Press(2020). © Oxford University Press. DOI: 10.1093/oso/9780198846192.003.0010

해결하려면 동물이 이미 하고 있는 일을 인식하고, 안전하고 착취 없는 새로운 형태의 선별된 좋은 일을 동물이 탐색할 수 있도록 기회를 주는 것이 중요하다고 생각했다.

그런데 현대 사회에서 노동이 수행하는 역할을 분석하다 보니 분명히 드러난 사실이 있다. 시민권을 획득하고, 기본적 욕구를 충족하고, 협력적인 사회생활을 조직하기 위해 유급노동에 중요성을 과도하게 부여하는 관행이 심각한 말썽거리라는 것이다. 결국 많은 사상가들은 '포스트노동사회'의 틀 안에서 대안을 고민하는 데 이르렀다.[1] 포스트노동사회 이론가들은 생산주의와 노동윤리를 사회의 핵심 가치가 되도록 내버려둔다면 필연적으로 일련의 정치적, 경제적, 사회적, 환경적 손해와 부정의不正義가 따라올 것이라고 주장한다. 반면 포스트노동사회는 노동이 자연의 순리도 아니고 신성하지도 않다는 점을 명료히 하면서 사람들이 일 그 자체를 위해 일하지 않도록 하고, 필수적인 업무들을 더 공평하게 나누고, 환경을 훼손하는 생산과 소비 관행을 줄이면서 자기 개발을 해서 사회적 소속감을 얻는 대안적 방법을 찾는다. 부분적으로 이는 보편적 기본소득을 통해서 가능하다.[2]

이 장에서 우리는 포스트노동사회를 둘러싼 최신 논의 속에서 동물노동자의 자리를 찾아보려 한다. 지금까지 포스트노동사회 옹호자들

---

[1] '포스트노동사회'라는 용어는 '탈脫 노동'사회라기보다는 이후의 '노동사회'로 이해해야 한다. 다르게 말하면, 사람들은 여전히 일할 것이고 그중 많은 수는 유급노동에 참여할 것이다. 하지만 추후 본문에서 더 설명하듯 유급노동은 더 이상 소속감, 안전, 의미를 주는 핵심적 역할로 기능하지 않을 것이다.

[2] 포스트노동 관점의 최신 논의들은 다음을 참고. Fitzpatrick 2004; Weeks 2011; Hunnicutt 2013; Frayne 2015; Livingston 2016; Srnicek and Williams 2016; Chamberlain 2018.

의 전망에 동물은 거의 등장하지 않았다. 실제로 포스트노동사회 옹호자들은 노동사회 옹호자들과 마찬가지로 인간에게만 해당되는 용어로 사회를 해석하고 인간 우월주의적 수사를 쓰는 경향이 짙다.[3] 그럼에도 불구하고 포스트노동 관점이 종간 정의를 이론화하는 데 중요한 이점이 있다는 사실을 우리는 입증하려 한다. 작금의 노동사회에서도 동물이 '일'이나 '노동'에 참여한다는 것을 인정하면 일부 유익한 점이 물론 있을 수 있다. 하지만 노동을 신격화하지 않는 포스트노동사회에서 이 가능성은 비로소 가장 잘 실현될 수 있다. 우리는 무엇보다 동물의 사례에 집중하는 것이 포스트노동사회의 주요한 이점을 밝히는 데 실로 도움이 된다고 주장할 것이다.

순서는 다음과 같다. 우선 '노동사회'를 정의하는 특성들, 특히 노동을 자연화하고 도덕화하는 측면을 살피며 시작하겠다(1절). 그런 다음 노동사회의 가장 심각한 몇 가지 결함을 설명한 후(2절) 포스트노동사회가 이 문제를 어떻게 다루고(3절), 나아가 동물 노동자와 시민들에게 이익이 되는 변화를 어떻게 가져다줄지를 밝힌다(4절).

노동사회란?

현대 서구사회를 정의하는 특성 중 하나는 **정상화된** 노동이다. 즉,

---

3 노동윤리 옹호자들이 종종 노동이 인간과 동물의 차이를 나타내는 요소라고 설명하듯이, 포스트노동사회 옹호자들은 인간을 노동에서 해방시킨다면 인간과 동물의 차이뿐 아니라 인간의 우월성을 드러낼 수 있을 것이라고 말하곤 한다.

전일제 노동, 평생 노동이 정상적이라거나 내지는 자연스럽다는 발상이다. 이러한 발상은 사람이 평생 일하며 살기 위해 타인을 만나고, 교육하고, 훈련하는 일체의 활동 또한 정상적이고 자연스럽게 보이게 만든다. 전일제 노동자로 살기 위해서 가장 먼저 필요한 것은 뭐니 뭐니 해도 교육이다. 단지 직장에서 일하는 동안에만 노동이 우리 삶을 지배하는 것이 아니다. '고용 가능'하고 '일할 준비가 된' 사람으로 거듭나고자 노력을 쏟는 모든 시공간에서 우리는 노동의 지배를 받는다.[4]

노동 정상화 현상은 너무 뿌리 깊어서 대안을 상상하기조차 어렵게 만든다. 하지만 방법이 없는 것은 아니다. 마르크스Marx와 베버Weber가 말했듯이 현대의 국가와 자본가, 고용주들은 사람들이 전일제 근무를 준수하도록 압박하거나 심지어 강요해야 했다. 그리고 노동사회가 부상하면서 확실히 상품과 서비스의 생산이 증가했으며 기술이 발전하고 체제는 자동화됐다. 더 이상 적절한 생활 수준을 충족할 만한 물질적 기반을 갖추기 위해 모든 사람이 반드시 전일제 노동을 하며 돈을 벌 필요가 없어졌다는 뜻이다. 이미 1920년대에 경제학자들은 기술의 발전이 노동시간의 급격한 감소를 가능케 했다는 점을 지적했으며 최근 더 발전한 자동화는 이 점을 단지 강화했을 뿐이다. 예컨대 평론가들은 주 21시간 근무제로 전환(Coote, Franklin, and Simms 2010)하거나 혹은 정기적으로 일 년간의 휴식을 취하는 것이 가능하도록 (교수뿐 아니라!) 모든 사람에게 '안식년 지원금'을 주거나(Offe 1997), 아니면 무조건적인 기본소득 정책을 시행하는 것(Van Parijs and Vanderborght 2017)이 전적으로 실

---

4 일하는 방식 때문에 그리고 늘 고용 가능한 상태가 돼야 할 필요성 때문에, 우리의 삶은 점점 더 많은 부분이 식민화된다. 다음을 참고. Weeks 2011; Frayne 2015: 73-74.

현 가능하다고 주장하고 있다.

그렇다면 왜 우리는 아직 노동사회를 고집하는가? 이는 많은 부분, 노동이 정상화됐을 뿐 아니라 **도덕화**됐기 때문이다. 경제 생산은 말할 필요도 없고, 자존감을 얻고 사회적 구성원과 시민으로서의 권리를 다지는 기초로서, 사회는 노동을 특권화한다. 우리는 돈을 버는 행위를 통해 스스로의 정체성과 가치를 확립한다.[5] 노동은 우리가 책임감 있는 어른이자 사회에 이바지하는 구성원임을 타인과 자기 자신에게 표현하는 방식이며 우리가 정치적으로 목소리를 내고 사회적 이익을 누릴 권리가 있음을 드러내는 방식이기도 하다.[6] 간단히 말해, 노동사회는 단지 노동의 경제학이 아니라 노동의 **윤리**에 기반해 있다.

애당초 이 노동윤리는 주로 '민주화를 추동하는 힘'이었음을 강조할 필요가 있다(Weeks 2011: 44). 고대 그리스와 로마 사회, 중세 유럽에서는 정치권력과 사회적 지위가 노동하지 않을 권리와 결부돼 있었다. 그러니 귀족이나 성직자 같은 타고난 엘리트 계층만이 노동하지 않을 수 있었다. 문명화된 생활에 반해 노동은 품위가 없는 데다, 정치적으로 통치할 때 필요한 덕목, 자격과 양립할 수 없는 것처럼 여겨졌다. 귀족

---

5 "노동은 경제 체제뿐 아니라, 사회적, 정치적, 가족적 협력 방식에 개인이 통합되는 주요 수단이다. 기본적인 사회계약은 노동하는 개인과 떼려야 뗄 수 없다. 실제로 노동은 국민들을 자유주의적으로 상상된 독립적 개인으로 탈바꿈시키는 요소 중 하나이기에 노동은 시민권자의 기본 의무로 다뤄진다. … 공공선에 기여하고자 하는 개인들의 성취와 욕망이 깃든 바람은 유급노동과 확고하게 결부된다. … 임금 관계는 소득과 자본뿐 아니라 규율된 개인, 통치 가능한 국민, 가치 있는 시민, 책임 있는 가족 구성원을 창출한다"(Weeks 2011: 8).

6 미국에서 시민권 논의의 기반으로서 임금이 차지하는 중심성에 관해서는, 수클라Shklar 1991의 고전적 논의 참고.

적 나태함을 거부하고 일의 가치를 드높이는 노동윤리의 출현은 어마어마하게 혁신적인 문화적 전환이었다. 이는 엘리트 계층에 저항하는 대중에게 힘을 실어 주었고, 사회적 지위와 정치권력의 향방을 결정하는 열쇠를 기어이 평범한 사람들의 손에 넘겨주었다.

그 결과 노동윤리를 향한 헌신은 우파와 좌파 모두에게 정치적 상상력을 형성하는 강력한 요소로 남아 있다(Livingston 2016). 이러한 영향이 자동화와 구조적 실업으로 인해 약화되기는커녕 '신자유주의적 맥락 속에서 노동윤리가 공격적으로 회귀하는 것'을 우리는 목격해 왔다(Frayne 2015: 99). 우파들은 "'근면성실한 사람들'의 미덕 대 사회의 게으름뱅이, 놈팡이, 한량이라 불리는 사람들"이라는 구도에 사상적으로 꽤나 몰두하는 추잡스러운 모습을 보였다(Frayne 2015: 16). 영국 보수당의 재무장관 조지 오즈번George Osborne은 이렇게 말했다.

우리는 묻는다. 교대 근무 노동자를 위한 공정성은 어디로 갔는가. 실업수당을 받아 놀고 먹는 이웃집의 닫힌 블라인드를 물끄러미 올려다보며, 새벽 어스름을 뚫고 출근하는 노동자들. 우리가 함께라고 말할 때 우리는 바로 그 노동자를 위해 소리 높이는 것이다. 우리는 힘들게 일해서 사회에서 성공하기를 바라는 모든 사람들을 대변한다.[7]

---

7 쿠트와 라이얼Coote and Lyall 2013: 1의 글에서 재인용하였다. 보수당 지도자 데이비드 캐머런David Cameron 또한 다음과 같이 말했다. "일하면서 성공하기를 원하는 사람들을 위해 우리는 나라를 세웠다. 열심히 일하는 모든 국민을 향해 외친다. 우리는 당신의 편이라고 … 우리는 근면성실한 사람들을 위한 정부를 표방하며 우리 입장은 이대로 영원히 변함없을 것이다"(Frayne : 2015: 99에서 재인용).

보수파는 물론 중도파와 좌파까지도, 실업자들의 행실을 대놓고 비난
하지는 않을지라도 우리 모두를 '근면성실한 사람'으로 만들겠다는 목
표를 공유한다. 신노동당New Labour(그리고 클린턴 민주당) 시절에는 일자리
를 구하라고 한부모와 장애인을 더 강하게 압박하고, 더 넓게는 "노동
에 맞춰 복지국가를 재건"하는 방향으로 사회 정책이 개편됐다(Frayne
2015: 103-104).[8] 정치인들은 어떤 정당에 속했든 간에 이구동성으로 노동
은 시민권의 핵심이라고 재차 확언한다.[9]

　노동사회에 대한 반론은 늘 존재했다. 노동사회를 고집하는 대신에
(더 적게 일하고, 더 빨리 은퇴하며, 고용되지 않더라도 기본적인 필요를 보장받기 위
한 목적으로) 노동시장에서 자발적으로 벗어나는 개인들의 자유를 우선
해야 한다는 것이다. 그리고 우리는 그 어느 때보다도 더 많은 사람들
에게, 더 공평한 방식으로 이러한 자유를 실질적으로 제공할 수 있는 시
대에 살고 있다. 그러나 신자유주의는 그 반대편으로 우리를 몰고 갔
다. 가령 빈곤층에게 [근로연계복지(일하는 것을 조건으로 경제적, 문화적 지원
을 제공하는 제도_옮긴이)를 통해] 일하기를 강요하고 늦은 은퇴가 더 좋다
고 구슬렸다. 게다가 더 일반적으로는 노동시장을 자발적으로 이탈하

8　노동과 연금 부처의 노동당 그림자(제1야당 당원들로 구성된 부차적인 내각을 의미한다_옮긴이) 장
　관Labour Shadow Secretary for Work and Pensions 리엄 번Liam Byrne은 "힘들었던 경험은 당신의 쓸모
　를 세상에 보여 주는 것이며 노동은 의심할 여지가 없는 것이다. 우리는 땀 흘려 일하고 옳
　은 일을 하는 사람들의 편에 서 있다"(Coote and Lyall 2013: 2에서 재인용).

9　노동윤리는 때로 '자유주의적' 앵글로-아메리칸 국가가 지닌 특유의 성질로 보이지만 애
　즈마노바Azmanova(2010; 2012)는 '('대륙'의 기업복지국가와 '스칸디나비안식' 사회민주복지국가를 포함
　해) 가지각색으로 다양한 자본주의 형태'에 일관적으로 이 윤리가 작동하고 있다는 사실
　을 드러낸다. 서구 민주주의 국가 전반에 깔린 이런 생각에 대해서는 로드멜과 모레이라
　Lødemel and Moreira(2014) 또한 참고.

는 자유가 촉진해야 할 가치라는 바로 그 생각을 사상적인 차원에서 적
절치 않은 것으로 만들었다. 도리어 우리는 신자유주의 시대에 직면하
여 점점 더 노동시장 참여율을 높이는 방법의 틀 속에서만 정의를 이야
기하고 이 틀은 다른 방법은 논할 수조차 없게 우리의 생각을 거르는 기
준이 된다.

이런 상황에서 동물권 옹호자들이 동물을 노동자로 인정하라는 압
박을 가하기 시작했다는 사실이 그다지 놀랍지는 않다. 최근 들어 몇
몇 이론가들은 가축을 사회적 권리와 책임을 가진 사회 구성원으로 봐
야 한다고 주장해 왔다.[10] 하지만 노동사회에서는 이러한 권리와 책임
이 일을 매개로 조정되기에 가축을 노동자로 볼 수 없다면 이들을 사회
구성원으로 받아들이자는 말은 기껏해야 불확실한 주장에 지나지 않
을 것이다. 막말로 사회 구성원이 (신자유주의적 노동윤리가 함축하는 것처럼)
'개미'와 '베짱이'로 나눠지고 정부는 베짱이가 아닌 개미의 편이라는 것
이 명백하다면, 가축을 위한 정의를 실현하려면 가축 또한 노동자라는
것을 보여 주는 방법밖에는 없다.

이런 이유로 가축이 실제로 노동 기반의 정의 규범을 구현하기에 충
분하다는 사실을 보여 주려는 많은 노력을 우리는 목격해 왔다(Valentini
2014; Cochrane2016; Shaw 2018; Boettcher 2018 참고). 이는 중요하고 가치 있
는 일이다. 오늘날 우리 사회가 동물에게 노동에 기반한 권리를 주지
않는 것은 인간우월주의 사상이 낳은 결과다. 그러므로 동물권 옹호자

---

10 이 주장에 대한 논의는 Donaldson and Kymlicka 2011; 또한 Smith 2012; Cochrane
   2016 참조.

들이 이의를 제기하고 동물노동에 대한 편견을 깨기 위해 싸우는 것은
타당하며 바람직하다. 여성의 일을 부정하거나 폄훼하는 것이 가부장
제에서 핵심 역할을 했듯, 인간 우월주의의 중심에는 동물노동에 대한
부정 혹은 폄훼가 자리 잡고 있으며 정의를 실현하려면 이러한 편견과
정면으로 맞서야 한다.

하지만 동물노동이 (잘못) 인식되고 적절히 보상되지 않도록 만드는
고루한 편견에 도전하는 일뿐 아니라 노동사회의 기저를 이루는 전제
들을 심문하는 일도 그만큼 중요하다. 노동의 정상화와 도덕화가 한때
는 민주적이고 해방적으로 기능했을지 몰라도 오늘날에는 그 반대로
거의 분명히 인간과 동물 전체에 피해를 입히고 있다.

노동사회가 지닌 한계

노동사회가 더 이상 정의를 구현하는 사회 체제가 될 수 없는 이유가
몇 가지 있다. 우선 시장에 나온 일자리가 충분치 않고 그 결과 많은 사
람들이 불안정한 고용 상태로 강등돼 사회 구성원으로서 권리를 취득
하기가 어렵다.[11] 기술의 발전 덕분에 자동차나 컴퓨터를 생산하는 데
필요한 작업시간이 줄어들었기에 모든 노동자들이 주당 근무시간을 줄
이고 일종의 여가시간을 배당받을 수도 있었다. 그러나 증가된 생산성

---

11 "노동이 '사회적 유대', '사회적 결속', '통합', '사회화', '인격화' 그리고 의미의 기원으로서
　전혀 기능하지 못하게 된 후, 강박적으로 적용되었던 노동의 '대체 불가능한', '필수적인'
　기능은 사실 실재하지 않았다"(Gorz 1999 : 57).

은 오히려 일부 노동자만이 사회적으로 승인된 전일제 평생 고용 모델을 이행하는 이중 노동시장으로 이어졌고, 반면 여기 속하지 못한 이들은 직장을 잃고 사회적으로 낙인찍히거나 불안정한 고용 상황으로 내몰렸다.[12] 노동윤리가 만들어 낸 이 상황은 사람들의 사회적 지위나 개인적인 건강에 백해무익했다.[13]

게다가 이렇게 누군가를 포섭하거나 배제하는 경계선은 무작위로 그어지는 것이 아니라 인종, 젠더, 종種과 깊이 얽혀 있다. 노동의 도덕화는 한때 보통 사람들의 이름으로 귀족적인 특권에 도전하도록 했지만, 이제는 특정한 종류의 노동과 직장에만 특권을 주어 '보통 사람들' 사이에 은밀한 위계질서를 만든다. 예를 들어 노동윤리는 여성의 재생산노동에 비해 남성의 생산노동에, 장애인에 비해 비장애인 노동자에게, 흑인과 이민자에 비해 유럽계 미국인의 노동윤리에 더 많은 특권을 주는 방식으로 작동해 왔다. 실로 노동윤리에 대한 헌신과 뒤엉킨

---

12 버트런드 러셀Bertrand Russell이 지적했듯, 생산성 향상에 대한 이러한 왜곡된 대응은 "필수적 여가시간이 보편적인 기쁨의 원천이 되는 대신에 모든 곳에서 고통을 야기할 것이다. 이것보다 미친 짓이 있겠는가?" 같은 의문이 정당하다는 것을 입증해 왔다(Frayne: 2015: 38에서 인용함).

13 실업은 건강을 해친다고들 하지만, 세이지Sage(2019)가 보여 주듯 이러한 연관성은 노동윤리에 의해서 조정된 것이다. 즉, 건강에 유해한 것은 노동하지 않는 상태 그 자체가 아니다. 오히려 도덕화된 노동의 사회적 규범을 충족시키지 못하는 것이 원인이다. 이러한 규범이 더 이상 지배적이지 않을 때, 예컨대 장기 실업이 '은퇴'의 범주로 전환되어 더 이상 일할 것을 요구받지 않는다면, 노동하지 않는 사람들은 건강해질 것이다. 비록 실제 생활에서 변한 것은 하나 없어도 말이다(Hetschko et al. 2014). 반대로 말하자면, 노동자들의 훌륭한 건강 상태는 일에 따라오는 본질적인 보상이 아니다. 사람들은 대부분 이를 불쾌하게 여기기까지 한다. 그게 아니라 이들은 직업을 가짐으로써 높은 사회적 지위에 놓일 수 있었기 때문에 건강한 것이다(Bryson and MacKerron 2017). 세이지는 복지를 증진시키는 가장 좋은 방법은 노동윤리의 지배력을 약화시키는 것이라 결론짓는다.

편견 섞인 믿음은 미국에서 흑인이 사회적 편익을 받는 것을 백인들이
반대하는 현상의 주된 요인이다(Gilens 1999).[14] 노동 계급 백인 남성은
귀족 엘리트 계급을 우위에서 끌어내리기 위해서일 뿐 아니라, 여성과
흑인에 비해 우월한 권리를 확고히 하기 위해 노동윤리를 유지시킨다.
제임스 리빙스턴James Livingston의 말을 빌리면, "젠더와 인종(이라는 요소
의 교차 속에서 설정되는 개인의 위치성_옮긴이)은 지나간 일은 덮어 버리는
우리의 무능에 대단히 기여한다"(2016: 87). 아니면 케이시 윅스Kathi Weeks
는 이렇게 말한다. "노동윤리는 부분적으로는 인종주의, 민족성, 국가
주의의 기운을 등에 업은 채 계급의 사다리를 타고 전해졌다"(Weeks
2011: 62). 우리는 이 목록에 종차별주의speciesism를 더할 수 있다. 노동윤
리에 대한 설명은 전형적으로 인간의 '노동'이 동물의 '본능'과 절대적
으로 다르고 더 우월하다고 주장하며, 이에 따라 인간의 노동을 신성
화하고 동물의 노동을 도구 취급하는 것을 정당화하는 방식으로 작동
한다.[15]

물론 무엇이 노동으로, 누가 노동자로 간주되는지에 대한 이 모든 편
견은 뒤엎을 수 있으며 그래야만 한다. 하지만 우리가 젠더, 능력, 인종,
민족, 종에 관계없이 진정으로 포괄적인 노동윤리 개념을 조리 있게 설
명할 수 있다는 생각은 그 어떤 과장을 빼더라도 너무나 낙관적이다.

---

14 "적어도 대부분의 엘리트들에게 정치는 '누가 무엇을 얻느냐'는 질문에 초점을 맞춘 과정
으로 여겨진다. 하지만 평범한 미국인 사이에서 정치란 종종 '누가 무엇을 누릴 **자격이
있는가**'에 더 가깝다. 복지국가도 예외는 아니다"(Gilens 1999: 1-2). 자격을 갖춰야 한다는
이러한 인식은 노동윤리에 대한 인종적 평가에 뿌리를 두고 있다.
15 이러한 구분에 대한 주요한 초기 논의는 인골드Ingold(1983) 참고.

노동윤리가 부당하게 배제를 조장할 뿐 아니라 부분적으로는 그 배제를 정당화하기 위해 세밀하게 유지되는 것이 현실이다. 많은 사람들이 노동윤리에 집착하는 이유는 자신의 일을 사랑해서가 (절대) 아니라,[16] 각종 방법으로 경멸받고 폄훼당하는 타자들에게 사회적 거리를 두는 일을 노동윤리를 통해 정당화할 수 있다고 믿기 때문이다.[17]

나아가 우리가 앞서 언급한 두 가지 문제를 해결할 수 있다고 해도, 즉, 경제 성장을 통해 더 많은 일자리를 창출하고 더 포괄적인 노동 개념을 명확히 설명해 낸다 해도 생산주의는 환경적으로도 지속 가능하지 않다. 우리의 최우선 과제는 생산과 소비를 늘리는 것이 아니라 생태 발자국을 줄이는 것이어야만 한다. 노동윤리는 힘들게 일한 대가를 상품 집약적 소비에서 찾는 삶의 방식 속에 가둔다. 열심히 일했으니 소비에 열중하고, "사회의 관습, 시간의 리듬, 인위적 환경"은 점점 더 "상품 집약적인 생활 방식을 기준점으로 구성하는 식"으로 재편되고 있다(Frayne 2015: 91). 제어 불가능한 환경 악화, 지구 온난화, 서식지 파괴, 여러 동물 종의 멸종까지, 결과는 우리가 아는 그대로다. 우리가 생태 문제를 다루는 방법에 대해 약간이라도 그럴 듯한 설명을 내놓으려면 포스트노동

---

16 브라이슨과 매커런Bryson and MacKerron(2017)과 갤럽Gallup의 여론조사는 사람들이 대부분 자신의 일이 그 자체로 보상된다고 생각하지 않는다는 사실을 보여 준다. http://news.gallup.com/poll/165269/worldwide-employees-engaged-work.aspx.

17 "'저소득층 밀집 지역 거주자들', '하층민들', '복지 제도에 의지하는 엄마들' 혹은 '불법체류자'의 노동 의향이 부족하다고 추정되고 이 부족함에 대한 논쟁이 지속된다. 이 논쟁에서 노동윤리란 과거와 현재에 걸쳐 인종, 젠더, 민족성을 형성하는 모호한 정당화 과정과 논리를 추출하는 저 깊은 곳의 자발적인 기원이다. … 만일 상황이 이렇지 않았더라면 노동윤리는 인종적 차이에 대해 공적으로 받아들이기 힘든 주장에 지나지 않았을 것이다"(Weeks 2011: 62-63).

사회 관점의 '포스트 생산주의자' 윤리로 전환이 필요하다.[18]

마지막으로, 좀 더 추상적으로 조망하면 노동윤리를 향한 우리의 끈질긴 집착으로 인해 어떤 형태의 자유와 번영이 사라지고 있는지 물을 수 있을 것이다. 현재 우리의 삶은 여러 모로 노동사회에 알맞게 구성돼 있다. "습관을 들이고, 일상적인 계획을 내면화하며, 욕망을 자극하고, 희망사항을 조율하는 등 이 모든 것은 평생 동안 노동의 요구에 적합한 주체를 보장한다"(Weeks 2011: 54). 이 과정에서 무엇을 잃어버리는가? 모든 형태의 사회 조직은 일상적인 계획의 내면화와 희망사항의 조율을 포함하지만 웍스가 지적하듯 노동윤리는 어느 정도 '정치적 금욕주의'의 오랜 전통에 기인한다. 정치적 금욕주의란 현세의 고통은 필연적이며 내세를 위해 쾌락을 보류해야 한다고 주장하는 종교적 교리에 뿌리를 둔다(Weeks 2011: 46). 많은 시민들이 더 이상 이 신학 이론을 믿지는 않지만 이 이론은 우리의 정치적 상상력을 여전히 틀 짓고 있다. 물론 좌파도 열외는 아니다.[19] 노동사회의 엄격한 금욕 정신을 따르기 위해 우리는 어떤 욕망을 억누르고 혹은 키우지 못하고 있는가?

다시 말해 노동사회는 (충분한 일자리가 없으니) 비현실적이고, (사회적 위계질서를 뒷받침하니) 불공평하며, 환경적으로 지속 불가능한 데다, 금욕

---

18 포스트노동사회로의 전환에 대한 생태주의적 사례는 피츠패트릭Fitzpatrick 2004, 반 파레이스Van Parijs 2013 참고. 인구 증가와 결합된 생산주의는 지속 가능성이 없다는 점을 우리는 기억해야 한다. 만약 우리가 인구를 줄인다면 생산주의가 환경에 미치는 영향은 약화될 것이다.

19 좌파적 금욕주의에서 "'노동자'들은 체제를 합리화하는 요인 중 일부인 가난, 희생, 근면, 자기 절제의 담론과 경쟁할 것이 아니라 공명해야 한다"(Weeks 2011: 103).

을 강요하여 다른 가능한 형태의 자유, 의미, 기쁨을 포기하게 만든다. 이러한 이유들로 봤을 때 노동사회는 종간 정의를 포함해 정의로운 사회를 위한 실현 가능한 기반을 제공하지 않는다. 따라서 동물권 옹호자들이 동물을 노동자로 받아들여 주기를 바랄 때, 동시에 우리는 포스트노동사회로의 전환을 추구할 필요가 있고 그 사회에서 어떻게 동물을 다룰 것인지 질문해야 한다.

포스트노동사회란?

그렇다면 포스트노동사회란 무엇인가? 노동사회가 노동의 정상화와 도덕화로 정의된다면 포스트노동사회의 특성은 무엇보다도 유급노동의 탈脫정상화와 탈脫신성화다.[20] 유급노동 형태는 계속 존재하고, 실제로 여전히 이 노동은 많은 사람들이 인생을 조직할 때 핵심적인 역할을 할 것이다. 그러나 노동자의 역할을 수행하는 것이 더 이상 시민권을 획득하기 위한 유일한 경로가 아닐 것이며 이 역할을 거부한다고 해서 처벌, 낙인, 감시, 비가시화 혹은 사회적 고립의 대상이 되지도 않을 것이다. 더 긍정적으로 말하자면 포스트노동사회는 전일제 평생 노동을 대체할 방안을 지지하고 합법화하고자 하며 시민권이나 사회계약의

---

20 노동의 탈신성화 혹은 탈도덕화라 할 때 우리가 의미하는 것은 '자격 있음'과 노동윤리를 등가하는 방식에 도전하는 구체적인 감각이며, 시민권, 사회 참여, 자기 계발을 하기 위한 유일한 경로로서 작동했던 노동윤리를 대체해 나가는 것이다. 포스트노동사회라고 해서 개인들이 유급노동을 포함한 활동에서 도덕적 중요성을 찾지 못할 것이라는 의미가 아니다.

기반에서 노동윤리를 탈脫중심화하려 노력한다.

포스트노동사회 이론은 다종다양하고 포스트노동사회를 이룩하는 방법에 대한 의견도 이론가들마다 다르다. 하지만 '보편적 기본소득 Universal Basic Income(UBI)'의 채택이 바람직한 첫 번째 조치가 될 것이라는 데는 이견이 없다. 보편적 기본소득이란, 일을 하든 안 하든 (혹은 일할 의향을 증명하든 증명하지 않든) 관계없이 모든 개인이 매월 기본소득을 받는 것이다.[21] 보편적 기본소득은 일정 기간 동안 적게 일하거나 일하지 않는 선택지를 개인에게 제공하며, 노동에 기반하지도 않고 혹은 노동으로부터 파생되지 않는 시민권이라는 발상을 실현하는 사례가 될 수 있다. 보편적 기본소득 옹호자들은 보편적 기본소득이 노동에서 벗어난 풍부하고 혁신적인 일련의 실천이 등장하도록 촉진하며, 노동시장의 참여를 통해서만 시민의 지위를 판단하지 않는 새로운 사회적 연대의 개념을 개발하는 데 도움이 되리라 평가한다. 이러한 포스트노동사회는 어떻게 구현될 수 있을까? 옹호자들은 구체적인 청사진을 그리는 것을 주저한다. 이는 일부분 그들이 아직 이러한 새로운 사회적 관행과 새로운 형태의 사회적 연대가 어떤 것일지 상상할 수 있는 역량이 없다고 스스로 믿기 때문이다. 흉폭한 노동윤리로부터의 해방, 즉 한때의

---

21 포스트노동사회 옹호론자들은 일반적으로 보편적 기본소득에 동의하지만, 모든 보편적 기본소득 옹호론자들이 포스트노동사회를 지지하는 것은 아니다. 오히려 생산주의를 지향하면서 보편적 기본소득을 옹호하는 많은 사람들이 있다. (가난, 실업, 착취적 노동 환경을 완화하기 위한 방식으로서) 기본소득을 지지하는 좌파와 (국가 관료주의를 약화시키고 기업가정신과 노동 유동성을 강화하기 위한 수단으로서) 기본소득을 지지하는 우파 계열의 옹호자들이 그 예다. 보편적 기본소득을 옹호하는 이념적 기반의 다양성에 대한 최근 논의를 살펴보려면 다음을 참고. Raventos and Wark 2018. 이 장에서는 보편적 기본소득에 대한 포스트노동적 해석에 초점을 맞출 것이다.

노동이 우리의 삶 전체를 지배하지 않을 때에야 비로소 우리는 포스트노동사회를 지지할 욕망과 관계를 발견하고 함양하기 시작할 수 있다. 윅스의 말처럼, 포스트노동사회가 구체적으로 어떤 것인지를 밝히려는 시도는 "너무 많은 것을 너무 이른 시점에 알아내겠다"고 요구하는 것이리라.[22]

한편, 포스트노동사회 옹호자들은 반복적으로 제기되는 우려를 타파하고자 한다. 노동이 사라진 자리를 나태와 태만이 채우리라는 전망 혹은 일하지 않는 삶은 공허하다는 주장이다(Frayne 2015: 191). 노동윤리를 이해하는 대부분의 방식은 일 아니면 게으름이라는 잘못된 이분법에 기반한다.

> 생산주의 윤리는 생산성이 우리를 규정하고 더 나아지게 만든다고 여긴다. 그래서 생산적 결과물로 이어지지 않는 인간의 대화, 지능, 생각, 제작 능력은 그저 실없는 소리, 쓸데없는 호기심, 잡념, 하릴없이 놀리는 손으로 전락하고 이러한 비非도구성은 수치스럽게 타락한 인간성을 표상한다는 것이다. (Weeks 2011: 170)

그러나 '일하기를 거부한' 사람들을 연구한 결과 그들은 대부분의 경우 인생을 대충 살고 싶은 것이 아니라 '더 잘 살고 싶은 강력한 욕망'

---

22 유토피아적 사고의 함정에 대한 칼 프리드먼Carl Freedman의 논의를 인용한 것이다(Weeks 2011: 213에서 재인용). 포스트노동사회(또는 보편적 기본소득 같은 특정한 정책)로의 이행은 기껏해야 보다 정의로운 사회를 만들기 위한 광범위한 투쟁의 한 차원에 지나지 않음을 우리는 인식하고 있다고 서둘러 덧붙이겠다.

(Frayne 2015: 141)을 느낀다. 그들이 하던 유급노동보다 더 가치 있다고 보는 다른 문제나 관계, 활동에 헌신하기 위해서 일을 관둔다는 것이다.

많은 사람들이 일을 관두는 이유는 몹시 힘든 노력이나 헌신, 자기 수양을 하고 싶지 않기 때문이 아니라, 이러한 일들이 부지불식간에 생산과 소비의 형태에 이바지하게 된다는 데 있다. 예상하건대 이는 사회와 자연 환경에 유해하기까지 하다. 많은 사람들은 스스로 더 가치 있는 목표에 주력할 수 있기를 바란다. 가령 사랑하는 이를 돌보거나, 생태계를 보호하거나, 문화를 풍요롭게 하거나, 정치 활동에 참여하거나, 신을 섬기는 일 같은 것들이다. (그래서 프레인Frayne은 포스트노동사회가 '노동윤리'를 '가치윤리'로 대체한다고 말했다.) 이러한 활동들은 시장에서 수익성을 가지고 판매될 수 있는 상품이나 서비스는 아닐 수 있기에 노동시장에서 팔리는 일자리를 만들지는 않을지라도 그렇다고 해서 이들이 분명 나태하거나 태만한 것은 아니다. 여러 모로 이는 실제로 일이나 노동의 형태를 띤다. 단지 노동윤리에 의해 특권화되는 생산주의적인 노동으로 분류되지 않을 뿐이다.[23] 그러니 사람들은 노력하는 삶과 게으

---

23 하워드Howard가 말했듯 많은 연구가 유급노동과, '자유시간'으로 이해되는 여가 사이의 단순한 이분법에 기대고 있다(Howard 2015: 294). 사실 우리가 추후 본문에서 더 논하는 것과 같이, 유급노동이 아니더라도 사람들이 하는 대부분의 일들이 사회적으로 필요한 것이기에 일 혹은 노동의 형태로 간주될 수 있다. 노동시장 내외부에 특정한 형태의 일이 존재하는 이유는 자본주의의 역사와 자본주의가 가부장제, 제국주의, 인종차별주의와 맺는 관계와 교차적으로 설명될 수 있으며, 우리가 무엇을 노동으로 간주할 것인지에 대한 결정을 할 때 지레 이러한 사실들에 입각할 필요는 없다. 허나 이 장은 노동사회와 포스트노동사회의 비교에 중점을 두고 있으며 유급노동의 정상화와 도덕화를 전면으로 논의하고 있기 때문에 일반적으로 우리는 이 용어를 협의적 의미로 사용할 것이다.

른 삶 사이에서 선택하는 것이 아니라 노동시장이 노력의 가치를 판단
할 유일한 기준인지를 판단하고 있는 것이다.

 이와 같은 맥락에서 제기되는 또 다른 우려가 있다. 노동윤리를 포기
하면 시민의 책임과 사회적 책임에 대한 고려조차 단념하는 것이 아니
냐는 우려다. 전형적으로 우리는 사회를 이익과 책임이 동시에 발생하
는 협력 체계로 보고, 사회적 협력에 따른 이익을 누리는 대가로 개인
들이 사회적으로 협력할 책임을 떠안아야 한다고 생각한다. '페어플레
이를 할 의무'라는 신념 그리고 그 신념의 당연한 귀결로서 '무임승차'
에 대한 반발은 일상 속에서 작동하는 도덕성의 강력한 특성이다. 진
화심리학자들은 여기에 뿌리깊은 진화론적인 기원이 있음을 주장한다
(Bowles and Gintis 1998). 그렇다면 보편적 기본소득은 페어플레이의 의
무에 모순되는 것처럼 보인다. 기본소득은 어떤 사람들로 하여금 어떤
대가로서 활동을 기대받거나 요구받지 않고도 다른 이들의 노동을 통
해 이익을 보도록 허용한다. 평론가들은 이 점이 사람들이 보편적 기
본소득에 반대하는 가장 큰 하나의 이유라고 지적해 왔다. 예를 들어,
1970년대 미국에서 행정경제학자들의 지원 아래 보편적 기본소득 정
책안이 제안됐을 때 결정적인 반대 요인은 비용이 아닌 윤리에 있었다.
기본소득이 페어플레이의 기본 의무를 위반한다는 것에 대해서는 좌
파와 우파나 의견이 같았다. "수혜자들이 공익에 기여하는 바가 없음에
도 시민권의 혜택을 누리도록 둔다"고 본 것이다(Steensland 2008: 229; 예
Livingston 2016 참고).

 이런 식의 반대는 연대와 사회적 정의 개념에서 핵심으로 기능한다.
하지만 보편적 기본소득은 오히려 연대의 강화된 윤리를 예시하는 것

일 수 있다. 우리가 도구적이지 않은 방식으로도 동료 시민을 돌볼 수 있다는 것이다. 보편적 기본소득의 논리에서는 누군가의 사회 구성원으로서의 권리와 지위를 인정하기 위해 그가 '제 역할을 다 하고 있는지'를 먼저 묻지 않는다. 그러니 보편적 기본소득이 수혜자들로 하여금 나머지 사회 구성원들을 향해 도구적인 태도를 보이도록 허용한다고 느낄 수도 있다. 허나 내가 얼핏 보기에는 보편적 기본소득 정책은 수혜자들이 동료 시민을 향해 비도구적 태도를 취하도록 기대하거나 장려하지 않는다. 도리어 기본소득은, 스스로의 도구적인 이익에 기여하지 않을 때마다 사회적 협력에서 개인이 손을 떼도록 허용하는 것처럼 보인다. 이는 (일방적인 자선이나 이타주의와 달리) 연대의 주요 특성인 상호 관심과 모순되는 것같다. 많은 좌파 이론가들에게 이런 지점은 보편적 기본소득에 반대하는 심각하고 심지어는 치명적인 이유다. 기본소득은 사람들에게 연대의 손을 뻗지만 그 대가로서 어떠한 연대의 몸짓도 요구하지 않는 것이다.[24]

일반적으로 기본소득 옹호자들은 이러한 반대가 이른바 시민적 책임이라는 개념에 대한 반대가 아니라고 본다. 그 대신 "연속적 개별 계약들로 축소되는 사회적 호혜성에 대한 어떤 이상"(Weeks 2011: 145) 혹은 "상품으로 맺어진 관계"(Frayne 2015: 237)를 통해 운용되는 사회적 연대의 어떤 개념에 대한 반대라고 전형적으로 반응한다(Frayne 2015: 237). 유급 노동자로 일하는 것이 타인에게 관심을 주거나 공유사회에 기여

---

24 좌파적 호혜성 관점에서 어떻게 보편적 기본소득을 비판하는지 보려면 White 2003; Anderson 2004; Miller 2003 참고.

하는 유일하거나 특권적인 방법이 돼서는 안 된다는 점은 분명하다. 하지만 역시 보편적 기본소득 그리고 더 넓게는 포스트노동사회가 어떻게 시민적 책임, 호혜성, 또는 상호 관심을 둘러싼 생각들과 연관되는지에 대한 명확한 설명은 여전히 어려운 과제로 남아 있다.[25]

기본소득 옹호자들은 반대 의견에 대해 여러 갈래로 반응해 왔다. 일부 옹호자들은 보편적 기본소득을 얻는 데 대한 대가로 어떤 형태의 기여를 요구하는 것이 적절하다고 인정한다. 하지만 그것이 유급노동의 형태가 아니라 가족 구성원에 대한 돌봄이나 자원봉사를 포함한 다소 느슨한 형태의 참여 요건이어야 한다고 말한다.[26] 물론 이러한 요구를 제도적으로 집행하는 것은 금지돼 있더라도 말이다.[27]

한편 다른 이들은 노동이나 참여를 하라는 어떠한 공식적인 요구도 해서는 안 된다고 말한다. 하지만 동시에 국가가 시민들로 하여금 공공선公共善에 참여하고 헌신하는 방법을 찾기를 기대한다고 공개적으로

---

25 반 파레이스는 보편적 기본소득이 사회적 협력에 대한 이익과 부담을 분배하는 '협력적 정의'에 기반한 것이 아니라 선물 분배의 원리로 가장 잘 이해된다고 말한다. 천연자원과 이전 세대가 물려준 상속 재산은 모두 현재 사회 구성원에게 주어진 선물이며, 보편적 기본소득은 지속적인 사회 협력의 성과를 이용하지 않더라도 이러한 상속된 선물로 조달될 수 있다(Van Parijs and Vanderborght 2017).

26 앳킨슨Atkinson(1996)의 '참여 소득participation income'안案 참고. Pérez-Muñoz 2016b.

27 평론가들은 이 같은 참여 요건이 원칙적으로는 옳다고 해도 공평한 방식으로 실행될 수 없고 부유층의 무임승차는 허용하면서 빈곤층은 처벌하는 결과가 불가피하다고 지적하고 있다(De Wispelaere and Stirton 2007; Noguera 2007). 시걸Segall은 참여할 의무에 대해 방어하고 의무를 실행할 수 있다고 해도 여전히 보편적 기본소득에만 얽매여서는 안 된다고 말한다. 예를 들어, 배심원으로 참여해야 할 법적 의무가 있다고 해도, 이 의무를 이행하지 않았다고 해서 의료 서비스를 받을 무조건적 권리가 박탈되는 것은 아니다. 개인들은 어떤 상황에서도 시민권과 법적 의무를 가질 수 있다(Segall 2005).

표명하고 그런 생각을 주입하면서 상호성의 **정신**을 조성할 수 있다고 주장한다.[28] 상호성의 정신이 일반화된 사회에서, 우리는 시민들이 이웃에게 비도구적인 태도를 취하고 사회적 협력 체계를 지탱하고자 자기 역할을 다할 것을 기대하고 신뢰할 것이다.

또 다른 사람들은 무임승차를 탐탁지 않게 보는 이러한 편견이 사회적 협력 유지에 대한 개념을 잘못 이해한 탓이라고 역설한다. 다시 말해, 임금을 받든 안 받든 특정하고 일정한 목표 지향적 업무에 참여하고자 의식적으로 결정할 때는(예컨대, 6시간 동안 X나 Y 작업을 수행하기로 동의할 때) 공공선에 기여한다는 것이다. 현실 세계에서, 사회적 재생산이란 더 포괄적이고 분산된 성질과 활동 전반에 기반한다. 이는 공공장소에서 자제력을 발휘하고, 사회적 예의범절을 준수하고, 관용과 법치에 대한 대중의 인식을 따르고, 친구나 이웃 같은 사람들의 고통이나 불편함의 신호에 반응하는 구성원으로서의 한결같은 의지를 포함하는 것이다. 이 중 많은 부분이 특별히 의식적으로 일어나는 것은 아니다. 오히려 이따금씩 습관적이고 생각 없이 일어난다. 그리고 반드시 특정한 계획에 따르는 일도 아니다. 하지만 이는 사회적 재생산에서 중추적이며 따라서 이런 식으로 사회 조직을 유지하고 보수하는 데 '우리 몫'을 다

---

28 번바움Birnbaum이 지적한 바와 같이 "기본소득 옹호론자를 포함한 대부분의 사람들은 교육기관과, 공통된 공적 규범에 기여하는 의무에 기반을 둔 기대를 전혀 표현하지 말자는 제안은 불합리하다고 생각할 것이다(Birnbaum 2011: 414)." 보편적 기본소득에 대한 초기 논의 중 일부는 명백히 생산주의적이고 유급노동에 참여해야 한다는 의무감을 주입시키는 분위기를 풍겼다(Carens 1981; Van Parijs 1995). 하지만 보다 최근에 이르러서는, 유급노동을 넘어서 광범위한 기여 개념에 주목하는 경향을 따르는 정신에 입각해 있다. 이 '정신'이 취하는 전략에 대한 논의는 Midtgaard 2008; Birnbaum 2011; Pérez-Muñoz 2016a 참고.

하지 않으면 애초에 사회생활이란 불가능할 것이다.[29] 고통에 처한 이웃의 토로를 귀담아듣는 데 자발적으로 한 시간을 쓴 사람은 어린이용 과당 음료를 만들며 한 시간 유급노동을 한 사람보다 사회에 기여하는 바가 훨씬 크다.

이렇게 사회 공헌을 통해 모든 사회 협력 체계를 뒷받침하는 조직을 유지하고 보수할 수 있다는 사유는 포스트노동사회를 위한 다른 시민권 윤리를 제시한다. 포스트노동 시민권은 물질적 생산보다는 사회적 재생산에 초점을 둔다(Fitzpatrick 2004: 216). 윅스의 표현에 따르면, 기본소득은 "가치의 공동 생산이 아닌 세상살이를 제대로 하기 위한 공동 재생산 활동의 대가로 받는 소득"으로서 옹호돼야 한다(Weeks 2011: 230). 유사하게, 마이클 바우언스Michael Bauwens와 로히어르 드 랑헤Rogier De Langhe는 "기본소득이 조건 없이 부여되긴 하지만 그렇다고 해서 '아무 대가 없이 헛되게 거저 주는 돈'이 아니라 공유 자원에 참여하기 위한 미리 지급하는 일시불 보상금이라 할 수 있다"고 말한다.[30]

우리가 볼 때 '삶을 공동으로 가꾸는 재생산 행위'와 '공유 자원에 대한 참여'와 관련된, 포스트노동 사상에 내재된 시민권 윤리는 과거를 환기시키며 또한 강력하다. 그리고 포스트노동 사상은 우리가 이미 발견한 노동사회의 한계를 해결할 수 있는 잠재력이 있다. (얼마 없는 유급 일자리와 달리) 사회적 재생산에 결부된 시민권에는 모두 접근할 수 있다.

---

29 와이더퀴스트Widerquist(2006)와 하워드(2015)는 호혜성 반대에 맞선 답변의 근거로 이른바 '수동적 기여'를 이야기하지만, 우리는 이 범주가 그들의 제안보다 훨씬 더 광범위하다고 생각한다.

30 반 파레이스와 판데르보호트Van Parijs and Vanderborght 2017: 280 각주 17에서 재인용.

이 시민권은 (인종화되고, 장애인 차별적인 데다 젠더화된 노동윤리와 달리) 포괄적이고, 환경적으로 지속가능하며,[31] 새로운 욕망과 관계를 형성하기 위한 공간을 비독점적으로 개방한다.

그러나 앞서 언급했듯, 지금까지 포스트노동사회를 설명할 때 동물의 자리는 거의 없었다(역으로, 동물노동을 다루는 신생 연구들은 포스트노동사회에 대해 거의 혹은 전혀 언급하지 않았다). 이 장의 마지막 절에서는 포스트노동사회론이 어떻게 사회 속에 동물을 포함시키고 동물이 참여하고 소속되는 형태에 대한 인식을 촉진할 수 있는지 살펴본다.

포스트노동사회 속 동물

지금까지의 포스트노동 연구에서는 동물을 찾아볼 수 없었지만, 사실 동물은 포스트노동 논의에서 제기된 문제와 도전의 본보기가 될 만하다. 동물노동 문제에 대한 관심은 노동사회의 더없이 강한 영향력을 보여 주는 것과 동시에 이 힘에 맞서고 저항해야 할 이유 또한 드러낸다. 동물노동을 둘러싼 최근 논의는 두 가지 전제에서 출발한다.

(가) 동물을 상품이자 '짐을 끄는 짐승'으로 노동시켜 온 역사는 억압적이고 착취적이었으며 인간을 위해 동물을 도구화한 것이다.

---

31 사회적 재생산은 생물학적 재생산과 다른 내용을 함축한다는 사실을 유의해야 한다. 사회적 재생산은 환경적인 한계를 고려해 인구 증가를 줄이는 데 대한 우려에 따른 것이다. 한편으로는 그저 다른 종과의 관계를 고려한 것이기도 하다.

(나) 모든 형태의 동물노동을 폐지하거나 일터에서 모든 동물을 쫓아낸다
고 해서 이런 부정의를 해결할 수는 없다. 자발적이면서도 적절하게 설
계되고 잘 조정된 노동을 가축이 원할 수도 있기 때문이다.[32]

이러한 관점에서는 최선을 다한 노동이 중요한 선善을 이룩하는 효과적
인 경로가 될 수 있다. 단지 물질적인 상품을 만드는 일이 아니라 사회
적 협력 활동에 개입할 기회가 된다는 것이다. 예컨대, 새로운 관계를
발전시키고, 새로운 기술이나 취미를 개발하고, 목적의식과 성취감을
느끼며, 사회적 지위와 인정을 얻을 수 있다. 실제로 노동사회가 이러
한 선을 성취할 수 있는 경로를 노동에만 주로 국한시키는 한 일터로부
터의 배제는 심각한 부정의를 초래한다.

　동물권 논의에서 이런 주장은 특별하지는 않다. 나아가 여성, 장애
인, 어린이 등 자본주의의 고용 구조에서 소외된 집단에 대해서도 이런
논의가 변주된다. 다양한 시공간 속에 존재하는 이런 집단은 모두 일
터에서 배제되기 일쑤이며, 배제는 때때로 '보호'라는 명목 아래 이뤄진
다. 하지만 많은 활동가는 노동시장에 접근하는 일이 경제적 안전뿐 아
니라 사회적 지위를 얻거나 개인적 발전을 도모하는 측면에서도 유익
할 수 있다고 주장한다.[33] 게다가 동물의 상황을 통해 알 수 있듯 공식

---

32 예를 들어 Young and Baker 2018; Porcher 2017; Coulter 2016a; Cochrane 2016;
　Weisberg 2017; Fraser 2017 참고.

33 이렇게 볼 때 어린이의 경우는 흥미롭다. 국제사회는 모든 형태의 아동노동에 대한 공식
　적인 폐지에 몰두하나, 이러한 사례는 어린이 또한 (규제된) 형태의 노동에 참여하는 기회
　를 소중히 여기며 그렇게 함으로써 혜택을 얻을 수 있다는 점을 보여 준다(Bourdillon et al.
　2009; Aufseeser et al. 2018).

적 고용에서 배제된다고 해서 실제로 착취로부터 보호를 받는 것은 아니라고 말한다. 오히려 그들이 하는 모든 비공식적인 노동을 보이지 않게 만들 뿐이다. 가령, 병 혹은 다른 이유로 의존적인 가족 구성원을 돌보는 어린이가 하는 모든 무급노동을 생각해 보라(Becker 2007).[34] 이러한 기본적인 논의의 구조는 자연스럽게 인간과 동물의 경계를 넘어 확장된다. 가축은 좋은 일자리에서 배제되며, 그들의 일은 인식되지 않고 보상되지도 않는다. 우리는 이 주장에 이의를 제기하고 싶지 않다(사실 우리가 이 주장을 한 바 있다).[35] 하지만 앞서 언급된 모든 집단의 경우 노동사회의 핵심적인 특성 때문에 노동의 해방적 약속이 훼손되고 있는 것이 점점 분명해진다. 이와 관련해 세 가지 한계를 지적하겠다.

첫째, 노동사회에서 **어떤 유형의 일은 다른 유형의 일에 비해 더 우월하다.** 앞서 언급했듯 노동윤리를 충족하는 것처럼 보이는 여러 가지 유형의 노동과 노동자 사이에는 가파른 위계가 존재한다. 여성들이 어머니, 가정주부로서 하는 일 혹은 서비스직으로 하는 일에서 우리는 그 위계를 명백히 확인할 수 있다. 여성의 일은 공적인 것이 아니라 사적인 것으로 간주되고, 본능적인 행위이기 때문에 진짜 노동이 아니라거나, 진정한 생산 노동이 아닌 재생산의 범주로 취급받으며 무시되거나 폄하된다. 그 결과 여성이 아무리 열심히 일해도 심지어 때로는 '2교대'로

---

34 연구에서 추정된 바에 따르면 영국에서는 수십만 명의 어린이들이 가족 구성원을 위한 돌봄 노동에 개입돼 있다(다른 국가들을 대상으로도 비슷한 통계치가 있다). 대부분은 이러한 일을 그만하기를 원치 않으며, 사실상 돌봄 없는 삶을 상상하지도 못한다. 대신에 그들은 돌봄에 대한 물질적 지원과 사회적 인정을 바란다.

35 Donaldson and Kymlicka 2011; 2015.

악명 높은 일을 한다고 해도(Hochschild and Machung 1990), 이들의 노동
은 현재의 생산주의 모델에 맞지 않는 한 온전한 시민권을 획득할 수 있
는 경로로 간주되지 않는다. 동물노동도 유사하게 치부될 여지가 다분
해 보인다. 진정한 일이 아니라 단순한 놀이나 본능에 지나지 않는 행
위로 취급당하기 때문이다.

둘째, 노동사회에서 도덕화된 노동은 **자급자족의 추구 및 호혜성**에
입각한 '**자기 몫을 하라**'는 식의 윤리의식과 관련 있다. 결과적으로 얼
마나 열심히 일하는지, 사회에 얼마나 풍부하게 기여하는지와 상관없
이 의존적이고 짐스럽다고 간주되는 사람들에겐 낙인이 들러붙는다.
그저 일하는 것으로는 충분하지 않으며, 일을 통해 '자립해야' 하고 값
비싸거나 과분한 주거지 지원을 요구해서는 안 된다. 심플리칸Simplican
이 말하기를, 장애인은 제 몫을 안 하는 '사회의 짐'이라는 인식이 이들
을 이등 시민으로 강등시키는 데 영향을 미친다(Simplican 2015). 물론 장
애인의 고용 기회를 늘리려는 움직임은 일정 부분 이런 인식에 도전하
기 위한 것이다. 그럼에도 많은 평론가들이 지적해 왔듯이 장애인의 유
급노동을 정상화, 도덕화하는 것은 애초에 장애인에 대한 낙인의 기저
에 깔려 있던, 자급자족을 강요하는 바로 그 장애차별주의를 강화하는
효과를 발생시킨다.[36] 이는 "지배적인 노동윤리가 부여한 정당성을 활
용하여 노동할 수 있는 자격을 주장하려는 노력"에 내재된 한계를 보여
준다(Weeks 2011: 67).

---

36 미첼과 스나이더Mitchell and Snyder 2015는 장애인을 위한 신자유주의적 노동 개혁이 이른
바 '에이블내셔널리즘ablenationalism'을 강화시켰다고 주장한다.

다시 한 번 동물 또한 유사한 딜레마에 직면한 것 같다. 제 몫을 다하면서 자급자족하는 노동자 모델에 부응하는 사례로 인식되는 동물(예컨대 경찰마나 보조견)이 있을 수 있는 반면, 대부분의 가축은 의존적이라거나 인간에게 짐처럼 여겨지고 있는 것이 현실이다.[37] 동물에게 일을 시킨다면 그러한 인식에 균열을 내는 데 도움이 될 수도 있겠지만 동시에 독립과 자급자족이 시민권의 척도라는 사상을 강화할 것이다.

셋째, 노동사회에서 일은 **물질적 생산과 상품 소비를 특권화하는 생산주의 정신**과 결부된다. 앞서 봤듯 노동사회는 빠르고 집약적이며 생산적인 노동에 따른 대가로 우리가 많은 소비를 할 수 있다는 논리에 근거하기에 사회의 '관습들, 시간적 리듬, 인위적인 환경'은 이 규범을 중심으로 구축된다(Frayne 2015: 91). 이러한 노동을 소비로 교환하는 방식은 우리 모두에게 좋다고 할 수 없을 뿐 아니라 환경적으로도 지속 가능하지 않다. 특히 가축에게는 더 나쁘다. 어린이와 마찬가지로 동물에게는 질 높은 사회적 관계와 번영한 주위 환경 그리고 개방적인 공유 자원에 대한 접근성이, 사적인 부의 축적이나 상품의 소비보다 더 중요하기 때문이다.[38] 노동사회에 통합된 동물들은 (소위) 소비중심주의로부

---

37 고기, 우유, 가죽, 모피를 얻기 위해 가축을 착취하는 축산 농업의 종말이 오히려 동물의 효용성을 떨어뜨리고 동물을 파멸하게 만들 것이라는 일반적인 인식을 고려하자. 음식과 옷을 얻으려는 인간의 욕구를 동물들이 충족시키지 못할 때 결국에 동물들은 무엇을 위해 존재하는가? 그들은 어떻게 자기 몫을 할 수 있을까? 분명 이러한 사유 방식은 시민권을 상호 이익에 확고히 뿌리를 둔 개념으로 취급하고 있다. 이러한 관점에서, 인간들은 가축으로부터 이익을 얻거나 혜택을 볼 수 있을 때만이 가축을 원하거나 혹은 용인할 것이다. (또한 이 사실은 동물노동의 보편적인 비가시성과 공유사회에 대한 동물들의 기여를 보여준다.)

38 어린이와 동물을 위한 공유 자원의 중요성에 관해서는 Donaldson 2018 참고.

터 이익을 누리지도 못한 채 노동하며, 생산주의를 지향하는 데 드는 비용을 지불하면서 고통을 겪는다.

다시 말해, 동물들은 노동사회에 잘 '들어맞지' 않는다. 노동으로의 접근성은 실제로 사회적 선의 기반일 수 있으며 노동으로부터의 배제는 실제로 부정의의 한 형태일 수 있다. 하지만 생산주의적 가치가 도전받지 않는 한 동물들(그리고 생산주의 모델에서 소외된 다른 집단들)은 이러한 사회적 선에 있어 위태로운 지위만을 가질 뿐이다. 그리고 동물의 종속을 뒷받침해 온 바로 그 이념들은 더 빈틈없이 고착될 것이다. 누군가에게는 삶을 살고 참여하기에 대체로 부적합한 노동사회 모델에 모두를 억지로 쑤셔 넣으려고 해서는 안 된다.

그렇다면 무엇이 동물을 위한 대안적 포스트노동이 될 수 있는가? 지금까지 이 문제가 (우리가 알고 있는 한) 명쾌하게 다뤄진 적은 없기에, 우리가 제안하는 바는 잠정적이고 도식적일 것이다. 그럼에도 우리는 포스트노동 시민권 윤리를 중점으로 논의를 시작할 수 있다. 이는 '사회적 재생산(피츠패트릭)', '삶의 공동 재생산(웍스)', 혹은 '공공 참여(바우언스와 드 랑헤)' 등으로 다양하게 묘사된다. 이 이론가들에게 포스트노동사회의 목표와 시민의 권리로서 보편적 기본소득의 정당화는 경제적 생산의 어떤 특정한 계획이 아니라, 공유된 사회와 자연 환경을 재생산하는 우리의 참여에서 비롯된다.

이 관점으로 보면 시민권은 각자 제 몫을 하는 것이 아니라 연대, 즉 함께하고자 하는 욕망과 관련해 성립된다. 포스트노동사회에서 시민권은 상호 이익을 위해 협상해서 얻어진다기보다는, 소속이라는 개념에 토대한다고 봐야 한다. 다시 말해 이러한 사회는 서로 함께 있기를 원하고 공유사회에서 함께 머물기를 바라는 사람들로 이루어져 있다.[39] 상호적으로, 때로는 우리와 더불어 사회의 일원이 되기 위해 가축은 사회에 참여하고, 인간과 함께하고, 협력한다. 포스트노동사회에서는 다른 모든 사람처럼 동물 또한 기본소득을 받을 자격이 있다.[40] 이전 세대의 동물들이 현대 사회를 이루는 데 주요한 역할을 했기에 우리와 마찬가지로 현대 사회의 동물 또한 예로부터 계승돼 오는 문명의 결실과, '마력馬力'에 대한 필요를 감소시킨 기술 발전으로부터 이익을 얻을 수 있는 타고난 권리를 가지고 있다.[41]

　포스트노동사회에서는 동물에게 일하기를 강요하거나 강제적으로 기여를 요구하는 문제는 없을 것이다. 시민권을 통해 기본적인 욕구가 충족되기에, 다른 모든 사람들처럼 동물도 사회에 어떻게 참여할지를 스스로 선택할 수 있을 것이다. (추가적인 소득을 버는 일을 포함할 수도 있고, 아닐 수도 있다.) 이러한 상황에서도 가축들이 일하고 싶어할까? 유급으로 일해서 추가적인 소득이나 높은 지위를 취하려는 욕망에 의해 움직이는 사람들과 같은 이유로 동물이 동기 부여될 것 같지는 않다. 순전

39　게다가 만약 가축들이 우리와 함께 공유사회에 참여하길 원치 않는다면 어떻게 할 것인가? 우리는 동물들이 안전하게 그리고 점진적으로 떠나는 것을 고려할 수 있도록 하는 유효한 선택지를 만들어 둬야 한다. Donaldson and Kymlicka 2014 참고.

40　이러한 보편적 기본소득이 어떻게 동물의 선호를 반영하면서 운영될 수 있는가? 이에 대해서는 Donaldson 2018 참고. 한편으로는 포스트노동 관점에서 보편적 기본소득의 수혜자로 예상되는 아동, 인지장애인, 치매 환자를 대상으로도 이미 비슷한 문제가 발생하고 있음을 알아두기를 바란다.

41　반 파레이스의 논의를 상기하자. 보편적 기본소득은 선물 분배의 원리를 통해 정당화된다. 천연자원과 이전 세대가 상속한 재산과 기술은 현재 사회 구성원들에게 주어진 선물이며, 보편적 기본소득은 이렇게 상속된 선물로부터 조달된다. 상황이 이렇다면 가축 또한 인간만큼이나 구성원으로서 이 선물에 대해 상당한 권리를 가지고 있다.

히 욕심 때문에 잉여자금을 쌓아두려는 사람들과는 비교하기조차 어렵다. 오히려 동물은 특정한 활동에 대한 근본적인 관심, 배움을 통해 느껴지는 만족감, 공동으로 노력하고 협력하는 과정의 즐거움, 다른 이의 존중으로부터 동기 부여될 수 있다. 실제로 우리는 동물이 사람을 돕거나 공정하게 자기 몫을 기여하기 위해 당연히 일해야만 한다는 편견에서 벗어나야만 동물의 동기를 탐색하기 시작할 수 있다.[42] 포스트 동물노동의 비전은 동물이 생산주의 노동윤리의 엄격한 규율을 따를 수 있음을 보여 주기 위한 불운한 시도가 아니다. 그것은 동물이 스스로를 위한 우정, 참여, 배움, 성취라는 사회적 재화를 진정으로 촉진시킬 노동을 하는 방법을 모색하는 탐구를 이어가게끔 할 것이다.

　동물에게 '제 몫을 하라'고 해서 강제로 일하지 않는다는 사실 그 자체는, 현재 동물이 하는 일이 자유롭게 선택됐으며 착취적이지 않다는 것을 전적으로 보장하지 않는다. 더 나아가 우리는 동물을 교묘하게 조종한다거나 환경에 순응시켜 동물의 선호가 바뀌게 만든다거나, 동물들의 희망 사항을 잘못 해석하고 오해하는 일을 경계해야 한다. 그리고 동물 역시 일터에서의 안전, 휴식시간 등과 관련해서 노동자로서의 제대로 된 보호를 필요로 하며, 다른 구성원과 동등하게 규범과 관행을 준수하는 방식으로 업무 과정이 운영된다는 점이 보장돼야 할 것이다.[43]

42　일부 독자들은 이런 점에서 우리 사회가 가축을 지원할 수 있는 상태인지 궁금해할지도 모르겠다. 복잡한 질문이긴 하지만, 동료 시민권 모델 아래에서는 농업 혹은 다른 목적을 위한 가축의 강제 번식이 금지될 것이고, 따라서 가축의 수가 굉장히 줄어들 것이라는 사실을 유념해야만 한다. 동물 시민권이 존중되는 상황에서의 재생산·개체수 조절에 대한 논의가 궁금하다면 Donaldson and Kymlicka 2011: 144-149 참고.

43　코크런(2016), 들롱(2019), 블래트너(이 책의 5장)의 논의는 이러한 안전조치들 중 일부를 다루고 있다.

많은 어려움에도 불구하고 포스트노동사회의 정신은 생존과 시민권을 위한 강요된 헌신의 형태보다는 자기 선택과 자기 의미를 토대로 노동을 재구성하는 좋은 출발점이다.

또한 포스트노동사회는 유급노동과 무급노동 형태가 지닌 차이를 재구성한다. 돈을 받는지 여부는 더 이상 노동의 가치에 대한 사회적 인식을 결정하지 않는다. '삶의 공동 재생산'과 '공유 자원에 대한 참여' 개념에 기초한 보편적 기본소득은 노동시장 안팎의 수많은 활동과 관행들이 지니는 가치와 필연성을 인식하고 있다. 그 결과 돈을 받고 하는 일이 아니라서 평가 절하되었던(혹은 평가 절하됐기 때문에 돈을 받지 못했던) 자원봉사, 가사노동, 등교 같은 일들은, 관례적으로 돈을 받는 일자리나 기업가의 활동과 동등하게 사회적으로 기여한다고 보다 쉽게 인식될 수 있을 것이다.

이는 특히 가축과도 관련이 있다. 가축의 노동, 특히 바로 포스트노동사회에서 지속될 수 있는 종류의 노동은 주류 경제, 시장, 보상 이론에서 소외돼 온 돌봄, 감정, 의사소통과 관련된 일로 종종 범주화되기 때문이다(Coulter 2016b).[44] 동물이 새끼를 돌보고, 공유사회를 운영하기 위해 우리와 서로 소통하며, 우정을 나누기 위해 하는 일들을 고려해 보자. 가령 동물이 제공하는 치료, 지지 활동, 교육 보조 형태의 일은 급증하고 있다(Weisberg 2017).

포스트노동사회의 윤리는 돈을 받고 하는 일과 아닌 일(혹은 생산적인 일과 사회적으로 재생산하는 일)의 위계를 축소시킨다. 그래서 보다 전통적

---

44 많은 비서구 국가들에서, 가축은 여전히 농업 운송 그리고 다른 많은 분야의 노동자로 널리 알려져 있다.

인 직업처럼 보이는 공공이나 기업 분야의 동물 노동자들(예컨대 경찰견, 구조견, 생태보호 염소)(생태보호 분야에서 일하는 동물들에 대한 더 자세한 설명은 이 책 4장 참고_옮긴이)과 집안에서 일하거나 돌봄 혹은 서비스를 제공하는 동물을 날카롭게 구분할 필요성을 없앤다. 구조견을 돈도 벌고 기타 혜택도 받을 수 있는 특권을 가진 계급으로 취급하는 반면 반려동물처럼 인정과 보호를 받을 자격도 없이 그저 딸린 식구라면 특권 없는 계급으로, 우리는 더 이상 이렇게 동물 노동자들의 계급을 나누지 않을 것이다. 오히려 무엇을 하는지 상관없이 모두가 보편적 기본소득을 수령하고 동등한 정도의 보호를 받을 자격이 있는 사회 구성원으로 인식될 것이다. 다르게 말하자면 (특히 서구에서) 현재 동물들이 하는 노동은 대부분 돈을 버는 전통적인 직업 분야의 '생산주의적' 노동에 속하기보다는 사적 영역과 서비스 산업에서 여성과 아동들이 수행했던 노동에 더 가까워 보인다. 이들은 정확히 보편적 기본소득이 인정과 보호를 제공하려는 바로 그 노동자들이다.

 하지만 아마도 포스트노동사회의 동물과 관련해 가장 주목해야 하는 측면은 협력 사회의 기반인 사회 구조를 유지하고 보수하는 동물의 역할일 것이다. 시민권은 상품을 생산하거나 혹은 심지어 사회를 재생산하는 것만큼이나 (어쩌면 그보다 더 많이) 사회적 신뢰와 즐거움의 관계를 구축하는 일과 관계된다. 구체적으로는 연령, 젠더, 장애 여부, 인종의 구분을 뛰어넘은 신뢰와 연결의 구축과 관련이 있다. 우리는 여기에 종을 추가하려 한다. 한스 레인더스Hans Reinders는 지적 장애인의 노동 기회에 관한 연구에서 아무리 노동자가 일터에서 공식적으로 참여한들 그가 그 외의 시공간에서 환영받거나 다른 노동자들과 친구가 되지 못하는 사람이라면 참여 자체는 그다지 혹은 아예 소용이 없음을 밝힌다 (Reinders 2002; 또한 Simplican 2015 참고). 이 연구에서 우리는 시장성 있는 상품과 서비스의 생산에만 초점을 둔 좁은 기여의 개념뿐만 아니라, 기꺼이 친구가 되고, 함께 참여하고, 어울리고자 하는 마음 같은 사회성과 결속력이라는 중요한 측면에서도 사회적 협력을 이해해야 함을 알 수 있다.

우리는 이제 인간이 비인간 동물과 만나면서 어떻게 이익을 얻는지 폭넓게 증명할 수 있다. 예컨대 여러 맥락에서 동물매개치료 프로그램이 폭발적으로 증가했다. 동물이 있을 때 우리는 덜 불안하며 평가받는다고 덜 느끼기 때문에 이완되고, 치유받고, 배우고, 우리 목소리를 찾을 수 있다(Suen 2015). 그리고 동료 시민의 삶에 더 적극적으로 개입하고 그들을 더 신뢰하게 된다(Wood et al. 2007). 많은 가축들은 사회에 개입하고, 참여하고, 놀고, 애정을 나누고, 신뢰하고, 용서할 준비가 돼 있음을 보여 준다.[45] 가족과 함께 혹은 생크추어리에서 생활할 때 가축은 다른 종과 소통하고 노는 법을 배우면서 종의 구분을 넘어 기꺼이 친구가 된다. 심지어 본래 타고난 '적'으로 여겨지는 이들과도 마찬가지다 (Feuerstein and Terkel 2008). 물론 항상 그렇지는 않지만 그들이 경험하는 심각한 부정의와 비교할 때 사회 구조를 유지하고 보수하려는 가축의 헌신은 남다르다. 우리는 이러한 자질을 당연하게만 여기는데 이제라도 포스트노동사회에서 혹은 정말 어떤 사회에서라도 가축이 수행하는 긴요한 역할들을 인식해야만 한다.

---

45 불행하게도 이러한 경향은 일부 동물권 연구자를 포함한 많은 평론가들에게, 복종적이며 궁핍한 상황에서 발생하는 병리적인 것으로 간주되고 있다.

나가며

여러 차원을 고려할 때 포스트노동사회는 가축화된 동물과 잘 맞는 것처럼 보인다. 포스트노동 관점은 근본적으로 편향된 생산주의 윤리에 많은 동물(과 인간들)을 끼워 맞추려 하기보다는 광범위하고 인도적이며 평등한데다 지속 가능한 사회적 재생산에 대한 사유를 유도한다.

포스트노동사회 속 동물에 관한 이러한 상상은 실현 가능한가? 틀림없이 많은 독자들은 유토피아적 상상에 지나지 않는다고 할 것이다. 짐작하건대 가축을, 생산성 하나 없이 인간에게 지워지는 짐으로 바라보는 경향이 만연한 탓이다. 우리는 여기서 이런 식의 불안에 대해 충분히 다루지는 않을 것이다. 다만 장애학 이론가들이 노동사회의 장애차별적 전제를 넘어 시민권을 재고하는 과제에 이미 착수했음에 주목할 뿐이다. 상품과 서비스를 생산하는 등 목적 지향적인 활동에 종사하는 노동자를 사회가 필요로 한다는 사실은 의심할 여지가 없는 반면, 사회는 또한 구성원 간의 많은 추가적인 관계를 필요로 하기도 한다. 우리는 상품과 서비스를 교환하는 기여자 역할로서만 서로를 만나는 것이 아니다. 협력하는 공동체를 함께 세우고 유지시키기 위해 헌신하는 사회 구성원으로서 서로를 만난다. 근본적인 질문은 "어떻게 하면 서로에게 이익을 줄 수 있는가?"가 아니라 "함께 공동체의 일원이 되고 싶은가?"다. 이러한 관점에서 동료 시민을 만날 때 우리가 처음 던질 수 있는 질문으로 "그는 나와 함께하고 싶은가?", "그는 우리를 공유사회의 일원으로 보는가?", "그는 나를 믿으며, 친구로서 어울리고 나와 협력할 의향이 있는가?", "그는 나의 행복을 바라는가?" 같은 것들이 있다. 이 모든 질문들은 경제적 교환의 문제보다 우선한다.

장애학 연구자들은 시민권 윤리의 핵심에는 신뢰, 우정, 즐거움에 대한 사유가 있다고 얘기한다(Silvers and Francis 2005; Reinders 2002). 앞서 말했듯이 이 윤리는 다른 이들과 함께, 다른 이들을 위해, 같이 아울러 일하고자 하는 의지를 대체하는 것이 아니라, 노동윤리를 탈중심화하여 우리가 사회 구성원으로서 역할을 하고 좋은 시민이 되는 더 다양한 방법을 인식하도록 돕는다. 시민권 윤리를 확장하는 시각으로 가축을 인식할 때, 그들 중 많은 수가 훌륭한 시민임을 알 수 있다. 동물들은 우리를 믿으며 우리와 친구가 되기를 희망하고, 우리가 잘 되기를 바라며, 함께 사회에 참여하고 협력하고 싶어하는 경향을 강하게 보인다. 동물의 욕망과 성향은 시장 논리와 노동윤리에 의해 그동안 거의 왜곡되지 않았으며 탐욕에 의해서 추동된 적도 없다. 많은 사람들은 동물과 같이 있을 때 본질적으로 시간을 잘 보낼 수 있고 재생, 즐거움, 기쁨의 원천을 누린다는 것을 깨닫는다. 이는 가축과 함께 사는 삶에서 누릴 수 있는 피상적 차원의 부가적 이점이나 부수적 이점이 아니며 협력, 협상, 호혜성의 복잡한 관계에 의존하는 사회를 근본적으로 결속시키는 역할을 한다.

포스트노동사회 사상은 노동윤리를 탈중심화하고 많은 가축들이 보여 주는 미덕을 세심하게 헤아릴 수 있도록 이전의 시민권 정신을 대체하는 일을 본격화한다. 우리 사회가 이러한 미덕을 인식하는 포스트노동사회로 전환된다면 동물들은 이익을 얻을 것이며, 이로부터 우리는 노동윤리를 넘어 시민권의 유대 개념을 보다 풍부하고 포괄적으로 인식하니 결과적으로 모두에게 이로울 것이다.

참고문헌

(1)

Abrell, Elan. 2016. *Saving Animals: Everyday Practices of Care and Rescue in the US Animal Sanctuary Movement*. Doctoral dissertation, City University of New York.

Acampora, Ralph. 2005. "Oikos and Domus: On Constructive Co-habitation with Other Creatures". *Philosophy and Geography* 7(2): 219–235.

Adams, Carol. 2017. "Feminized Protein: Meaning, Representations, and Implications". In *Making Milk: The Past, Present and Future of our Primary Food*, edited by Mathilde Cohen and Yoriko Otomo, 19–40. London: Bloomsbury.

Ahlhaus, Svenja and Peter Niesen. 2015. "What is Animal Politics? Outline of a New Research Agenda". *Historical Social Research* 40(4): 7–31.

Anderson, Jerry. 2011. "Protection for the Powerless: Political Economy History Lessons for the Animal Welfare Movement". *Stanford Journal of Animal Law and Policy* 4: 1–63.

Anderson, Virginia. 2004. *Creatures of Empire: How Domestic Animals Transformed Early America*. Oxford: Oxford University Press.

Andrews, Kristin. 2011. "Beyond Anthropomorphism: Attributing Psychological Properties to Animals". In *The Oxford Handbook of Animal Ethics*, edited by Tom Beauchamp and R. G. Frey, 469–494. Oxford: Oxford University Press.

Barua, Maan. 2016. "Lively Commodities and Encounter Value". *Environment and Planning D: Society and Space* 34(4): 725–744.

Barua, Maan. 2017. "Nonhuman Labour, Encounter Value, Spectacular Accumulation: The Geographies of a Lively Commodity". *Transactions of the Institute of British Geographers* 42: 274–288.

Bekoff, Marc. 2004. "Wild Justice and Fair Play: Cooperation, Forgiveness, and Morality in Animals". *Biology and Philosophy* 19(4): 489–520.

Bekoff, Marc. 2009. *Wild Justice: The Moral Lives of Animals*. Chicago: Chicago University Press.

Beldo, Les. 2017. "Metabolic Labor: Broiler Chickens and the Exploitation of Vitality". *Environmental Humanities* 9(1): 108–128.

Bezanson, Kate. 2006. *Gender, the State, and Social Reproduction: Household Insecurity in Modern Times*. Toronto: University of Toronto Press.

Birke, Lynda, Arnold Arluke, and Mike Michael. 2007. *The Sacrifice: How Scientific Experiments Transform Animals and People*. West Lafayette, IN: Purdue University Press.

Birke, Lynda and Kirrilly Thompson. 2017. *(Un) Stable Relations: Horses, Humans and Social Agency*. London: Routledge.

Carter, Bob and Nickie Charles. 2013. "Animals, Agency and Resistance". *Journal for the Theory of Social Behaviour* 43(3): 322–340.

Cochrane, Alasdair. 2016. "Labour Rights for Animals". In *The Political Turn in Animal Ethics*, edited by Robert Garner and Siobhan O'Sullivan, 15–32. London: Rowman and Littlefield.

Collard, Rosemary-Claire and Jessica Dempsey. 2013. "Life for Sale? The Politics of Lively Commodities". *Environment and Planning A* 45: 2682–2699.

Corman, Lauren. 2017. "Ideological Monkey Wrenching: Nonhuman Animal Politics Beyond Suffering". In *Animal Oppression and Capitalism. Volume 2: The Oppressive and Destructive Role of Capitalism*, edited by David Nibert, 252–269. Santa Barbara: Praeger Press.

Coulter, Kendra. 2014. "Herds and Hierarchies: Class, Nature, and the Social Construction of Horses in Equestrian Culture". *Society and Animals* 22(2): 135–152.

Coulter, Kendra. 2016. *Animals, Work, and the Promise of Interspecies Solidarity.* Basingstoke: Palgrave.

Coulter, Kendra. 2016b. "Beyond Human to Humane: A Multispecies Analysis of Care Work, Its Repression, and Its Potential". *Studies in Social Justice* 5(2): 199–219.

Coulter, Kendra. 2018. "How the Hard Work of Wild Animals Benefits Us Too". *The Conversation.* https://theconversation.com/how-the-hard-work-of-wild-animals-benefits-us-too-96084 [Accessed 2 July 2019].

Coulter, Kendra. 2018b. "Challenging Subjects: Towards Ethnographic Analyses of Animals". *Journal for the Anthropology of North America* 21(2): 58–71.

Deckha, Maneesha. 2012. "Toward a Postcolonial, Posthumanist Feminist Theory: Centralizing Race and Culture in Feminist Work on Nonhuman Animals". *Hypatia* 27(3): 527–545.

Delon, Nicolas. 2017. "L'animal Compagnon de Travail: L'éthique des Fables Alimentaires". *Revue Française d'Ethique Appliquée* 4: 61–75.

De Waal, Frans and Pier Ferrari. 2010. "Towards a Bottom-Up Perspective on Animal and Human Cognition". *Trends in Cognitive Sciences* 14(5): 201–207.

Donaldson, Sue and Will Kymlicka. 2011. *Zoopolis: A Political Theory of Animal Rights.* Oxford: Oxford University Press.

Donaldson, Sue and Will Kymlicka. 2016. "Rethinking Membership and Participation in an Inclusive Democracy: Cognitive Disability, Children, Animals". In *Disability and Political Theory*, edited by Barbara Arneil and Nancy Hirschmann, 168–197. Cambridge: Cambridge University Press.

Donaldson, Sue and Will Kymlicka. 2017. "Animals in Political Theory". In *The Oxford Handbook of Animal Studies*, edited by Linda Kalof, 43–65. Oxford: Oxford University Press.

Donovan, Josephine and Carol Adams, eds. 2007. *The Feminist Care Tradition in Animal Ethics: A Reader.* New York: Columbia University Press.

Fedigan, Linda. 1992. *Primate Paradigms: Sex Roles and Social Bonds.* Chicago: University of Chicago Press.

Feuerstein, N. and Joseph Terkel. 2008. "Interrelationship of Dogs (*Canis familiaris*) and Cats (*Felis catus* L.) Living Under the Same Roof". *Applied Animal Behaviour Science* 113: 150–165.

Foner, Philip. 1986. *May Day: A Short History of the International Workers' Holiday, 1886–1986.* New York: International Publishers.

Francione, Gary and Robert Garner. 2010. *The Animal Rights Debate: Abolition or Regulation?* New York: Columbia University Press.

Fraser, David. 1999. "Animal Ethics and Animal Welfare Science: Bridging the Two Cultures". *Applied Animal Behaviour Science* 65(3): 171–189.

Fuentes, Agustin. 2012. "Ethnoprimatology and the Anthropology of the Human-Primate Interface". *Annual Review of Anthropology* 41: 101–117.

Gaard, Greta. 2011. "Ecofeminism Revisited: Rejecting Essentialism and Re-Placing Species in a Material Feminist Environmentalism". *Feminist Formations* 23(2): 26–53.

Garner, Robert and Siobhan O'Sullivan, eds. 2016. *The Political Turn in Animal Ethics*. London: Rowman & Littlefield.

Gheaus, Anca and Lisa Herzog. 2016. "The Goods of Work (Other Than Money!)". *Journal of Social Philosophy* 47(1): 70–89.

Gillespie, Kathryn. 2018. *The Cow with Ear Tag #1389*. Chicago: University of Chicago Press.

Gillespie, Kathryn. forthcoming. *Doing Multispecies Ethnography: Reflections on a Feminist Geographic Approach to Pedagogy*.

Greene, Ann. 2009. *Horses at Work: Harnessing Power in Industrial America*. Cambridge: Harvard University Press.

Gruen, Lori. 2015. *Entangled Empathy: An Alternative Ethic for our Relationships With Animals*. Brooklyn: Lantern Books.

Hamilton, Lindsay and Laura Mitchell. 2018. "Knocking on the Door of Human-Animal Studies: Valuing Work Across Disciplinary and Species Borderlines". *Society & Animals* 26: 1–20.

Hamilton, Lindsay and Nik Taylor. 2013. *Animals at Work: Identity, Politics and Culture in Work with Animals*. Leiden: Brill.

Hamilton, Lindsay and Nik Taylor. 2017. *Ethnography After Humanism: Power, Politics and Method in Multi-Species Research*. London: Palgrave.

Hathaway, Michael. 2015. "Wild Elephants as Actors in the Anthropocene: The Role of Non-Humans in Shaping Animal Welfare Movements". In *Animals in the Anthropocene: Critical Perspectives on Non-human Futures*, edited by the Human Animal Research Network Editorial Collective, 221–242. Sydney: Sydney University Press.

Hribal, Jason. 2003. "'Animals are Part of the Working Class': A Challenge to Labour History". *Labour History* 44(4): 435–453.

Hribal, Jason. 2007. "Animals, Agency, and Class: Writing the History of Animals from Below". *Human Ecology Review* 14(1): 101–112.

Hribal, Jason. 2012. "Animals are Part of the Working Class Reviewed". *Borderlands* 9: 1–37.

Huston, Joseph, Maria de Souza Silva, Mara Komorowski, Daniela Schulz, and Bianca Topic. 2013. "Animal Models of Extinction-Induced Depression: Loss of Reward and its Consequences". *Neuroscience & Biobehavioral Reviews* 37(9): 2059–2070.

Jaeggi, Rahel. 2014. *Alienation*. Trans. F. Neuhouser and A. Smith. New York: Columbia University Press.

Jamieson, Dale. 2018. "Animal Agency". *Harvard Review of Philosophy* 25: 111–126.

Johnson, Elizabeth. 2017. "At the Limits of Species Being: Sensing the Anthropocene". *South Atlantic Quarterly* 116: 275–292.

Johnston, Steven. 2012. "Animals in War: Commemoration, Patriotism, Death". *Political Research Quarterly* 65(2): 359–371.

Jones, Pattrice. 2016. *Intersectionality and Animals*. https://www.nlg.org/wp-content/

uploads/2016/09/intersectionality-and-animals.pdf [Accessed 7 Dec. 2018].

Kean, Hilda. 2012. "Animals and War Memorials: Different Approaches to Commemorating the Human-Animal Relationship". In *Animals and War*, edited by Ryan Hediger. Brill.

Kheel, Marti. 2007. *Nature Ethics: An Ecofeminist Perspective*. Lanham: Rowman & Littlefield.

Kim, Claire Jean. 2015. *Dangerous Crossings: Race, Species, and Nature in a Multicultural Age*. Cambridge: Cambridge University Press.

Kranzler, Michael. 2013. "Don't Let Slip the Dogs of War: An Argument for Reclassifying Military Working Dogs as 'Canine Members of the Armed Forces'". *University of Miami National Security & Armed Conflict Law Review* 4: 268–294.

Kymlicka, Will. 2017. "Social Membership: Animal Law Beyond the Property/Person-hood Impasse". *Dalhousie Law Journal* 40(1): 123–155.

Laurier, Eric, Ramia Maze, and Johan Lundin. 2006. "Putting the Dog Back in the Park: Animal and Human Mind-in-Action". *Mind, Culture, and Activity* 13: 2–24.

Lercier, Marine. 2019. "Welfare protection of the animal-athlete in the sports company in light of the evolution of the legal regime for animals", *Derecho Animal* 10/1: 59–75.

Locke, John. 1988. *Two Treatises of Government: Treatise II*, edited by Peter Laslett. Cambridge: Cambridge University Press.

Lorini, Giuseppe. 2018. "Animal Norms: An Investigation of Normativity in the Non-Human Social World." *Law, Culture and the Humanities*.

Luxton, Meg and Kate Bezanson, eds., 2006. *Social Reproduction: Feminist Political Economy Challenges Neo-Liberalism*. Kingston: McGill-Queen's University Press.

Malone, Nicholas, Alison Wade, Agustin Fuentes, Erin Riley, Melissa Remis, and Carolyn Robinson. 2014. "Ethnoprimatology: Critical Interdisciplinarity and Multispecies Approaches in Anthropology". *Critique of Anthropology* 34(1): 8–29.

Marx, Karl. 1967. *Capital: A Critique of Political Economy*. New York: International Publishers.

Marx, Karl. 1990. *Capital Vol. I: A Critique of Political Economy*. London: Penguin.

McFarland, Sarah and Ryan Hediger, eds. 2009. *Animals and Agency: An Interdisciplinary Exploration*. Leiden: Brill.

McLennan, Matthew. 2018. "Norms for the Public Remembrance of Nonhuman Animals". *Ethics, Politics & Society* 1: 63–81.

Meijer, Eva. 2013. "Political Communication with Animals". *Humanimalia* 5(1): 28–51.

Mellor, David. 2016. "Updating Animal Welfare Thinking: Moving Beyond the 'Five Freedoms' Towards 'A Life Worth Living'". *Animals* 6(3): 1–21.

Mendl, Michael and E. S. Paul. 2004. "Consciousness, Emotion and Animal Welfare: Insights from Cognitive Science". *Animal Welfare* 13(1): 17–25.

Milburn, Josh. 2017. "Nonhuman Animals as Property Holders: An Exploration of the Lockean Labour-Mixing Account". *Environmental Values* 26(5): 629–648.

Milligan, Tony. 2010. *Beyond Animal Rights: Food, Pets, and Ethics*. London: Continuum.

Milligan, Tony. 2015. "The Political Turn in Animal Rights". *Politics and Animals* 1(1): 6–15.

Nance, Susan 2013. *Entertaining Elephants: Animal Agency and the Business of the American Circus*. Baltimore: Johns Hopkins University Press.

Noske, Barbara. 1997. *Beyond Boundaries: Humans and Animals*. Montreal: Black Rose.

Pacini-Ketchabaw, Veronica, Affrica Taylor, and Mindy Blaise. 2016. "Decentering the Human in Multispecies Ethnographies". In *Posthuman Research Practices*, edited by Carol Taylor and Christina Hughes, 149–167. Basingstoke: Palgrave.

Palmer, Clare and Peter Sande. 2018. "Welfare". In *Critical Terms for Animal Studies*, edited by Lori Gruen. Chicago: University of Chicago Press.

Pearson, Chris. 2015. "Beyond "Resistance": Rethinking Nonhuman Agency for a "More-Than-Human" World". *European Review of History* 22(5): 709–725.

Pedersen, Helena. 2014. "Knowledge Production in the 'Animal Turn': Multiplying the Image of Thought, Empathy, and Justice". In *Exploring the Animal Turn: Human-Animal Relations in Science, Society and Culture*, edited by Erika Andersson Cederholm, Amelie Björck, Kristina Jennbert, and Ann-Sofie Lönngren, 13–19. Lund: Pufendorfinstitutet.

Perlo, Katherine. 2002. "Marxism and the Underdog". *Society & Animals* 10(3): 303–318.

Pleasance, Chris. 2013. "Police Dogs to get a Pension Plan". *The Daily Mail*, 4 November 2013. https://www.dailymail.co.uk/news/article-2487540/Police-dogs-pensionplan-Animals-given-1-500-help-pay-medical-bills-retire-service.html [Accessed 2 July 2019].

Plumwood, Val. 2005. *Environmental Culture: The Ecological Crisis of Reason*. Milton Park: Routledge.

Porcher, Jocelyne and Tiphaine Schmitt. 2012. "Dairy cows: workers in the shadows?" *Society & Animals* 20(1): 39–60.

Porcher, Jocelyne. 2017. *The Ethics of Animal Labor: A Collaborative Utopia*. Basingstoke: Palgrave.

Regan, Tom. 2004. *The Case for Animal Rights*, 2nd ed. Berkeley: University of California Press.

Revue Écologie et Politique. 2017. Special Issue on "Travail Animal, L'autre Champ du Social". *Revue Écologie et Politique* 54: 5–121.

Ritvo, Harriet. 2007. "On the Animal Turn". *Daedalus* 136(4): 118–122.

Schapiro, Steven J., Mollie A. Bloomsmith and Gail E. Laule. 2003. "Positive Reinforcement Training as a Technique to Alter Nonhuman Primate Behavior: Quantitative Assessments of Effectiveness". *Journal of Applied Animal Welfare Science* 6(3): 175–187.

Shaw, Rosemary. 2018. "A Case for Recognizing the Rights of Animals as Workers". *Journal of Animal Ethics* 8(2): 182–198.

Skabelund, Aaron. 2011. *Empire of Dogs: Canines, Japan, and the Making of the Modern Imperial World*. Ithaca: Cornell University Press.

Skrivankova, Klara. 2010. *Between Decent Work and Forced Labour: Examining the Continuum of Exploitation*. Joseph Rowntree Foundation.

Smith, Kimberly. 2012. *Governing Animals: Animal Welfare and the Liberal State*. Oxford: Oxford University Press.

Smuts, Barbara. 2001. "Encounters with Animal Minds". *Journal of consciousness studies* 8(5–6): 293–309.

Taylor Nik and Heather Fraser. 2019. "The Work of Significant Other/s: Companion Animal Relationships in the Future". In *Companion Animals and Domestic Violence*, 185–217. Cham, Palgrave Macmillan.

Taylor, Sunaura. 2017. *Beasts of Burden: Animals and Disability Liberation*. New York: New Press.

Tumilty, Emma, Catherine Smith, Peter Walker, and Gareth Treharne. 2018. "Ethics Unleashed: Developing Responsive Ethical Practice and Review for the Inclusion of Non-Human Animal Participants in Qualitative Research". In *The SAGE Handbook of Qualitative Research Ethics*, edited by Ron Iphofen and Martin Tolich. London: Sage.

Twine, Richard. 2012. "Revealing the Animal-Industrial Complex: A Concept and Method for Critical Animal Studies". *Journal for Critical Animal Studies* 10(1): 12–39.

Wadiwel, Dinesh. 2016. "Do Fish Resist?". *Cultural Studies Review* 22(1): 196–242.

Wadiwel, Dinesh. 2018. "Chicken Harvesting Machine: Animal Labour, Resistance and the Time of Production". *South Atlantic Quarterly* 117(3): 525–548.

Willett, Cynthia. 2014. *Interspecies Ethics*. Columbia University Press.

Wolfson, David and Mariann Sullivan. 2004. "Foxes in the Hen House: Animals, Agribusiness, and the Law: A Modern American Fable". In *Animal Rights: Current Debates and New Directions*, edited by Cass Sunstein and Martha Nussbaum, 205–233. Oxford: Oxford University Press.

Yeoman, Ruth. 2014. "Conceptualising Meaningful Work as a Fundamental Human Need". *Journal of Business Ethics* 125(2): 235–251.

Abrell, Elan L.. 2016. *Saving Animals: Everyday Practices of Care and Rescue in the US Animal Sanctuary Movement*. Doctoral dissertation, City University of New York.

Birke, Lynda and Kirrilly Thompson. 2018. *(Un)Stable Relations: Horses, Humans and Social Agency*. London: Routledge.

Carlsson, Catharina. 2017. "Triads in Equine-Assisted Social Work Enhance Therapeutic Relationships with Self-Harming Adolescents". *Clinical Social Work Journal* 45(4): 320–331.

Cochrane, Alasdair. 2014. *Animal Rights Without Liberation: Applied Ethics and Human Obligations*. New York: Columbia University Press.

Cochrane, Alasdair. 2016. "Labour Rights for Animals". In *The Political Turn in Animal Ethics*, edited by Robert Garner and Siobhan O'Sullivan, 15–32. London: Rowman & Littlefield.

Coulter, Kendra. 2014. "Herds and Hierarchies: Class, Nature, and the Social Con-struction of Horses in Equestrian Culture". *Society & Animals* 22(2): 135–152.

Coulter, Kendra. 2016a. *Animals, Work, and the Promise of Interspecies Solidarity*. New York: Palgrave Macmillan.

Coulter, Kendra. 2016b. "Beyond Human to Humane: A Multispecies Analysis of Care Work, its Repression, and its Potential". *Studies in Social Justice* 10(2): 199–219.

Coulter, Kendra. 2016c. "Humane Jobs: A Political Economic Vision for Interspecies Solidarity and Human–Animal Wellbeing". *Politics and Animals* 2(1): 67–77.

Coulter, Kendra. 2017. "Towards Humane Jobs: Recognizing Gendered and Multispecies Intersections and Possibilities". In *Gender, Work, and Climate Change in the Global North:*

Work, Public Policy and Action, edited by Marjorie Griffin Cohen, 167–182. Milton Park: Routledge.

Coulter, Kendra. 2018. "Challenging Subjects: Towards Ethnographic Analyses of Animals". *Journal for the Anthropology of North America* 21(2): 58–71.

Coulter, Kendra. 2019. "Horses' Labour and Work-Lives: New Intellectual and Ethical Directions". In *Equine Cultures in Transition: Ethical Questions*, edited by Jonna Bornemark, Petra Andersson, and Ulla Ekström von Essen, 17–31. Milton Park: Routledge.

Dashper, Katherine. 2017. "Listening to Horses: Developing Attentive Interspecies Relationships Through Sport and Leisure". *Society & Animals* 25(3): 207–224.

De Waal, Frans. 2016. *Are We Smart Enough to Know How Smart Animals Are?* New York: WW Norton.

Donaldson, Sue and Will Kymlicka. 2011. *Zoopolis: A Political Theory of Animal Rights*. Oxford: Oxford University Press.

Donaldson, Sue and Will Kymlicka. 2015. "Farmed Animal Sanctuaries: The Heart of the Movement?" *Politics and Animals* 1(1): 50–74.

Donaldson, Sue and Will Kymlicka. 2016a. "Rethinking Membership and Participation in an Inclusive Democracy: Cognitive Disability, Children, Animals". In *Disability and Political Theory*, edited by Barbara Arneil and Nancy Hirschmann, 168–197. Cambridge: Cambridge University Press.

Evans, Nikki and Claire Gray. 2011. "The Practice and Ethics of Animal-Assisted Therapy with Children and Young People: Is It Enough that We Don't Eat Our CoWorkers?" *British Journal of Social Work* 42(4): 1–18.

Fischer, Bob and Josh Milburn. 2019. "In Defence of Backyard Chickens". *Journal of Applied Philosophy* 36(1): 108–123.

Fitzgerald, Amy J. 2007. "'They Gave Me a Reason to Live': The Protective Effects of Companion Animals on the Suicidality of Abused Women". *Humanity & Society* 31(4): 355–378.

Fraser, Nancy. 1997. *Justice Interruptus: Critical Reflections on the 'Postsocialist' Condition*. New York: Routledge.

Kenny, Bridget. 2011. "Reconstructing the Political? Mall Committees and South African Precarious Retail Workers". *Labour, Capital and Society/Travail, capital et société* 44(1): 44–69.

Kymlicka, Will. 2017. "Social Membership: Animal Law Beyond the Property / Person-hood Impasse". *Dalhousie Law Journal* 40(1): 123–155.

Hager, Lori D. (ed.). 1997. *Women in Human Evolution*. New York: Routledge.

Haraway, Donna J. 1989. *Primate Visions: Gender, Race, and Nature in the World of Modern Science*. New York: Routledge.

Irvine, Leslie. 2013a. *My Dog Always Eats First: Homeless People and Their Animals*. Boulder, CO: Lynne Rienner Publishers.

Irvine, Leslie. 2013b. "Animals as Lifechangers and Lifesavers: Pets in the Redemption Narratives of Homeless People". *Journal of Contemporary Ethnography* 42(1): 3–30.

Lem, Michelle, Jason B. Coe, Derek B. Haley, Elizabeth Stone, and William O'Grady. 2013. "Effects of Companion Animal Ownership Among Canadian Street-Involved

Youth: A Qualitative Analysis". *Journal of Sociology & Social Welfare* 40(4): 285–304.

Lerner, Henrik and Gunilla Silfverberg. 2019. "Martha Nussbaum's Capability Approach and Equine Assisted Therapy". In *Equine Cultures in Transition: Ethical Questions*, edited by Jonna Bornemark, Petra Andersson, and Ulla Ekström von Essen, 57–68. Milton Park: Routledge.

Luxton, Meg. 1980. *More Than a Labour of Love: Three Generations of Women's Work in the Home*. Toronto: Canadian Scholars' Press.

Luxton, Meg and Kate Bezanson (eds.). 2006. *Social Reproduction: Feminist Political Economy Challenges Neo-Liberalism*. Kingston: McGill-Queen's University Press.

McAlevey, Jane F.. 2016. *No Shortcuts: Organizing for Power in the New Gilded Age*. Oxford: Oxford University Press.

McShane, Clay and Joel Tarr. 2007. *The Horse in the City: Living Machines in the Nineteenth Century*. Baltimore: John Hopkins University Press.

Mellor, David J.. 2016. "Updating Animal Welfare Thinking: Moving Beyond The 'Five Freedoms' Towards 'A Life Worth Living'". *Animals* 6(3): 1–20.

Milburn, Josh. 2018. "Death-Free Dairy? The Ethics of Clean Milk". *Journal of Agricultural and Environmental Ethics* 31(2): 261–279.

Noske, Barbara. 1989. *Humans and Other Animals: Beyond the Boundaries of Anthropology*. London: Pluto Press.

Noske, Barbara. 1997. *Beyond Boundaries: Humans and Animals*. Montréal: Black Rose Books.

Ryan, Thomas (ed.). 2014. *Animals in Social Work: Why and How They Matter*. New York: Palgrave Macmillan.

Stuart, Diana, Rebecca L. Schewe, and Ryan Gunderson. 2013. "Extending Social Theory to Farm Animals: Addressing Alienation in the Dairy Sector". *Sociologia Ruralis* 53(2): 201–222.

Waring, Marilyn. 1999. *Counting For Nothing: What Men Value and What Women Are Worth*. Toronto: University of Toronto Press.

$$(3)$$

Arneson, Richard. 1987. "Meaningful Work and Market Socialism". *Ethics* 97: 517–545.

Attfield, Robin. 1984. "Work and the Human Essence". *Journal of Applied Philosophy* 1: 141–150.

Baynes, Chris. 2017. "Army Dog Who Helped Save British Troops During Taliban Attack in Afghanistan Awarded Bravery Medal". *The Independent*, 17 November 2017. https://www.independent.co.uk/news/uk/home-news/army-dog-mali-awarded-animalvictoria-cross-dickin-medal-bravery-afghanisan-taliban-attacks-save-a8060606.html.

Blattner, Charlotte. 2019. "Animal Labour: Toward a Prohibition of Forced Labour and a Right to Freely Choose One's Work". In *Animal Labour: A New Frontier of Interspecies Justice?*, edited by Charlotte Blattner, Kendra Coulter, and Will Kymlicka, 91–115. Oxford: Oxford University Press.

Burchell, Helen. 2013. "The Sniffer Dog With a Nose for Historic Homes' Dry Rot". *BBC*

News, 28 September. http://www.bbc.co.uk/news/uk-england-23956871.

Christiansen, S. B. and Peter Sandøe. 2000. "Bioethics: Limits to the Interference with Life". *Animal Reproduction Science* 60–1: 15–29.

Clark, Jonathan L.. 2014. "Labourers or Lab Tools?: Rethinking the Role of Lab Animals in Clinical Trials". In *The Rise of Critical Animal Studies: From the Margins to the Centre*, edited by Nik Taylor and Richard Twine, 139–164. Abingdon: Routledge.

Clark, Samuel. 2017. "Good Work". *Journal of Applied Philosophy* 34: 61–73.

Cochrane, Alasdair. 2009. "Do Animals Have an Interest in Liberty?". *Political Studies* 57: 660–679.

Cochrane, Alasdair. 2010. *An Introduction to Animals and Political Theory*. Basingstoke: Palgrave.

Cochrane, Alasdair. 2016. "Labour Rights for Animals". In *The Political Turn in Animal Ethics*, edited by Robert Garner and Siobhan O'Sullivan, 15–32. London: Rowman & Littlefield.

Coulter, Kendra. 2016. *Animals, Work and the Promise of Interspecies Solidarity*. Basingstoke: Palgrave.

Coulter, Kendra. 2017. "Humane Jobs: A Political Economic Vision for Interspecies Solidarity and Human-Animal Well-Being". *Politics and Animals* 3: 31–41.

Cripps, Elizabeth. 2010. "Saving the Polar Bear, Saving the World: Can the Capabilities Approach Do Justice to Humans, Animals and Ecosystems?". *Res Publica* 16: 1–22.

Dobson, Andrew. 1996. "Representative Democracy and the Environment". In *Democracy and the Environment: Problems and Prospects*, edited by William M. Lafferty and James Meadowcroft, 124–139. Cheltenham: Edward Elgar.

Dobson, Andrew. 2014. *Listening for Democracy*. Oxford: Oxford University Press.

Donaldson, Sue and Will Kymlicka. 2011. *Zoopolis: A Political Theory of Animal Rights*. Oxford: Oxford University Press.

Donovan, Josephine. 2006. "Feminism and the Treatment of Animals: From Care to Dialogue". *Signs* 31(2): 305–329.

Doppelt, Gerald. 1984. "Conflicting Social Paradigms of Human Freedom and the Problem of Justification". *Inquiry* 27: 51–86.

Eisen, Jessica. 2019. "Down on the Farm: Status, Exploitation and Agricultural Exceptionalism". In *Animal Labour: A New Frontier of Interspecies Justice?*, edited by Charlotte Blattner, Kendra Coulter, and Will Kymlicka, 139–159. Oxford: Oxford University Press.

Ekeli, Kristian Skagen. 2005. "Giving a Voice to Posterity—Deliberative Democracy and Representation of Future People". *Journal of Agricultural and Environmental Ethics* 18: 429–450.

Elster, Jon. 1986. "Self-Realization in Work and Politics: The Marxist Conception of the Good Life". *Social Philosophy and Policy* 3: 97–126.

Emery, Noemie. 2013. "Born to Run". *The New Atlantis* 38, Winter/Spring: 71–80.

Eshete, Andreas. 1974. "Contractarianism and the Scope of Justice". *Ethics* 85: 38–49.

Francione, Gary L.. 2008. *Animals as Persons: Essays on the Abolition of Animal Exploitation*. New York: Columbia University Press.

Hagen, Kristen and Donald Broom. 2004. "Emotional Reactions to Learning in Cattle".

Applied Animal Behaviour Science 85: 203–213.

Hediger, Ryan. 2013. "Dogs of War: The Biopolitics of Loving and Leaving the U.S. Canine Forces in Vietnam". *Animal Studies Journal* 2: 55–73.

Johnston, Steven. 2012. "Animals in War: Commemoration, Patriotism, Death". *Political Research Quarterly* 65: 359–371.

Kandiyali, Jan. 2014. "Freedom and Necessity in Marx's Account of Communism". *British Journal for the History of Philosophy* 22: 104–123.

Kean, Hilda. 2014. "Animals and War Memorials: Different Approaches to Commemorating the Human-Animal Relationship". In *Animals and War: Studies of Europe and North America*, edited by Ryan Hediger, 237–262. Leiden: Brill.

Kymlicka, Will. 2017. "Social Membership: Animal Law beyond the Property/Person-hood Impasse". *Dalhousie Law Journal* 40: 123–155.

Marx, Karl. 1994. "Economic and Philosophic Manuscripts"(selections). In *Karl Marx: Selected Writings*, edited by Lawrence H. Simon, 54–81. Indianapolis, IN: Hackett.

McGowan, Ragen T. S., Therese Rehn, Yezica Norling, and Linda J. Keeling. 2014. "Positive Affect and Learning: Exploring the 'Eureka Effect' in Dogs". *Animal Cognition* 17: 577–587.

Meijer, Eva. 2013. "Political Communication with Animals". *Humanimalia* 5 (2013): 28–51.

Morris, William. 1886. "Useful Work versus Useless Toil". *The Socialist Platform* 2: 19–39.

Noske, Barbara. 1997. *Beyond Boundaries: Humans and Animals*. Montreal: Black Rose Books.

Pachirat, Timothy. 2011. *Every Twelve Seconds: Industrialized Slaughter and the Politics of Sight*. New Haven: Yale University Press.

Pleasance, Chris. 2013. "Police Dogs to Get a Pension Plan". *The Daily Mail*, 5 November.

Porcher, Jocelyne. 2014. "The Work of Animals: A Challenge for Social Sciences". *Humanimalia: a Journal of Human/Animal Interface Studies* 6: 1–9.

Rawls, John. 1993. *Political Liberalism*. New York: Columbia University Press.

Raz, Joseph. 1988. *The Morality of Freedom*. Oxford: Clarendon Press.

Russell, Bertrand. 1935. *In Praise of Idleness: and Other Essays*. London: Allen and Unwin.

Schwartz, Adina. 1982. "Meaningful Work". *Ethics* 92: 634–646.

Smithers, Rebecca. 2017. "All Slaughterhouses in England to Have Compulsory CCTV". *The Guardian*, 11 August. https://www.theguardian.com/environment/2017/aug/11/all-slaughterhouses-in-england-to-have-compulsory-cctv.

Akenson, James, Mark Henjum, Tara Wertz, and Ted Craddock. 2004. "Use of Dogs and Mark-Recapture Techniques to Estimate American Black Bear Density in Northeastern Oregon". *Ursus* 12: 203–210.

Alberta Environment and Parks (AEP). 2016a. "Alberta Aquatic Invasive Species Program 2015 Annual Report–Alberta Environment and Parks". Retrieved from: http://aep.alberta.ca/fish-wildlife/invasive-species/aquatic-invasive-species/documents/AquaticInvasiveSpecies-2016AnnualRpt-July2017.pdf via http://aep.alberta.ca/

fishwildlife/invasive-species/aquatic-invasive-species/default.aspx [Accessed 13 April 2018].

Alberta Environment and Parks (AEP). 2016b. "AIS Conservation K-9 program". Retrieved from: http://aep.alberta.ca/recreation-public-use/boating/watercraftinspections/ais-conservation-k-9-program.aspx [Accessed 13 April 2018].

Alberta Environment and Parks (AEP). 2017. "Aquatic Invasive Species". Retrieved from: http://aep.alberta.ca/fish-wildlife/invasive-species/aquatic-invasive-species/default.aspx [Accessed 27 March 2018].

Alberta Parks (AP). 2017. "Aquatic Invasive Species". Retrieved from: https://www.albertaparks.ca/albertaparksca/science-research/aquatic-invasive-species/ [Accessed 12 April 2018].

Altmann, Jeanne. 1974. "Observational Study of Animal Behavior: Sampling Methods". *Behavior* 49(3): 227–266.

Arandjelovic, Mimi, Richard Bergl, Romanus Ikfuingei, Christopher Jameson, Megan Parker, and Linda Vigilant. 2015. "Detection Dog Efficacy For Collecting Faecal Samples From the Critically Endangered Cross River Gorilla(*Gorilla gorilla diehli*) for Genetic Censusing". *Royal Society Open Science* 2(2): 140-423.

Arnett, Edward. 2006. "A Preliminary Analysis on the Use of Dogs to Recover Bat Fatalities at Wind Energy Facilities". *Wildlife Society Bulletin* 34: 1440–1445.

Beckmann, Jon, Lisette Waits, Aimee Hurt, Alice Whitelaw, and Scott Bergen. 2015. "Using Detection Dogs and RSPF Models to Assess Habitat Suitability for Bears in Greater Yellowstone". *Western North American Naturalist* 75(4): 396–405.

Beebe, Sarah, Tiffani Howell, and Pauleen Bennett. 2016. "Using Scent Detection Dogs in Conservation Settings: A Review of Scientific Literature Regarding Their Selection". *Frontiers in Veterinary Science* 3(96): 1–13.

Beerda, Bonne, Matthijs Schilder, Jan A. R. A. M. van Hoof, Hans de Vries, and Jan Mol. 1998. "Behavioural, Saliva Cortisol and Heart Rate Responses to Difference Types of Stimuli in Dogs". *Applied Animal Behaviour Science* 58: 365–381.

Beerda, Bonne, Matthijs Schilder, Jan A. R. A. M. van Hoof, Hans de Vries, and Jan Mol. 1999. "Chronic Stress in Dogs Subjected to Social and Spatial Restriction. I. Behavioural Responses". *Physiology & Behaviour* 66(2): 234–254.

Beerda, Bonne, Matthijs Schilder, Jan A. R. A. M. van Hoof, Hans de Vries, and Jan Mol. 2000. "Behavioural and Hormonal Indicators of Enduring Environmental Stress in Dogs". *Animal Welfare* 9: 49–62.

Brook, S. M., P. van Coeverden de Groot C. Scott, P. Boag, B. Long, R. E. Ley, G. H. Reischer, A. C. Williams, S. P. Mahood, Tran Minh Hien, G. Polet, N. Cox, and Bach Thanh Hai. 2012. "Integrated and Novel Survey Methods for Rhinoceros Populations Confirm the Extinction of *Rhinoceros sondaicus annamiticus* from Vietnam". *Biological Conservation* 155: 59–67.

British Small Animal Veterinary Association (BSAVA). 2003. "Position Statement:Electronic Training Devices: A Behavioural Perspective". *Journal of Small Animal Practice* 44: 95–96.

Burrows, Kristen, Cindy Adams, and Suzanne Millman. 2008. "Factors Affecting Behaviour and Welfare of Service Dogs for Children With Autism Spectrum Disorder". *Journal of Applied Animal Welfare Science* 11: 42–62.

Cablk, Mary and Jill Heaton. 2006. "Accuracy and Reliability of Dogs in Surveying for Desert Tortoises (*Gopherus agassizii*)". *Ecological Applications* 16: 1926–1935.

Chambers, Carol, Christina Vojta, Elisabeth Mering, and Barbara Davenport. 2015. "Efficacy of Scent-Detection Dogs for Locating Bat Roosts in Trees and Snags". *Wildlife Society Bulletin* 39(4): 780–787.

Conservation Canines (CC). 2018a. "Sniffing Out Solutions". https://conservationcanines. org/ [Accessed 27 March 2018].

Conservation Canines (CC). 2018b. "We Find Dogs Who Are Out of Options". https:// conservationcanines.org/meet-the-dogs/ [Accessed 27 March 2018].

Coulter, Kendra. 2016. *Animals, Work, and the Promise of Interspecies Solidarity*. New York: Palgrave.

Cristescu, Romane, Emily Foley, Anna Markula, Gary Jackson, Darryl Jones, and Céline Frère. 2015. "Accuracy and Efficiency of Detection Dogs: A Powerful New Tool for Koala Conservation and Management". *Scientific Reports* 5: 8349.

D'Souza, Renée. 2018. *Conservation Canines: Exploring Dog Roles, Circumstances & Welfare Status*. Masters of Environmental Studies Thesis. Kingston Canada: Queen's University.

Davidson, Gregory, Darren Clark, Bruce Johnson, Lisette Waits, and Jennifer Adams. 2014. "Estimating Cougar Densities in Northeast Oregon Using Conservation Detection Dogs". *The Journal of Wildlife Management* 78(6): 1104–1114.

DeMatteo, Karen, Miguel Rinas, Carina Arguelles, Bernardo Holman, Mario Di Bitetti, Barbara Davenport, Patricia Parker, and Lori Eggert. 2014. "Using Detection Dogs and Genetic Analyses of Scat to Expand Knowledge and Assist Felid Conservation in Misiones, Argentina". *Integrative Zoology* 9: 623–639.

Duggan, Jennifer, Edward Heske, Robert Schooley, Aimee Hurt, and Alice Whitelaw. 2011. "Comparing Detection Dog and Livetrapping Surveys for a Cryptic Rodent". *The Journal of Wildlife Management* 75(5): 1209–1217.

Farm Animal Welfare Council (FAWC). 2009. "The Origins of the Five Freedoms". Retrieved from: webarchive.nationalarchives.gov.uk/20121010012427/http://www.fawc. org.uk/freedoms.htm [Accessed 13 April 2018].

Fukuhara, Ryoji, Takako Yamaguchi, Hiromi Ukuta, Sugot Roy, Junichi Tanaka, and Go Ogura. 2010. "Development and Introduction of Detection Dogs in Surveying for Scats of Small Indian Mongoose as Invasive Alien Species". *Journal of Veterinary Behavior* 5: 101–111.

Goodwin, Kim, Rick Engel, and David Weaver. 2010. "Trained Dogs Outperform Human Surveyors in the Detection of Rare Spotted Knapweed (*Centaurea stoebe*)". *Invasive Plant Science and Management* 3: 113–121.

Gsell, Anna, John Innes, Pim de Monchy, and Dianne Brunton. 2010. "The Success of Trained Dogs to Locate Sparse Rodents in Pest-Free Sanctuaries". *Wildlife Research* 37: 39–46.

Harrison, Robert. 2006. "A Comparison of Survey Methods for Detecting Bobcats". *Wildlife Society Bulletin* 34(2): 548–552.

Hiby, Elly, Nicola Rooney, and J. W. S. Bradshaw. 2004. "Dog Training Methods: Their Use, Effectiveness and Interaction with Behaviour and Welfare". *Animal Welfare* 13(1): 63–69.

Homan, Jeffrey, George Linz, and Brian Peer. 2001. "Dogs Increase Recovery of Passerine

Carcasses in Dense Vegetation". *Wildlife Society Bulletin* 29: 292–296.

Horwitz, Debra and Daniel Mills. 2009. "Separation-Related Problems in Dogs and Cats". In *BSAVA Manual of Canine and Feline Behavioural Medicine*, edited by Debra Horowitz and Daniel Mills. 2nd ed. Gloucester: British Small Animal Veterinary Association.

Hurt, A. and D. A. Smith. 2009. "Conservation Dogs". In *Canine Ergonomics: The Science of Working Dogs*, edited by William Helton, 175–194. Boca Raton, FL: CRC Press.

Kerley, Linda. 2010. "Using Dogs for Tiger Conservation and Research". *Integrative Zoology* 5: 390–395.

Kvale, Steinar. 2011. *Doing Interviews*. London: Sage.

Lane, D. R., J. McNicholas, and Glyn Collis. 1998. "Dogs for the Disabled: Benefits to Recipients and Welfare of the Dog". *Applied Animal Behaviour Science* 59: 49–60.

Lefebvre, Diane, Claire Diederich, Madeleine Delcourt, and Jean-Marie Giffory. 2007. "The Quality of the Relation Between Handler and Military Dogs Influences Efficiency and Welfare of Dogs". *Applied Animal Behaviour Science* 104: 49–60.

Lehner, Philip. 1992. "Sampling Methods in Behavior Research". *Poultry Science* 71(4): 643–649.

Long, Robert, Therese Donovan, Paula Mackay, William Zielinski, and Jeffrey Buzas. 2007. "Comparing Scat Detection Dogs, Cameras, and Hair Snares for Surveying Carnivores". *Journal of Wildlife Management* 71(6): 2018–2025.

Malmkvist, Jens, Steffen Hansen, and Birthe Damgaard. 2003. "Effect of the Serotonin Agonist Buspirone on Behaviour and Hypothalamic-Pituitary-Adrenal Axis in Confident and Fearful Mink". *Physiology & Behavior* 78: 229–240.

Marshall, Gill and Leon Jonker. 2010. "An Introduction to Descriptive Statistics: A Review and Practical Guide". *Radiography* 16(4): e1–e7.

Mason, G. and M. Mendl. 1993. "Why is There No Simple Way of Measuring Animal Welfare?" *Animal Welfare* 2(4): 301–319.

Mathews, Fiona, Michael Swindells, Rhys Goodhead, Thomas August, Philippa Hardman, Daniella Linton, and David Hosken. 2013. "Effectiveness of Search Dogs Compared with Human Observers in Locating Bat Carcasses at Wind-Turbine Sites: A Blinded Randomized Trial". *Wildlife Society Bulletin* 37(1): 34–40.

Miller, D. D., S. R. Staats, C. Partlo, and K. Rada. 1996. "Factor Associated with the Decision to Surrender a Pet to an Animal Shelter". *Journal of the American Veterinary Medical Association* 209: 738–742.

Oliveira, Márcio, Darren Norris, José Ramirez, Pedro H. de F. Peres, Mauro Galetti, and José Duarte. 2012. "Dogs Can Detect Scat More Efficiently Than Humans: An Experiment in a Continuous Atlantic Forest Remnant". *Zoologia* 29(2): 183–186.

Overall, Karen. 2007. "Why Electric Shock is Not Behaviour Modification". *Journal of Veterinary Behaviour: Clinical Applications and Research* 2: 1–4.

Paula, João, Miguel Costa Leal, Maria João Silva, Ramiro Mascarenhas, Hugo Costa, and Miguel Mascarenhas. 2011. "Dogs as a Tool to Improve Bird-Strike Mortality Estimates at Wind Farms". *Journal for Nature Conservation* 19: 202–208.

Piva, Elisabetta, Valentina Liverani, Pier Attilio Accorsi, Giuseppe Sarli, and Gualtiero Gandini. 2008. "Welfare in a Shelter Dog Rehomed with Alzheimer Patients". *Journal of*

Veterinary Behavior 3: 87–94.

Reed, Sarah, Allison Bidlack, Aimee Hurt, and Wayne Getz. 2011. "Detection Distance and Environmental Factors in Conservation Detection Dog Surveys". *Journal of Wildlife Management* 75(1): 243–251.

Reindl-Thompson, Sara, John Shivik, Alice Whitelaw, Aimee Hurt, and Kenneth Higgins. 2006. "Efficacy of Scent Dogs in Detecting Black-Footed Ferrets at a Reintroduction Site in North Dakota". *Wildlife Society Bulletin* 34: 1435–1439.

Robertson, Hugh and James Fraser. 2009. "Use of Trained Dogs to Determine the Age Structure and Conservation Status of Kiwi Apteryx spp. Populations". *Bird Conservation International* 19: 121–129.

Rolland, Rosalind, P. K. Hamilton, Scott Kraus, B. Davenport, Roxanne Gillett, and Samuel Wasser. 2006. "Faecal Sampling Using Detection Dogs to Study Reproduction and Health in North Atlantic Right Whales (*Eubalaena glacialis*)". *Journal of Cetacean Research and Management* 8(2): 121–125.

Rooney, Nicola, Samantha Gaines, and John Bradshaw. 2007. "Behavioural and Glucocorticoid Responses of Dogs (*Canis familiaris*) to Kennelling: Investigating Mitigation of Stress by Prior Habituation". *Physiology & Behavior* 92: 847–854.

Saetre, P., E. Strandberg, P.-E. Sundgren, U. Pettersson, E. Jazin, and T. F. Bergström. 2006. "The Genetic Contribution to Canine Personality". *Genes, Brain and Behavior* 5: 240–248.

Savidge, Julie, James Stanford, Robert Reed, Ginger Haddock, and Amy Yackel Adams. 2010. "Canine Detection of Free-Ranging Brown Treesnakes on Guam". *New Zealand Journal of Ecology* 35(2): 174–181.

Schalke, Esther, James Stichnoth, Stefen Ott, and R. Jones-Baade. 2007. "Clinical Signs Caused by the Use of Electric Training Collars on Dogs in Everyday Life Situation". *Applied Animal Behaviour Science* 105: 369–380.

Schilder, Matthijs and Joanne van der Borg. 2004. "Training Dogs with Help of the Shock Collar: Short and Long Term Behavioural Effects". *Applied Animal Behaviour Science* 85: 319–334.

Shi, Runhua and Jerry McLarty. 2009. "Descriptive Statistics". *Annals of Allergy, Asthma & Immunology* 103: S9–S14.

Shubert, Jan. 2012. "Dogs and Human Health/Mental Health: From the Pleasure of their Company to the Benefits of their Assistance". *U.S. Army Medical Department Journal* 21(04/2012): 21–29.

Smith, Deborah, Katherine Ralls, Barbara Davenport, Brice Adams, and Jesus Maldonado. 2001. "Canine Assistants for Conservation". *Science* 291(5003): 435.

Smith, Deborah, Katherine Ralls, Aimee Hurt, Brice Adams, Megan Parker, Barbara Davenport, M.C. Smith, and Jesus Maldonado. 2003. "Detection and Accuracy Rates of Dogs Trained to Find Scats of San Joaquin Kit Foxes (*Vulpes macrotis mutica*)". *Animal Conservation* 6: 339–346.

Stellato, Anastasia, Hannah Flint, Tina Widowski, James Serpell, and Lee Niel. 2017. "Assessment of Fear-Related Behaviours Displayed by Companion Dogs (*Canis familiaris*) in

Response to Social and Non-Social Stimuli". *Applied Animal Behaviour Science* 188: 84–90.

Storengen, Linn Mari, Silje Christine Kallestad Boge, Solveig Johanne Strøm, Gry Løberg, and Frode Lingaas. 2014. "A Descriptive Study of 2015 Dogs Diagnosed With Separation Anxiety". *Applied Animal Behaviour Science* 159: 82–89.

Wasser, Samuel, Barbara Davenport, Elizabeth Ramage, Kathleen Hunt, Margaret Parker, Christine Clarke, and Gordon Stenhouse. 2004. "Scat Detection in Wildlife Research and Management: Application to Grizzly and Black Bears in the Yellowhead Ecosystem, Alberta, Canada". *Canadian Journal of Zoology* 82: 475–492.

Working Dogs for Conservation (WD4C). 2015a. "Rescues2TheRescue: This Program Will Save Thousands of Shelter Dogs by Putting Them to Work for Dog Organizations Around the World". http://wd4c.org/workingdogidrescue.html [Accessed 27 March 2018].

Working Dogs for Conservation (WD4C). 2015b. "What We Do". https://wd4c.org/ [Accessed 27 March 2018].

Yamamoto, Mariko, Marissa Yamamoto, and Lynette Hart. 2015. "Physical Activity and Welfare of Guide Dogs and Walking Activity of their Partners". *Anthrozoos* 28(2): 277–289.

Zapata, Isain, James Serpell, and Carlos Alvarez. 2016. "Genetic Mapping of Canine Fear and Aggression". *BMC Genomics* 17: 572.

Zwickel, F. C. 1980. "Use of Dogs in Wildlife Biology". In *Wildlife Management Techniques Manual*, edited by D. Schemnitz, 531–536. 4th edition. Bethesda, Maryland: The Wildlife Society.

Anderson, Ursala, Marcie Benne, Mollie Bloomsmith, and Terry Maple. 2002. "Retreat Space and Human Visitor Density Moderate Undesirable Behavior in Petting Zoo Animals". *Journal of Applied Animal Welfare Science* 5(2): 125–137.

Balcombe, Jonathan. 2009. "Animal Pleasure and its Moral Significance". *Applied Animal Behaviour Science* 188(3/4): 208–216.

Botero, Maria. 2017. "From What Kind of Research Can They Dissent? Distinguishing between Biomedical and Behavioral Research in Granting Dissent and Assent to Chimpanzees Used in Experimentation". *Cambridge Quarterly of Healthcare Ethics* 26: 288–291.

Buchanan-Smith, Hannah and Inbal Badihi. 2012. "The Psychology of Control: Effects of Control over Supplementary Light on Welfare of Marmosets". *Applied Animal Behaviour Science* 137(3): 166–174.

Carter, Ian. 1999. *A Measure of Freedom*. Oxford: Oxford University Press.

Clark, Jonathan L.. 2014. "Labourers or Lab Tools? Rethinking the Role of Lab Animals in Clinical Trials". In *The Rise of Critical Animal Studies: From the Margins to the Centre*, edited by Nik Taylor and Richard Twine, 139–165. Oxon: Routledge.

Cochrane, Alasdair. 2009. "Do Animals Have an Interest in Liberty?". *Political Studies* 57: 660–679.

Cochrane, Alasdair. 2012. *Animal Rights without Liberation: Applied Ethics and Human Obligations.* New York: Columbia University Press.

Cochrane, Alasdair. 2016. "Labour Rights for Animals". In *The Political Turn in Animal Ethics,* edited by Robert Garner and Siobhan O'Sullivan, 15–32. London: Rowman and Littlefield.

Conradt, Larissa and Timothy J. Roper. 2005. "Consensus Decision Making in Animals". *TRENDS in Ecology and Evolution* 20(8): 449–456.

Côté-Boudreau, Frédéric. 2016. *Inclusive Autonomy: A Theory of Freedom for Everyone.* PhD. Thesis, Queen's University, Kingston.

Coulter, Kendra. 2019. "Toward Humane Jobs and Work-Lives for Animals". In *Animal Labour: A New Frontier of Interspecies Justice?,* edited by Charlotte Blattner, Kendra Coulter, and Will Kymlicka, 29–47. Oxford: Oxford University Press.

Coulter, Kendra. 2017. "Humane Jobs: A Political Economic Vision for Interspecies Solidarity and Human–Animal Wellbeing". *Politics and Animals* 2(1): 67–77.

Cronin, Adam and Martin Stumpe. 2014. "Ants Work Harder During Consensus Decision-Making in Small Groups". *Journal of the Royal Society Interface* 11: 1–8.

De Lourdes Levy, Maria, Victor Larcher, and Ronald Kurz. 2003. "Informed Consent/Assent in Children: Statement of the Ethics Working Group of the Confederation of European Specialists in Paediatrics (CESP)". *European Journal of Pediatrics* 162: 629–633.

D'Souza, Renée. 2018. *Conservation Canines in Canada: Roles, Welfare & Environmental Impacts.* Thesis for the Degree of Master of Environmental Studies. Queen's University, Kingston, ON.

D'Souza, Renée, Alice Hovorka, and Lee Niel. 2019. "Conservation Canines: Exploring Dog Roles, Circumstances, Welfare Status". In *Animal Labour: A New Frontier of Interspecies Justice?,* edited by Charlotte Blattner, Kendra Coulter, and Will Kymlicka, 65–87. Oxford: Oxford University Press.

Despret, Vinciane. 2004. "The Body We Care for: Figures of Anthropo-zoo-genesis". *Body and Society* 10(2/3): 111–134.

Dockett, Sue and Bob Perry. 2011. "Researching with Young Children: Seeking Assent". *Child Indicators Research* 4: 231–247.

Donaldson, Sue and Will Kymlicka. 2011. *Zoopolis: A Political Theory of Animal Rights.* Oxford: Oxford University Press.

Donaldson, Sue and Will Kymlicka. 2015. "Farmed Animal Sanctuaries: The Heart of the Movement? A Socio-Political Perspective". *Politics and Animals* 1(1): 50–74.

Donaldson, Sue and Will Kymlicka. 2016a. "Between Wilderness and Domestication: Rethinking Categories and Boundaries in Response to Animal Agency". In *Animal Ethics in the Age of Humans,* edited by Bernice Bovenkerk and Jozef Keulartz, 225–242. Cham: Springer.

Donaldson, Sue and Will Kymlicka. 2016b. "Rethinking Membership and Participation in an Inclusive Democracy: Cognitive Disability, Children, Animals". In *Disability and Political Theory,* edited by Barbara Arneil and Nancy Hirschmann, 168–197. Cambridge: Cambridge University Press.

Driessen, Clemens. 2014. "Animal Deliberation". In *Political Animals and Animal Politics*, edited by Marcel Wissenburg and David Schlosberg, 90–106. London: Palgrave.

Fenton, Andrew. 2014. "Can a Chimp Say "No"? Reenvisioning Chimpanzee Dissent in Harmful Research". *Cambridge Quarterly of Healthcare Ethics* 23: 130–139.

Ford, Karen, Judy Sankey, and Jackie Crisp. 2007. "Development of Children's Assent Documents Using a Child-centred Approach". *Journal of Child Health Care* 11(1): 19–28.

Fudge, Judy. 2007. "The New Discourse of Labor Rights: From Social to Fundamental Rights". *Comparative Labor Law & Policy* 29(1): 29–66.

Garner, Robert. 2016. "Animals and Democratic Theory: Beyond an Anthropocentric Account". *Contemporary Political Theory* 16(4): 459–477.

Gheaus, Anca. 2018. "Children's Vulnerability and Legitimate Authority over Children". *Journal of Applied Philosophy* 35: 60–75.

Giroux, Valéry. 2016. "Animals Do Have an Interest in Liberty". *Journal of Animal Ethics* 6(1): 20–43.

Gomez, Rafael and Juan Gomez. 2016. *Workplace Democracy for the 21st Century: Towards an Agenda for Employee Voice and Representation in Canada*. Toronto: Broadbent Institute.

Greenhough, Beth and Emma Roe. 2011. "Ethics, Space, and Somatic Sensibilities: Comparing Relationships between Scientific Researchers and their Human and Animal Subjects". *Environment and Planning D: Society and Space* 29: 47–66.

Hamilton, Carrie. 2016. "Sex, Work, Meat: The Feminist Politics of Veganism". *Feminist Review* 114: 112–129.

Hopper, Lydia, Laura Kurtycz, Stephen Ross, and Kristin Bonnie. 2015. "Captive Chimpanzee Foraging in Social Setting: A Test of Problem Solving, Flexibility, and Spatial Discounting". *PeerJ* 3: e833.

Hribal, Jason. 2003. ""Animals are Part of the Working Class": A Challenge to Labor History". *Labor History* 44(4): 435–453.

Hribal, Jason. 2007. "Animals, Agency, and Class: Writing the History of Animals from Below". *Human Ecology Forum* 14(1): 101–112.

Hribal, Jason. 2010. *Fear of the Animal Planet: The Hidden Story of Animal Resistance*. Petrolia: CounterPunch.

Hribal, Jason. 2012. "Animals Are Part of the Working Class Reviewed". *Borderlands* 11: 1–37.

International Labour Organization. 1998. *Declaration on Fundamental Principles and Rights at Work*. Adopted at its 86th Sess. Geneva, June 1998.

International Labour Organization. 2005. *A Global Alliance Against Forced Labour*. [online] http://www.ilo.org/public/english/standards/relm/ilc/ilc93/pdf/rep-i-b.pdf.

International Labour Organization. 2009. *The Costs of Coercion: Global Report under the Follow-up to the ILO Declaration on Fundamental Principles and Rights at Work*. International Labour Conference, 98th Sess., 2009, Report I(B).

Johnson, Kij. 2009. *The Evolution of Trickster Stories among the Dogs of North Park after the Change*. [online] http://podcastle.org/2009/07/09/pc060-the-evolution-oftrickster-stories-among-the-dogs-of-north-park-after-the-change/.

Kantin, Holly and David Wendler. 2015. "Is There a Role for Assent or Dissent in Animal

Research?" *Cambridge Quarterly of Healthcare Ethics* 24: 459–472.

King, Andrew and Cédric Sueur. 2011. "Where Next? Group Coordination and Collective Decision Making by Primates". *International Journal of Primatology* 32: 1245–1267.

Kurtycz, Laura. 2015. "Choice and Control for Animals in Captivity". *The Psychologist* 28(11): 892–894.

Kurtycz, Laura, Katherine Wagner, and Stephen Ross. 2014. "The Choice to Access Outdoor Areas Affects the Behavior of Great Apes". *Journal of Applied Animal Welfare Science* 17(3): 185–197.

Kymlicka, Will. 2017. "Social Membership: Animal Law beyond the Property/Personhood Impasse". *Dalhousie Law Journal* 40: 123–155.

Langille, Brian. 2005. "Core Labour Rights—The True Story (Reply to Alston)". *European Journal of International Law* 16(3): 409–437.

Libet, Benjamin. 2005. *Mind Time: The Temporal Factor in Consciousness*. Cambridge: Harvard University Press.

Linzey, Andrew and Clair Linzey. 2018. "Introduction: The Challenge of Animal Ethics". In *Palgrave Handbook of Practical Animal Ethics*, edited by Andrew Linzey and Clair Linzey, 1–24. London: Palgrave.

Mancini, Clara. 2017. "Towards an Animal-centred Ethics for Animal–Computer Interaction". *International Journal of Human-Computer Studies* 98: 221–233.

Meijer, Eva. 2016. "Interspecies Democracies". In *Animal Ethics in the Age of Humans*, edited by Bernice Bovenkerk and Jozef Keulartz, 53–72. Cham: Springer.

Möglich, Michael and Berthold Hölldobler. 1974. "Social Carrying Behavior and Division of Labor During Next Moving in Ants". *Psyche* 81: 219–236.

Neill, Sarah. 2005. "Research With Children: A Critical Review of Guidelines". *Journal of Child Health Care* 9(1): 46–58.

Noble-Carr, Debbie. 2006. "Engaging Children in Research on Sensitive Issues". *Institute of Child Protection Studies, Australian Catholic University and ACT Department of Disability, Housing and Community Services*. [online] http://www.acu.edu.au/icps.

Noske, Barbara. 1997. *Beyond Boundaries: Humans and Animals*. Montreal: Black Rose Books.

Nussbaum, Martha. 2006. *Frontiers of Justice: Disability, Nationality, Species Membership*. Cambridge: Harvard University Press.

Owen, Megan, Ronald Swaisgood, Nancy Czekala, and Donald Lindburg. 2005. "Enclosure Choice and Well-being in Giant Pandas: Is It all about Control?". *Zoo Biology* 24(5): 475–481.

Pachirat, Timothy. 2011. *Every Twelve Seconds: Industrialized Slaughter and the Politics of Sight*. New Haven: Yale University Press.

Parry, Lucy. 2016. "Deliberative Democracy and Animals: Not So Strange Bedfellows". In *The Political Turn in Animal Ethics*, edited by Robert Garner and Siobhan O'Sullivan, 137–153. London: Rowman and Littlefield.

Parsons, Sarah, Gina Sherwood, and Chris Abbott. 2016. "Informed Consent with Children and Young People in Social Research: Is There Scope for Innovation?" *Children & Society* 30: 132–145.

Pederson, Helena. 2011. "Release the Moths: Critical Animal Studies and the Posthumanist Critique". *Culture, Theory and Critique* 51(1): 65–81.

Perdue, Bonnie, Theodore Evans, David Washburn, Duane Bumbaugh, and Michael Beran. 2014. "Do Monkeys Choose to Choose?" *Learning & Behavior* 42(2): 164–175.

Porcher, Jocelyne. 2017. *The Ethics of Animal Labor: A Collaborative Utopia.* Cham: Palgrave.

Ross, Stephen. 2006. "Issues of Choice and Control in the Behaviour of a Pair of Polar Bears". *Behavioural Processes* 73(1): 117–120.

Sandøe, Peter and Clare Palmer. 2014. "For Their Own Good". In *The Ethics of Captivity*, edited by Lori Gruen, 135–154. Oxford: Oxford University Press.

Schmidt, Andreas. 2015. "Why Animals have an Interest in Liberty". *Historical Social Research* 40(4): 92–109.

Seligman, Martin and Steven Maier. 1967. "Failure to Escape Traumatic Shock". *Journal of Experimental Psychology* 74(1): 1–9.

Shield, J. P. H., and J. D. Baum. 1994. "Children's Consent to Treatment". *British Medical Journal* 308: 1182–1183.

Skrivankova, Klara. 2010. "Between Decent Work and Forced Labour: Examining the Continuum of Exploitation". *JRF Programme Paper: Forced Labour.* Joseph Rowntree Foundation.

Slocombe, Katie and Klaus Zuberbühler. 2006. "Food-associated Calls in Chimpanzees". *Animal Behaviour* 72(5): 989–999.

Torres, Bob. 2007. *Making a Killing: A Political Economy of Animal Rights.* Oakland: AK Press.

Tri-Council, Canadian Institutes of Health Research, Natural Sciences and Engineering Research Council of Canada, and Social Sciences and Humanities Research Council of Canada (2014). *Tri-Council Policy Statement: Ethical Conduct for Research Involving Humans.* [online] Ottawa: Secretariat on Responsible Conduct of Research. http://www.pre.ethics.gc.ca/eng/policy-politique/initiatives/tcps2-eptc2/Default/.

Trials of War Criminals before the Nuremberg Military Tribunals under Control Council Law, 1949. 10(2), pp. 181–182. Washington, D.C.: US Government Printing Office. [online] http://www.dartmouth.edu/%7Ecphs/docs/nuremberg-code.doc.

Tversky, Amos and Daniel Kahneman. 1974. "Judgment under Uncertainty: Heuristics and Biases". *Science* 185: 1124–1131.

Wadiwel, Dinesh. 2018. "Chicken Harvesting Machine: Animal Labour, Resistance and the Time of Production". *South Atlantic Quarterly* 117(3): 525–548.

Warren, Mary Anne. 1997. *Moral Status: Obligations to Persons and Other Living Things.* Oxford: Oxford University Press.

Wegner, Daniel. 2002. *The Illusion of Conscious Will.* Cambridge: MIT Press.

Weisberg, Zipporah. 2009. The Broken Promises of Monsters: Haraway, Animals and the Humanist Legacy. *Journal for Critical Animal Studies* 7(2): 21–61.

Wellesley, Hugo and Ian Jenkins. 2015. "Consent in Children". *Anaesthesia and Intensive Care Medicine* 16(12): 632–634.

Wilson, Timothy. 2002. *Strangers to Ourselves: Discovering the Adaptive Unconscious.* Cambridge: Harvard University Press.

Załuski, Wojciech. 2016. "The Concept of Person in the Light of Evolutionary Theory and Neuroscience". In *New Approaches to the Personhood in Law: Essays in Legal Philosophy*, edited by Tomasz Pietrzykowski and Brunello Stancioli, 35–46. Frankfurt a.M.: Peter Lang.

(6)

Benton, Ted. 1993. *Natural Relations: Ecology, Animal Rights and Social Justice*. New York: Verso.

Berman, Marshall. 1982. *All That Is Solid Melts Into Air*. New York: Verso.

Cochrane, Alasdair. 2016. "Labour Rights for Animals". In *The Political Turn in Animal Ethics*, edited by Robert Garner and Siobhan O'Sullivan, 15–31. New York: Rowman & Littlefield.

Chomsky, Noam and Michel Foucault. 2006. *The Chomsky-Foucault Debate: On Human Nature*. New York: New Press.

Coulter, Kendra. 2016. *Animals, Work, and the Promise of Interspecies Solidarity*. London: Palgrave.

Dickens, Peter. 1996. *Reconstructing Nature: Alienation, Emancipation and the Division of Labour*. Abingdon: Routledge.

Elster, Jon. 1985. *Making Sense of Marx*. Cambridge: Cambridge University Press.

Foster, John Bellamy and Paul Burkett. 2018. "Value Isn't Everything". *Monthly Review* 70(6): 1–15.

Gunderson, Ryan. 2011. "From Cattle to Capital: Exchange Value, Animal Commodification and Barbarism". *Critical Sociology* 39(2): 259–275.

Gunderson, Ryan. 2011. "Marx's Comments on Animal Welfare". *Rethinking Marxism* 23(4): 543–548.

Hegel, Georg Wilhelm Friedrich. 1975. *Aesthetics: Lectures on Fine Art, Volume 1*. Oxford: Oxford University Press.

Hikmet, Nazim. 2002. *Poems of Nazim Hikmet*. Trans. Randy Blasing and Mutlu Konuk. New York: Persea Books.

Hribal, Jason. 2003. "'Animals Are Part of the Working Class': A Challenge to Labor History". *Labor History* 44(4): 435–453.

Hribal, Jason. 2010. *Fear of the Animal Planet: The Hidden History of Animal Resistance*. Oakland: CounterPunch and AK Press.

Ingold, Tim. 1983. "The Architect and the Bee: Reflections on the Work of Animals and Men". *Man* 18(1): 1–20.

Jaeggi, Rahel. 2014. *Alienation*. New York: Columbia University Press.

Kymlicka, Will. 2002. *Contemporary Political Philosophy: An Introduction*, 2nd ed. Oxford: Oxford University Press.

Kymlicka, Will and Sue Donaldson. 2016. "Locating Animals in Political Philosophy". *Philosophy Compass*, 11(11): 692–701.

Leopold, David. 2009. *The Young Karl Marx: German Philosophy, Modern Politics, and Human Flourishing.* Cambridge: Cambridge University Press.

Marx, Karl. 1973. *Grundrisse: Critique of Political Economy.* New York: Penguin.

Marx, Karl. 1978a. "Capital, Volume One". In *The Marx-Engels Reader*, edited by Robert C. Tucker, 294–438. 2nd ed. New York: Norton.

Marx, Karl. 1978b. "Capital, Volume Three". In *The Marx-Engels Reader*, edited by Robert C. Tucker, 439–442. 2nd ed. New York: Norton.

Marx, Karl. 1978c. "The German Ideology: Part I". In *The Marx-Engels Reader*, edited by Robert C. Tucker, 146–200. 2nd ed. New York: Norton.

Marx, Karl. 1988. *Economic and Philosophic Manuscripts of 1844 and the Communist Manifesto.* New York: Prometheus.

Marx, Karl. 1994a. "Excerpt-Notes of 1844". In *Selected Writings*, edited by Lawrence H. Simon, 40–53. Indianapolis: Hackett.

Marx, Karl. 1994b. "Alienated Labour". In *Selected Writings*, edited by Lawrence H. Simon, 58–68. Indianapolis: Hackett.

Mulhall, Stephen. 1998. "Species-Being, Teleology and Individuality, Part I: Marx on Species-Being". *Angelaki* 3: 9–27.

Murray, Mary. 2011. "The Underdog in History". In *Theorizing Animals: Rethinking Humanimal Relations*, edited by Nik Taylor and Tania Signal, 87–106. Leiden: Brill.

Nibert, David (ed.). 2017. *Animal Oppression and Capitalism.* Santa Barbara: Praeger.

Noske, Barbara. 1997. *Beyond Boundaries: Humans and Animals.* Montréal: Black Rose.

Ollman, Bertell. 1976. *Alienation: Marx's Concept of Man in Capitalist Society.* Cambridge: Cambridge University Press.

Rinehart, James W.. 2006. *The Tyranny of Work: Alienation and the Labour Process*, 5th ed. Toronto: Thomson Nelson.

Sayers, Sean. 2011. *Marx and Alienation.* London: Palgrave.

Schacht, Richard. 1970. *Alienation.* New York: Psychology Press.

Seeman, Melvin. 1959. "On the Meaning of Alienation". *American Sociological Review* 24(6): 783–791.

Seeman, Melvin. 1972. "Alienation and Engagement". In *The Human Meaning of Social Change*, edited by Angus Campbell and Philip E. Converse, 467–527. New York: Russell Sage.

Singer, Peter. 1975. *Animal Liberation.* New York: HarperCollins.

Stuart, Diane, Rebecca L. Schewe, and Ryan Gunderson. 2012. "Extending Social Theory to Farm Animals: Addressing Alienation in the Dairy Sector". *Sociologia Ruralis* 53(2): 201–222.

TenHouten, Warren. 2017. *Alienation and Affect.* London: Routledge.

Torres, Bob. 2007. *Making a Killing.* Oakland: AK Press.

Wilde, Lawrence. 2000. "'The Creatures, Too, Must Become Free': Marx and the Human/Animal Distinction". *Capital & Class* 72: 37–53.

Weeks, Kathi. 2011. *The Problem with Work: Feminism, Marxism, Antiwork Politics and Postwork Imaginaries.* Durham: Duke University Press.

Adams, Carol J.. 2017. "Feminized Protein: Meaning, Representations, and Implications". In *Making Milk: The Past, Present, and Future of our Primary Food*, edited by Mathilde Cohen and Yoriko Otomo, 19–40. London: Bloomsbury.

Arcury, Thomas A. and Sara A. Quandt. 2011. "Living and Working Safely: Challenges for Migrant and Seasonal Farmworkers". *North Carolina Medical Journal* 72(6): 466–470.

Bisgould, Lesli. 2011. *Animals and the Law*. Toronto: Irwin Law.

Bowden, Marie-Anne. 2006. "The Polluter Pays Principle in Canadian Agriculture". *Oklahoma Law Review* 59(1): 53–88.

Boyd, David. 2003. *Unnatural Law: Rethinking Canadian Environmental Law Policy*. Vancouver: UBC Press.

Bryant, Taimie. 2010. "Denying Animals Childhood and its Implications for Animal-Protective Law Reform". *Law, Culture and the Humanities* 61(1): 56–74.

Castañeda, Xóchitl and Patricia Zavella. 2003. "Changing Constructions of Sexuality and Risk: Migrant Mexican Women Farmworkers in California". *Journal of Latin American Anthropology* 8: 126–151.

Clark, Jonathan. 2014. "Labourers or Lab Tools? Rethinking the Role of Lab Animals in Clinical Trials". In *The Rise of Critical Animal Studies: From the Margins to the Centre*, edited by Nik Taylor and Richard Twine, 139–164. London: Routledge.

Cochrane, Alasdair. 2016. "Labour Rights for Animals". In *The Political Turn in Animal Ethics*, edited by Robert Garner and Siobhan O'Sullivan, 15–32. New York: Rowman & Littlefield.

Cohen, Mathilde. 2017. "Of Milk and the Constitution". *Harvard Journal of Law and Gender* 40: 115–182.

Coulter, Kendra. 2016a. *Animals, Work, and the Promise of Interspecies Solidarity*. New York: Palgrave Macmillan.

Coulter, Kendra. 2016b. "Beyond Human to Humane: A Multispecies Analysis of Care Work, Its Repression and Its Potential". *Studies in Social Justice* 10(2): 199–219.

Coulter, Kendra. 2017a. "Humane Jobs: A Political Economic Vision for Interspecies Solidarity and Human-Animal Wellbeing". *Politics and Animals* 3: 31–41.

Coulter, Kendra. 2017b. "Towards Humane Jobs: Recognizing Gendered and Multispecies Intersections and Possibilities". In *Gender, Work, and Climate Change in the Global North: Work, Public Policy and Action*, edited by Marjorie Griffin Cohen, 167–182. Milton Park: Routledge.

Daugbjerg, Carsten and Alan Swinbank. 2009. *Ideas, Institutions, and Trade: The WTO and the Curious Role of EU Farm Policy in Trade Liberalization*. Oxford: Oxford University Press.

Daugbjerg, Carsten and Peter Feindt. 2017. "Post-exceptionalism in Public Policy: Transforming Food and Agricultural Policy". *Journal of European Public Policy* 24(11): 1565–1584.

Davis, Julie Hirschfeld. 2018. "Trump Calls Some Unauthorized Immigrants 'Animals' in Rant". *The New York Times*, 16 May 2018. https://www.nytimes.com/2018/05/16/us/politics/trump-undocumented-immigrants-animals.html.

Deckha, Maneesha. 2018. "Humanizing the Non-Human: A Legitimate Way for Animals to Escape Juridical Property Status?". In *Critical Animal Studies: Towards Trans-species Social Justice*, edited by Atsuko Karin Matsuoka and John Sorenson, 209–233. London: Rowman & Littlefield.

Donaldson, Sue and Will Kymlicka. 2011. *Zoopolis: A Political Theory of Animal Rights*. Oxford: Oxford University Press.

Dowell, Tiffany. 2011. "Understanding and Interpreting Right to Farm Laws". *Natural Resources and Environment* 26: 39–43.

Eisen, Jessica. 2017. "Milk and Meaning: Puzzles in Posthumanist Method". In *Making Milk: The Past, Present and Future of our Primary Food*, edited Mathilde Cohen and Yoriko Otomo, 237–246. New York: Bloomsbury.

Eisen, Jessica. 2018. "Beyond Rights and Welfare: Democracy, Dialogue, and the Animal Welfare Act". *University of Michigan Journal of Law Reform* 51(3): 469–547.

Eisen, Jessica. 2019. "Milked: Nature, Necessity, and American Law". *Berkeley Journal of Gender Law and Justice* 34: 71–115.

Enman-Beech, John. forthcoming. "Can Animals Contract?" (manuscript on file with the author).

Fraser, Rachel Elizabeth. 2017. "Animal Citizens, Animal Workers". *The New Inquiry*, 14 November 2017. https://thenewinquiry.com/animal-citizens-animal-workers/.

Gaard, Greta. 2013. "Toward a Feminist Postcolonial Milk Studies". *American Quarterly* 65(3): 595–618.

Gillespie, Kathryn. 2014. "Sexualized Violence and the Gendered Commodification of the Animal Body in Pacific Northwest US Dairy Production". *Gender, Place & Culture: A Journal of Feminist Geography* 21(10): 1321–1337.

Hamilton, Neil. 1998. "Right-to-Farm Laws Reconsidered: Ten Reasons Why Legislative Efforts to Resolve Agricultural Nuisances May Be Ineffective". *Drake Journal of Agricultural Law* 3(1): 103–118.

Hansen, Eric and Martin Donohue. 2003. "Health Issues of Migrant and Seasonal Farmworkers". *Journal of Health Care for the Poor and Underserved* 14: 153–164.

Haraway, Donna. 2008. *When Species Meet*. Minneapolis: University of Minnesota Press.

Harris, Angela P.. 2009. "Should People of Color Support Animal Rights?". *Journal of Animal Law* 5: 15–32.

Hovey, Joseph D. and Christina G. Magaña. 2002. "Psychosocial Predictors of Anxiety Among Immigrant Mexican Migrant Farmworkers: Implications for Prevention and Treatment". *Cultural Diversity and Ethnic Minority Psychology* 8: 274–289.

Hribal, Jason. 2012. "Animals Are Part of the Working Class Reviewed". *Borderlands* 11:1–37.

Jones, Laura, with Liv Fredricksen. 1999. *Crying Wolf? Public Policy on Endangered Species in Canada*. Vancouver: Fraser Institute.

Ko, Syl. 2017. "Emphasizing Similarities Does Nothing for the Oppressed". In *Aphroism: Essays on Pop Culture, Feminism, and Black Veganism from Two Sisters*, edited by Aph Ko and Syl Ko, 37–43. New York: Lantern Books.

Kymlicka, Will. 2017. "Social Membership: Animal Law Beyond the Property/Personhood

Impasse". *Dalhousie Law Journal* 40(1): 123–155.

Linder, Marc. 1987. "Farm Workers and the Fair Labor Standards Act: Racial Discrimination in the New Deal". *Texas Law Review* 65(7): 1335–1393.

Luna, Guadalupe. 1998. "An Infinite Distance?: Agricultural Exceptionalism and Agricultural Labor". *University of Pennsylvania Journal of Labor and Employment Law* 1(2): 487–510.

MacKinnon, Catharine. 2011. "Trafficking, Prostitution, and Inequality". *Harvard Civil Rights-Civil Liberties Law Review* 46: 271–309.

Marceau, Justin. 2019. *Beyond Cages: Animal Law and Criminal Punishment.* Cambridge: Cambridge University Press.

Massey, Douglas and Amelia Brown. 2011. "Movement between Mexico and Canada: Analysis of a New Migration Stream". *International Migration* 6(1): 119–144.

McCormally, Patrick. 2007. *Right to Farm Legislation in Canada.* Toronto: Probe International. http://www.probeinternational.org/envirowaterarticles/righttofarmcanada.pdf.

Montpetit, Éric. 2002. "Policy Networks, Federal Arrangements, and the Development of Environmental Regulations: A Comparison of the Canadian and American Agricultural Sectors". *Governance: An International Journal of Policy, Administration, and Institutions* 15(1): 1–20.

Noske, Barbara. 1989. *Humans and Other Animals.* London: Pluto Press.

Noske, Barbara. 1997. *Beyond Boundaries: Humans and Animals.* Montréal: Black Rose.

Ontiveros, Maria. 2003. "Lessons from the Fields: Female Farmworkers and the Law". *Maine Law Review* 55: 157–190.

Otero, Gerardo and Kerry Preibisch. 2010. *Farmworker Health and Safety: Challenges for British Columbia.* Vancouver: WorkSafe BC.

Patel, Avni, Angela Hill, Asa Eslocker, and Brian Ross. 2009. "The Blueberry Children". *ABC News*, 30 October 2009. http://abcnews.go.com/Blotter/young-children-workingblueberry-fields-walmart-severs-ties/story?id=8951044.

Perea, Juan. 2011. "The Echoes of Slavery: Recognizing the Racist Origins of the Agricultural and Domestic Worker Exclusion from the National Labor Relations Act". *Ohio State Law Journal* 72(1): 95–138.

Pollans, Margot. 2016. "Drinking Water Protection and Agricultural Exceptionalism". *Ohio State Law Journal* 77(6): 1195–1260.

Porcher, Jocelyne. 2011. "The Relationship Between Workers and Animals in the Pork Industry: A Shared Suffering". *Journal of Agricultural and Environmental Ethics* 24(1): 3–17.

Porcher, Jocelyne. 2012. "Dairy Cows: Workers in the Shadows?". *Society and Animals* 20: 39–60.

Porcher, Jocelyne. 2014. "The Work of Animals: A Challenge for Social Sciences". *HUMaNIMALIA* 6(1): 1–9.

Porcher, Jocelyne. 2017a. "Animal Work". In *The Oxford Handbook of Animal Studies*, edited by Linda Kalof, 302–316. Oxford: Oxford University Press.

Porcher, Jocelyne. 2017b. *The Ethics of Animal Labor: A Collaborative Utopia.* Basingstoke: Palgrave Macmillan.

Potot, Swanie. 2016. "Sans Papier: Self-Censored Social Identities of Farm Workers in Southern France". In *Seasonal Workers in Mediterranean Agriculture: The Social Costs of Eating Fresh*, edited by Jörg Gertel and Sarah Ruth Sippel. London: Routledge.

Preibisch, Kerry and Evelyn Encalada Grez. 2010. "The Other Side of 'El Otro Lado': Mexican Migrant Women and Labor Flexibility in Canadian Agriculture". *Signs: Journal of Women in Culture and Society* 35: 289–316.

Rubin, Gayle. 1984. "Thinking Sex: Notes for a Radical Theory of the Politics of Sexuality". In *Pleasure and Danger: Exploring Female Sexuality*, edited by Carol Vance, 267–319. Boston: Routledge & Kegan Paul.

Ruhl, J.B. 2000. "Farms, Their Environmental Harms, and Environmental Law". *Ecology Law Quarterly* 27: 263–349.

Satzewich, Vic. 1991. *Racism and the Incorporation of Foreign Labour: Farm Labour Migration to Canada since 1945*. London: Routledge.

Schell, Greg. 2002. "Farmworker Exceptionalism under the Law: How the Legal System Contributes to Farmworker Poverty and Powerlessness". In *The Human Cost of Food: Farmworkers' Lives, Labor and Advocacy*, edited by Charles Thompson and Melinda Wiggins, 139–166. Austin: University of Texas Press.

Schneider, Susan. 2010. "A Reconsideration of Agricultural Law: A Call for the Law of Food, Farming, and Sustainability". *William and Mary Environmental Law and Policy Review* 34(3): 935–963.

Smallwood, Kate. 2003. *A Guide to Canada's Species at Risk Act*. Vancouver: Sierra Legal Defence Fund. http://www.sfu.ca/~amooers/scientists4species/SARA_Guide_May2003.pdf.

Smart, Alan, and Josephine Smart. 2017. "Agricultural Exceptionalism: A Potential TPP Roadblock". In *The Changing Currents of Transpacific Integration: China, the TPP, and Beyond*, edited by Adrian Hearn and Margaret Myers, 99–113. Boulder: Lynne Rienner.

Smith, Adrian. 2013. "Racialized in Justice: The Legal and Extra-Legal Struggles of Migrant Agricultural Workers in Canada". *Windsor Year Book of Access to Justice* 31: 15–38.

Sutherland, Kate. 2004. "Work, Sex, and Sex-Work: Competing Feminist Discourses on the International Sex Trade". *Osgoode Hall Law Journal* 42(1): 139–167.

Sykes, Katie. 2015. "Rethinking the Application of Canadian Criminal Law to Factory Farming". In *Canadian Perspectives on Animals and the Law*, edited by Peter Sankoff, Vaughan Black, and Katie Sykes. Toronto: Irwin Law.

Trebilcock, Michael. 2014. *Dealing with Losers: The Political Economy of Policy Transitions*. Oxford: Oxford University Press.

Trebilcock, Michael and Kristen Pue. 2015. "The Puzzle of Agricultural Exceptionalism in Trade Policy". *Journal of International Economic Law* 18: 233–260.

Tucker, Eric. 2012. "Farm Worker Exceptionalism: Past, Present, and the post-Fraser Future". In *Constitutional Labour Rights in Canada: Farm Workers and the Fraser Case*, edited by Fay Faraday, Judy Fudge, and Eric Tucker, 30–56. Toronto: Irwin Law.

Verhaeren, R.. 1986. "The Role of Foreign Workers in the Seasonal Fluctuations of the French Economy". *International Immigration Review* 20(4): 856–874.

Wadiwel, Dinesh. 2002. "Cows and Sovereignty: Biopower and Animal Life". *Borderlands E-Journal* 1(2).

Weisberg, Zipporah. 2009. "The Broken Promises of Monsters: Haraway, Animals and the Humanist Legacy". *Journal for Critical Animal Studies* 7(2): 21–61.

Wolfson, David and Mariann Sullivan. 2004. "Foxes in the Henhouse: Animals, Agribusiness, and the Law: A Modern American Fable". In *Animal Rights: Current Debates and New Directions*, edited by Cass Sunstein and Martha Nussbaum, 205–233. Oxford: Oxford University Press.

Andrews, Kristin. 2009. "Politics or Metaphysics? On Attributing Mental Properties to Animals". *Biology and Philosophy* 24(1): 51–63.

Baratay, Eric. 2008. *Bêtes de Somme: Des Animaux au Service des Hommes*. Paris: La Martinière/Seuil.

Berckmans, Daniel. 2004. "Automatic On-Line Monitoring of Animals by Precision Livestock Farming". *International Society for Animal Hygiene* – Saint-Malo: 27–30.

Bruxvoort Lipscomb, Benjamin. 2016. "'Eat Responsibly': Agrarianism and Meat". In *Philosophy Comes to Dinner: Arguments about the Ethics of Eating*, edited by Matthew Halteman, Terence Cuneo, and Andrew Chignell, 56–72. London: Routledge.

Budiansky, Stephen. 1999. *The Covenant of the Wild: Why Animals Chose Domestication*. New Haven, CT: Yale University Press.

Cochrane, Alasdair. 2012. *Animal Rights Without Liberation*. New York: Columbia University Press.

Cochrane, Alasdair. 2016. "Labour Rights for Animals". In *The Political Turn in Animal Ethics*, edited by Robert Garner and Siobhan O'Sullivan, 15–32. London: Rowman & Littlefield.

Coulter, Kendra. 2016. *Animals, Work and the Promise of Interspecies Solidarity*. New York: Palgrave Macmillan.

Delon, Nicolas. 2016. "The Replaceability Argument in the Ethics of Animal Husbandry". In *Encyclopedia of Food and Agricultural Ethics*, edited by Paul B. Thompson and David Kaplan. Dordrecht: Springer.

Delon, Nicolas. 2017. "L'Animal d'Élevage Compagnon de Travail : L'Éthique des Fables Alimentaires". *Revue française d'éthique appliquée* 4(2): 61–75.

DeMello, Margo. 2012. *Animals and Society: An Introduction to Human-Animal Studies*. New York: Columbia University Press.

Donaldson, Sue and Will Kymlicka. 2011. *Zoopolis: A Political Theory of Animal Rights*. Oxford: Oxford University Press.

Donaldson, Sue and Will Kymlicka. 2015. "Farmed Animal Sanctuaries: The Heart of the Movement?". *Politics & Animals* 1(1): 50–74.

Driessen, Clemens. 2014. "Animal Deliberation". In *Political Animals and Animal Politics*, edited by Marcel Wissenburg and David Schlosberg, 90–104. Basingstoke: Palgrave Macmillan.

Driessen, Clemens and Leonie Heutinck. 2015. "Cows Desiring to be Milked? Milking Robots and the Co-Evolution of Ethics and Technology on Dutch Dairy Farms". *Agriculture and Human Values* 32(1): 3–20.

Francione, Gary. 2008. *Animals as Persons*. New York: Columbia University Press.

Francione, Gary and Robert Garner. 2010. *The Animal Rights Debate: Abolition or Regulation?* New York: Columbia University Press.

Franks, Becca and E. Tory Higgins. 2012. "Effectiveness in Humans and Other Animals: A Common Basis for Well-being and Welfare". *Advances in Experimental Social Psychology* 46: 285–346.

Gardin, Jean, Jean Estebanez, and Sophie Moreau. 2018. "Comme la Biche Tétanisée Dans les Phares de la Bagnole: La Justice Spatiale et les Animaux". *Justice Spatiale/Spatial Justice* 12(7): 1–20. https://www.jssj.org/article/comme-la-biche-tetaniseedans-les-phares-de-la-bagnole-la-justice-spatiale-et-les-animaux/.

Hart, Lynette. 1994. "The Asian Elephants-Driver Partnership – The Drivers Perspective". *Applied Animal Behaviour Science* 40(3/4): 297–312.

Hart, Lynette and Sundar. 2000. "Family Traditions for Mahouts of Asian Elephants". *Anthrozoös*, 13(1): 34–42.

Horowitz, Alexandra. 2014. "Canis familiaris: Companion and Captive". In *The Ethics of Captivity*, edited by Lori Gruen, 7–21. Oxford: Oxford University Press.

Hribal, Jason. 2007. "Animals, Agency, and Class: Writing the History of Animals from Below". *Human Ecology Forum* 14(1): 101–112.

Lainé, Nicolas. 2017. "Travail Interespèces et Conservation: Le Cas des Éléphants d'Asie". *Ecologie et Politique* 54(1): 45–64.

Larrère, Catherine. 2010. "Des Animaux-Machines aux Machines Animales". In *Qui Sont Les Animaux?*, edited by Jean Birnbaum, 88–109. Paris: Gallimard.

Larrère, Catherine and Raphaël Larrère. 2000. "Animal Rearing as a Contract?". *Journal of Agricultural and Environmental Ethics* 12(1): 51–58.

Lehr, Heiner. 2014. "Recent Advances in Precision Livestock Farming". *International Animal Health Journal* (2)1: 44–49.

Marino, Lori and Toni Frohoff. 2011. "Towards a New Paradigm of Non-Captive Research on Cetacean Cognition". *PLoS ONE* 6(9): e24121.

Milburn, Josh. 2018. "Death-Free Dairy? The Ethics of Clean Milk". *Journal of Agricultural and Environmental Ethics* 31(2): 261–279.

Molinier, Pascale and Jocelyne Porcher. 2006. "À l'Envers du Bien-Être Animal: Enquête de Psychodynamique du Travail Auprès de Salariés d'Élevages Industriels Porcins". *Nouvelle revue de psychosociologie* 1(1): 55–71.

Mouret, Sébastien. 2012. *Élever et Tuer des Animaux*. Paris: PUF.

Mouret, Sébastien and Jocelyne Porcher. 2007. "Les Systèmes Industriels Porcins: La Mort Comme Travail Ordinaire". *Natures, sciences, sociétés* 15(3): 245–252.

Palmer, Clare. 2010. *Animal Ethics in Context*. New York: Columbia University Press.

Poole, Joyce and Cynthia Moss. 2008. "Elephant Sociality and Complexity: The Scientific Evidence". In *Elephants and Ethics: Toward a Morality of Coexistence*, edited by Christen

Wemmer and Catherine Christen, 69–98. Baltimore: Johns Hopkins University Press.

Porcher, Jocelyne. 2002. "L'Esprit du don, Archaïsme ou Modernité de l'Élevage: Éléments pour une Réflexion sur la Place des Animaux d'Élevage dans le Lien Social". *Revue du MAUSS* 20: 245–262.

Porcher, Jocelyne. 2007. "Ne Libérez pas les Animaux! Plaidoyer Contre un Conformisme « analphabète »". *Revue du MAUSS* 29(2): 352–362.

Porcher, Jocelyne. 2008. "Ouvrière en Production Porcine Industrielle: Le Prix de la Reconnaissance". *Ethnographiques.org* 15. http://www.ethnographiques.org/2008/Porcher [Accessed 15 January 2019].

Porcher, Jocelyne. 2009. "Culture de l'Élevage et Barbarie des Productions Animales". In *Homme et animal: la question des frontières*, edited by Valérie Camos, Frank Cézilly, Pierre Guenancia, and Jean-Pierre Sylvestre, 161–174. Versailles: Quae.

Porcher, Jocelyne. 2011a. *Vivre avec les Animaux: Une Utopie pour le XXIe Siècle*. Paris: La Découverte.

Porcher, Jocelyne. 2011b. "The Relationship Between Workers and Animals in the Pork Industry: A Shared Suffering". *Journal of Environmental and Agricultural Ethics* 24(1): 3–17.

Porcher, Jocelyn. 2014. "The Work of Animals: A Challenge for Social Sciences". *Humanimalia* 6(1): 1–9.

Porcher, Jocelyne. 2017. *The Ethics of Animal Labor: A Collaborative Utopia*. London: Palgrave Macmillan.

Porcher, Jocelyne. 2018. "Défendre l'Élevage Sans le Savoir: Commentaire Critique à Propos de l'Article de Nicolas Delon "L'Animal d'Élevage Compagnon de Travail. L'Éthique des Fables Alimentaires". *Revue française d'éthique appliquée* 6(2): 119–124.

Porcher, Jocelyne and Tiphaine Schmitt. 2010. "Les Vaches Collaborent-elles au Travail? Une Question de Sociologie". *Revue du MAUSS* 35(1): 235–261.

Porcher Jocelyne and Tiphaine Schmitt. 2012. "Dairy Cows: Workers in the Shadows?". *Society & Animals* 20: 39–60.

Purves, Duncan and Nicolas Delon. 2018. "Meaning in the Lives of Humans and Other Animals". *Philosophical Studies* 175(2): 317–338.

Rémy, Catherine. 2009. *La Fin des Bêtes. Une Ethnographie de la Mise à Mort des Animaux*. Paris: Economica.

Rowlands, Mark. 2012. *Can Animals be Moral?* Oxford: Oxford University Press.

Stuart, Diana, Rebecca Schewe, and Ryan Gunderson. 2013. "Extending Social Theory to Farm Animals: Addressing Alienation in the Dairy Sector". *Sociologica Ruralis* 53(2): 201–222.

Utria, Enrique. 2014. "La Viande Heureuse et les Cervelles Miséricordieuses". In *Souffrances animales et traditions humaines*, edited by Lucille Desblaches, 37–52. Éditions Universitaires de Dijon.

Vanitha, Varadharajan, Krishnamoorthy Thiyagesan, and Nagarajan Baskaran. 2011. "Social Life of Captive Asian Elephants (*Elephas maximus*) in Southern India: Implications for Elephant Welfare". *Journal of Applied Animal Welfare Science* 14(1): 42–58.

Varner, Gary. 2002. "Pets, Companion Animals, and Domesticated Partners". In *Ethics for Everyday*, edited by David Benatar, 450–475. New York: McGraw-Hill.

Weele, Cor van der and Clemens Driessen. 2013. "Emerging Profiles for Cultured Meat: Ethics Through and as Design". *Animals* 3(3): 647–662.

Werkheiser, Ian. 2018. "Precision Livestock Farming and Farmers' Duties to Livestock". *Journal of Agricultural and Environmental Ethics* 31(2): 181–185.

Adams, Carol J. 2017. "Feminized Protein: Meaning, Representations, and Implications". In *Making Milk: The Past, Present and Future of Our Primary Food*, edited by Mathilde Cohen and Yoriko Otomo. London: Bloomsbury.

Agamben, Giorgio. 2004. *The Open: Man and Animal*. Stanford: Stanford University Press.

Alvino, G. M., R. A. Blatchford, G. S. Archer, and J. A. Mench. 2009. "Light Intensity During Rearing Affects the Behavioural Synchrony and Resting Patterns of Broiler Chickens". *British Poultry Science* 50(3): 275–283.

Animals Australia. "8 epic failures of current Poultry Laws (and how you can help Aussie hens!)" Animals Australia, 12 January 2018. https://www.animalsaustralia. org/features/australian-poultry-laws-epic-fail.php.

Barua, Maan. 2017. "Nonhuman Labour, Encounter Value, Spectacular Accumulation: The Geographies of a Lively Commodity". *Transactions of the Institute of British Geographers* 42(2): 274–288.

Barua, Maan. 2019. "Animating Capital: Work, Commodities, Circulation". *Progress in Human Geography*. https://doi.org/10.1177/0309132518819057.

Beldo, Les. 2017. "Metabolic Labor: Broiler Chickens and the Exploitation of Vitality". *Environmental Humanities* 9(1): 108–128.

Benton, Ted. 1993. *Natural Relations: Ecology, Animal Rights and Social Justice*. London: Verso.

Booth, William James. 1991. "Economies of Time: On the Idea of Time in Marx's Political Economy". *Political Theory* 19(1): 7–27.

Bourke, Deirdre. 2009. "The Use and Misuse of 'Rights Talk' by the Animal Rights Movement". In *Animal Law in Australasia: A New Dialogue*, edited by Peter Sankoff and Steven White. Sydney: Federation Press.

Cochrane, Alasdair. 2016. "Labour Rights for Animals". In *The Political Turn in Animal Ethics*, edited by Robert Garner and Siobhan O'Sullivan, 15–32. London: Rowman & Littlefield.

Cooper, Melinda. 2008. *Life as Surplus: Biotechnology and Capitalism in the Neoliberal Era*. Seattle: University of Washington Press.

Coulter, Kendra. 2016. *Animals, Work, and the Promise of Interspecies Solidarity*. New York: Palgrave Macmillan.

D'Alisa, Giacomo, Federico Demaria, and Giorgos Kallis (eds.). 2014. *Degrowth: A Vocabulary for a New Era*. London: Routledge.

DeMello, Margo. 2012. *Animals and Society: An Introduction to Human-Animal Studies*. Columbia University Press.

Duffy, Michael. 2009. "Economies of Size in Production Agriculture". *Journal of Hunger &*

Environmental Nutrition 4(3–4): 375–392.

Erwin, Nicole. 2017. "Too Fast For Safety? Poultry Industry Wants To Speed Up The Slaughter Line". *The Salt*, 27 October 2017. https://www.npr.org/sections/thesalt/2017/10/27/559572147/too-fast-for-safety-poultry-industry-wants-to-speed-up-theslaughter-line.

Evans, Melissa, Tiago Hori, Matthew Rise, and Ian Fleming. 2015. "Transcriptomic Responses of Atlantic Salmon (Salmo salar) to Environmental Enrichment During Juvenile Rearing." *PLoS One* 10(3).

Food and Agriculture Organization of the United Nations. 2016. *State of the World Fisheries and Aquaculture: Contributing to Food Security and Nutrition for All*. Rome: Food and Agriculture Organization of the United Nations.

Foster, John Bellamy. 2018. "Marx and Alienated Speciesism". *Monthly Review: An Independent Socialist Magazine*, 1 December 2018. https://monthlyreview.org/2018/12/01/marx-and-alienated-speciesism/.

Foucault, Michel. 1998. *The Will to Knowledge. The History of Sexuality: 1*. London: Penguin Books.

Fox, Eva. 2015. "The Case For Eating Older Animals". *Modern Farmer*, 20 January 2015. https://modernfarmer.com/2015/01/case-eating-older-animals/.

Gunderson, Ryan. 2011. "Marx's Comments on Animal Welfare". Rethinking Marxism 23(4): 543–548.

Han, Esther. 2015. "Free Range Eggs: Ministers Urged to Get Cracking on an Enforceable Standard". *The Sydney Morning Herald*, 9 June 2015. https://www.smh.com.au/business/companies/free-range-eggs-ministers-urged-to-get-cracking-on-anenforceable-standard-20150608-ghivmo.html.

Haraway, Donna. 2007. *When Species Meet*. Minneapolis: University of Minnesota Press.

Hribal, Jason. 2003. "'Animals are Part of the Working Class': A Challenge to Labor History". Labor History 44(4): 435–453.

Jayathilakan, Kizhekkedath, Khudsia Sultana, K. Radhakrishna, and Amarinder Singh Bawa. 2012. "Utilization of Byproducts and Waste Materials From Meat, Poultry and Fish processing Industries: A Review". *Journal of Food Science and Technology* 49(3): 278–293.

Johnson, Elizabeth. 2017. "At the Limits of Species Being: Sensing the Anthropocene". *South Atlantic Quarterly* 116(2): 275–292.

Kidd, Charles. 1992. "The Evolution of Sustainability". *Journal of Agricultural and Environmental Ethics* 5(1): 1–26.

Lebowitz, Michael. 2003. *Beyond Capital: Marx's Political Economy of the Working Class*. Houndsmills: Palgrave Macmillan.

Locke, Sarina 2018. "Cages are Better for Chickens than Intensive Free-Range, Farmers say, as Calls for a Ban Get Louder". *ABC News*, 27 February 2018. http://www.abc.net.au/news/rural/2018-02-20/protests-over-caged-eggs-have-farmers-worried/9461064.

Makino, Hirona, Reiji Masuda, and Masuru Tanaka. 2015. "Environmental Stimuli Improve Learning Capability in Striped Knifejaw Juveniles: The Stage-Specific Effect of Environmental Enrichment and the Comparison Between Wild and Hatchery Reared

Fish". *Fisheries Science* 81(6): 1035–1042.

Marx, Karl. 1864. "Results of the Direct Production Process". Trans. Ben Fawkes. https://www.marxists.org/archive/marx/works/1864/economic/index.htm.

Marx, Karl. 1978. "Economic and Philosophic Manuscripts of 1844". In *The MarxEngels Reader: Second Edition*, edited by Robert Tucker, 66–125. New York: W.W. Norton.

Marx, Karl. 1986. *Capital Vol. 1*. London: Penguin.

Marx, Karl. 1991. *Capital Vol. 3*. London: Penguin.

Marx, Karl. 1992. *Capital Vol. 2*. London: Penguin.

Mason, Paul. 2016. *PostCapitalism: A Guide to Our Future*. London: Penguin.

Moore, Jason. 2015. *Capitalism in the Web of Life: Ecology and the Accumulation of Capital*. London: Verso.

Muir, James. 2005. "Managing to Harvest? Perspectives on the Potential of Aquaculture". *Philosophical Transactions of the Royal Society B: Biological Sciences* 360(1453): 191–218.

Näslund, Joacim and Jörgen Johnsson. 2016. "Environmental Enrichment for Fish in Captive Environments: Effects of Physical Structures and Substrates". *Fish & Fisheries* 17(1): 1–30.

Negri, Antonio. 1991. *Marx Beyond Marx: Lessons on the Grundrisse*. Brooklyn, NY: Autonomedia.

Noske, Barbara. 1997. *Beyond Boundaries: Humans and Animals*. Montreal: Black Rose.

Nussbaum, Martha. 2004. "Beyond 'Compassion and Humanity'". In *Animal Rights: Current Debates and New Directions*, edited by Cass Sunstein and Martha Nussbaum, 299–320. Oxford: Oxford University Press.

Oliver, Kelly. 2016. "Service Dogs: Between Animal Studies and Disability Studies". *philoSOPHIA* 6(2): 241–258.

Painter, Corinne. 2016. "Non-human Animals within Contemporary Capitalism: A Marxist Account of Non-human Animal Liberation". *Capital and Class* 40(2): 1–19.

Patel, Raj and Jason Moore. 2018. "How the Chicken Nugget Became the True Symbol of Our Era". *The Guardian*, 8 May 2018. https://www.theguardian.com/news/2018/may/08/how-the-chicken-nugget-became-the-true-symbol-of-our-era.

Perlo, Katherine. 2002. "Marxism and the Underdog". *Society & Animals* 10: 303–318.

Petracci, M., Samar Mudalal, Francesca Soglia, and Cavani Claudio. 2015. "Meat Quality in Fast-Growing Broiler Chickens". *World's Poultry Science Journal* 71(2): 363–374.

Porcher, Jocelyne. 2014. "The Work of Animals: A Challenge for Social Sciences". *Humanimalia* 6(1).

RSPCA. 2018. "Layer Hen FAQ". RSPCA: For All Creatures Great and Small. https://www.rspca.org.au/layer-hen-faq.

Shukin, Nicole. 2009. *Animal Capital*. Minneapolis: University of Minnesota Press.

Smith, Adam. 1981. *An Inquiry into the Nature and Causes of the Wealth of Nations*. Indianapolis: Liberty Press.

Spivak, Gayatri Chakravorty. 2012. *An Aesthetic Education in the Era of Globalization*. Cambridge, MA: Harvard University Press.

Stuart, Diana, Rebecca Schewe, and Ryan Gunderson. 2013. "Extending Social Theory to

Farm Animals: Addressing Alienation in the Dairy Sector". *Sociologia Ruralis* 53(2): 201–229.

Tallentire, Craig W., Ilkka Leinonen, and Ilias Kyriazakis. 2016. "Breeding for efficiency in the broiler chicken: A review". *Agronomy for Sustainable Development* 36: 66. https://doi.org/10.1007/s13593-016-0398-2.

Tombazos, Stavros. 2014. *Time in Marx: The Categories of Time in Marx's Capital.* Leiden: Brill.

Wadiwel, Dinesh Joseph. 2015. *The War Against Animals.* Leiden: Brill.

Wadiwel, Dinesh Joseph. 2018a. "Biopolitics". In *Critical Terms for Animal Studies*, edited by Lori Gruen. Chicago: University of Chicago Press.

Wadiwel, Dinesh Joseph. 2018b. "Chicken Harvesting Machine: Animal Labour, Resistance and The Time of Production". *South Atlantic Quarterly* 117(3): 525–548.

Webster, John. 2001. "Farm Animal Welfare: The Five Freedoms and the Free Market." *Veterinary Journal.* 161(3): 229–237.

Weeks, Kathi. 2011. *The Problem with Work: Feminism, Marxism, Antiwork Politics and Post-Work Imaginaries.* Durham: Duke University Press.

Young, Iris Marion. 1990. *Justice and the Politics of Difference.* Princeton: Princeton University Press.

Anderson, Elizabeth. 2004. "Welfare, Work Requirements, and Dependant-Care". *Journal of Applied Philosophy* 21(3): 243–256.

Atkinson, Anthony. 1996. "The Case for a Participation Income". *Political Quarterly* 67(1): 67–70.

Au fseeser, Dena, Michael Bourdillon, Richard Carothers, and Olivia Lecoufle. 2018. "Children's Work and Children's Well-Being: Implications for Policy". *Development Policy Review* 36(2): 241–261.

Azmanova, Albena. 2010. "Capitalism Reorganized: Social Justice after NeoLiberalism". *Constellations* 17(3): 390–406.

Azmanova, Albena. 2012. "Social Justice and Varieties of Capitalism: An Immanent Critique". *New Political Economy* 17(4): 445–463.

Becker, Saul. 2007. "Global Perspectives on Children's Unpaid Caregiving in the Family". *Global Social Policy* 7(1): 23–50.

Birnbaum, Simon. 2011. "Should Surfers be Ostracized? Basic Income, Liberal Neutrality, and the Work Ethos". *Politics, Philosophy & Economics* 10(4): 396–419.

Boettcher, Oliver. 2018. *An Interest-Based Account of Police Service Dog Labour Rights.* Dalhousie University, MA Dissertation.

Bourdillon, Michael, Ben White, and William Myers. 2009. "Re-Assessing MinimumAge Standards for Children's Work". *International Journal of Sociology and Social Policy* 29(3): 106–117.

Bowles, Samuel and Herbert Gintis. 1998. "Is Egalitarianism Passé? Homo Reciprocans and the Future of Egalitarian Politics". *Boston Review* 23: 4–10.

Bryson, Alex and George MacKerron. 2017. "Are You Happy While You Work?". *The Economic Journal* 127(599): 106–125.

Carens, Joseph. 1981. *Equality, Moral Incentives, and the Market.* Chicago: University of Chicago Press.

Chamberlain, James. 2018. *Undoing Work, Rethinking Community: A Critique of the Social Function of Work.* Ithaca: Cornell University Press.

Cochrane, Alasdair. 2016. "Labour Rights for Animals". In *The Political Turn in Animal Ethics*, edited by Robert Garner and Siobhan O'Sullivan, 15–32. London: Rowman & Littlefield.

Coote, Anna, Jane Franklin, and Andrew Simms. 2010. *21 Hours: Why a Shorter Working Week Can Help Us All to Flourish in the 21st Century.* London: New Economics Foundation.

Coote, Anna and Sarah Lyall. 2013. *Strivers v. Skivers: The Workless are Worthless.* London: New Economics Foundation.

Coulter, Kendra. 2016a. *Animals, Work, and the Promise of Interspecies Solidarity.* London: Palgrave.

Coulter, Kendra. 2016b. "Beyond Human to Humane: A Multispecies Analysis of Care Work, its Repression, and its Potential". *Studies in Social Justice* 10(2): 199–219.

Delon, Nicolas. 2019. "Commentary: Setting the Bar Higher". *Cambridge Quarterly of Healthcare Ethics* 28(1): 40–45.

De Wispelaere, Jurgen and Lindsay Stirton. 2007. "The Public Administration Case Against Participation Income". *Social Service Review* 81(3): 523–549.

Donaldson, Sue. 2018. "Animal Agora: Animals Citizens and the Democratic Challenge" (paper presented at CRE workshop on animal politics).

Donaldson, Sue and Will Kymlicka. 2011. *Zoopolis: A Political Theory of Animal Rights.* Oxford: Oxford University Press.

Donaldson, Sue and Will Kymlicka. 2014. "Animals and the Frontiers of Citizenship". *Oxford Journal of Legal Studies* 34(2): 201–219.

Donaldson, Sue and Will Kymlicka. 2015. "Farmed Animal Sanctuaries: The Heart of the Movement". *Politics and Animals* 1(1): 50–74.

Feuerstein, N. and Joseph Terkel. 2008. "Interrelations of Dogs (*Canis familiaris*) and Cats (*Felix catus* L.) Living under the Same Roof". *Applied Animal Behaviour Science* 113(1): 150–165.

Fitzpatrick, Tony. 2004. "A Post-Productivist Future for Social Democracy?". *Social Policy and Society* 3(3): 213–222.

Fraser, Rachel Elizabeth. 2017. "Animal Citizens, Animal Workers". *The New Inquiry*, 14 November 2017. https://thenewinquiry.com/animal-citizens-animal-workers/.

Frayne, David. 2015. *The Refusal of Work.* London: Zed.

Gilens, Martin. 1999. *Why Americans Hate Welfare.* Chicago: University of Chicago Press.

Gorz, Andre. 1999. *Reclaiming Work: Beyond the Wage-Based Society.* Cambridge: Polity.

Hetschko, Clemens, Andreas Knabe, and Ronnie Schöb. 2014. "Changing Identity: Retiring from Unemployment". *Economic Journal* 124(575): 149–166.

Hochschild, Arlie and Anne Machung. 1990. *The Second Shift*. New York: Avon.

Howard, Michael. 2015. "Exploitation, Labor, and Basic Income". *Analyse & Kritik* 37(1): 281–304.

Hunnicutt, Benjamin. 2013. *Free Time: The Forgotten American Dream*. Philadelphia: Temple University Press.

Ingold, Tim. 1983. "The Architect and the Bee: Reflections on the Work of Animals and Men". *Man* 18(1): 1–20.

Livingston, James. 2016. *No More Work: Why Full Employment Is a Bad Idea*. Chapel Hill: University of North Carolina Press.

Lødemel, Ivar and Amilcar Moreira. 2014. *Activation or Workfare? Governance and the Neo-Liberal Convergence*. Oxford: Oxford University Press.

Midtgaard, Søren. 2008. "Rawlsian Stability and Basic Income". *Basic income studies* 3(2): 1–17.

Miller, David. 2003. "What's Left of the Welfare State". *Social Philosophy and Policy* 20(1): 92–112.

Mitchell, David and Sharon Snyder. 2015. *The Biopolitics of Disability: Neoliberalism, Ablenationalism, and Peripheral Embodiment*. Ann Arbor: University of Michigan Press.

Noguera, José. 2007. "Why Left Reciprocity Theories Are Inconsistent". *Basic Income Studies* 2(1): 1–22.

Offe, Claus. 1997. "Towards a New Equilibrium of Citizens' Rights and Economic Resources?". In *Societal Cohesion and the Globalising Economy*, 81–108. Paris: OECD.

Pérez-Muñoz, Cristian. 2016a. "The Problem of Stability and the Ethos-Based Solution". *Critical Review of International Social and Political Philosophy* 19(2): 163–183.

Pérez-Muñoz, Cristian. 2016b. "A Defence of Participation Income". *Journal of Public Policy* 36(2): 169–193.

Porcher, Jocelyne. 2017. "Animal Work". In *The Oxford Handbook of Animal Studies*, edited by Linda Kalof. Oxford: Oxford University Press.

Raventos, Daniel and Julie Wark. 2018. "Universal Basic Income: Left or Right?". *Counterpunch*, 6 April 2018. https://www.counterpunch.org/2018/04/06/universal-basic-income-left-or-right/.

Reinders, J. S.. 2002. "The Good Life for Citizens with Intellectual Disability". *Journal of Intellectual Disability Research* 46(1): 1–5.

Segall, Shlomi. 2005. "Unconditional Welfare Benefits and the Principle of Reciprocity". *Politics, Philosophy & Economics* 4(3): 331–354.

Sage, Daniel. 2019. "Unemployment, Wellbeing and the Power of the Work Ethic: Implications for Social Policy". *Critical Social Policy*, 39(2): 205–228.

Shaw, Rosemary. 2018. "A Case for Recognizing the Rights of Animals as Workers". *Journal of Animal Ethics* 8(2): 182–198.

Shklar, Judith. 1991. *American Citizenship: The Quest for Inclusion*. Harvard University Press.

Silvers, Anita and Leslie Pickering Francis. 2005. "Justice Through Trust: Disability and the 'Outlier Problem' in Social Contract Theory". *Ethics* 116(1): 40–76.

Simplican, Stacy Clifford. 2015. *The Capacity Contract: Intellectual Disability and the*

Question of Citizenship. Minneapolis: University of Minnesota Press.

Smith, Kim. 2012. *Governing Animals: Animal Welfare and the Liberal State*. Oxford: Oxford University Press.

Srnicek, Nick and Alex Williams. 2016. *Inventing the Future: Postcapitalism and a World Without Work*. London: Verso.

Steensland, Brian. 2008. *The Failed Welfare Revolution: America's Struggle over Guaranteed Income Policy*. Princeton: Princeton University Press.

Suen, Alison. 2015. *The Speaking Animal: Ethics, Language and the Human-Animal Divide*. London: Rowman & Littlefield.

Valentini, Laura. 2014. "Canine Justice: An Associative Account". *Political Studies* 62(1): 37–52.

Van Parijs, Philippe. 1995. *Real Freedom for All: What (If Anything) Can Justify Capitalism?* Oxford: Oxford University Press.

Van Parijs, Philippe. 2013. "A Green Case for Basic Income?". In *Basic Income: An Anthology of Contemporary Research*, edited by Karl Wilderquist, José Noguera, Yannick Vanderborght, and Jurgen De Wispelaere, 269–274. Hoboken: Wiley.

Van Parijs, Philippe and Yannick Vanderborght. 2017. *Basic Income: A Radical Proposal for a Free Society and a Sane Economy*. Cambridge, MA: Harvard University Press.

Weeks, Kathi. 2011. *The Problem with Work: Feminism, Marxism, Antiwork Politics, and Postwork Imaginaries*. Durham: Duke University Press.

Weisberg, Zipporah. 2017. "Animal Assisted Intervention and Citizenship Theory". In *Pets and People*, edited by Christine Overall. Oxford: Oxford University Press.

White, Stuart. 2003. *The Civic Minimum*. Oxford: Oxford University Press.

Widerquist, Karl. 2006. "Who Exploits Who?". *Political Studies* 54(3): 444–464.

Wood, Lisa, Max Bulsara, Billie Giles-Corti, and Darcy Bosch. 2007. "More Than a Furry Companion: The Ripple Effect of Companion Animals on Neighborhood Interactions and Sense of Community". *Society and Animals* 15: 43–65.

Young, Janette and Amy Baker. 2018. "From Labour to Leisure: The Relocation of Animals in Modern Western Society". In *Domestic Animals, Humans, and Leisure*, edited by Janette Young and Neil Carr, 128–145. London: Routledge.

옮긴이 후기

이 책을 처음 발견한 것은 동물단체 활동가로 일하며 교육 자료를 찾던 2020년 겨울이었다. 《동물노동: 종간 정의의 새로운 지평인가? Animal Labour: A New Frontier of Interspecies Justice?》라는 제목이 낯설고도 새로워 내용을 살폈는데 철학, 법학, 정치학, 노동학, 환경학 등 다양한 학문 분야에 있는 열두 명의 저자가 동물노동이라는 주제에 대해 심도 있게 논하고 있었다.

당시 동물을 둘러싼 여러 문제에 대해서 '관점'을 잡을 수 있도록 도와주는 자료에 갈증을 느끼고 있었다. 국내 출판 도서 중 동물에 관한 에세이나 정보 전달 서적은 많아도, 동물권을 다룬 이론서나 학술서는 부족해 보였다. 다양한 철학적 개념이나 이론적 연구를 통해 동물권에 접근하는 서적이 있으면 좋겠다는 생각을 하던 참이었다.

그런 점에서 이 책은 나와 비슷한 생각이나 바람을 가진 이들에게 무척 유용해 보였다. 한 권만 읽어도 동물노동이라는 새로운 주제에 대한 학계의 최신 담론을 두루 접할 수 있었고, 연구자들이 같은 주제에 대해서도 저마다의 방식으로 옹호하거나 대립하며 자신의 주장을 펼쳐 나가는 방식을 확인할 수 있었기 때문이다. 한국의 독자들이 이 책을 읽는다면 동물권 및 동물노동에 대한 지형도를 그리며 그 가운데 자신의 관점이나 입장을 위치시켜 볼 수 있으리라는 생각에 번역을 결심하게 되었다.

번역 과정을 고민하면서 동료의 필요성을 느꼈다. 번역서 출간이라는 결과뿐 아니라, 공동 번역을 하면서 서로 의견을 나누고 함께 성장할 수 있는 과정이 있기를 바랐기 때문이다. 특히 동물노동에 대한 논의는 우리 사회에 아직 생경하기에, 공동의 노력과 작업이 더 큰 의미를 갖는다고 생각했다.

소중한 친구일 뿐 아니라, 사회적 소수자의 입장을 이해하며 학술 논의를 함께해 나갈 수 있는 동료이기도 한 은재, 부영, 수민에게 손을 내밀었다. 기꺼이 제안을 수락하고, 2020년 말부터 무려 2년이라는 긴 시간 동안 더 나은 책을 만들기 위해 함께 노력하고 공들여 준 친구들에게 진심으로 감사하다는 인사를 건네고 싶다.

아마 이 책을 처음 마주한 독자들에게는 옮긴이들이 가졌던 것과 비슷한 우려가 생길지도 모르겠다. 그것은 바로 동물 '착취'를 동물 '노동'이라는 말로 둔갑시키고 정당화할 위험에 대한 우려다. 한국 사회에서 동물은 아직 기본권의 주체로 여겨지지 못하고 있으며 심지어 물건이 아닌, 지각력 있는 생명체로서도 인정받지 못하고 있다. '동료 노동자'

라는 잠재적인 단어를 입에 담는 것이 무색할 정도로, 현재 우리 사회에서 동물은 인간을 위한 도구, 재료, 음식, 흥밋거리, 돈벌이 수단에 지나지 않는다. 상황이 이렇기에 '동물'의 옆자리에 '노동'이라는 단어를 놓으려는 시도조차 달갑지 않게 느껴지는 이들이 있을 수 있다.

그러나 이 책의 저자들이 말하듯, 노동이라는 렌즈를 통해 자본주의적 착취 아래 놓인 동물들의 상황과 행위를 들여다보는 것이 곧 착취의 묵인이나 정당화를 의미하지는 않는다. 동물에게 노동자라는 이름을 부여하는 것은, 동물이 인간 노동의 '대상'으로만 존재하지 않으며 그들 또한 이 세계를 함께 만들어 나가는 '행위자'임을 인정하려는 노력이기 때문이다. 우선 동물의 행위성이 인정돼야만 동물을 수동적 피해자 위치에 가두지 않으면서도 동물이 경험하는 착취와 소외를 드러내는 일이 가능해진다.

노동의 관점에서 동물의 현실을 새롭게 바라보고 진단하더라도, 다음과 같은 질문은 여전히 우리가 해결해야 할 몫으로 남는다. 우리는 동물 노동자를 법적으로 보호하며 그들에게 더 나은 일자리를 제공해야 하는가? 동물이 더 나은 일자리를 원하거나 선택하는 일이 가능한가? 혹은 보다 비관적으로, 노동은 동물에게 이롭기보다는 위험한 것에 가까운가? 기술적 측면이 아니라 규범적 측면에서 노동이 갖는 이상이 과연 동물에게도 번영의 원천이 될 수 있을지 고심해야 하며, 이때 인간 중심적이거나 본질주의적인 관점을 피하기 위해 충분히 주의를 기울여야 한다.

저자들이 말하듯 동물노동이라는 주제는 사회 변화 전략의 선후관계에 까다로운 물음을 제기한다. 동물을 노동자로 인정하는 것은 종간 정의로 나아가는 출발점인가? 아니면 기존의 착취 관계를 극복하고 동물권을 인정한 후에야 동물노동에 대한 진정한 논의를 시작할 수 있는가? 이러한 물음에 대해서는 앞으로의 논의를 통해 답을 찾아 나가야겠지만 동물노동이라는 새로운 렌즈가 인간과 동물의 기존 관계를 이전과는 다른 방향에서 되돌아 볼 기회를 준다는 것은 명백해 보인다.

한국 사회의 경우 2000년대 초반, 개식용 금지 캠페인을 시작으로 동물의 처우 개선에 대한 논의가 활발해지기 시작했는데 최근에는 폐지론에 바탕을 둔 비거니즘 담론이 크게 활성화되고 있다. 비거니즘은 동물에 대한 인간의 이용을 가능한 한 최소화하는 것이 옳다는 신념을 포함하며, 동물 또한 인간과 다름없이 자신의 삶을 이끌어 가는 주체임이 인정되는 사회를 만들고자 한다.

비거니즘의 확산으로 국내 동물권 논의가 새로운 국면을 맞이하고 동물의 지각력과 행위성에 대한 인식이 제고되는 것은 반가운 일이다. 그러나 한국 사회 역시 복지론 대 폐지론이라는 이분법에 갇히는 일이 없도록 주의해야 한다. 이러한 교착 상태는 국내의 복합적 현실을 반영하는, 더 다층적인 동물권 담론이 형성되고 확장되는 데 걸림돌이 될 수도 있기 때문이다.

국내 동물권 담론이 양 극단에 머물며 협소해지지 않고 종간 정의의 새로운 지평이 열릴 수 있도록 동물노동과 같은 새로운 주제의 발굴과 우리의 현실을 다르게 보려는 노력이 앞으로도 지속되기를 바란다. 오랜 시간 공들여 번역한 이 책이 동물과 더불어 살아가는 것에 대한 우리의 이야기를 더 심화하고 다각화하는 데 조금이라도 기여할 수 있기를 소망한다.

이 책이 나오기까지 노력을 기울여 주신 책공장더불어 김보경 대표님과 관계자 여러분, 공역자 여러분, 흔쾌히 추천사를 써 주신 임순례 감독님 그리고 모든 후원자 및 독자 여러분에게 진심 어린 감사의 인사를 드린다.

평화

옮긴이 소개

평화 따뜻한 숨을 내쉬는 모든 존재가 자신에게 부여된 이름표나 숫자, 경계와 울타리를 넘어 한없이 자유로워지길 바란다. 작은 위로와 저항을 꿈꾸며 살아가고 있다. 여성학을 공부하고 동물권행동 카라에서 일했으며《페미니즘을 퀴어링!》을 공역,《안 신비한 동물사전》을 공저,《동물도 권리가 있어요》를 집필했다.

은재 인간을 제외한 생명만을 사랑했으나 여성학을 공부하며 인간 종을 이해하고 사랑할 수 있는 단초를 얻었다. 환경, 공동체, 내면 작업 등이 주요 관심사다.《LGBT+ 첫걸음》을 공역했으며 현재는 비영리스타트업을 육성하고 있다.

부영 낯설고 기이한 존재들을 독해하는 마음으로 이 책과《퀴어 코리아: 주변화된 성적 주체들의 한국 근현대사》를 공역했다. 대학과 대학원에서 여성학을 공부했고, 여전히 '퀴어'를 둘러싼 모순들을 연구하고 있다. 한국양성평등교육진흥원, 아하서울시립청소년성문화센터를 거쳐 지금은 이화여자대학교 아시아여성학센터에서 일하고 있다.

류수민 청소년인권운동을 하고 여성학을 공부했다.《외면하지 않을 권리》,《연애와 사랑에 대한 십대들의 이야기》등을 함께 썼다. '인간'이란 범주에 포함되지 않는 생명들에 대해 고민하고 있다. 지금은 한국성폭력상담소 부설 쉼터 열림터 활동가로 일하고 있다.

1, 5, 6장은 평화, 2, 3, 7장은 은재, 4, 8, 10장은 부영, 9장은 수민이 번역했다.

책공장더불어의 책

동물주의 선언

현재 가장 영향력 있는 정치철학자가 쓴 인간과 동물이 공존하는 사회로 가기 위한 철학적·실천적 지침서.

동물학대의 사회학

(학교도서관저널 추천도서)

동물학대와 인간폭력 사이의 관계를 설명한다. 페미니즘 이론 등 여러 이론적 관점을 소개하면서 앞으로 동물학대 연구가 나아갈 방향을 제시한다.

묻다

(환경부 선정 우수환경도서, 환경정의 올해의 환경책)

구제역, 조류독감으로 거의 매년 동물의 살처분이 이뤄진다. 저자는 4,800곳의 매몰지 중 100여 곳을 수년에 걸쳐 찾아다니며 기록한 유일한 사람이다. 그가 우리에게 묻는다. 우리는 동물을 죽일 권한이 있는가.

동물은 전쟁에 어떻게 사용되나

전쟁은 인간만의 고통일까? 자살폭탄 테러범이 된 개 등 고대부터 현대 최첨단 무기까지, 우리가 몰랐던 동물 착취의 역사.

동물원 동물은 행복할까?

(환경부 선정 우수환경도서, 학교도서관저널 추천도서)

동물원 북극곰은 야생에서 필요한 공간보다 100만 배, 코끼리는 1,000배 작은 공간에 갇혀서 살고 있다. 야생동물보호운동 활동가인 저자가 기록한 동물원에 갇힌 야생동물의 참혹한 삶.

고통받은 동물들의 평생 안식처 동물보호구역

(환경정의 어린이 환경책, 한국어린이교육문화연구원 으뜸책)

고통받다가 구조되었지만 오갈 데 없었던 야생동물의 평생 보금자리. 저자와 함께 전 세계 동물보호구역을 다니면서 행복하게 살고 있는 동물을 만난다.

고등학생의 국내 동물원 평가 보고서

(환경부 선정 우수환경도서)

인간이 만든 '도시의 야생동물 서식지' 동물원에서는 무슨 일이 일어나고 있나? 국내 9개 주요 동물원이 종보전, 동물복지 등 현대 동물원의 역할을 제대로 하고 있는지 평가했다.

동물 쇼의 웃음 쇼 동물의 눈물

(한국출판문화산업진흥원 청소년 권장도서, 한국출판문화산업진흥원 청소년 북토큰 도서)

동물 서커스와 전시, TV와 영화 속 동물 연기자, 투우, 투견, 경마 등 동물을 이용해서 돈을 버는 오락산업 속 고통받는 동물들의 숨겨진 진실을 밝힌다.

인간과 동물, 유대와 배신의 탄생

(환경부 선정 우수환경도서, 환경정의 올해의 환경책)

미국 최대의 동물보호단체 휴메인소사이어티 대표가 쓴 21세기 동물해방의 새로운 지침서. 농장동물, 산업화된 반려동물 산업, 실험동물, 야생동물 복원에 대한 허위 등 현대의 모든 동물학대에 대해 다루고 있다.

사향고양이의 눈물을 마시다

(한국출판문화산업진흥원 우수출판콘텐츠 제작 지원 선정, 환경부 선정 우수환경도서, 학교도서관저널 추천도서, 국립중앙도서관 사서가 추천하는 휴가철에 읽기 좋은 책, 환경 정의 올해의 환경책)

내가 마신 커피 때문에 인도네시아 사향고양이가 고통받는다고? 나의 선택이 세계 동물에게 미치는 영향, 동물을 죽이는 것이 아니라 살리는 선택에 대해 알아본다.

숲에서 태어나 길 위에 서다

(환경부 환경도서 출판 지원사업 선정, 환경정의 올해의 환경책)

한 해에 로드킬로 죽는 야생동물 200만 마리. 인간과 야생동물이 공존할 수 있는 방법을 찾는 현장 과학자의 야생동물 로드킬에 대한 기록.

동물복지 수의사의 동물 따라 세계 여행

(한국출판문화산업진흥원 출판콘텐츠 창작자금지원사업 선정, 환경정의 올해의 환경책)

동물원에서 일하던 수의사가 동물원을 나와 세계 19개국 178곳의 동물원, 동물보호구역을 다니며 동물원의 존재 이유에 대해 묻는다. 동물에게 윤리적인 여행이란 어떤 것일까?

야생동물병원 24시

(어린이도서연구회에서 뽑은 어린이·청소년 책, 한국출판문화산업진흥원 청소년 북토큰 도서)

로드킬 당한 삵, 밀렵꾼의 총에 맞은 독수리, 건강을 되찾아 자연으로 돌아가는 너구리 등 대한민국 야생동물이 사람과 부대끼며 살아가는 슬프고도 아름다운 이야기.

똥으로 종이를 만드는 코끼리 아저씨

(환경부 선정 우수환경도서, 한국출판문화산업진흥원 청소년 권장도서, 서울시교육청 어린이도서관 여름방학 권장도서, 한국출판문화산업진흥원 청소년 북토큰 도서)

코끼리 똥으로 만든 재생종이 책. 코끼리 똥으로 종이와 책을 만들면서 사람과 코끼리가 평화롭게 살게 된 이야기를 코끼리 똥 종이에 그려냈다.

채식하는 사자 리틀타이크

(아침독서 추천도서, 교육방송 EBS 〈지식채널e〉 방영)

육식동물인 사자 리틀타이크는 평생 피 냄새와 고기를 거부하고 채식 사자로 살며 개, 고양이, 양 등과 평화롭게 살았다. 종의 본능을 거부한 채식 사자의 9년간의 아름다운 삶의 기록.

대단한 돼지 에스더

(학교도서관저널 추천도서)

300킬로그램의 돼지 덕분에 파티를 좋아하던 두 남자가 채식을 하고, 동물보호 활동가가 되는 놀랍고도 행복한 이야기.

사람을 돕는 개

(한국어린이교육문화연구원 으뜸책, 학교도서관저널 추천도서)

안내견, 청각장애인 도우미견 등 장애인을 돕는 도우미견과 인명구조견, 흰개미탐지견, 검역견 등 사람과 함께 맡은 역할을 해내는 특수견을 만나본다.

실험 쥐 구름과 별

동물실험 후 안락사 직전의 실험 쥐 20마리가 구조되었다. 일반인에게 입양된 후 평범하고 행복한 시간을 보낸 그들의 삶을 기록했다.

물범 사냥

(노르웨이국제문학협회 번역 지원 선정)

북극해로 떠나는 물범 사냥 어선에 감독관으로 승선한 마리는 낯선 남자들과 6주를 보내야 한다. 남성과 여성, 인간과 동물, 세상이 평등하다고 믿는 사람들에게 펼쳐 보이는 세상.

후쿠시마에 남겨진 동물들

(미래창조과학부 선정 우수과학도서, 환경부 선정 우수환경도서, 환경정의 청소년 환경책 권장도서)

2011년 3월 11일, 대지진에 이은 원전 폭발로 사람들이 떠난 일본 후쿠시마. 다큐멘터리 사진작가가 담은 '죽음의 땅'에 남겨진 동물들의 슬픈 기록.

후쿠시마의 고양이

(한국어린이교육문화연구원 으뜸책)

2011년 동일본 대지진 이후 5년. 사람이 사라진 후쿠시마에서 살처분 명령이 내려진 동물들을 죽이지 않고 돌보고 있는 사람과 함께 사는 두 고양이의 모습을 담은 평화롭지만 슬픈 사진집.

동물을 위해 책을 읽습니다

(한국출판문화산업진흥원 출판 콘텐츠 창작자금지원 선정)

우리는 동물이 인간을 위해 사용되기 위해서만 존재하는 것처럼 살고 있다. 우리는 우리가 사랑하고, 입고, 먹고, 즐기는 동물과 어떤 관계를 맺어야 할까? 100여 편의 책 속에서 길을 찾는다.

동물을 만나고 좋은 사람이 되었다

반려동물과 살게 되면 사람을 보는 눈, 세상을 보는 눈 등 많은 것이 바뀐다. 입는 것, 먹는 것 등 불편해지는 것이 많은데 사람들은 기꺼이 이를 감수한다. 개, 고양이에게 포섭되어 좋은 사람이 되어 가는 한 인간의 성장기.

동물에 대한 예의가 필요해

일러스트레이터인 저자가 지금 동물들이 어떤 고통을 받고 있는지, 우리는 그들과 어떤 관계를 맺어야 하는지 그림을 통해 이야기한다. 냅킨에 쓱쓱 그린 그림을 통해 동물들의 목소리를 들을 수 있다.

황금 털 늑대

공장에 가두고 황금빛 털을 빼앗는 인간의 탐욕에 맞서 늑대들이 마침내 해방을 향해 달려간다. 생명을 숫자가 아니라 이름으로 불러라는 소중함을 알려주는 그림책.

유기견 입양 교과서

보호소에 입소한 유기견은 안락사와 입양이라는 생사의 갈림길 앞에 선다. 이들에게 입양이라는 선물을 주기 위해 활동가, 봉사자, 임보자가 어떻게 교육하고 어떤 노력을 해야 하는지를 차근차근 알려준다.

유기동물에 관한 슬픈 보고서

(환경부 선정 우수환경 도서, 어린이도서연구회에서 뽑은 어린이·청소년 책, 한국간행물윤리위원회 좋은 책, 어린이 문화진흥회 좋은 어린이책)

동물보호소에서 안락사를 기다리는 유기견, 유기묘의 모습을 사진으로 담았다. 인간에게 버려져 죽음을 당하는 그들의 모습을 통해 인간이 애써 외면하는 불편한 진실을 고발한다.

버려진 개들의 언덕

(학교도서관저널 추천도서)

인간에 의해 버려져서 동네 언덕에서 살게 된 개들의 이야기. 새끼를 낳아 키우고, 사람들에게 학대를 당하고, 유기견 추격대에 쫓기면서도 치열하게 살아가는 생명들의 2년간의 관찰기.

순종 개, 품종 고양이가 좋아요?

사람들은 예쁘고 귀여운 외모의 품종 개, 고양이를 선호하지만 품종 동물은 700개에 달하는 유전 질환으로 고통받는다. 많은 품종 개와 고양이가 왜 질병과 고통에 시달리다가 일찍 죽는지, 건강한 반려동물을 입양하려면 어찌해야 하는지 동물복지 수의사가 알려준다.

개가 행복해지는 긍정교육

개의 심리와 행동학을 바탕으로 한 긍정교육법으로 50만 부 이상 판매된 반려인의 필독서. 짖기, 물기, 대소변 가리기, 분리불안 등의 문제를 평화롭게 해결한다.

임신하면 왜 개, 고양이를 버릴까?

임신, 출산으로 반려동물을 버리는 나라는 한국이 유일하다. 세대 간 문화충돌, 무책임한 언론 등 임신, 육아로 반려동물을 버리는 사회현상에 대한 분석과 안전하게 임신, 육아 기간을 보내는 생활법을 소개한다.

개에게 인간은 친구일까?

인간에 의해 버려지고 착취당하고 고통받는 우리가 몰랐던 개 이야기. 다양한 방법으로 개를 구조하고 보살피는 사람들의 이야기가 그려진다.

노견 만세

퓰리처상을 수상한 글 작가와 사진 작가의 사진 에세이. 저마다 생애 최고의 마지막 나날을 보내는 노견들에게 보내는 찬사.

동물과 이야기하는 여자

SBS 〈TV 동물농장〉에 출연해 화제가 되었던 애니멀 커뮤니케이터 리디아 히비가 20년간 동물들과 나눈 감동의 이야기. 병으로 고통받는 개, 안락사를 원하는 고양이 등과 대화를 통해 문제를 해결한다.

개.똥.승.

(세종도서 문학나눔 도서)

어린이집의 교사이면서 백구 세 마리와 사는 스님이 지구에서 다른 생명체와 더불어 좋은 삶을 사는 방법, 모든 생명이 똑같이 소중하다는 진리를 유쾌하게 들려준다.

용산 개 방실이

(어린이도서연구회에서 뽑은 어린이·청소년 책, 평화박물관평화책)

용산에도 반려견을 키우며 일상을 살아가던 이웃이 살고 있었다. 용산 참사로 갑자기 아빠가 떠난 뒤 24일간 음식을 거부하고 스스로 아빠를 따라간 반려견 방실이 이야기.

치료견 치로리

(어린이문화진흥회 좋은 어린이책)

비 오는 날 쓰레기장에 버려진 잡종개 치로리. 죽음 직전 구조된 치로리는 치료견이 되어 전신마비 환자를 일으키고, 은둔형 외톨이 소년을 치료하는 등 기적을 일으킨다.

고양이 그림일기

(한국출판문화산업진흥원 이달의 읽을 만한 책, 학교도서관저널 추천도서)

장군이와 흰둥이, 두 고양이와 그림 그리는 한 인간의 일 년 치 그림일기. 종이 다른 개체가 서로의 삶의 방법을 존중하며 사는 잔잔하고 소소한 이야기.

고양이 임보일기

《고양이 그림일기》의 이새벽 작가가 새끼 고양이 다섯 마리를 구조해서 입양 보내기까지의 시끌벅적한 임보 이야기를 그림으로 그려냈다.

우주식당에서 만나

2010년 볼로냐 어린이도서전에서 올해의 일러스트레이터로 선정되었던 신현아 작가가 반려동물과 함께 사는 이야기를 네 편의 작품으로 묶었다.

고양이는 언제나 고양이였다

고양이를 사랑하는 나라 터키의, 고양이를 사랑하는 글 작가와 그림 작가가 고양이에게 보내는 러브레터. 고양이를 통해 세상을 보는 사람들을 위한 아름다운 고양이 그림책이다.

나비가 없는 세상

(어린이도서연구회에서 뽑은 어린이·청소년 책)

고양이 만화가 김은희 작가가 그려내는 한국 최고의 고양이 만화. 신디, 페르캉, 추새. 개성 강한 세 마리 고양이와 만화가의 달콤쌉싸래한 동거 이야기.

펫로스 반려동물의 죽음

(아마존닷컴 올해의 책)

동물 호스피스 활동가 리타 레이놀즈가 들려주는 반려동물의 죽음과 무지개다리 너머의 이야기. 펫로스(pet loss)란 반려동물을 잃은 반려인의 깊은 슬픔을 말한다.

강아지 천국

반려견과 이별한 이들을 위한 그림책. 들판을 뛰놀다가 맛있는 것을 먹고 잠을 수 있는 곳에서 행복하게 지내다가 천국의 문 앞에서 사람 가족이 오기를 기다리는 무지개다리 너머 반려견의 이야기.

고양이 천국

(어린이도서연구회에서 뽑은 어린이·청소년 책)

고양이와 이별한 이들을 위한 그림책. 실컷 놀고 먹고, 자고 싶은 곳에서 잘 수 있는 곳. 그러다가 함께 살던 가족이 그리울 때면 잠시 다녀가는 고양이 천국의 모습을 그려냈다.

깃털, 떠난 고양이에게 쓰는 편지

프랑스 작가 클로드 앙스가리가 먼저 떠난 고양이에게 보내는 편지. 한 마리 고양이의 삶과 죽음, 상실과 부재의 고통, 동물의 영혼에 대해서 써 내려간다.

인간과 개, 고양이의 관계심리학

함께 살면 개, 고양이와 반려인은 닮을까? 동물학대는 인간학대로 이어질까? 248가지 심리실험을 통해 알아보는 인간과 동물이 서로에게 미치는 영향에 관한 심리 해설서.

암 전문 수의사는 어떻게 암을 이겼나

수많은 개, 고양이를 암에서 구하고 스스로 암에서 생존한 수의사의 이야기. 인내심이 있는 개와 까칠한 고양이가 암을 이기는 방법, 암 환자가 되어 얻게 된 교훈을 들려준다.

우리 아이가 아파요!
개·고양이 필수 건강 백과

새로운 예방접종 스케줄부터 우리나라 사정에 맞는 나이대별 흔한 질병의 증상·예방·치료·관리법, 나이 든 개, 고양이 돌보기까지 반려동물을 건강하게 키울 수 있는 필수 건강백서.

고양이 질병에 관한 모든 것

40년간 3번의 개정판을 낸 고양이 질병 책의 바이블. 고양이가 건강할 때, 이상 증상을 보일 때, 아플 때 등 모든 순간에 곁에 두고 봐야 할 책이다. 질병의 예방과 관리, 증상과 징후, 치료법에 대한 모든 해답을 완벽하게 찾을 수 있다.

개, 고양이 사료의 진실

미국에서 스테디셀러를 기록하고 있는 책으로 반려동물 사료에 대한 알려지지 않은 진실을 폭로한다. 2007년도 멜라민 사료 파동 취재까지 포함된 최신판이다.

개 피부병의 모든 것

홀리스틱 수의사인 저자는 상업사료의 열악한 영양과 과도한 약물 사용을 피부병 증가의 원인으로 꼽는다. 제대로 된 피부병 예방법과 치료법을 제시한다.

개·고양이 자연주의 육아백과

세계적인 홀리스틱 수의사 피케른의 개와 고양이를 위한 자연주의 육아백과. 40만 부 이상 팔린 베스트셀러로 반려인, 수의사의 필독서. 최상의 식단, 올바른 생활습관, 암, 신장염, 피부병 등 각종 병에 대한 대처법도 자세히 수록되어 있다.

햄스터

햄스터를 사랑한 수의사가 쓴 햄스터 행복·건강 교과서. 습성, 건강관리, 건강식단 등 햄스터 돌보기 완벽 가이드.

토끼

토끼를 건강하고 행복하게 오래 키울 수 있도록 돕는 육아 지침서. 습성·식단·행동·감정·놀이·질병 등 모든 것을 담았다.

토끼 질병의 모든 것

건강하게 장수하는 토끼를 키우기 위한 각종 토끼 질병의 모든 것을 담은 책. 질병의 예방과 관리, 증상, 치료법, 집에서 돌보기까지 완벽한 해답을 담았다.

동물노동

초판 1쇄 2023년 1월 31일

엮은이 샬럿 E. 블래트너, 켄드라 콜터, 윌 킴리카
옮긴이 평화, 은재, 부영, 류수민

편 집 김보경
디자인 장메이
교 정 김수미

인 쇄 정원문화인쇄

펴낸이 김보경
펴낸곳 책공장더불어

책공장더불어

주   소 서울시 종로구 혜화로16길 40
대표전화 (02)766-8406
이메일 animalbook@naver.com
블로그 blog.naver.com/animalbook
페이스북 @animalbook4
인스타그램 @animalbook.modoo

ISBN 978-89-97137-58-9 (03300)

* 잘못된 책은 바꾸어 드립니다.
* 값은 뒤표지에 있습니다.

펀딩 참여자

감이, 강릉감자, 강수혜, 강수혜, 강은혜, 강태욱, 고아라, 권기범, 권희, 금미향, 기호철, 긴수염, 김로아, 김명심, 김미선, 김미화, 김민후, 김바다, 김범준, 김사영, 김아람, 김완형, 김우, 김은영, 김지혜, 김채영, 김태윤, 김효진, 김희정, 낮에뜬별, 너굴어멈, 노지혜, 놀보, 달고나언니, 도경, 도우리, 도토맘, 도해리, 동물실험반대뽀미니맘, 류윤경, 몽랑산맘, 무모, 무무, 무무, 밍글밍글, 바나나쿨, 박경아, 박동수, 박민옥, 박소영, 박소영, 박영신, 박우진, 박재하, 박정은, 박혜인, 반달서림, 배현숙, 백정희, 백종륜, 백지은, 변민호, 별구언니, 보리, 부엉이, 비오엄마, 성미선, 성준석, 성현제, 소산, 손동경, 손현지, 송희, 수수와정원, 신수정, 신승훈, 신용영, 심윤지, 아인애플, 아정, 안나리, 안수진, 안의진, 앞, 양연옥, 예지, 오리님, 오매, 요맘때, 원미선, 유랑, 유명주, 유보희, 윤겔라, 윤송례, 윤정아, 이강은, 이경미, 이경아, 이문정, 이미화, 이은희, 이정열, 이호수, 잠보애미, 장만, 전화영, 정나원, 정민지, 정시체, 정요한, 정혜승, 정혜승추천 오세원, 정혜윰, 제리, 조문주, 조미영, 조병준, 조인보, 족제비씨, 지나이모, 진설, 진수민, 진용주, 채푸름, 처음처럼, 철수누나, 최선경, 최선미, 최태규, 캉뉴, 키키, 키키언니, 토토멍멍, 한량돈오, 한소망, 해피꼴아르떼, 허승엽, 홍세라, (주)디어센틱, UFO(유에프오) (외 21명 총 167명 참여)   감사합니다.